영자신문이 술술 영어뉴스가 쏙쏙

시사 영단어 2

사회 · 문화 · 과학 · 스포츠

영자신문이 술술 영어뉴스가 쏙쏙
시사 영단어 2 사회·문화·과학·스포츠

2판 1쇄 인쇄 2022년 10월 15일
2판 1쇄 발행 2022년 10월 20일

지은이 곽영섭
펴낸이 엄경희
펴낸곳 서프라이즈

주소 서울 마포구 연남로5길 19-5
전화 02) 719-9758 팩스 02) 719-9768
이메일 books4u@naver.com
등록 제313-2003-00382호

ISBN 978-89-92473-26-2 14740
ISBN 978-89-92473-24-8 (전2권)

책값은 뒤표지에 있습니다.

영자 신문이 술술 시사 영단어 영어뉴스가 쏙쏙

2 사회 · 문화 · 과학 · 스포츠

곽영섭 지음

서프라이즈

책머리에

Preface

시사상식과 영어를 동시에 잡는다!

영어를 공부하는 목적은 사람마다 다르다. 학생들은 높은 점수를 받아 원하는 학교에 진학하거나 졸업 후 좋은 직장에 들어가기 위해 공부하고, 직장인들은 승진에서 탈락하지 않기 위해 또는 업무상 영어가 필요해 머리를 싸맨다. 하지만 영어를 공부하는 궁극적인 목적은 살아가면서 필요한 정보와 지식을 얻는 것이라 할 수 있으며 이것을 가장 잘 충족시켜 줄 수 있는 것이 시사영어가 아닐까 싶다.

그러나 큰맘 먹고 영자신문을 보거나 인터넷으로 뉴스 사이트를 보지만 이내 포기하고 만다. 모르는 단어에 막혀 사전을 찾다 진이 다 빠지기 때문이다. 그렇다고 머리를 탓하며 포기할 필요는 없다. 영어 실력은 IQ와는 전혀 상관없고 오직 누가 더 많은 시간을 투자해 반복해서 연습하느냐에 달려있기 때문이다.

시사영어를 잘하려면 무엇보다 시사영어에 사용되는 어휘에 익숙해져야 한다. 그러기 위해서는 다양한 분야의 글을 읽으며 영어 단어와 표현을 익혀야 하는데, 사실 많은 시간과 엄청난 노력을 요하는 일이다. 시사영어에 자주 쓰이는 단어와 표현을 일목요연하게 정리해 놓은 책이 있으면 이러한 시간과 노력을 크게 덜 수 있겠지만 유감스럽게도 시중에 나와 있는 시사영어 책들은 대부분 단편적인 것으로 충분하지 않은 것 같다.

이 책은 바로 이런 문제점을 해결하기 위해 기획되었는데, 시사영어에 자주 사용되는 단어와 표현을 주제별로 체계적이고 종합적으로 모아놓은 '시사어휘의 결정판'이라고 할 수 있다. 우선 시사영어를 정치, 경제, 사회, 문화, 의학, 과학, 정보통신, 스포츠 등의 분야로 나누고, 이를 다시 80개의 큰 주제별로, 그리고 그 아래 256개의 소주제로 나눠 다루고 있다. 각 주제별로 핵심이 되는 단어와 그 동의어, 유의어, 반의어를 포함한 관련 어휘를 총망라하여 용례와 함께 정리했으며, '필수예문'과 '심화학습'을 통해 충분히 문장 속에서 익힐 수 있도록 하였다. 더욱이 MP3가 제공되어 영어뉴스 청취 실전 연습에도 매우 유용할 것이다.

이 책은 실무적이고 시사적인 내용이 많이 출제되는 취직시험에 대비하는 데 더할 나위 없이 좋은 시사어휘 입문서로 대학생들의 필독서이며, 시사영어에 관심은 많으나 늘 시간에 쫓기는 직장인들에게는 시사상식과 영어를 동시에 잡을 수 있는 최적의 교재가 될 것이다. 또한 대입 수능시험을 준비하는 고등학생들에게도 훌륭한 참고서로서 한 단계 높은 영어를 접하게 해줄 것이다.

이 책에서 다루고 있는 어휘만 여러분의 것으로 만들면 시사영어는 정복한 것이나 다름없다고 감히 단언하고 싶다. '천릿길도 한 걸음부터'라는 속담처럼 차근차근 하나하나 익혀 나간다면 영어 공부의 최고 단계라고 할 수 있는 시사영어의 정복도 그리 멀지만은 않을 것이다. 영어를 공부하는 모든 이에게 하루빨리 그런 날이 오기를 기대해본다.

곽영섭

초점어휘

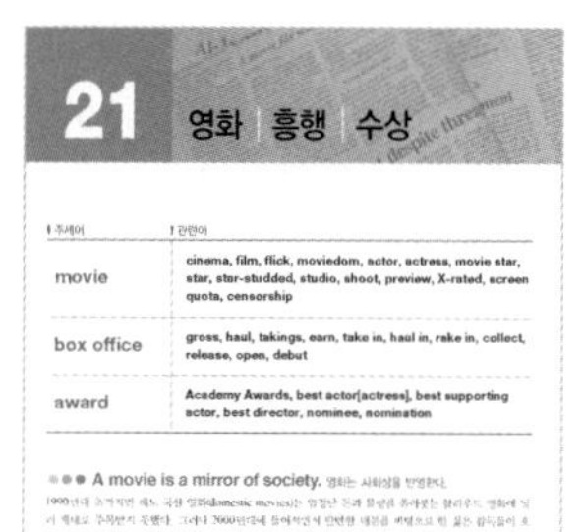

21 영화 | 흥행 | 수상

주제어	관련어
movie	cinema, film, flick, moviedom, actor, actress, movie star, star, star-studded, studio, shoot, preview, X-rated, screen quota, censorship
box office	gross, haul, takings, earn, take in, haul in, rake in, collect, release, open, debut
award	Academy Awards, best actor[actress], best supporting actor, best director, nominee, nomination

A movie is a mirror of society. 영화는 사회상을 반영한다.

● 각 장의 주제어와 주요 관련어를 맨 앞에 따로 모아 배치하였다. 꼭 알아둬야 할 필수 어휘를 보여주는 한편, 뒤에 어떤 어휘에 대한 설명이 나올 것인지를 미리 알 수 있도록 한 것이다. 낯선 어휘에 체크했다가 추측한 의미가 맞는지 꼭 확인해보자.

시사상식 에세이

● 주제어와 관련된 속담이나 격언, 명언 등을 제목으로 해서 각 장에서 다루게 될 내용을 풀어쓴 도입문으로, 표현도 익히고 시사상식도 넓힐 수 있다. 시사영어와 함께 세상사에 대한 안목을 키워보자.

어휘해설

dismiss 해임하다, 해고하다

bounce defrock, disfrock, unfrock disqualify impeach recall retire

contract, employ, engage, hire

be dismissed for misconduct dismiss an entire cabinet be removed for taking bribes be removed from school be fired from one's job be sacked for corruption

/ give ~ the sack[boot, ax, push, heave-ho] = show ~ the door, lay off, give ~ one's notice, send ~ packing, give someone someone's marching orders[walking papers]

| lay off = furlough, suspend

| layoff prevent layoffs a two-month layoff due to injury deselect

/ oust, depose, dethrone ousted[deposed, dethroned] dictator ouster

| dismissal = notice, removal, expulsion, ejection, sacking, firing

| be relieved of their duties[post]

| retain be retained retention

leaving

intended for someone who is leaving a job or organization = farewell

a leaving party a farewell speech[dinner]

● 주제어에는 우리말 뜻과 함께 영어 정의를 넣었으며, 특히 동의어를 포괄적으로 많이 제시해줌으로써 동어 반복을 피해 다양한 어휘를 사용하는 영어의 동의어 감각을 기를 수 있어 매우 유용하다. 이제 새로운 단어를 알아가는 재미, 어휘력이 쑥쑥 커가는 즐거움을 느껴보자.

● 비교해서 참조할 말을 폭넓게 보여주는 '유의어'와 '반의어' 역시 알짜배기 이휘만을 잘 정리해놓은 단어장 역할을 하면서 획기적으로 어휘를 확장시켜준다.

● '용례'에는 시사영어에서 빈번하게 쓰이는 핵심 표현들을 풍부하게 정리해놓아 이것만 잘 익혀두면 어떠한 뉴스를 접하더라도 쉽게 이해할 수 있도록 했다.

필수예문

● 반드시 알아두어야 할 단어나 표현을 문장 속에서 익힐 수 있도록 제시한 생생한 예문들이므로 가급적 입에서 술술 나올 정도로 외워두자. 일단 별색 표시한 필수 표현에 신경 쓰면서 큰 소리로 여러 번 읽으며 전체적인 내용이 머리 속에 들어오게 한 다음, 다른 유용한 표현까지 공부하는 것이 효과적이다. 영어 공부는 눈으로만 하지 말고 입으로 해야 된다는 것을 명심하자.

● 나아가, 암기하는 데 그치지 말고 우리말 뜻을 보고 영어로 옮기는 연습을 해보라. 처음에는 힘들겠지만 꾸준히 하다 보면 차츰 쉬워지며 그렇게 한달 정도만 해도 놀랄 정도로 영작 실력이 향상된 것을 느낄 수 있을 것이다.

● '필수예문'은 녹음되어 있어 더욱 활용도가 높다. MP3를 들으며 따라해보는 것은 물론, 듣고 바로 우리말로 번역해보는 연습을 한다면 더 이상 좋은 듣기, 말하기 훈련이 없다.

심화학습

● 어휘해설과 필수예문에서 미처 다루지 못한 표현을 다양한 형식으로 보여준다. 추가 표현을 예문과 함께 정리하거나, 주제별로 짧은 영어 설명문을 제공하거나, 분야별 전문용어나 관용표현을 심도 있게 보여준다. 특히 주식 및 채권 용어 정리나 스포츠 종목별 표현 정리는 전문화된 경제 뉴스와 스포츠 뉴스도 거뜬히 따라잡을 수 있도록 해준다.

차 례

Contents

BOOK 1 정치 · 경제

■ 괄호 사용에 관한 일러두기

이 책에는 영문이나 국문에 모두 [ ], ( ) 두 가지의 괄호가 사용되었으며, 아래와 같이 [ ]는 앞의 말과 대체되는 말을, ( )는 생략 가능하거나 부연 설명하는 말을 나타내는 것으로 크게 구분할 수 있다.

I spread[start, circulate] a rumor, set a rumor afloat 소문을 내다

'spread a rumor', 'start a rumor', 'circulate a rumor', 그리고 'set a rumor afloat' 등이 모두 '소문을 내다'라는 뜻임을 나타낸다.

I a rise[fall] in exports 수출의 증가[하락]

'a rise in exports'는 '수출의 증가'를 'a fall in exports'는 '수출의 하락'을 뜻함을 나타낸다.

I go into [take] a recess 쉬다, 휴회하다

take가 바로 앞의 단어인 into만이 아니라 go into를 대체하므로 [ ]를 into와 한 자 띄었다.

I peripheral (device) 주변 장치

'peripheral device'는 '주변 장치'라는 말이며 'peripheral'만으로도 같은 뜻으로 쓰임을 나타낸다.

I wild[idle] speculation 근거 없는(터무니없는) 추측

'wild speculation'이나 'idle speculation'이 '근거 없는 추측'이라는 뜻으로 '터무니없는 추측'이라는 말을 부연한 것이다.

Part 1

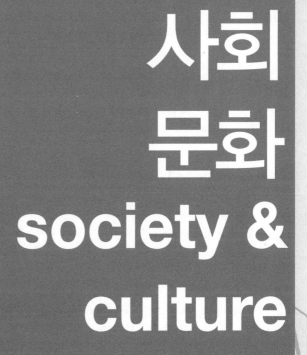

사회 문화 society & culture

01 사망·자살 | 살인

주제어	관련어
die	**decease, kick the bucket, deadly, death, obituary, commit suicide, die in the line of duty, be in a vegetative state, leave a suicide note**
kill	**murder, assassinate, manslaughter, massacre, execute, electrocute, first-grade murder, hire a hit man, kill and dismember the body of someone**

●●● Murder will out. 살인은 탄로 나게 마련이다.

인간이라면 누구나 태어나는 순간부터 죽음(death)이라는 종착역을 향해 쉼 없이 나아가게 되며 어느 누구도 그 운명으로부터 자유로울 수 없다. 영생을 위해 불로초를 구하려고 했다는 중국의 황제도 있었다지만 사실 큰 병에 걸리지 않고 자신의 타고난 천수를 누리는 것이 보통 사람들의 소망이다. 하지만 이 또한 쉽지 않아 불치병(terminal illness)에 걸리기도 하고 타고난 천수를 누리지 못하고 요절하기도(die young) 한다. 옛날 어른들은 살 만큼 살아 나이가 든 뒤 자다가 편안히 세상을 뜨는 것(die in one's sleep)이 제일 큰 행복이라고 말씀하셨는데 그런 행복이 누구에게나 주어지지는 않는다.

자연스럽게 죽게 되는 사망과는 달리 살인(murder)은 타인에 의해 죽임을 당하는 것이다. 2003년 4월에 개봉되어 큰 인기를 끈 '살인의 추억 *Memories of Murder*'이라는 영화는 80년대 중·후반, 전국을 공포에 휩싸이게 했던 화성연쇄살인 사건(serial killing)을 소재로 하였다. 미리 계획하고 의도를 가지고 남을 죽이는 살인은 가장 큰 범죄(crime) 중 하나로 살인범들은 통상 가장 무거운 형벌인 사형이나 종신형을 받게 된다. 같은 살인이지만 대통령이나 기타 국가 요인을 죽이는 행위는 암살한다(assassinate)는 표현을 쓴다.

살인범(murderer)은 법원에서 사형(death penalty)을 최종 확정 판결 받고 일정한 기간이 지나면 처형(execution) 당하게 되는데 우리나라에서는 교수형(death by hanging)이 보통이나 미국에서는 독극물 주입(death by lethal injection)이나 전기 처형(electrocution)을 하게 된다. 전기 처형을 당하는 죄수(prisoner)는 전기의자에 앉게 되는데(sit on the electric chair) 강한 전류를 흘려보내 순간적으로 사망에 이르게 된다고 한다.

die	**죽다, 사망하다** to die as a result of illness and old age = be taken, cash in, check out, conk, conk out, croak, decease, demise, depart, drop off, eat it, expire, go west, kick off, kick the bucket, pass away, pass on, snuff it, snuff out, sprout wings

'죽다' 는 뜻의 die는 그 원인에 따라 뒤에 따라오는 전치사가 다른데, 흔히 죽음의 원인이 병, 기아, 노령 따위인 경우에는 of를, 쇠약, 외상, 부주의인 경우에는 from[of]을, 정신적인 원인(분노, 실연 따위)인 경우에는 with를 쓴다. 같은 의미로 pass away란 동사구가 있는데 완곡한 의미로서 '세상을 떠나다, 타계하다' 로 해석하면 되고 demise는 '서거하다, 붕어하다' 라는 뜻이다.

유의어 **buy it** 전사하다 **dance off** (처형되어) 죽다 **drop dead** 쓰러져 죽다, 급사하다 **drown** 익사하다 **hang** 교수형을 당하다, 목 졸려 죽다 **perish** (폭력, 재난, 궁핍 따위 때문에 천수를 다하지 못하고) 죽다, 비명에 가다 **pop off** 갑자기 죽다 **succumb to** (병 따위로) 쓰러지다, 죽다 **suffocate, choke** 질식사하다

반의어 **be born, live**

용례 **die of disease[hunger, old age]** 병[굶주림, 노령]으로 죽다 **die from wounds[weakness]** 부상[쇠약]으로 죽다 **die of natural causes, die a natural death** 자연사하다 **die in agony[peace]** 고통스럽게[편안하게] 죽다 **die in one's sleep** 잠결에(자다가) 죽다 **die through neglect** 돌보지 않아 죽다 **die old** 나이가 들어(늙어서) 죽다 **die rich[poor]** 유복[가난]한 환경에서 죽다

die young 젊어서 죽다, 요절하다

= be cut off in one's prime by ~로 요절하다

| **early[premature, untimely] death** 요절

| **die for** ~를 위해 죽다 = give[lay down] one's life for

| **martyr** 순교자, 열사, 의사 **a martyr to business[duty]** 사업의 희생자(순직자)

| **die in action** 전투 중 사망하다

| **dying** 임종의, 임종 때 말하는 **a dying wish** 유훈 **be close to death** 위독한 **at death's door** 빈사 상태의, 위독한 **on[at] one's deathbed** 임종의, 죽음에 임해 **cling to life** 목숨이 간당간당하다

| **lose** (사별하여 사람을) 잃다 **bereaved** 유족, 사별한 사람 **be widowed** 과부가(홀아비가) 된 **be orphaned** 고아가 된

| **dead** 죽은 사망한 = buried, deceased, defunct, departed, expired, extinct, gone, late, passed away, perished

| **the late president Park Chung-hee** 고 박정희 대통령 **be found dead** 죽은 채 발견되다

brain dead 뇌사 상태의

| **brain dead people** 뇌사자 **brain death** 뇌사

| **in a vegetative state** 식물인간 상태인 **a persistent[permanent] vegetative state** 영구 식물인간 상태 **a person in a vegetative state** 식물인간

| **respirator, Pulmotor** 산소호흡기 **be on a respirator** 산소호흡기를 하고 있다 **remove the respirator of [from]** ~의 산소호흡기를 제거하다

| **a life-support[life-sustaining] machine[system]** 생명유지 장치 **remain on a life-support[life-sustaining] machine** 생명유지 장치를 계속 하고 있다 **take a patient off a life-support system** 환자의 생명유지 장치를 떼다 **be kept alive artificially** 인위적으로 생명이 유지되다

| **a feeding tube** 급식관 **remove the feeding tube from** ~의 급식관을 제거하다

| **die in the line of duty** 순직하다 = die in the line of service, die at one's post, die in harness, die on duty

| **death** 죽음, 사망 = cessation, decease, demise, departure, eternal rest, expiration, extinction, fatality, mortality, necrosis, termination
| **obituary** 사망 기사 **publish an obituary** 사망 기사를 싣다

deadly 치명적인

causing or capable of causing death = deathly, fatal, fateful, incurable, lethal, mortal, pernicious, pestilent, terminal, virulent

유의어 **baleful, baneful** 해로운 **calamitous** 재난의, 비참한 **cataclysmic** 대격변의 **destructive** 파괴적인 **disastrous** 재난을 불러일으키는 **ill-fated, ill-starred** 불운한 **malefic** 유해한 **ruinous** 파괴적인

반의어 **benign, harmless, healthful, nonfatal, nourishing**

용례 **a deadly disease** 위중한 병 **a deadly poison** 맹독
| **a fatal wound** 치명상 **be fatal to one's health** 건강에 치명적인
| **death by lethal injection** 극약 주사에 의한 죽음 **lethal weapons** 치명적인 무기
| **a deadly[lethal] dose** 치사량 **inject a deadly dose of poison** 치사량의 독극물을 주입하다 **take[swallow] a deadly dose of sleeping pills** 치사량의 수면제를 먹다

suicide 자살, 자결; 자살하다

act of intentionally killing oneself = felo-de-se, self-annihilation, self-destruction, self-murder

유의어 **assisted suicide, euthanasia, mercy killing** 안락사 **hara-kiri** 할복자살 **pulling the plug** (식물인간 등의) 생명유지 장치 제거 **self-immolation** 분신(자살) **suttee** 아내의 순장 (남편의 화장 때 아내를 함께 산 채로 화장한 풍습)

용례 **commit suicide** 자살하다 **attempt[try to commit] suicide** 자살을 기도하다
| **a suicide attempt** 자살 기도
| **an attempted suicide** 자살 미수 **a double suicide** 동반 자살 **a multiple suicide** 동반 자살(2명 이상) **a mass suicide** 집단 자살 **a suicide cluster** (한 지역 내에서 일정한 기간에 발생하는) 연속 자살 사건 **commit a copycat suicide** 모방 자살을 하다
| **one's motive for suicide** 자살 동기 **His motive for suicide is still unknown.** 그의 자살 동기는 아직 알려지지 않고 있다.

kill oneself 자살하다
= make away with oneself, end it all, put an end to oneself, take one's own life
| **shoot oneself** 총으로 자살하다 **blow one's brains out** 머리를 쏘아 자살하다
| **hang oneself with an electric cord** 전깃줄로 목매어 자살하다
| **burn oneself to death** 분신자살하다
| **cut one's throat** 목을 자르다 **cut one's wrist** 손목 동맥을 자르다
| **throw oneself into a well** 우물에 빠져 자살하다
| **poison oneself** 음독하다 **take arsenic[pesticide]** 비소를[농약을] 마시다 **commit suicide by taking an overdose of sleeping pills** 수면제를 과다 복용해 자살하다 **drink oneself to death** 술을 너무 많이 마셔 죽다
| **stab oneself in the heart** 스스로의 심장을 찌르다
| **jump[fall, leap] to death from** ~에서 투신자살하다
| **work oneself to death** 과로사하다

train suicide, suicide by train 열차 자살

| **jump[leap] in front of a (moving, speeding, an oncoming) train** (움직이는, 빠르게 달리는, 다가오는) 열차에 뛰어들다 **leap into the path of an arriving train** 도착하는 열차 앞에 뛰어들다 **jump on to the tracks** 철로에 뛰어들다 **throw oneself into the path of a train** 열차 앞에 몸을 던지다 **kill oneself by placing one's head on a railway track** 철로에 머리를 대고 자살하다 **take one's own life by lying on a railway track** 철로에 누워 자살하다 **die under the wheels of a train** 기차에 깔려 죽다

| **leap too late to land under the train** 너무 늦게 뛰어 기차 밑으로 들어가지 못하다 **crash through the side window of the driver's cabin** 기관사실 옆 창문을 뚫고 들어가다

| **apply the emergency brakes** 급제동을 하다 **The train hit the woman before it came to a halt.** 기차는 정차하기 전에 여인을 쳤다. **have one's right leg severed in the incident** 사고로 오른쪽 다리가 절단되다

suicide note 유서

| **leave a suicide note** 유서를 남기다 **write a suicide note** 유서를 쓰다 **find a suicide note** 유서를 발견하다 **a 10-page suicide note** 10페이지로 된 유서

필수예문

1 People who have a heart attack in December are more likely to **die** than people who have heart attacks in other months, a new study finds. (새로운 연구에 의하면 12월에 심장마비에 걸리는 사람이 다른 달에 겪는 사람들보다 죽을 확률이 높다고 한다.)

Her husband **passed away** last year, so she is a widow. (그녀의 남편은 작년에 세상을 떠나서 그녀는 미망인이다.)

2 The former president **died suddenly of a heart attack** at the age of 55. (전임 대통령은 55세의 나이에 갑작스럽게 심장마비로 죽었다.)

A new study of nearly 6,000 children suggests that black youth are more than twice as likely to **die from an injury** as are white children. (약 6000명의 어린이를 대상으로 한 새로운 연구는 흑인 아이들이 백인 아이들보다 부상으로 사망할 확률이 2배라는 것을 시사하고 있다.)

3 The promising novelist **was suddenly cut off** in his prime by tuberculosis. (그 전도유망한 소설가는 한창 때에 결핵으로 갑자기 죽었다.)

He has been **declared brain dead** since suffering a cerebral aneurysm while jogging a week ago. (그는 일주일 전 조깅하다 뇌 동맥류를 앓게 된 후 뇌사 판정을 받았다.)

4 Tom is the first firefighter to **die in the line of duty** in the capital in 20 years, and the sixth in the country to die on duty this year. (톰은 수도에서 20년 만에 처음으로 순직한 소방관이고 전국적으로 올해 여섯 번째로 순직하였다.)

He has **been in a vegetative state** for 15 years, and his wife wants to remove his feeding tube so he can die. (그는 15년 동안 식물인간 상태로 지내왔고 그의 아내는 그가 죽을 수 있도록 음식물 투입관을 떼기를 원한다.)

5 Mosquitoes carry a potentially **deadly virus**, so people are advised to go inside and shut their doors. (모기는 잠재적으로 치명적인 바이러스를 보유하고 있어 사람들은 실내에 머물고 문을 닫아

두도록 권고받고 있다.)

People with terminal illnesses are grasping at straws and will try anything to have some hope. (불치병을 가진 사람들은 지푸라기라도 잡으려고 하며 희망을 가지려고 모든 것을 다 시도하려고 할 것이다.)

6 If someone tells you they are thinking about **suicide**, you should take their distress seriously, listen non-judgmentally, and help them get to a professional for evaluation and treatment. (누군가 당신에게 자살을 생각하고 있다고 얘기하면 그들의 스트레스를 심각하게 여기고 개인적인 판단을 하지 않고 그들의 얘기를 들어주고 진단과 치료를 받을 수 있도록 그들이 전문가들에게 가는 것을 도와야 한다.)

7 A man attempted to **commit suicide by shooting himself in the head**, but he inadvertently saved his own life when the bullet excised his inoperable brain tumor. (한 남자가 총으로 머리를 쏴 자살을 기도했지만 우연히도 총알이 수술이 불가능한 뇌종양을 잘라내어 자신의 목숨을 구했다.)

A man **committed suicide by hanging himself from a tree** in his village. (한 남자가 마을에 있는 나무에 목을 매어 자살했다.)

8 Police are investigating the suicide of two teenage girls who tied themselves together and leapt from the 17th story of the building, in what is an **apparent double suicide**. (경찰은 명백한 동반자살로 보이는 두 십대 소녀가 서로 몸을 묶고 건물의 17층에서 뛰어내린 자살 사건을 조사하고 있다.)

Although only a proportion of elderly suicide victims **leave suicide notes**, the absence of a suicide note must not be considered an indicator of a less serious attempt. (비록 일부의 노인 자살 희생자들이 유서를 남기지만 유서가 없다는 것을 덜 심각한 시도의 증거라고 보아서는 안 된다.)

kill

죽이다, 살해하다

to end someone's life, using a gun or knife = bump off, chill, croak, dispatch, do away with, do in, erase, finish off, hit, ice, knock off, liquidate, neutralize, polish off, put away, rub out, slay, take, waste, zap

유의어 **annihilate** 전멸(몰살)시키다 **asphyxiate** 질식사시키다 **assassinate** 암살(시해)하다 **blow away** 사살하다 **butcher** 학살하다 **crucify** 십자가에 못 박아 죽이다 **drown** 익사시키다 **exterminate, extirpate** 멸종(전멸)시키다 **immolate** 제물로 바치다 **lynch** ~를 사형(私刑)을 가해 죽이다 **poison** 독살하다 **sacrifice** 제물로 바치다, 희생시키다 **smother, suffocate** 질식사시키다 **stab** (칼로) 찔러 죽이다 **strangle** 교사하다 **winterkill** 동사시키다

반의어 **give birth to**

용례 **kill someone by poison** 남을 독살하다 **be killed in an auto accident** 자동차 사고로 죽다
| **be found killed[murdered, slain]** 살해된 채 발견되다 **be found abandoned in** ~에 버려진 채 발견되다
| **be found shot dead** 총에 맞아 죽은 채 발견되다
| **be found stabbed to death** 칼에 찔려 죽은 채 발견되다

| **be hit in the head with a blunt metal object** 머리를 둔기로 맞다
| **be stabbed in the chest** 가슴을 칼로 찔리다
| **burn[bury] ~ alive** ~를 산채로 태워 죽이다[생매장하다]
| **kill and dismember the body of someone** 토막 살인을 하다 **dismember[chop up, cut up] the body of** ~ 시체를 토막 내다 **cut the body into four pieces** 시체를 네 토막 내다 **dump[ditch, dispose of] the body in a river** 시체를 강에 버리다

murder 살인, 살해

the act of killing someone, especially planning it before you do it = blood, bump-off, dispatching, foul play, hit, homicide, kiss-off, liquidation, slaying

용례 **commit[do] murder** 살인을 하다 **an attempted murder** 살인 미수 **a man of blood** 살인자 **be indicted on murder charges** 살인 혐의로 기소되다 **an assassination attempt** 암살 기도 **find no sign of foul play in his death [on his body]** 그의 죽음에서[시체에서] 살해의 흔적을 발견하지 못하다
| **manslaughter** 과실치사 **assassination** 암살
| **killer, murderer** 살인자 **assassin** 암살자
| **serial killer** 연쇄살인범 **serial killing** 연쇄살인 **a serial killing spree** 연쇄살인 행각
| **the motive for murder** 살해 동기

hit man 청부 살인자, 암살자
= assassin, contract killer, executioner, gunman, hatchet man, hired gun, hired killer, killer, mug, murderer, sniper, trigger man
| **contract killing** 청부 살인 **hire a hit man** 살인 청부업자를 고용하다 **draw up a hit list** 살생부를 작성하다
| **hunt, manhunt, search** 수색, 색출 **launch a nationwide hunt for** ~를 잡기 위한 전국적인 수색을 시작하다 **track down** 추적하다, 색출하다
| **forensics** 법의학 **forensic expert** 법의학 전문가 **confirm the identity of** ~의 신원을 확인하다 **conduct DNA tests on** ~의 DNA 검사를 실시하다 **conduct[carry out] DNA analysis of** ~의 DNA 분석을 실시하다

murderous 살의가 있는
= homicidal
| **massacre** 대학살; 대학살을 범하다 = annihilation, bloodbath, bloodshed, butchery, carnage, decimation, extermination, genocide, slaughter
| **carry out[perpetrate] a massacre** 대학살을 감행하다 **a brutal massacre** 잔인한 대학살 **survive a massacre** 대학살에서 살아남다 **commit genocide** 대량학살을 저지르다
| **internecine** 서로 죽이는, 피비린내 나는
| **slaughter** (동물을) 도살하다 = kill, destroy, put away[down]

execute 처형하다, 사형에 처하다

to legally kill someone as a punishment for a serious crime = behead, bump off, do in, electrocute, finish, gas, guillotine, hang, knock off, liquidate, put away, put to death, shoot

용례 **be executed** 처형되다 **execute ~ as a murderer** ~를 살인자로서 사형에 처하다
| **hang** 교수형에 처하다 **be publicly hanged** 공개 교수형에 처해지다 **be hanged in a prison** 감옥에서 교수형에 처해지다 **hanging** 교수형 **be executed by hanging** 교수형으로 처형되다
| **behead** 참수하다

| **execute ~ by lethal injection** 독극물 주입으로 처형하다
| **electrocute** 전기 처형하다 = execute ~ on[in] the electric chair
| **shoot** 총살형에 처하다 **execution by firing squad** 총살형 **face a firing squad** 총살형을 당하게 되다
| **stone, lapidate** 돌로 쳐죽이다
| **draw and quarter, quarter, draw** 거열형에 처하다 (사지를 말에 묶어 사방으로 달리게 하여 찢어 죽이는 형벌)

execution 처형

| **the execution chamber** 처형실 **delay the execution of** ~의 처형을 연기하다 **call for a stay of execution for** ~의 처형 유예를 요구하다
| **be condemned** 사형수의 = be on death row
| **death-row inmate, condemned prisoner** 사형수 **a condemned cell[ward]** 사형수 감방 **be condemned to death** 사형을 선고받다

필수예문

1 A US soldier is facing a possible death sentence for allegedly **killing** two of his senior officers at a military base near Tikrit in what is believed to be the first recorded case of "fragging" in Iraq. (한 미군 병사가 이라크에서 '상관 살해'의 첫 공식 기록으로 생각되는 사건에서 티크리트 근처 군 기지에서 두 명의 상관을 살해한 혐의로 사형에 처해질 것 같다.)

2 The singer was **killed in cold blood** in front of his children. (그 가수는 그의 아이들이 지켜보는 앞에서 잔인하게 살해당했다.)

The boss of the organized crime ring **did away with** Tom when it was discovered that he had squealed. (조직 폭력배 두목은 톰이 밀고했다는 사실이 밝혀지자 그를 죽였다.)

3 The pistol was found two miles from **where the murder was committed.** (권총은 살인 현장에서 2마일 떨어진 곳에서 발견되었다.)

The suspect has been sentenced to five years in prison **on manslaughter charges.** (용의자는 과실치사 혐의로 5년 징역형에 처해졌다.)

The **assassination attempt** has sent shock waves around the country where memories of the murder of President John F. Kennedy remain vivid. (그 암살 기도는 존 F. 케네디 대통령 살해의 기억이 생생하게 남아있는 그 나라를 온통 충격으로 몰아넣었다.)

4 The homeless man has admitted **killing and dismembering the bodies of** two prostitutes. (그 노숙자는 두 매춘부를 토막 살인한 것을 시인했다.)

The **dismembered body** was found on a waste dump. (토막 난 시체가 쓰레기 처리장에서 발견되었다.)

A businessman **hired a hit man to kill** Tom after discovering that his daughter had married him without his permission. (한 사업가가 딸이 자신의 허락 없이 톰과 결혼한 사실을 알고 그를 죽이려고 살인 청부업자를 고용했다.)

5 A **serial killer** is someone who commits three or more murders over an extended period of time with cooling-off periods in between. In many cases, a serial killer will plead not guilty by reason of insanity in a court of law. (연쇄살인범은 중간에 범행 중지 기간을 가지며 오랜 기간에 걸쳐 3회 혹은 그 이상의 살인을 하는 사람이다. 많은 경우에 연쇄살인범은 법정에서 정신이상을 이유로 유죄를 인정하지 않으려고 한다.)

6 The rebels **massacred** thousands of innocent people in a bid to fight against the ultraright government. (반군들은 극우 정부와 맞서 싸우기 위해 수천 명의 무고한 사람들을 학살했다.)

If the civil war goes on, nothing can **stop the carnage**. (내전이 계속된다면 대학살을 막을 방법이 없을 것이다.)

7 Indonesian health authorities said they will **slaughter** all chickens living on farms hit by the deadly avian influenza virus. (인도네시아 보건당국은 치명적인 조류독감 바이러스에 감염된 농장의 살아 있는 모든 닭을 도살할 것이라고 밝혔다.)

8 He **was executed by lethal injection** for the 1999 robbery murders of four people in Los Angeles. (그는 1999년 로스앤젤레스에서 네 명의 사람을 강도 살해한 죄로 독극물 주입에 의한 처형을 당했다.)

The unemployed man is to be **executed in the electric chair** for the 2004 murder of his pregnant wife. (그 실업자는 2004년 자신의 임신한 부인을 살해한 죄로 전기 처형을 당할 것이다.)

심화학습

일급살인 first-degree murder

미국의 경우 살의(malice aforethought, premeditation)를 가지고 자신의 행위가 남을 죽게 할 것이라는 의도나 이 사실을 알고 행하는 살인을 1급살인이라고 하며 성폭행, 납치, 방화 등에서 발생하는 것이 이에 해당된다. 그 외에는 대체로 second-degree murder (2급살인).

Although it varies from state to state, **first-degree murder** is generally a killing which is deliberate and premeditated. The specific criteria for **first-degree murder**, are established by statute in each state. It is distinguished from second-degree murder in which premeditation is usually absent, and from manslaughter which lacks premeditation and suggests that at most there is intent to harm rather than to kill.

In order for someone to be found guilty of **first-degree murder**, prosecutors must prove that the person killed another person; the person killed the other person with malice aforethought; and the killing was premeditated.

To kill with malice aforethought means to kill either deliberately and intentionally or recklessly with extreme disregard for human life. Premeditation means planning or deliberation. The amount of time needed for premeditation of a killing depends on the person and the circumstances.

비록 주마다 다르지만 **일급살인**은 일반적으로 의도적이고 미리 계획된 살인을 말한다. **일급살인**에 대한 구체적인 기준은 각 주의 법령에 의해 규정된다. **일급살인**은 보통 사전 계획이 없는 이급살인 그리고 사전계획이 없고 기껏해야 살인이 아닌 해칠 의도만 있음을 암시하는 과실치사와 구별된다.

피의자가 일급살인 유죄 판결을 받으려면 검사는 그가 다른 사람을 살해했고 피의자가 희생자를 고의적으로 살해했으며 살인이 예비 모의되었다는 것을 입증해야 한다.

고의적인 살인이란 고의적이거나 의도적으로 혹은 인간 생명에 대한 극도의 경시로 앞뒤를 가리지 않고 살인을 꾀하는 것이다. 예비 모의란 계획을 하거나 고의를 가지는 것을 의미하며 살인의 예비 모의에 필요한 기간은 살해 대상과 상황에 따라 다르다.

vary from state to state 주마다 다르다 **premeditated** 미리(사전에) 계획된 **the specific criteria for** ~의 구체적 기준 **be distinguished from** ~와 구별되다 **be found guilty of** ~의 유죄 판결(평결)을 받다 **malice aforethought** 예비 음모, 고의 **depend on the circumstances** 상황에 따라 다르다

Take life as it comes!

그냥 되는 대로 살아!(지레 걱정하지 마!)

어떤 사람들은 앞날을 대비해서 미리 계획을 철저히 세우고(plan ahead) 이에 맞추어 살아가는가 하면 또 어떤 사람들은 미래에 대한 청사진(blueprint) 없이 '그냥 닥치는 대로 상황에 맞추어 살기'도 하는데 바로 후자를 나타내는 표현이 **take life as it comes**이다. 직역하면 **인생을 오는 대로 받아들이다**인데 **그때그때 상황에 맞추어 살아가다, 앞일을 생각하지 않고 하루하루 살아가다**는 뜻이다. 같은 뜻의 숙어로 **take things as they come, live from day to day** 등이 있다.

A : Do you have any plans for the future? 너 장래 계획이 있니?

B : No, I don't have any set goals. Why do you ask such a question? 아니, 딱히 정해진 계획은 없어. 왜 그런 질문을 해?

A : I am just curious. 그냥 궁금해서.

B : You don't have to worry about the future. **Take life as it comes!** 앞날 걱정은 뭐하러 해. 그냥 하루하루 살아가면 돼!

02 사고사 | 상해

주제어	관련어
be killed	**lose one's life, starve to death, death tall, fatalities, be killed in action, be struck and killed by lightning, raise the death toll to**
injure	**hurt, wound, impair, strain, sprain, dislocate, be injured[wounded, hurt], injury, cripple, mutilate, a black eye, add insult to injury**

●●● Accidents will happen. 아무리 조심해도 사고는 일어나게 마련이다.

교통수단의 눈부신 발달은 거리 이동에 걸리는 시간을 크게 단축시켜 인간에게 많은 혜택을 가져다주었지만 그와 동시에 사람들을 본인의 의지와는 상관없이 항상 사고(accident)를 당할 위험에 노출시켜 놓았다. 몇년 전 대구에서 일어난 비극적인 지하철 방화사건(arson)은 그 좋은 예로 수백 명에 달하는 승객들이 아닌 밤중에 홍두깨 격으로 한 정신 이상자의 어처구니없는 소행으로 인해 목숨을 잃거나 부상을 당했다. 이처럼 사고 때문에 사망하는 것을 사고사(accidental death)라고 부른다.

사고 중에서 가장 치명적이라고(deadly) 할 수 있는 것은 비행기 추락사고(plane crash)다. 비행기는 떨어졌다 하면 거의 모든 탑승객과 승무원이 사망하게 되는 것이 보통인데 우리나라에서도 김해를 비롯한 여러 곳에서 비행기가 추락하여 큰 인명 피해를 낸 일이 있었다. 이런 대형 사고를 당하고도 억세게 운이 좋은 사람들은 털끝 하나 다치지 않고 유유히 걸어 나오는(walk away from) 모습을 보도를 통해 종종 접하게 된다.

사고 때문에 부상을 당하는 것(get injured)도 불행한 일 중의 하나라 할 수 있는데 경중에 따라 경상(slightly injured) 또는 중상(seriously injured)으로 구분한다. 재수 없는 사람은 뒤로 넘어져도 코가 깨진다고 우리는 일상생활에서 늘 부상을 당할 위험에 노출되어 있다. 스스로 주의를 게을리하지 않고 불행한 부상을 당하지 않도록 노력하는 것만이 최선의 예방책이라 할 것이다.

be killed

(사고, 전쟁, 폭력 등으로) 죽다, 사망하다
to die in an accident, war, or through violence = be destroyed, be lost, die, lose one's life

'부상을 당하게 하다'는 뜻의 동사로 injure, hurt, wound 등이 있는데 이들 동사의 의미에는 미묘한 차이가 있다. **injure**는 '상처 입히다, 손상시키다'라는 뜻의 가장 일반적인 말로 사고나 싸움을 통해 신체적 해를 가하는 것인데 반드시 고의라고는 할 수 없다. **hurt**는 육체적 또는 정신적으로 상처를 입히는 것을 의미하는 말인데 심각하지 않은 것을 뜻하며 종종 injure와 바꿔 쓸 수 있다. 그리고 **wound**는 적의를 가지고 칼이나 총 등으로 상대방에게 상처를 입히거나 피를 흘리게 하는 것을 뜻한다.

반의어 **live, survive**

용례 **be killed by** ~때문에 죽다 **be killed in a car accident** 자동차 사고로 죽다 **be killed in a plane crash** 비행기 추락으로 죽다

| **violent death** 폭력으로 인한 사망 **accidental death** 사고사 = death by misadventure

| **leave ~ dead** ~를 죽게 만들다 **suffer heavy losses** 많은 인명 손실을 당하다

| **claim the lives of 50 people** 50명의 목숨을 앗아가다

| **burn to death** 불에 타 죽다

| **starve[freeze, choke, fall] to death** 굶어[얼어, 질식해, 떨어져] 죽다

| **die of[from] dehydration** 탈수로 죽다 **die of hypothermia** 저체온으로 죽다

| **be struck and killed by lightning** 벼락에 맞아 죽다 = be struck by lightning and killed (능동태로는 lightning strikes and kills someone의 형태로 쓰임) **a lightning rod** 피뢰침

| **be crushed[trampled, squashed] to death in a stampede** 인파에 떠밀리는 사고(압사 사고)에서 깔려 죽다

| **accidentally shoot oneself in the leg** 총기 오발 사고로 자신의 다리에 쏘다

be killed in action 전사하다

| **missing in action** 전투 실종자 **prisoner of war** 전쟁 포로

| **survive** 살아남다 **survive a plane crash** 비행기 추락 사고에서 살아남다 **survive a fall from a 10-story building** 10층 건물에서 떨어져 살아남다

| **survivor** 생존자 **the only[sole] survivor of a small plane crash** 소형 비행기 추락의 유일한 생존자

---

death toll 사망자(희생자)수

the number of death in one terrible accident = casualty, fatalities, loss of life, victim

용례 **put the death toll at** 희생자수를 ~이라고 하다 **raise the death toll to** 사망자수를 ~로 늘리다

| **The death toll could rise to ~.** 사망자수가 ~로 늘어날 수 있다.

| **war victims** 전쟁 희생자

| **victims of a flood** 홍수의 희생자 **victims of a railroad accident** 철도 사고의 희생자

| **fall (a, the) victim to** ~의 희생(물)이 되다 **become[be made] a victim of** ~의 희생이 되다

필수예문

1 As many as 100 people **were killed** and several others were injured last night when a suicide car bomb exploded near a hotel in downtown Baghdad. (어젯밤 바그다드 중심가 한 호텔 근처에서 자살 차량 폭탄이 터져 백 명이나 되는 사람이 죽고 여러 사람이 다쳤다.)

2 His son **died in a car crash** several years ago. (그의 아들은 몇 년 전 자동차 사고로 죽었다.)

Iraqi people live under constant threat of **violent death**. (이라크 사람들은 끊임없는 폭력으로 인한 죽음의 위협 속에서 살고 있다.)

An American peace activist was **crushed to death** by a bulldozer as she tried to prevent the Israeli army destroying homes in the Gaza Strip. (한 미국 평화 운동가가 가자지구에서 이스라엘 군대가 집을 철거하는 것을 막으려다 불도저에 깔려 숨졌다.)

3 Millions of people will **starve to death** unless something must be done quickly. (빨리 무슨 조치를 취하지 않으면 수백만의 사람들이 굶어 죽을 것이다.)

Although many people believe he was murdered, the police are claiming that it was **a case of accidental death**. (많은 사람들은 그가 살해되었다고 믿지만 경찰은 그것은 사고사라고 주장하고 있다.)

4 His father **lost his life** in a coal mining explosion. (그의 아버지는 광산 폭발사고로 목숨을 잃었다.)

The US forces pulled out of Iraq after **suffering heavy losses**. (미군은 많은 인명 손실을 입은 뒤 이라크에서 철수했다.)

5 The number of US troops **killed in action** in Iraq hit 1,000 Tuesday when the military said a soldier had been shot dead on patrol in Baghdad. (이라크에서 전사한 미군의 숫자가 군 당국이 화요일 한 병사가 바그다드에서 순찰 중 총에 맞아 죽었다고 발표한 화요일 천명에 달했다.)

It is said that winning the lottery is so improbable that you are more likely to be **struck by lightning and killed**. (복권에 당첨될 확률이 너무 낮아 벼락에 맞아 죽을 확률이 더 크다고들 한다.)

6 All passengers and crew members **survived a plane crash**, jumping out of the plane before a fire broke out. (승객과 승무원 전원이 비행기 추락에서 살아남았는데 화재가 발생하기 전 비행기에서 뛰어내렸기 때문이다.)

Could you jump off a bridge or a tall building and **survive the fall**? (너는 다리나 높은 건물에서 떨어져 살아남을 수 있을 것 같아?)

A fire broke out in a hotel in Seoul, **claiming the lives of** at least 60 people. (서울의 한 호텔에서 화재가 발생해 최소 60명의 목숨을 앗아갔다.)

7 The number of dead in Thailand has quadrupled to 30,000, almost doubling **the death toll from** a killer tsunami. (태국에서 사망자수는 4배나 늘어 3만 명이 되었는데 살인적인 지진해일로 인한 사망자수를 거의 배로 늘어나게 했다.)

South Korea's aviation authorities have **raised the death toll** from the Singapore Airlines plane crash to 80, while investigators were trying to determine what caused the crash near Seoul. (한국의 항공 당국은 싱가포르 항공사 비행기 추락으로 인한 사망자수를 80명으

로 올렸는데 한편으로 조사관들이 서울 근처에서의 추락 원인을 찾으려고 노력하고 있었다.)

8 A fifth of all **road fatalities** are caused by people not wearing seat belts. (모든 교통사고 사망자의 약 5분의 1은 안전벨트를 착용하지 않은 사람들 때문에 생긴다.)

A powerful earthquake shook Afghanistan, causing **a heavy loss of life.** (강력한 지진이 아프가니스탄을 강타해 큰 인명 손실이 났다.)

injure

~에게 상처를 입히다, ~를 다치게 하다
to cause physical harm to someone, for example in an accident or fight
= damage, do in, harm, impair, wound

유의어 **abuse** 학대하다 **batter** 구타하다 **bruise** 멍들게 하다 **deface** 외관을 손상하다, (가치, 체면 등을) 훼손(손상)하다 **dislocate** ~의 관절을 삐게 하다, 탈구시키다 **maltreat** 학대(혹사)하다 **mangle** 난도질하다 **mar** 보기 흉하게 하다, 훼손하다 **pain** 고통을 주다 **pull** 근육을 삐다 **sprain** (발목, 손목 따위를) 삐다 **strain** ~를 접질리다, 삐다 **twist** (발목 따위를) 삐다, 접질리다

반의어 **heal**

용례 **injure one's shoulder[back]** 어깨[허리]를 다치다 **be injured in a car collision** 자동차 충돌사고에서 다치다

| **be injured** 다치다 = be hurt, be wounded, get hurt

| **be badly[seriously, critically] injured** 중상을 당하다

| **be fatally[mortally] wounded** 치명상을 입다 **be slightly hurt** 약간 다치다 **be bleeding** 피를 흘리다

| **hurt one's head** 머리를 다치다 **damage the nerves** 신경을 손상하다 **bruise one's knee** 무릎에 멍이 들다 **pull a muscle** 근육을 삐다 **dislocate one's elbow** 팔꿈치가 탈구되다

| **unharmed** 다치지 않은, 무사한 = unhurt, unscathed

| **without a scratch** 털끝 하나 다치지 않고

| **in one piece** 크게 다치지 않고

| **walk away from** (사고 등)에서 (거의) 부상 없이 살아나다, 무사하다

---

injury 부상

physical damage caused to a part of the body = boo-boo, wound, ouch, sore

유의어 **abrasion** 찰과상 **bite** 물린 상처 **bruise** 타박상 **burn** 화상 **cramp** 경련, 쥐 **cut** 벤 상처 **gash** 깊게 베인 상처 **hemorrhage** 출혈 **laceration** 열상, 찢긴 상처 **scar** 흉터 **scratch** 찰과상 **sprain** 삐기, 염좌 **sting** 찔린 상처, 자상(刺傷) **swelling** 부은 데, 종기, 혹 **trauma** 외상

용례 **escape injury** 부상을 당하지 않다 **an injury to the head** 머리의 상처 **suffer[get, receive, sustain] an injury** 다치다, 부상을 입다

| **do a person an injury, do an injury to a person** 남을 다치게 하다 **inflict injury on** ~에게 상처를 입히다

| **a black eye** 멍든 눈; 수치(창피), 불명예 **give ~ a black eye** ~에 창피를 주다 **get a black eye** 수치(창피)를 당하다

| **add insult to injury** 혼내주고 모욕까지 하다, 엎친 데 덮치기로 곤욕을 치르게 하다, 두 번 죽이다

cripple 불구로(병신으로) 만들다

to permanently injure someone so that part of their body will not work normally again = deform, disfigure, maim

반의어 **aid, enable, help, invigorate, strengthen, support**

용례 **be crippled by[with] arthritis** 관절염으로 다리를 절다

| **be seriously maimed in the war** 전쟁에서 심한 불구가 되다

| **mutilate** 사지를 절단하다 = amputate

| **have one's right leg amputated because of complications with diabetes** 당뇨 합병증 때문에 오른쪽 다리를 절단하다 **have one's left leg amputated below the knee** 왼쪽 다리 무릎 아래를 절단하다

amputee (팔, 다리 등의) 절단 수술을 받은 사람

| **a double amputee** 두 다리를 절단한(잃은) 사람 **prosthetic** 의족(의수) **wear a prosthetic** 의족(의수)을 하다 **wear prosthetic legs** 의족을 하다 **walk on prosthetic legs** 의족을 하고 걷다 **reach the mountain's summit on prosthetic legs** 의족을 하고 산 정상에 오르다 **wear prosthetic arms** 의수를 하다 **prosthetic limb** 의수족 **wear a more natural-looking prosthetic limb** 보다 자연스러워 보이는 의수족을 하다

| **walker** 보행 보조기 **crutch** 목발 **a pair of crutches** 한 쌍의 목발 **walk on crutches** 목발을 짚고 걷다

필수예문

1 More than 100 people **were seriously injured** when a plane carrying 150 passengers and 10 crew members crashed into a mountain in bad weather. (승객 150명과 승무원 10명을 태운 비행기가 악천후 속에 산에 추락하여 100명 이상이 중상을 입었다.)

2 Tom fell off a swing, but he didn't **hurt himself.** (톰은 그네에서 떨어졌지만 다치지 않았다.)

He was released from the army after he **was badly wounded** in 1970. (1970년에 중상을 당한 뒤 그는 군에서 제대했다.)

3 The player **sprained his knee** and will be out of action for more than a month. (그 선수는 무릎을 삐어 한 달 이상 출장하지 못할 것이다.)

I **pulled a muscle** trying to pull the refrigerator into the apartment. (냉장고를 아파트 안으로 넣으려다 나는 근육을 삐었다.)

4 Volunteers are trying to cope with all the sick and **the injured.** (자원봉사자들이 모든 아픈 사람과 부상자들을 처리하려고 하고 있다.)

The **wounded men** were flown to the nearest hospital by helicopter. (부상자들은 헬기로 인근 병원으로 후송되었다.)

5 The driver managed to **escape injury** when his car crashed into a streetlamp. (차가 가로등과 충돌했을 때 운전자는 용케도 부상을 입지 않았다.)

The gangster died from **bullet wounds** sustained during the battle with police. (그 조직 폭력배는 경찰과 싸우는 동안 입은 총상으로 사망했다.)

6 Barry Bonds' admittance that he used steroids is **a black eye for** baseball, which has been a national pastime for more than 100 years, critics say. (비평가들은 배리 본즈의 스테로이드 사용 인정은 100년 이상 국민적인 오락이었던 야구에 대한 수치라고 말한다.)

Adding insult to injury, the scandal-tainted politician is accused of having an affair with one of his secretaries. (엎친 데 덮친 격으로 스캔들로 명예가 땅에 떨어진 그 정치인은 여비서 중 한 명과 바람을 피우고 있다는 비난을 받고 있다.)

7 Most of the passengers **escaped** from the burning plane unscathed. (대부분의 승객은 불타는 비행기로부터 무사히 빠져나왔다.)

Jane has been in a wheelchair ever since a car accident that **crippled** her. (제인은 자신을 불구로 만든 차 사고를 당한 이래로 휠체어에 의지해왔다.)

심화학습

반복 사용 긴장성 손상 증후군 repetitive strain injury
같은 동작을 반복하는 물리적인 운동에 의해 잘 생기는 질환이다. 최근에는 컴퓨터 게임 마니아를 비롯한 컴퓨터 작업이 많은 사람에게서 자주 생기는 병인데, 대표적인 것으로 수근관 증후군(carpal tunnel syndrome)이 있으며 strain 대신에 stress를 쓰기도 한다.

Repetitive strain injury (RSI) is used as an umbrella term to refer to various kinds of work-related musculoskeletal injuries - for instance, carpal tunnel syndrome, tendonitis, tenosynovitis, bursitis, epicondylitis and others.

Do you use a computer for more than a few hours a day? Do you work on a factory production line or play a musical instrument ? If the answer is yes then you are certainly at risk from **RSI**.

It may not be a life-threatening injury, but **RSI** has the potential to cause crippling disability and pain. Early treatment is the key to success, because recovery can be a very slow process.

If you think that you may have **RSI** problems — if your hands hurt or tingle, or if you get pain in your elbow, wrist, or shoulder — you should make an appointment to see your general practitioner as soon as possible. The sooner you find out about it and do something about it, the better your chances of a full recovery.

반복 사용 긴장성 손상 증후군은 일과 관련된 여러 가지 종류의 근골격 부상을 일컫는 포괄적인 용어로 사용되며 예를 들어 수근관 증후군, 건염(腱炎), 건초염(腱梢炎), 활액낭염(滑液囊炎), 상과염(上顆炎) 등이 있다.

하루 수 시간 이상 컴퓨터를 사용하는가? 공장 생산라인에서 일하거나 악기를 연주하는가? 만약 그렇다면 확실히 **반복 사용 긴장성 손상 증후군**에 걸릴 위험이 있다.

목숨을 위협하는 부상은 아니지만 **반복 사용 긴장성 손상 증후군**은 심한 손상을 가져오는 장애나 고통을 야기할 가능성이 있다. 회복이 아주 느릴 수 있기 때문에 조기 치료가 성공의 열쇠다.

손이 아프거나 얼얼하고 팔꿈치, 손목이나 어깨에 통증이 있어 **반복 사용 긴장성 손상 증후군** 질병이 있을지도 모른다고 생각되면 가능한 한 빨리 가정의 진료 예약을 해야 한다. 질병을 발견하고 조치를 취하는 것이 빠르면 빠를수록 완치될 가능성은 그만큼 더 높다.

| an umbrella term 총칭하는 용어 (umbrella = comprehensive, blanket) **if the answer is yes** 만약 그렇다면 **be at risk from** ~에 걸릴 위험이 있다 **a life-threatening injury** 생명을 위협하는 부상 **have the potential to do** ~할 가능성이 있다 **the key to success** 성공의 열쇠 **tingle** 얼얼하다, 욱신거리다 **make an appointment to see** 진료 예약을 하다

It's your funeral.

그건 내가 알 바 아니지(전적으로 네 책임이지).

돌아가신 분들에게는 안 된 얘기지만 장례식을 치르는 일은 여간 성가시고 번거로운 일이 아니다. 우선 병원에서 문상 오는 사람들을 일일이 맞이해야 하고 보통 3일이 지나면 장지에 매장(bury)이나 화장을 해야(cremate) 한다. 장례만 치르면 끝나는 것이 아니고 명절 때마다 찾아가 성묘도 해야(visit the grave) 한다. 외국 사람들에게도 마찬가지인 모양이어서 one's funeral이라고 하면 '싫은 일, 불쾌한 일, 해야 할 일'이라는 뜻으로 **be one's funeral**은 ~에게 불행한 일이다, ~가 해야 할 일이다, ~의 책임이다라는 의미다. 즉 네가 정 그렇게 하고 싶으면 그렇게 하되 뒷감당은 네가 해야 된다(If that is what you are going to do, you will have to endure the consequences)는 의미다. 같은 뜻으로 **It's not my funeral**.

A : Will you do me a favor? 부탁 하나 들어줄래?
B : What's it? Shoot! 뭔데? 얼른 말해봐!
A : Tell the boss that I am sick. 사장님한테 내가 아프다고 말 좀 해줘.
B : Okay. **It's your funeral.** 알았어. 뒷감당은 네가 해.

03 법·불법 | 범죄

주제어	관련어
law	**legislation, keep[break] the law, legal, licit, violate, contravene, disobey, flout, law and order, bend the law, plug the loopholes in the law**
crime	**offense, malefaction, felony, misdemeanor, violent crime, petty crime, criminal, lawbreaker, juvenile delinquency, put ~ on a wanted list**

●●● Crime doesn't pay. 죄 짓고는 못 산다.

한 국가의 질서(order)와 치안을 유지하고 개인간 이해관계의 충돌(conflict of interests)을 조정하기 위해서 법체계(legal system)는 필수적이다. 흔히들 '법 없이도 살 사람'이란 말이 있지만 실제로 그렇게 양심적인 사람만 있는 것은 아니어서 법이 없다면 순식간에 무정부 상태(anarchy)에 빠져 통제 불능이 되고 말 것이다.

일국의 법체계에서 최상위의 위치를 점하고 있는 것은 헌법(the constitution)인데, 이는 국가의 통치조직과 통치 작용의 기본원리 및 국민의 기본권을 보장하는 근본 규범이다. 즉 헌법에는 한 나라가 대통령제를 택할 것인지 혹은 내각제를 택할 것인지를 규정하며 행정부, 입법부 그리고 사법부의 권한과 상호 관계도 명시한다. 또한 국민들이 누리게 되는 자유, 즉 양심의 자유, 언론의 자유, 종교의 자유 등등을 규정하며 이와 더불어 국민들이 반드시 지켜야 할 의무 등도 포괄적으로 담고 있다.

법은 지키라고 있지만 어떻게 해서든 이를 어기려는(violate) 사람들이 있게 마련인데 이들은 곧 범죄를 저지르게 되는 것이다. 교통법규 위반 등 비교적 가벼운 죄는 경범죄(misdemeanor)라 하고 강도 등 죄질이 나쁜 것은 중죄(felony)라고 한다. 범죄가 많아지면 범죄율(crime rate)이 높아지고 사회는 불안해지므로 경찰은 범죄예방에 더 많은 노력을 기울이게 되며 더 이상 방치해서는 안 되겠다고 판단할 경우 범정부 차원에서 범죄와의 전쟁을 선포하기도(declare war on crimes) 하는데, 그런 예가 종종 있었다.

law

법, 법률

a rule that people in a particular country, city or local area must obey = act, decree, legislation, statute

'법'이라는 뜻의 가장 일반적인 말은 law이다. 그 외에도 act, rule, regulation, statute, ordinance 등이 있으며 각기 미묘한 뜻의 차이를 갖고 있다. 법에는 국가의 권력자 또는 입법부가 제정하는 성문법과 관습에 의한 불문법이 있다.

act, statute 입법부가 제정하는 성문법을 지칭.

rule 질서, 규율 유지를 위해 일반적으로 지켜지는 (보통 개인적 행동이나 절차에 관한) 규칙.

regulation 어떤 조직의 통제, 운영을 위해 권한을 갖고 제정한 규약.

ordinance 지방 공공 단체가 제정하는 조례(條例).

유의어 **bill** 법률안 **bylaw** 조례, 지방법; 내규, 규칙 **canon** 교회법, 법령 **charter** 헌장 **code** 법전, 조례 **decree** 법령 **edict** 포고령, 칙령 **jurisprudence** 법학; 법조직, 법체계 **ordinance** 조례, 법령 **precept** 규범, 교훈 **regulations** 법규 **rules** 규정, 법규

반의어 **anarchy**

용례 **the spirit of the law** 법의 정신 **keep[observe] the law** 법을 지키다 **break[violate] the law** 법을 어기다 **obey the law** 법을 따르다 **go against the law** 법에 위반되다, 불법이다

| **We are equal before the law.** 만인은 법 앞에 평등하다.

| **by law** 법률적으로, 법에 의해 **be against the law** 법률 위반인, 불법의 **enforce the law** 법을 집행하다

| **law and order** 법질서 **maintain the current legal system** 현행 법체계를 유지하다

| **bend the law** 법을 편리한 대로 해석(수정)하다 **plug the loopholes in the law** 법의 허점을 막다 **close a legal loophole** 법률상의 허점을 차단하다 **find[exploit] a loophole in the rules** 규칙의 허점을 찾다[이용하다]

| **chapter** (법의) 장 **article** 조 **section** 절 **clause** 항 **violate Chapter 1, Article II, Section 1, Clause 2 of the US Constitution** 미국 헌법 제1장, 제2조, 제1절, 제2항을 위반하다

legal 합법적인; 법률의

= lawful, legitimate, licit, valid

| **illegal** 불법의 = illegitimate, illicit, lawless, unlawful

| **law-abiding** 법을 지키는, 준법의 **law-breaking** 위법의, 범법의

| **extralegal** 법의 규제를 안 받는

| **extraterritoriality** 치외법권 **enjoy extraterritoriality** 치외법권을 누리다 **exercise one's extraterritoriality** 치외법권을 행사하다 **abolish[relinquish] extraterritoriality** 치외법권을 철폐하다

written law 성문법

| **unwritten law** 불문법 **civil law** 민법 **criminal law** 형법 **commercial[mercantile, business] law** 상법 **criminal proceedings act** 형사 소송법 **civil proceedings act** 민사 소송법 **criminal case law** 판례법 **common law** 관습법 **international law** 국제법 **contract law** 계약법 **copyright law** 저작권법 **family[marriage] law** 가족[혼인]법 **immigration law** 이민법 **labor law** 노동법 **maritime law** 해상법 **patent law** 특허법 **tax law** 세법

martial law 계엄령

| **declare[proclaim, impose] martial law in** ~에 계엄령을 선포하다 **lift[end] martial law** 계엄령을 해제하다

| **the martial law commander, the chief martial law administrator** 계엄사령관 **the office of**

the martial law commander 계엄사령부
| **order press censorship** 언론 검열을 명하다 **restrict public gatherings** 대중 집회를 제한하다
| **curfew** 통행금지 **impose a curfew on** ~에 통행금지를 실시하다 **impose a nationwide nighttime curfew** 전국에 야간 통행금지령을 내리다 **impose a daytime curfew** 주간 통행금지를 실시하다 **impose a dusk-dawn curfew** 저녁부터 새벽까지 통행금지를 실시하다

---

violate (법, 약속 등을) 어기다, 위반하다

to act against a law or an important agreement = break, breach, contravene, disobey, flout, infract, infringe, offend, outrage, transgress, trespass against

유의어 **defy** 도전하다, 무시하다 **disregard** 무시하다 **encroach on** (재산, 권리를) 침해하다 **profane** 악용(남용, 오용)하다 **resist** 저항하다 **tamper with** 함부로 변경하다 **trample on** 무시하다

반의어 **obey, observe**

용례 **violate a law** 법을 위반하다 **violate an armistice** 휴전 협정을 위반하다 **violate a country's air space** 어떤 나라의 영공을 침범하다
| **contravene international law** 국제법을 어기다(국제법에 위배되다)
| **offend a statute** 법규를 위반하다
| **trample on law and justice** 법과 정의를 무시하다 **transgress the law** 법률을 위반하다 **trespass against the law** 법을 어기다
| **violation** 위반 = abuse, break, breaking, contravention, encroachment, illegality, infraction, infringement, misbehavior, misdemeanor, negligence, nonobservance, offense, rupture, transgressing, transgression, trespass, trespassing, violating, wrong
| **a traffic[parking] violation** 교통[주차] 위반 **a violation of law** 법률 위반
| **violator** 위반자

필수예문

1 The Israeli parliament has **passed a law** preventing Palestinians who marry Israelis from living in Israel, a move denounced by human rights organizations as racist, undemocratic and discriminatory. (이스라엘 의회는 이스라엘인과 결혼하는 팔레스타인들이 이스라엘에 거주하는 것을 금하는 법을 통과시켰는데 인권 단체들은 이 조치를 인종차별적이고, 비민주적이며 차별적이라고 비난한다.)

2 Lawmakers say there is a need to change existing **legislation on** the minimum wage. (국회의원들은 현행 최저임금에 관한 법률을 개정할 필요가 있다고 말한다.)

The ruling party is expected to **introduce a new bill** aimed at spurring adoption of electronic health records. (집권당은 전자 의료기록제도 채택을 촉구할 목적의 새 법안을 도입할 것으로 예상된다.)

3 **Article 1** of the Constitution guarantees freedom of religion and conscience. (헌법 제1조는 종교와 양심의 자유를 보장한다.)

Under the Constitution's system of checks and balances, one role of the court is to restrain the legislative and the executive branches by ruling actions void when they **violate the Constitution**. (헌법에 규정된 견제와 균형의 원리에 의하면 법원의 한 역할은 헌법에 위배되는 조치를 무효화함으로써 입법부와 행정부를 견제하는 것이다.)

4 US military forces are trying to **restore law and order** in Baghdad, after three days of looting and lawlessness triggered by the sudden collapse of the regime of Saddam Hussein. (미군은 사담 후세인 정권의 갑작스런 붕괴로 야기된 3일 동안의 약탈과 무법 상태가 이어진 뒤 바그다드에서 법질서 회복을 위해 노력하고 있다.)

5 Human rights organizations claim government officials can **bend the law** and get away with it. (인권 단체들은 정부 관리들이 법을 편리한 대로 바꾸고도 용케 처벌을 면할 수 있다고 주장한다.)

The Supreme Court has asked the legislature to find ways for **plugging the loopholes in** the law against under-age drinking and prostitution. (대법원은 국회에 미성년자 음주와 매춘을 금하는 법의 허점을 막을 방법을 강구할 것을 요청했다.)

6 Before you decide to **break the law**, you must convince yourself that the state is wrong. (법을 위반하기로 작정하기 전에 국가가 잘못이라는 것을 확신해야 한다.)

Working on commission encourages couriers to **disobey traffic rules** to increase their income. (커미션을 받고 일하는 제도가 퀵서비스 기사들이 수입을 늘리기 위해 교통 법규를 위반하도록 조장한다.)

7 Too many drivers **disregard speed limits** on highways and in residential areas, so something has to be done now before things really get out of control. (너무도 많은 운전자들이 고속도로와 주택가에서 제한 속도를 위반하므로 사태가 정말 걷잡을 수 없게 되기 전에 무슨 조치를 취해야 한다.)

Many bar owners **flout the law** on under-age drinking and smoking. (많은 술집 주인들이 청소년 음주와 흡연에 관한 법을 대놓고 무시한다.)

crime

범죄

actions such as stealing or violence for which people can be punished by law
= felony, malefaction, misdemeanor, offense

유의어 **antisocial behavior** 반사회적 행위 **breach** (법률, 계약 따위의) 위반, 침해 **corruption** 뇌물죄 **criminality** 범죄 행위 **delict** 비행 **delinquency** 범죄, 비행 **malfeasance** 불법 행위 **misconduct** (공무원 등의) 위법 행위, 직권 남용 **recidivism** 상습적 범행, 재범 **sin** (종교, 도덕상의) 죄 **tort** 불법 행위 **trespass** 불법 침해(침입) **wrongdoing** 불법 행위, 범죄

반의어 **good deed, kindness**

용례 **commit[perpetrate] a crime[an offense]** 범죄를 저지르다 **crime against** ~대상으로 한 범죄 **serious crime** 중죄 **convict ~ of a crime** ~를 범죄로 유죄 판결하다

| **solve a crime** 범죄를 해결하다 **turn to crime** 범죄에 손을 대다, 빠지다 **the scene of the crime** 범죄 현장 **crime rate[statistics, prevention]** 범죄율[범죄 통계, 범죄 예방]

| **violent crime** 강력 범죄 **petty[minor] crime** 경범죄 **a crime wave** (일시적인) 범죄의 증가 **felony** 중죄 **misdemeanor** 경범죄

| **There is no evidence of foul play.** 범죄(살인)의 증거는 없다.

| a copycat crime 모방 범죄 **lead to copycat crimes** 모방 범죄로 이어지다 **a spate of copycat crimes** 빈발하는 모방 범죄 **an increase in copycat crimes** 모방 범죄의 증가 **inspire copycat crimes** 모방 범죄를 조장하다(부추기다) **a copycat offender[criminal]** 모방 범죄자

indecent exposure 공개적 음란죄, 신체 공개 노출

| exposure of one's genitalia 성기 노출 **a nude beach** 누드 해변 **expose one's breasts [genitals, buttocks]** 유방[성기, 엉덩이]을 노출하다 **expose one's flaccid penis to** ~에게 발기 안 된 성기를 노출하다 **expose one's erect penis in public** 발기된 성기를 공개적으로 노출하다 **flash** (사람 앞에서) 성기(유방, 팬티 따위를) 슬쩍 보이다 **flash one's breasts** 유방을 노출하다

| mooning (달리는 차의 창문 따위에서) 볼기 노출 **toplessness** 가슴 노출 **exhibitionism** 노출증 **flashing** 성기의 순간 노출 **flasher** 노출광, 바바리맨(Stereotypically, they wear trenchcoats and no clothes underneath. 전형적으로 이들은 바바리를 입고 안에 아무것도 입지 않는다.) **exhibitionist** 노출증 환자

| voyeurism 관음증(觀淫症), (성적인) 엿보기 취미 **voyeur** (성적으로) 엿보기 좋아하는 사람, 관음자(觀淫者) **voyeuristic** 관음증의; 관음자의 **an upskirt** 치마 속을 보여주는 사진 **a downblouse** 상체 노출 사진(여성이 몸을 수그릴 때 보이는) **paraphilia** 성적도착(性的倒錯)

| a changeroom, a change room, a changing room 탈의실 **a lockerroom, a locker room** (체육관, 클럽 따위의) 탈의실 **a fitting[dressing] room** 가봉실, 옷 입어보는 방 **a greenroom** (극장의) 출연자 휴게실, 대기실, 분장실

---

criminal 범죄자; 범죄의, 형사(상)의

someone who is guilty of a crime = culprit, delinquent, lawbreaker, malefactor, offender, wrongdoer

유의어 **blackmailer** 갈취자, 공갈자 **con** 죄인, 전과자 **convict** 죄수, 기결수 **crook** 사기꾼, 도둑 **desperado** 무법자 **evildoer** 악인 **ex-con, ex-convict** 전과자 **felon** 강력범, 중죄인 **finger** 소매치기 **fugitive** 탈주범 **hatchet man** 살인 청부업자, 해결사 **heavy** 불량배 **hustler** 도둑, 소매치기 **jailbird** 죄수, 전과자, 상습범 **moll** 여자 소매치기(도둑) **mug** 살인 청부업자, 깡패 **outlaw** 무법자, 상습범 **racketeer** 공갈 협박자 **recidivist, repeater** 상습범 **scofflaw** 법을 우습게 보는 사람, (법규 따위의) 상습적 위반자 **shylock** 비정한 고리대금업자 **transgressor** (종교, 도덕상의) 죄인 **yardbird** 죄수

반의어 **innocent, law-abiding citizen**

용례 **a chance[habitual, repeat, hardened] criminal** 우발적 범죄자[상습범] **a common [political, economic] criminal** 일반[정치, 경제]사범

| a criminal case 형사 사건 **a criminal action[suit]** 형사 소송

| have a criminal record 전과가 있다 **a criminal act** 범죄 행위 **a criminal person** 범인 **begin a criminal investigation into** ~에 대한 범죄 조사를 시작하다 **criminal activity** 범죄 행위 **criminal tendency** 범죄경향

wanted 지명수배의

| wanted for ~로 지명수배를 받고 있는 **put ~ on a wanted list** ~를 지명수배자 명단에 올리다 **compile a new most wanted list** 새로운 긴급 지명수배자 명단을 작성하다

| manhunt 범인 추적 **carry out [conduct] a manhunt for** ~를 추적하다 **launch[begin, start] a nationwide manhunt for** ~에 대한 전국적인 추적을 시작하다

| juvenile delinquency 청소년 범죄(비행) **a juvenile delinquent** 비행 청소년

| gang 깡패집단, 폭력단 **gang member** 폭력단의 일원 = underworldling

| ring 일당, 도당 **a drug ring** 마약 조직 **syndicate** 조직 폭력단 **underworld** 암흑가 **organized crime**

조직범죄 **turf war** 세력 다툼

evidence 증거

| **physical[circumstantial, hard] evidence** 물증[정황 증거, 부인할 수 없는 증거] **lead, clue** 단서 **gather clues** 단서를 수집하다

| **destroy[tamper with] evidence** 증거를 인멸하다[조작하다] **destruction of evidence** 증거 인멸 **evidence tampering, tampering with evidence** 증거 조작

psychiatric evaluation 정신감정

| **receive[take, undergo, get] a psychiatric evaluation** 정신감정을 받다 **need a comprehensive psychiatric evaluation** 종합 정신감정을 받을 필요가 있다 **carry out a psychiatric evaluation of[on]** ~의 정신감정을 실시하다 **consider a psychiatric evaluation for** ~의 정신감정을 고려하다

| **order a mental-health evaluation for** ~의 정신감정을 명령하다 **a court-ordered psychiatric evaluation** 법원이 명령한 정신감정

필수예문

1 **Violent crimes** against the elderly and women have been on the rise for the past three years because of a rise in the number of unemployed people amid an economic slump. (불황 속에 실업자가 증가하여 노인과 여성을 상대로 한 강력 범죄가 지난 3년간 증가해왔다.)

2 The victim had been dead for three hours when detectives arrived at **the scene of the crime.** (형사들이 범죄 현장에 도착했을 때 희생자는 이미 3시간 전에 사망했다.)

Under a new law, police can arrest and handcuff people for **minor offenses** that would be punishable only by a fine. (새로운 법률에 의하면 경찰은 단지 벌금형에 처해지는 경범죄를 범한 사람들을 체포하고 수갑을 채울 수 있다.)

3 The singer was indicted **on felony charges** for lying to a federal grand jury probing a shootout in New York City. (그 가수는 뉴욕 시에서 일어난 총격전을 조사하는 연방 대 배심원단에 허위 진술을 한 중죄 혐의로 기소되었다.)

The husband pleaded guilty to **misdemeanor charges** that he chucked a phone at his wife. (남편은 아내에게 전화기를 집어던졌다는 경범죄 혐의를 시인했다.)

4 The politician has called for urgent action to combat **the escalating crime wave.** (그 정치인은 날로 증가하는 범죄와 싸우기 위해 즉각적인 조치를 취할 것을 요구했다.)

Many teens **turn to crime** because they feel bored and frustrated. (많은 십대들은 지루하고 좌절감을 느껴 범죄에 손을 대게 된다.)

5 An undercover cop is posing as a kindergarten teacher in order to catch a **dangerous criminal** wanted for a gruesome murder. (한 비밀 경찰관이 끔찍한 살인 사건으로 지명수배를 받고 있는 위험한 범죄자를 체포하기 위해 유치원 교사 행세를 하고 있다.)

Osama bin Laden, who allegedly masterminded terrorist attacks on the United States, is America's **most wanted man.** (미국에 대한 테러 공격을 배후조종했다고 하는 오사마 빈 라덴은 미국의 지명수배자 제 1호다.)

6 The most effective way to **prevent juvenile delinquency** has indisputably been to assist children and their families early on. (청소년 범죄를 예방하는 가장 효과적인 방법은 분명히 어린이와 그들의 가족을 사전에 도와주는 것이었다.)

South Korea's police have put three people from China **on an Interpol wanted list** for allegedly using fake 10,000 won bills in Seoul. (한국 경찰은 3명의 중국인을 서울에서 위조 1만원권을 사용한 혐의로 인터폴 지명 수배자 명단에 올렸다.)

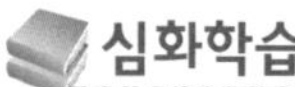

심화학습

헌법 the constitution

한 국가의 최고의 법은 헌법(the constitution)이고 헌법의 정신에 맞추어 각종 법률이 만들어지고 운용된다. 그리고 특정 국가의 헌법을 말할 때 'C'를 대문자로 표기하는데, 예를 들어 '미국의 헌법'은 the USA Constitution 이라고 쓴다.

The **constitution** is the fundamental law of a country, containing the principles upon which the government is founded and regulating the divisions of the sovereign powers, directing to what persons each of these powers is to be confided and the manner it is to be exercised.

The **constitution** sets out how all the elements of government are organised and how power is carved up among different political units. It contains rules about what power is wielded, who wields it and over whom it is wielded in the governing of a country.

And, as a kind of deal or contract between those in power and those who are subjected to this power, the **constitution** defines the rights and duties of citizens, and the devices that keep those in power in check.

헌법이란 한 국가의 기본법으로 정부 설립의 근거가 되는 원칙을 포함하고 독립 권력의 분립을 규제하며 이런 권력들이 누구에게 위임되고 그것의 행사 방식을 규정한다.

헌법은 통치 요소의 구성과 각기 다른 정치 단위들 사이의 권력분립을 제시한다. **헌법**은 일국의 통치에 있어 행사되는 권력, 권력 행사의 주체 그리고 피행사자에 대한 규정을 담고 있다.

그리고 권력자와 이 권력에 복종하는 사람간의 계약의 하나로서 **헌법**은 시민의 권리와 의무 그리고 권력자들의 견제 장치들을 규정한다.

fundamental 기본의, 근간이 되는 **be founded on** ~를 근거로 하다 **set out** 제시하다, 설계하다 **carve up among** ~사이에 분할하다, 나누다 **wield power** 권력을 행사하다 **the rights and duties of citizens** 시민의 권리와 의무 **keep ~ in check** ~를 견제하다

04 체포 | 구속

주제어	관련어
arrest	**apprehend, nab, collar, haul in, pull, round up, catch ~ red-handed, under arrest, put ~ under house arrest, on the loose, make a raid on**
detain	**hold, intern, take ~ into detention[custody], be held in custody, issue a detention warrant, apply for judicial review of one's detention**

●●● A drowning man will catch at a straw.

물에 빠진 사람은 지푸라기라도 붙잡는다.

TV 뉴스 시간이면 빠지지 않고 등장하는 장면 중 하나는 얼굴이 잘 알려진 정치인이나 재벌 총수들이 푸른 죄수복을 입은 채 오랏줄에 묶여 구치소로 끌려가는 모습이다. 경찰과 검찰 등 사법당국은 범법자에 대해서 일차로 체포하여(arrest) 신병을 확보한 다음 피의자의 구체적인 범법 내용과 피해자의 피해 사실 그리고 범행 동기 등을 수사하게 된다. 피의자를 굳이 인신 구속 상태에서 수사하지 않아도 된다고 판단할 경우 불구속 상태에서 피의자의 혐의를 입증해 검찰이 기소를 하고 기소 사건에 대해 법원에서 범법 여부에 대한 판결을 내리게 된다.

그러나 피의자가 도주할 위험성(flight risk)이 있거나 증거를 인멸할(destroy evidence) 우려가 있다고 판단되면 검찰(prosecution)이나 경찰은 피의자가 도망을 하지 못하도록 구속(pre-trial detention)을 시켜 재판을 하기 전까지 심문과 기타 보강 수사를 하게 된다. 경찰이나 검찰이라고 해서 마음대로 아무나 구속할 수 있는 것은 아니며 이를 위해서는 법원에 구속영장을 신청하여(seek a detention warrant) 영장 전담 판사로부터 영장을 받아야 하는데 그의 재량에 따라 영장이 발부되거나 혹은 기각될 수 있다.

피의자는 자신의 구속이 타당하지 않거나 법에 어긋난다고 생각될 경우 법원에 구속의 적법성을 가려달라고 구속적부심을 신청할 수 있으며 이를 apply for judicial review of one's detention 또는 file for a habeas corpus petition이라고 한다. 우리나라의 경우 고위 정치인이나 기업인 혹은 관리들이 뇌물 사건에 연루되어 구속될 경우 인신구속에 이의를 제기하여(challenge one's detention) 이를 신청하는 것을 언론을 통해 종종 접하게 된다.

arrest

체포하다, 검거하다
to catch people because they have done something illegal = apprehend, bag, bust, capture, catch, collar, get, glom, grab, haul in, hook, nab, nail, net, nick, pick up, pinch, pull, pull in, round up, roust, run in, seize

사람을 체포할 때는 합당한 이유가 있어야 하는데 그 이유를 표시하는 전치사로는 보통 for가 사용된다. for 대신에 어떤 혐의를 나타내는 on suspicion of 혹은 on charges of가 붙어서 체포 이유를 적시하기도 한다.

be arrested for, be arrested on suspicion of [on charges of] ~한 죄로(혐의로) 체포되다

유의어 **book** 경찰서로 연행하다, 입건하다 **be dropped** 체포되다 **imprison, jail** 수감하다 **incarcerate** 투옥(구금, 감금)하다 **tag** 미행하다 **show ~ a clean[fair] pair of heels, show one's heels to** (추격자, 경쟁자를) 떼어놓다, 달아나다

반의어 **discharge, let go, liberate, release, set free**

용례 **arrest someone for murder** ~를 살인혐의로 체포하다

| **apprehend a thief** 도둑을 체포하다

| **collar a robber** 강도를 잡다(체포하다)

| **pull a pickpocket** 소매치기를 검거하다

| **run someone in for robbery** 강도죄로 체포하다

| **catch a thief red-handed** 도둑을 현행범으로 체포하다 = catch a thief with the goods **catch someone in the act of** ~하는 현장에서 체포하다 **be[get] caught ~ing** ~하다 들키다, 잡히다

| **at large** (범인 따위가) 자유로운, 잡히지 않은 **remain at large** 아직 잡히지 않고 있다

| **capture** (배 등을) 나포하다 = seize, make (a) prize of, hijack

| **become prize to, become (the) prize of** ~에 나포되다

---

arrest 체포, 검거

capture of people for doing something illegal = apprehension, bust, capture, detention

용례 **make an arrest of** ~를 체포하다 **You are under arrest!** 당신(들)을 체포한다! (경찰관 용어) **issue an arrest warrant** 체포영장을 발부하다

| **put someone under house arrest** ~를 가택연금시키다 **lift someone's house arrest** ~를 가택연금에서 해제하다

| **on the loose** 도망하여, (경찰에 쫓기어) 도주 중인 = on the lam, on the run

| **make a raid on** ~를 급습(수색)하다, 불시에 단속하다 **raid** 불시 단속하다, 급습하여 빼앗다 = bust, sweep

| **issue a search and seizure warrant for** ~에 대해 압수 수색 영장을 발부하다 **search and seize** ~를 압수 수색하다

composite, composite sketch[drawing, picture] 몽타주, 합성사진

| **draw[sketch, compile, create, make, construct] a composite of a suspect's face from witness descriptions** 목격자들의 진술을 토대로 용의자의 몽타주를 그리다 **distribute[release, circulate] a composite (sketch, drawing, picture) of the suspect** 피의자의 몽타주를 배포하다

a manual[computerized] composite 손으로 그린[컴퓨터로 만든] 합성사진

| **mug, mug shot** (범인의) 얼굴(상반신) 사진 **distribute the suspect's mug shot** 용의자의 얼굴 사진을 배포하다

| **description** 인상착의 **give[provide] a description of a rape suspect** 강간 용의자의 인상착의를 제공하다 **release a description of the suspect** 용의자의 인상착의를 공표하다

| compile a description of the suspect using statements from the victim 희생자의 진술을 토대로 용의자 인상착의를 만들다 **write down a detailed description of** ~의 자세한 인상착의를 기록하다

| be described as a tall, whiskered man in his mid 20s who was wearing a black overcoat 인상착의는 키가 크고 20대 중반의 구레나룻이 있는 남자로 검은 코트를 입고 있었다.

필수예문

1 The government's top procurement official **was arrested for** lying and obstructing a criminal investigation into a businessman's dealings with the military. (정부의 최고 조달 관리가 허위 진술을 하고 한 사업가의 군부와의 거래에 대한 형사 조사를 방해한 죄로 체포되었다.)

2 A lawyer **was arrested** at a large mall after refusing to take off a T-shirt advocating peace that he had just purchased at the mall. (한 변호사가 대형 쇼핑몰에서 막 구입한 평화를 주창하는 티셔츠를 벗지 않겠다고 거부한 뒤 체포되었다.)

The robber **was never caught** and got away with $10 million. (강도는 결코 체포되지 않고 천만 달러를 훔쳐 달아났다.)

3 Did the police **get** the man who stole your cell phone? (경찰이 네 휴대전화를 훔친 사람 잡았어?)

At least 100 people who crossed the border illegally have been **nabbed on suspicion of** terrorism. (적어도 100명의 불법으로 국경을 넘은 사람들이 테러 혐의로 체포되었다.)

4 Jack **got caught stealing** money from the store. (잭은 가게에서 돈을 훔치다 붙잡혔다.)

The thief was **caught in the act of stealing** Christmas presents from under the trees at three Seoul condominiums. (도둑은 서울에 있는 아파트 세 곳에서 크리스마스트리에 있는 선물을 훔치다 현장에서 붙잡혔다.)

5 Don't move![Freeze!] **You are under arrest!** (꼼짝 마! 당신을 체포한다!)

Police will seek **an arrest warrant for[on, against]** a US soldier for killing a South Korean woman. (경찰은 한국인 여인을 살해한 혐의로 한 미군 병사에 대해 체포영장을 신청할 것이다.)

6 The pro-democracy icon has now spent more than 10 of the past 16 years in detention since the military regime first **put her under house arrest**. (군사 정권이 그녀를 처음 가택연금 시킨 이래 그 민주화의 상징적 인물은 과거 16년 중 10년 이상을 구금 상태에서 보냈다.)

One police officer was killed and two others wounded during an attempt to extort payment from a drug-trafficking suspect who has been **on the loose** since. (마약거래 용의자로부터 돈을 뜯어내려다 한 명의 경찰이 사망하고 다른 두 명이 부상을 당했는데 그 용의자는 그 이후 도망을 쳐 붙잡히지 않고 있다.)

7 Police **made a raid on** a residence northwest of London in connection with last week's bombings. (경찰은 지난주 폭발 사건과 관련해 런던 북서부에 있는 한 주택을 급습해 수색했다.)

Police **circulated a composite sketch of** a suspect, described as a dark-skinned male with a cross tattooed on his left leg. (경찰은 용의자의 합성사진을 배포했는데 왼쪽 다리에 십자가 문신을 하고 피부가 검은 남성이라고 한다.)

Using statements from the victim and witnesses, police **compiled and released a description of** the rape suspect who was described as a tall man wearing glasses.
(피해자와 목격자의 진술을 토대로 경찰은 강간 용의자의 인상착의를 작성 발표했는데 큰 키에 안경을 쓰고 있다고 한다.)

detain

구속(구금, 구류, 유치)하다, 억류하다
to keep in custody or temporary confinement = confine, constrain, hold, intern, restrain

반의어 **free, let go, liberate, release**

용례 **detain political prisoners without charge** 정치범을 고발 없이 구속하다 **detain someone for questioning** 심문하기 위해 구속하다 **be detained for** ~로 구속되다 **hold a prisoner** 죄수를 구류하다

| **detention** (판결 전의) 구속, 구치 **take someone into detention** 구속하다 **release someone from detention** 구속에서 석방하다 **in detention** 구속(억류)되어 **death in detention** 구류 중 사망 **seek a detention warrant for** ~에 대해 구속영장을 신청하다

| **be held without bail** 보석이 허용되지 않고 구속되다

| **issue a detention warrant** 구속영장을 발부하다 **issue an emergency detention warrant** 긴급 구속영장을 발부하다 **be granted[denied] access to a lawyer** 변호사 면회가 허용되다[거부되다]

| **apply for judicial review of one's detention** 구속적부심을 신청하다

| **review the lawfulness of one's detention** 구속적부를 심사하다

| **a detention camp** 수용소 **a concentration camp, a gulag** (정치범 등의) 강제 수용소

---

custody 구속, 구류, 구치

to keep suspects in prison until it is time for them to be judged in a law court = arrest, confinement, detention, duress, imprisonment, incarceration, jail, keeping

반의어 **freedom, liberation, liberty**

용례 **take someone into custody** 구속하다, 수감하다 **be held[kept] in police custody** 경찰에 구류되다 **be in custody** 구속되어, 감금되어

| **custody** 양육권 **have custody of** ~의 양육권을 갖다 **award[grant] custody** 양육권을 주다 **have joint custody of one's child** 아이에 대한 공동 양육권이 있다

| **custodian** 보관인, 관리인; 후견인 = keeper, guardian

| **custodial** 보호의, 보관의

필수예문

1 A suspect will not **be detained** if he or she is expected to be given a suspended sentence or a fine in a court trial. (용의자는 재판에서 집행유예나 벌금을 선고받을 것으로 예상되면 구속되지 않을 것이다.)

At present, two people are still **being detained** on suspicion of murdering a police officer. (현재 두 사람이 경찰관 살해 혐의로 구속 상태다.)

2 Two foreign journalists who were working in Cuba without government authorization **were detained for** interviewing opposition activists. (정부 허가 없이 쿠바에서 활동하던 두 명의 외국 기자가 반정부 인사를 인터뷰했다는 이유로 구속되었다.)

3 Soccer great Diego Maradona **was detained briefly** by airport police after he argued with them following his late arrival for a flight. (축구 천재 마라도나가 비행기 편에 늦게 도착한 뒤 공항 경찰과 다투고 나서 잠시 구금을 당했다.)

Police are **holding** three jobless men for questioning in connection with the robbery. (경찰은 강도 사건과 관련된 심문을 하기 위해 세 명의 실직자를 구금하고 있다.)

4 Tom was **released from police detention** after all charges were dropped. (모든 혐의가 취소된 후 톰은 경찰 구류 상태에서 풀려났다.)

He was **taken into detention** a month ago and still is not allowed visitors. (그는 한 달 전에 구속되어 아직도 면회가 불허되고 있다.)

5 South Korean law **calls for detentions** only when there is a risk of flight or harm to the public or if a suspect is thought to have an opportunity to destroy evidence. (한국 법은 도주나 국민에 해를 끼칠 우려가 있거나 용의자가 증거를 인멸할 수도 있다고 간주될 때만 구속하도록 하고 있다.)

6 The court has rejected a prosecution request to **issue a detention warrant for** the politician accused of taking bribes from a lobbyist. (법원은 로비스트로부터 뇌물을 받은 혐의가 있는 정치인에 대한 검찰의 구속영장 발부 신청을 기각했다.)

He was later arrested and detained as an illegal immigrant but was allowed to **apply for judicial review of his detention.** (그는 뒤에 체포되어 불법 이민자로 구속되었지만 구속적부심 신청이 허용되었다.)

심화학습

인신 보호 영장 habeas corpus

범죄자나 용의자가 구속이 억울하다고 생각될 경우 법원에 자신을 구금하는 것이 적법한지를 판결해달라고 신청할 수 있는데 이를 인신 보호 영장 또는 법원 출두 영장이라고 한다. 영장 전담 판사는 이 신청을 심의하여 구속이 적법한지 아닌지 판결을 내리게 되며 이는 불법 구금 방지를 목적으로 피구금자의 법정 출두를 명령하는 영장이다.

Prisoners often seek release by filing a petition for **a writ of habeas corpus. A writ of habeas corpus** is a judicial mandate to a prison official ordering that an inmate be brought to the court so it can be determined whether or not that person is imprisoned lawfully and whether or not he should be released from custody.

The petition must show that the court ordering the detention or imprisonment made a legal or factual error. **Habeas corpus petitions** are usually filed by persons serving prison sentences. In family law, a parent who has been denied custody of his child by a trial court may **file a habeas corpus petition**.

형사 피고인은 종종 **인신 보호 영장**을 신청함으로써 석방되려고 한다. **인신 보호 영장**이란 사법부가 교도관에게 죄수를 법원에 출두시켜 적법하게 투옥되고 있는지 혹은 구속에서 풀려나야 하는지를 결정하도록 내리는 명령이다.

구속적부심 신청서는 구류나 수감을 명하는 법원이 법적인 또는 사실상의 실수를 했다는 것을 보여주어야 한다. **인신 보호 영장 청구**는 보통 실형을 살고 있는 사람들이 신청한다. 가족법에서는 법원에 의해 자녀의 양육권을 거부당한 부모가 **인신 보호 영장을 신청할** 수도 있다.

seek release 석방되려고 하다 **file a petition for** ~를 신청하다 **a writ of habeas corpus** 인신 보호 영장 **a judicial mandate** 사법적 명령 **be imprisoned lawfully** 합법적으로 수감되다 **be released from custody** 구속에서 풀려나다 **be denied custody of one's child** 아이의 양육권을 거부당하다

1분회화

It's one thing after another.

계속 말썽이야(문제야).

살다 보면 어떤 문제가 있어 그걸 겨우 해결하고 나면 또 다른 문제에 봉착하게 되는 일이 다반사다. 위에 나온 숙어에서 it은 흔히 말하는 '사정, 형편, 상황' 등을 나타내는 대명사로 '문제' 정도로 보면 된다. 거금을 주고 차를 한 대 뽑았는데 이 놈의 차가 하루가 멀다 하고 말썽을 부리니 정말 환장할 노릇인데 이럴 때 딱 어울리는 표현이다.

A: What's the matter? 무슨 일이야?
B: My car broke down again. 차가 또 고장이야.
A: What's wrong with it this time? 이번에는 뭐가 말썽이지?
B: Beats me. **It's one thing after another with that bloody car!** 낸들 알겠어. 저 빌어먹을 차 계속 말썽이야.

05 재판 | 선고

주제어	관련어
trial	**try, judge, tribunal, court-martial, go on [stand] trial for, criminal[civil] trial, appellate court, high court, trial court, appeal, prosecute**
sentence	**convict, sentence ~ to death, community service, a suspended sentence, death penalty, probation, parole, release, bail, amnesty**

●●● Justice will assert itself. 정의는 반드시 밝혀진다.

구속된 범죄 피의자들은 일단 구치소에 수감되어 범죄 혐의에 대한 법원의 판단을 기다린다. 형사 범죄의 경우 원고는 검찰이 되며 검찰은 피의자의 유죄를 법원(court)에서 입증할 의무가 있다. 사건이 배당되면 법원은 검찰 측의 담당 검사와 피의자 변호인을 불러서 유죄 여부에 대한 판단을 하게 되는데 이를 재판이라고 한다. 검찰은 온갖 증거를 다 동원하여 유죄를 입증하려고 애쓰는 한편 변호인은 피의자의 무죄 석방을 위해 노력한다.

양측의 주장을 다 청취하고 난 뒤 담당판사는 형을 선고하게(sentence) 되는데 검찰의 주장이 일리 있다고 판단되면 유죄를, 아니면 무죄를 선고하게 된다. 법원의 판결이 부당하다고 생각되면 피의자는 항소할(appeal a decision) 수 있으며 유·무죄 여부의 최종 판결을 하는 곳은 대법원(the Supreme Court)이고 형이 확정되면 감옥에 수감되어 형을 살게 된다.

감옥에 가더라도 돈 있는 사람들은 보석금을 내고(give bail) 석방되는 것이 보통이다. 또 정부나 대통령은 국경일이나 석가탄신일 등에 사면(amnesty)을 통해 정치인이나 기업인들을 풀어주기도 한다. 오랜 세월 동안 '무전유죄 유전무죄' 현상을 보아왔기에 우리나라 국민들의 법의식은 낮은 수준이라고 한다.

trial

재판, 공판, 심리
an official court process to judge if a person is guilty of breaking the law and decide on a punishment = court case, case, hearing, litigation, judicial examination, legal investigation

재판이나 선고에 관련된 단어에는 이유나 원인을 의미하는 전치사 for가 늘 따라다닌다.
go on trial for ~를 저지른 혐의로 재판을 받다
be sentenced to a life sentence for ~한 죄로 종신형을 언도받다
유의어 **arraignment** 법정 심문 **case** 소송 **citation** 소환, 소환장 **counterclaim** 맞고소 **court action** 법적 소송 **court-martial** 군법회의 **cross-examination** 반대신문 **hearing** 심문, 심리 **lawsuit, suit** 소송
용례 **go on [stand] trial for murder** 살인죄로 재판을 받다 **face trial on drug trafficking charges** 마약밀매 혐의로 재판을 받게 되다
| **put someone on trial, bring someone to trial** ~를 재판에 부치다 **stand[take, undergo] one's trial for** ~로 재판을 받다 **a criminal[civil] trial** 형사[민사] 재판
| **try, judge, adjudicate** 재판하다
| **be tried in absentia** 궐석재판을 받다
| **open[begin] trial of** ~에 대한 재판을 시작하다 **murder[rape, fraud] trial** 살인[강간, 사기]사건 재판 **await trial** 재판을 기다리다(앞두다) **The trial is set for Monday.** 재판일은 월요일이다. **set the date for the trial of** ~의 재판일을 정하다
| **the first hearing** 첫 심리 **a sentencing hearing** 선고 공판
| **take legal action[proceedings]** 법적 조치를 취하다 **take[bring] something to court** 재판에 걸다 **go to court** 법정에서 시비가 가려지다 = come to trial, come[be brought] before the court
| **file a friend-of-the-court brief in the case** 그 사건에서 법정 참고인 진술서를 제출하다 **friend of the court, amicus curiae** 법정 조언자(참고인) (계류중인 사건의 문제점에 대하여 조언하는 제3자)
| **seek an injunction against** ~에 대해 가처분 금지를 신청하다 **issue an injunction against** ~에 가처분 금지를 내리다 **deny someone's request for an order permanently stopping the company from** 그 회사로 하여금 영구히 ~하지 못하게 하는 ~의 가처분 신청을 기각하다
court 재판소, 법정
| **an appellate court, a higt count** 고등법원 **the Supreme Court** 대법원 **the Constitutional Court** 헌법재판소 **a lower court** 하급 법원 **a higher court** 상급 법원 **a trial court** 1심 법원 **appear in court** 법정에 출두하다 **the Hague Tribunal** 헤이그 국제사법재판소 **set up a tribunal** 법정을 열다 **a military tribunal** 군사 법정(재판소) **a judge** 판사 **the presiding judge** 주심 **a jury** 배심단 **a grand jury** 대 배심단 **a plaintiff** 원고 **a defendant** 피고 = the accused
| **a defense lawyer** 피고측 변호사
| **appeal a case** 상소하다 **appeal to** ~에 상소하다 **appeal (against) a decision** 판결에 불복하여 상소하다
| **overrule[reverse, overturn] a lower-court decision** 하급 법원의 판결을 기각하다(뒤엎다) **send the case back to a lower court** 사건을 하급 법원에 되돌려 보내다
| **uphold[affirm] a decision** (상급 법원에서 하급 법원의) 판결을 지지하다(확인하다)
prosecute 기소하다
| **prosecute someone for** ~를 ~혐의로 기소하다 **be indicted for murder** 살인죄로 기소되다 **be under indictment** 기소 중이다 **drop a case** 기소하지 않다 **a disposition not to indict someone** ~에 대한 불기소 처분

| a prosecutor 검사 **the prosecution** 검찰 **appoint an independent counsel [a special prosecutor] on** ~에 대한 특별검사를 임명하다

| accuse someone of something, charge someone with something, bring a charge against, prosecute[indict] someone for (검찰이) 고발하다

| lodge a complaint [an accusation] against, proceed against, take legal steps against, go to court against, sue someone for (민사상) 고소(고발)하다

lawsuit, suit, action, litigation 소송

| file[lodge, bring] a lawsuit [an action] against ~에 대해 소송을 제기하다 **a civil[criminal] suit** 민사[형사] 소송 **win[gain] a lawsuit [one's case]** 소송에 이기다 **lose a lawsuit** 소송에 지다

필수예문

1 The former finance minister is to **go on trial [stand trial]** this week **for** taking bribes from a foreign entrepreneur in return for providing business favors. (전직 재무장관은 사업상의 편의를 봐주고 외국인 기업인으로부터 뇌물을 받은 혐의에 대한 재판을 이번 주에 받을 예정이다.)

2 The Chinese authorities are preparing to **put** a foreign journalist **on trial for** leaking state secrets. (중국 당국은 한 외국인 기자를 국가 기밀을 누출한 혐의로 재판에 회부할 준비를 하고 있다.)

A high-profile trial opened against five businessmen accused of making illegal political donations. (불법 정치자금을 제공한 혐의를 받고 있는 5명의 기업인에 대한 큰 관심을 끄는 재판이 열렸다.)

3 The serial killer is being held in a prison, **awaiting trial for** the gruesome murder of a university student. (그 연쇄살인범은 대학생을 끔찍하게 살해한 혐의에 대한 재판을 앞두고 한 교도소에 수감되어 있다.)

The former president's **trial** on charges of war crimes and crimes against humanity has been **scheduled to begin** on February 12 next year. (전쟁 범죄와 반인간적 범죄 혐의에 대한 전직 대통령의 재판은 내년 2월 12일에 시작하기로 일정이 잡혀졌다.)

4 Should the agency deny your appeal, you have no choice but to **take the matter to court**. (그 기관이 당신의 요청을 거절한다면 당신은 그 문제로 재판을 하는 수밖에 없다.)

The TV station will start **taking legal action against** people who refuse to pay the viewing fee from next fiscal year. (그 텔레비전 방송국은 내년 회계연도부터 시청료 납부를 거절하는 사람들에 대한 법적 조처를 취하기 시작할 것이다.)

5 In these cases, the parties can **go to court** to have a judge make a decision on the unresolved issues. (이러한 경우에 당사자들은 법정에 가서 판사로 하여금 미해결 문제들에 대한 판결을 하도록 할 수 있다.)

Under this standard, the **appellate court** gives deference to the lower court's view of the evidence. (이러한 기준 하에 고등법원은 하급 법원의 증거에 대한 견해를 존중한다.)

6 The **appeals court** ordered a lower court to hold a new trial concerning the validity of the patent involved in the case. (항소 법원은 하급 법원에 이 사건에 관련된 특허의 합법성에 대해 새로운 재판을 열도록 명령했다.)

The unanimous decision sends the case back to the **lower court**, which ruled in favor of the mobile company. (만장일치의 판결은 사건을 그 이동통신회사에 유리한 판결을 한 하급 법원으로 되돌려 보낸다.)

7 **The prosecution** will launch an investigation into allegations that the politician made an unauthorized visit to North Korea. (검찰은 그 정치인이 북한을 불법으로 방문했다는 주장에 대한 조사를 시작할 것이다.)

Record labels and movie studios have decided to **appeal a federal court ruling** that some file-swapping software is legal. (음반회사와 영화 제작사들은 일부 파일 교환 소프트웨어가 합법적이라는 연방법원 판결에 항소하기로 결정했다.)

sentence

판결하다, 선고하다, 형에 처하다
to give someone an official punishment, usually sending them to prison for a period of time = condemn, doom, hand down, give, mete out, pass[pronounce] sentence, send up

유의어 **confine** 감금하다 **convict** 유죄 판결을 하다 **impound** 감금하다, 유폐하다 **imprison, incarcerate, jail** 투옥하다 **penalize, punish** 벌하다 **railroad** 누명을 씌워 투옥하다

용례 **sentence[condemn, doom] ~ to death** 사형을 선고하다 **be sentenced[condemned] to life imprisonment** 종신형을 언도받다 **sentence ~ two years in prison[jail]** 2년형에 처하다
| **a sentencing session[hearing]** 선고 공판 **the date for the sentencing session** 선고 공판일
| **be sentenced to 100 hours of community service** 100시간의 사회봉사 명령을 받다
| **a condemned man, a death-row inmate** 사형수 **a condemned cell[ward]** 사형수 감방
| **convict** 기결수 **prisoner, inmate, jailbird** 죄수, 수감자
| **be punished for** ~로 처벌을 받다 **get 10 years for fraud** 사기죄로 10년형을 받다 **pay dearly for** ~로 크게 혼나다 **take the rap for** ~로 처벌받다 **face the music** 책임을 지다, 당당히 벌을 받다
| **on ice** 독방에 수감되어 = be held in solitary confinement, be held incommunicado

sentence 판결, 형벌

a court judgment, especially a judicial decision of the punishment to be inflicted on one adjudged guilty = condemnation, penalty, punishment, rap, ruling, term, time

용례 **serve one's sentence** 징역을 치르다, 복역하다 **reduce[commute] a sentence to** ~로 감형하다 **get a 10-year (jail, prison) sentence** 10년 형을 받다 **be given a life sentence for** ~로 종신형을 받다
| **a suspended sentence, a stay of execution** 집행유예 **get[receive] a two-year suspended sentence** 집행유예 2년을 받다 **be sentenced to five years in prison with a two-year stay of execution** 징역 5년에 집해유예 2년의 형에 처해지다
| **place[put] an offender on[under] two years' probation** (범죄자를 2년간) 보호관찰 하에 두다 **the probation system** 보호관찰 제도
| **death penalty, capital punishment** 사형 **abolish the death penalty** 사형제를 폐지하다
| **impose a fine on** ~에 벌금을 부과하다 **be fined $100 for** ~로 벌금 100달러를 받다 **impose a penalty**

on ~에 벌을 부과하다 **punitive action[measures]** 처벌 행위[징벌 수단]
| **be in trouble** 처벌을 받을 것이다 = be in for it, be for it, there'll be hell to pay, be going to get [catch, cop] it

guilty 유죄의
| **innocent** 무죄의 **plead guilty[not guilty, innocent] to** ~의 죄를 인정하다[무죄를 주장하다] **be found guilty[innocent] of** ~의 유죄[무죄] 판결을 받다 **declare ~ guilty of murder** ~에게 살인죄를 선고하다
| **conviction** 유죄 판결(평결) **a conviction for murder** 살인죄의 유죄 판결
| **a summary court** 즉결 재판소 **summary procedures[proceedings]** 약식 절차[재판] **a summary decision** 즉결 재판 **a summary conviction** 즉결 유죄 판결

---

release 석방하다

to set free from confinement, restraint, or bondage = absolve, acquit, discharge, exonerate, free, set free, set loose

반의어 **detain, imprison**

용례 **release prisoners** 죄수를 석방하다 **release exemplary prisoners** 모범수들을 석방하다
| **bail** 보석 **an application for bail** 보석 청구 **pay the bail** 보석금을 내다 **accept[allow, take] bail** 보석을 허가하다 **admit someone to bail, grant bail to** ~에게 보석을 허가하다 **be freed[out] on bail** 보석으로 석방되다[가출옥 중이다] **be under bail** 보석 중이다 **give[offer] bail** 보석금을 내다 **jump[skip] bail** 보석 조건을 어기다, 보석 중에 자취를 감추다 **refuse bail** 보석을 허가하지 않다
| **issue[declare, proclaim] an amnesty[pardon]** 사면을 발표하다 **a general[special] pardon** 일반[특별]사면
| **parole someone** 가석방(가출옥)시키다 **put ~ on parole** 가석방하다 **grant a parole to** ~에게 가석방(가출옥)을 허가하다 **violate (one's) parole** 가출옥 기간을 어기다
| **a halfway house** (만기 출소자, 알코올 중독자, 정신 장애자 등의) 갱생 시설, 사회 복귀 시설 **be sent to a halfway house** 사회 복귀 시설로 보내지다 **run a halfway house** 사회 복귀 시설을 운영하다
| **get off lightly** 가벼운 처벌을 받다 = get off with
| **a slap on the wrist** 가벼운 처벌
| **get off** (잘못을 하고도) 처벌을 받지 않다 = get off scot-free, get away scot-free, get away with it, get away with murder, go unpunished, with impunity, beat the rap
| **let someone off** 처벌하지 않다 = reprieve, get someone off the hook

jailbreak 탈옥
= prison breaking, prison escape
| **make a jailbreak** 탈옥하다 = break (from a) prison, break jail, escape from prison, bust out of jail **attempt a jailbreak, attempt an escape from jail, try to break prison** 탈옥을 시도하다
| **jailbreaker, prison breaker, escaped prisoned convict, prison escapee** 탈옥수 **a three-time escapee from prison** 지금까지 세 번 탈옥한 사람 **an escape artist** 탈옥의 명수
| **dig a tunnel out of a prison** 터널을 뚫어 탈옥하다 **conceal the entrance to the tunnel with dirt** 터널 입구를 흙으로 감추다

필수예문

1 A court **sentenced** a former bank president **to 10 years in prison** for siphoning money from his bank. (법원은 은행 돈을 빼돌린 죄로 전직 은행장을 10년 징역형에 선고했다.)

The prisoner **sentenced to life imprisonment** must serve at least 25 years in order to be eligible for parole. (종신형을 받은 죄수는 가석방 요건을 갖추려면 25년 이상 복역해야 한다.)

2 **Prisoners who have been sentenced to death** are usually kept segregated from prisoners who have not been sentenced to death in a part of the prison known as "death row" pending their execution. (사형수들은 보통 '사형수 감방'이라고 알려진 감옥 구역에서 처형을 기다리며 다른 형을 받은 죄수들과는 격리되어 수용된다.)

3 A Web designer was **sentenced to 100 hours of community service for** hacking the government's Web site. (한 웹디자이너가 정부 홈페이지를 해킹한 죄로 100시간의 사회봉사 명령을 받았다.)

Tom expected to be fined but he **got 10 years for** fraud. (톰은 벌금형을 기대했지만 사기죄로 10년형을 받았다.)

It's time for the government to **face the music.** (정부가 당당히 책임을 져야 할 때다.)

4 Reporters Without Borders voiced outrage at the **10-year prison sentence [jail term]** imposed on the journalist and human rights activist for a supposed terrorist act. (국경 없는 기자회는 추정 테러 행위로 기자 겸 인권운동가에게 내려진 10년 징역형에 큰 분노를 표시했다.)

5 Prosecutors want the referee, who has admitted fixing or trying to fix nine matches, to **receive a two-year suspended sentence** for his part in a match-fixing scandal. (검사들은 아홉 경기를 조작 혹은 조작하려고 했음을 시인한 심판이 경기 조작에 관여한 죄로 집행유예 2년을 받기를 바란다.)

6 She was **released from** a federal women's prison in West Virginia and will be spending the next five months under home confinement. (그녀는 웨스트버지니아의 연방 여성 교도소에서 풀려나 앞으로 5개월을 가택구금 상태에서 보내게 될 것이다.)

7 The baseball star was **released on $5,000 bail** after his arrest on charges of robbing a jewelry store. (그 야구 스타는 보석 가게를 턴 혐의로 체포된 뒤 보석금 5천 달러를 내고 풀려났다.)

The candidate says if elected president, he will **declare a general amnesty for** political prisoners. (그 후보는 자신이 대통령에 당선되면 정치범에 대한 일반사면을 단행할 것이라고 말한다.)

Nearly half of **halfway-house** inmates fail to successfully complete the program and are sent back to prison. (사회 복귀 시설 수감자의 거의 절반이 복귀 훈련의 성공적 완수에 실패하여 다시 감옥으로 보내진다.)

8 The government is under fire for giving the corrupt official little more than a **slap on the wrist.** (정부는 그 부패 관리에게 단지 형식적인 가벼운 벌을 내렸다고 비난을 받고 있다.)

The suspect was lucky and **got off scot-free** despite lots of evidence against him. (그 피의자는 자신에게 불리한 많은 증거에도 불구하고 운이 좋아 처벌을 받지 않았다.)

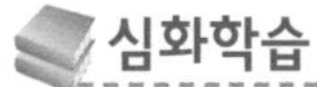

심화학습

집행유예 suspended sentence

집행유예란 형을 선고하되 일정기간 형의 집행을 미루어 두었다가 무사히 그 기간이 경과하면 형선고의 효력을 상실하게 하여 아예 집행을 하지 않는 제도로 피고인에게 형의 집행을 받지 않으면서 스스로 사회에 복귀할 수 있는 길을 열어주는 것이라고 할 수 있다.

The court has the power to **suspend the execution of a sentence** (generally for a period of three years) and place the offender on probation. It is the execution of the sentence, not the sentence itself that is being suspended. This means that if the person is convicted of another offense during the period, the stay of execution becomes invalid.

It is common practice for judges to **hand down a suspended sentence** to first-time offenders who have committed a minor crime, and for prosecutors to **recommend a suspended sentence** as part of a plea bargain. A suspended sentence is often given to individuals of some celebrity, and many consider it a slap on the wrist.

법원은 **형의 집행을 유예하고** (일반적으로 3년) 범죄자를 보호관찰 하에 둘 수 있는 권한을 갖고 있다. 이 경우 유예되는 것은 형의 집행이지 형 그 자체는 아니다. 이것은 범죄자가 그 기간 동안 다른 범죄로 유죄 판결을 받으면 집행정지가 무효화됨을 의미한다.

통상 판사들은 가벼운 범죄를 저지른 초범에게 **집행유예를 선고하고** 검사들은 유죄 인정 거래의 일부로 **집행유예를 권고한다**. 집행유예는 종종 유명인들에게 내려지며 많은 사람들이 이를 솜방망이 처벌이라고 생각한다.

| **have the power to do** ~할 권한이 있다 **place someone on probation** 보호관찰을 받게 하다 **be convicted of** ~로 유죄 판결을 받다 **It is common practice to do** ~하는 것은 흔한 관행이다, 흔히 ~하다 **hand down** ~를 언도하다, 내리다 **first-time offender** 초범 *cf.* **repeat offender** 상습범 = recidivist **commit a minor crime** 경범죄를 범하다 **plea bargain** 유죄 인정 거래 (검사에게 죄를 인정하고 가벼운 처벌을 받기로 하는 거래) **a slap on the wrist** 가벼운 벌, 솜방망이 처벌

06 강도 · 절도 | 강간

주제어	관련어
rob	**break in, burglarize, housebreak, shoplift, mug, steal, pinch, filch, rip off, take, walk off with, embezzle, misappropriate, armed robbery, theft**
rape	**deflower, commit rape, attempted rape, rape victim, gang-rape, molest, harass, sexually abuse, sexual harassment[molestation, assault]**

●●● Opportunity makes the thief. 견물생심.

사람의 욕심(greed)은 끝이 없어서 돈은 없고 하고 싶은 것은 많을 경우, 결국 해서는 안 되는 강도(robbery)나 절도(theft)에 빠져들기도 한다. 신문이나 방송의 뉴스를 보면 여러 가지 형태의 강도나 절도 사건들을 접할 수 있다. 총기 소유가 금지된 우리나라에는 그렇게 흔하지 않지만 총기 소유가 허용되어 있는 외국, 특히 미국의 경우 심심찮게 권총 강도나 총기 난사 사건 뉴스가 나오곤 한다. 오토바이를 타고 길가에 서 있는 여성들의 핸드백을 잡아채 도망가는 날치기(snatch)도 하루가 멀다 하고 발생하며 아무도 없는 빈집에 들어가 귀중품을 싹쓸이해가는 빈집털이(burglary)도 신문 사회면의 단골 메뉴다.

남의 것을 강탈해가는 강 · 절도 외에 남의 것을 몰래 훔치는 것을 steal이라고 한다. 회사나 정부의 돈을 자신의 주머니에 넣는 행위는 횡령한다(embezzle)고 말한다. 1997년 외환위기가 닥친 후 여러 기업들이 자금난에 빠지고 이들 기업에 돈을 빌려준 은행들마저 어려움에 처하게 되자 정부는 수십조 원에 달하는 국민의 세금을 이들을 살리기 위해 투입했다. 그런데 국민의 세금을 임자 없는 돈이라고 여겼는지 이들 기업 임원 중 일부가 공적자금을 횡령한 혐의로 실형을 받았다. 마치 고양이에게 생선을 맡긴 꼴이었다.

강도와 같은 강력범죄인 강간(rape) 사건도 늘어나는 추세라고 경찰은 밝히고 있다. 그리고 강간은 아니지만 엉덩이를 만지거나 기타 성적인 수치심을 유발하는 성희롱이나 성추행은 sexual harassment라고 하는데 우리나라에서도 최근 이에 대한 법이 대폭 강화되었다.

rob

(집, 가게 따위를) 털다, (금품을) 빼앗다, 강탈하다
to steal money or other property from a bank, shop, other public building or people
= buzz, despoil, dispossess, hijack, hold up, knock off, knock over, mug, plunder, ransack, rifle, stick up, strip, strong-arm

rob 다음에 바로 목적어가 오면 '어떤 장소를 털다'는 의미가 되고 '누구에게서 무엇을 강탈하다'는 뜻으로 쓰일 때는 목적어로 사람을 취하고 전치사 of 뒤에 빼앗는 대상이 오게 된다. steal은 약간 다른 형태로 쓰이는데 빼앗는 물건을 목적어로 하고 전치사 from의 형태로 쓰인다.

rob a bank 은행을 털다

rob the traveler **of** his money 여행자에게서 돈을 강탈하다

steal money **from** a safe 금고에서 돈을 훔치다

유의어 **abscond** (나쁜 짓을 하고) 자취를 감추다 **boost** 들치기하다 **cheat, con, gyp** 사취하다 **disinherit, divest** 유산(권리, 나라)을 빼앗다 **heist** 노상 강도질을 하다 **loot** 약탈하다 **outs** 재산을 빼앗다, 몰수하다 **pillage** 약탈하다 **requisition** 징발; 징발하다 **roll** (취객으로부터) ~를 훔치다 **sack** 점령지를 약탈하다 **snatch** 날치기하다

용례 **rob a safe[bank]** 금고[은행]를 털다 **be robbed of one's purse** 지갑을 빼앗기다 **rob someone blind** 거액을 갈취하다, 바가지를 씌우다 **rob Peter to pay Paul** 꾼 돈으로 꾼 돈을 갚다

| **break in, break into, burglarize, burgle** ~에 도둑질(강도질)하러 들어가다 **housebreak** (가택 침입) 강도질을 하다

| **shoplift** 물건을 사는 체하고 훔치다, 들치기하다

| **mug** (등 뒤에서 습격하여) 목을 졸라 강탈하다

robbery 강도질

| **commit robbery** 강도질을 하다 **armed robbery** 무장 강도 **bank robbery** 은행 강도 **daylight robbery** 백주 강도, 날강도, 공공연한 사기 **attempted robbery** 강도 미수

| **theft** 절도 **attempted theft** 절도 미수 **larceny** 절도죄 **grand[petty, petit] larceny** 중[경]절도죄 **aggravated larceny** 가중 절도죄

| **burglary** 불법 주거 침입, 강도죄 **break-in** 가택 침입

| **shoplifting** 들치기 **holdup** 열차(자동차) 강도, 노상강도 **stickup** 권총(총기) 강도 **inside job** (절도 등의) 내부 소행

| **thief** 도둑 **robber** 강도 **burglar** 밤도둑, 빈집털이범 **shoplifter** 들치기범 **mugger** (등 뒤에서 습격하는) 강도 **pickpocket** 소매치기 **highwayman** 노상강도 **kleptomania** 도벽증, 병적 도벽 **kleptomaniac** 병적 도벽자 = cleptomaniac

---

steal 몰래 훔치다

to take something that does not belong to you = crib, filch, lift, nick, pilfer, pinch, poach, purloin, rip off, snitch, take, thieve

용례 **steal money from a safe** 금고에서 돈을 훔치다 **have something stolen[pinched]** 도난당하다 **get stolen[pinched]** 도난당하다

| **steal in** 몰래 들어가다, 밀수하다

| **steal off** 가지고 도망치다 **steal one's way** 몰래 나아가다(가다, 오다) **That's a steal.** 공짜나 마찬가지다; 횡재다.

| **go off with** 훔쳐 달아나다 = walk off with

| **stolen goods[articles]** 장물, 훔친 물건 = boodle, hot goods, hot items, loot, pickings, plunder, stuff, swag

embezzle 횡령하다, 착복하다

to steal money that you have been trusted to look after, especially from the place you work

= abstract, appropriate, defalcate, misappropriate, peculate, pocket

반의어 **compensate, reimburse, return**

용례 **embezzle public funds** 공금을 횡령하다 **embezzle company money** 회사 자금을 횡령하다 **appropriate public money for one's own use** 공금을 횡령하다 **pocket public funds** 공금을 횡령하다

| **embezzlement, misappropriation** 횡령

| **have one's fingers[hand] in the till** 자기가 일하는 가게(회사)의 돈을 훔치다

| **with one's hand in the till[cookie jar]** 현행범으로

필수예문

1 Three jobless men were indicted for **robbing a bank** in Seoul and walking off with $10 million. (세 명의 무직자가 서울의 한 은행을 털어 천만 달러를 훔쳐 달아난 죄로 기소되었다.)

He was sentenced to five years in prison for **robbing a gas station.** (그는 주유소를 턴 혐의로 5년형에 선고되었다.)

2 The businessman claims his house has been **burgled** three times so far. (그 사업가는 지금까지 자기 집에 세 번이나 도둑이 들었다고 주장한다.)

Police suspect that several homeless men were responsible for **burglarizing** the company's office. (경찰은 여러 명의 노숙자들이 회사 사무실에 침입했다고 여긴다.)

3 Jane has **had her purse snatched** while sleeping on a subway train. (제인은 지하철에서 자다가 지갑을 날치기 당했다.)

The girl was caught **shoplifting** with several books in her bag. (그 소녀는 들치기를 하다 잡혔는데 가방 속에 여러 권의 책이 들어있었다.)

4 The suspect made his first court appearance Tuesday on charges of **armed robbery** after turning himself in to police Monday evening. (용의자는 월요일 저녁 경찰에 자수한 후 무장 강도짓을 한 혐의로 화요일 법정에 처음으로 출두했다.)

Police charged two men with **attempted robbery** after an incident that resulted in shots being fired in the parking lot of an apartment complex in northern Seoul. (서울 북부의 한 아파트 단지 주차장에서 총격전이 일어난 후 경찰은 두 남자를 강도미수 혐의로 고발했다.)

5 You'd better put away your bicycle. If you don't, it will **get stolen.** (너 자전거를 치워두는 게 좋을 거야. 그렇지 않으면 도난을 당할 것이다.)

After returning from an overseas trip, Tom found he **had his computer stolen.** (해외여행에서 돌아와서 톰은 자신의 컴퓨터가 도난당한 사실을 알았다.)

I almost **had my car pinched** last time I went to Seoul. (지난 번 서울에 갔을 때 나는 차를 도난당할 뻔했다.)

I am worried about my car stereo **getting nicked.** (나는 차 스테레오가 도난당하지 않을까 걱정이 된다.)

6 He admitted **embezzling large amounts of company money** to finance his stock investment. (그는 주식투자 자금을 마련하려고 큰 액수의 회사 돈을 횡령했다고 인정했다.)

The minister quit the cabinet in October after being accused of taking bribes and **pocketing public funds.** (장관은 뇌물을 받고 공금을 횡령한 혐의로 고발된 후 10월에 내각을 떠났다.)

7 The listed company's chairman was charged for allegedly **misappropriating company funds** totaling $10 million. (그 상장회사의 회장은 총 천만 달러에 달하는 회사 자금을 횡령한 혐의로 기소되었다.)

Many top managers of the company are presumed to **have their fingers in the till.** (그 회사의 많은 고위 경영진들이 공금에 손을 대고 있는 것으로 추정되고 있다.)

8 The bank robbers **got away with** a huge amount of money. (그 은행 강도들은 엄청난 액수의 돈을 훔쳐 달아났다.)

Don't move! **This is a stickup!** (꼼짝 마! 이건 권총 강도야!)

Police suspect the theft was an **inside job** because only the staff knew that the money was there. (경찰은 돈이 거기에 있었다는 것을 아는 사람은 직원들뿐이었으므로 그 절도가 내부 소행이 아닌가 생각한다.)

rape

강간하다, 성폭행하다; 강간, 성폭행
to force someone to have sex by violently threatening them or hurting them
= abuse, attack, assault, bang, ravish, short-arm heist, violate

유의어 **deflorate, deflower** (처녀를) 능욕하다, 처녀성을 빼앗다

용례 **rape a secretary** 비서를 강간(성폭행)하다 **commit rape** 강간하다 **attempted rape** 강간 미수 **a rise in the number of rapes** 강간 사건 수의 증가

| **a rape victim** 강간 피해자 **a rape case** 강간 사건

| **gang rape** 윤간, 집단 강간 **gang-rape** 윤간하다 **a gang-rape victim** 윤간 피해자 **go on trial for the gang rape of** ~를 윤간한 혐의로 재판을 받다

| **a rapist** 강간범 **a serial rapist** 연쇄 강간범 **a convicted rapist** 유죄 선고 받은 강간범 **track down a vicious serial rapist** 악질 연쇄 강간범을 추적하다

| **make public a list of convicted sexual offenders** 성범죄자의 명단을 공개하다

---

molest 성희롱을 하다, 성폭행하다

to harass or assault sexually; make indecent advances to = abuse, harass

용례 **molest a preschooler** 유치원생을 성폭행하다 **sexually abuse someone** 성폭행하다 **habitually harass one's step-daughter** 의붓딸을 상습적으로 성폭행하다

| **sexual harassment[molestation, assault], sexual abuse** 성희롱, 성폭행

| **complain of sexual harassment** 성폭행을 당했다고 하소연하다 **accuse male superiors of sexual harassment** 남자 상사들이 성희롱을 했다고 고소하다 **reject someone's sexual harassment claim** 성추

행 주장을 일축하다 **experience[suffer] sexual harassment** 성폭행을 경험하다[당하다]
| **sexual molester, sexual harasser** 성폭행자
| **touch someone sexually** 몸을 성적으로 만지다
| **make sexual remarks** 성적인 얘기를 하다 **make remarks about a woman's appearance** 여성의 외모에 대해 언급하다 **sexual innuendo** 성적인 풍자, 빈정거림
| **stalk someone** 집요하게 치근대다
| **grope someone's body** ~의 몸을 더듬다
| **sexual harassment in the workplace [at work]** 직장내 성추행
| **provide a harassment-free working environment** 성추행 없는 근로 환경을 제공하다 **endure unwanted sexual advances at work** 직장에서 원치 않는 성적인 접근을 참다
assault 폭행; (완곡적) 성폭행, 강간
| **be charged with assault** 폭행으로 기소되다 **an aggravated assault** 가중(加重) 폭행 **assault and battery** 폭행, 구타 **commit assault and battery** 폭행죄를 범하다 **indecent assault** 강제 추행(죄)
| **beat** 때리다, 구타하다 **be seriously[badly] beaten** 심한 구타를 당하다 **be beaten to death** 구타를 당해 사망하다
| **beating** 구타 **battering[beating] by fellow soldiers** 동료 병사들에 의한 구타 **beating on the soles of the feet** 발바닥 때리기
| **a battered woman** 맞고 사는 여자 **a battered wife** 매맞는 아내 **suffer from the battered wife syndrome** 매맞는 아내 증후군을 앓다 **be accused of battering one's wife** 아내를 구타한 혐의를 받다 **have a history of battering one's wife** 아내의 구타벽(癖)이 있다 **stop battering** 구타를 그만두다
| **bang** 세게 때리다 = bash, bat, batter, thrash, trounce, wallop, whale
| **belt** (혁대로) 때리다 **box** (귀, 뺨을) 손바닥(주먹)으로 때리다 **cane** 회초리로 때리다 **bruise** ~에게 타박상을 입히다 **buffet, clout** (주먹, 손으로) ~를 치다, 때리다 **castigate** ~를 (때려서) 응징하다 **club, cudgel** 곤봉으로 치다 **drub** ~를 (몽둥이 또는 채찍으로) 세게 치다, 때리다 **flagellate** ~를 채찍질하다 **flail** ~를 도리깨로 치다 **flog** 채찍질하다 **lambaste** ~를 몹시 때리다, 매질하다 **lash** (채찍 같은 것으로) ~를 때리다 **lick** (벌로서) ~를 때리다, 매질하다 **maul** ~를 때려 상처를 입히다 **pelt** (돌 따위로) ~를 연속적으로 때리다 **pommel** ~를 주먹으로 연타하다 **pound** 연거푸 치다(때리다) **punch** (주먹 따위로) 세게 치다 **rap** 톡톡 치다 **slap** (손바닥, 납작한 것으로) ~를 찰싹 치다 **slug** (주먹으로) ~를 강타하다, 때리다 **smack** (손바닥 따위로) 찰싹 때리다, 세게 치다 **spank** (아이의 볼기 따위를) (벌로서) 찰싹 때리다 **swat** 찰싹 때리다(치다) **thump** (몽둥이, 주먹으로) ~를 때리다(치다) **thwack** ~를 찰싹 때리다, ~를 손바닥으로 세게 때리다 **whip** ~를 매로 때리다, 매질하다, 채찍질하다
| **manhandle** 거칠게 다루다 = abuse, maltreat, mistreat, paw, rough up, roughhouse, slap around

필수예문

1 A 33-year-old man from Seoul will appear in court for allegedly abusing and **raping** his two daughters, aged four and 10. (올해 33세인 서울의 한 남자가 네 살과 열 살인 두 딸을 학대하고 강간한 혐의로 법정에 출두할 것이다.)

A serial rape suspect who escaped jail said he considered **committing a rape** while he was on the loose for nearly a week. (탈옥한 연쇄 강간 용의자는 거의 일주일 동안 도망 다니면서 강간을 하려고 생각했다고 말했다.)

2 The sharp rise in the **number of rapes** over the last 10 years is largely attributable to a group of unemployed and alienated immigrants. (지난 10년 간 강간 숫자가 크게 늘어난 것은 주로 일단의 실직을 하고 소외된 이민자 탓으로 돌릴 수 있다.)

Prosecutors have sought a three-year prison term for the man on charges of **attempted rape**. (검사들은 강간 미수 혐의로 그 남자에게 3년 징역형을 구형했다.)

3 The boys are accused of repeatedly **gang-raping** a 15-year-old girl over a period of eight weeks. (그 소년들은 8주에 걸쳐 15세 된 소녀를 반복해서 윤간한 혐의를 받고 있다.)

He is charged with **sexually abusing** his daughter since she was six. (그는 딸을 6살 때부터 성적 학대를 한 혐의를 받고 있다.)

4 A boy who complains about **sexual harassment** is often rejected by other kids and labeled a troublemaker. (성추행을 하소연하는 소년은 보통 다른 아이들한테 따돌림 당하고 문제아로 낙인찍히게 된다.)

A Seoul pediatrician was arrested Monday and charged with **sexual abuse** of a teenage girl. (서울의 한 소아과 의사가 월요일 체포되어 십대 소녀를 성폭행한 혐의로 고발을 당했다.)

5 Students have accused more teachers of **sexual molestation** at the now-closed school. (지금은 폐쇄된 그 학교의 학생들은 더 많은 선생님들이 성폭행을 했다고 고발했다.)

A national survey of 10,000 women found 50 percent of the respondents had **experienced sexual harassment at work**. (전국의 만 명의 여성을 대상으로 한 설문조사에 따르면 응답자의 50퍼센트가 직장내 성희롱을 경험했다고 한다.)

6 She claims that her boss **touches her bottom** whenever there is no one in the office. (그녀는 사무실에 아무도 없을 때마다 사장이 자신의 엉덩이를 만진다고 주장한다.)

A paramedic has been jailed for four years after **groping** an 83-year-old patient in the back of an ambulance. (한 의료 보조원이 앰뷸런스 뒷좌석에서 83세 환자의 몸을 더듬은 뒤 4년 징역형을 살았다.)

심화학습

도벽증 kleptomania

도벽증, 혹은 병적 도벽이란 당장 쓸모가 있는 것도 아니고 금전적으로 가치가 많은 것도 아닌 물건을 도둑질하고 싶은 충동을 억제하지 못하는 것이 반복되는 경우를 말한다.

Kleptomania involves a failure to resist impulses to steal items that are not needed or sought for personal use or monetary value. **Kleptomania** should be distinguished from shoplifting, in which the action is usually well-planned and motivated by need or monetary gain.

Some clinicians view **kleptomania** as part of the obsessive-compulsive spectrum of disorders. Other evidence suggests that **kleptomania** may be related to, or a variant of, mood disorders such as depression.

Most people with this disorder seem to be women; their average age is about 35 and the duration of illness is roughly 16 years. Some individuals report the onset of **kleptomania** as early as age five. While we do not know the causes of **kleptomania**, there is indirect evidence linking it with abnormalities in the brain chemical serotonin.

도벽증이란 개인적인 용도나 금전적으로 가치가 있으므로 원하거나 필요하지 않은 물건을 훔치고 싶은 충동을 뿌리치지 못하는 것을 뜻한다. **도벽증**은 들치기와는 구분되어야 하는데 들치기란 보통 충분히 계획되고 필요나 금전적 이득의 동기에 의해 유발된다.

일부 임상의학자들은 **도벽증**을 강박성 신경증의 범주에 드는 질병으로 간주한다. 다른 증거들은 **도벽증**이 우울증과 같은 감정질환과 연관이 있거나 이것들의 한 변형이라는 것을 시사한다.

이 질병을 앓는 대부분의 환자는 여성들인 것 같고 그들의 평균 연령은 약 35세이며 질병 기간은 대략 16년이다. 일부는 5살 어린 나이부터 **도벽증**이 시작되었다고 말한다. **도벽증**의 원인은 모르지만 뇌에 있는 화학물질인 세로토닌 이상과 연관되어 있다는 간접적인 증거가 있다.

resist an impulse to do ~하고 싶은 충동을 뿌리치다 **be distinguished from** ~와 구분되다 **view A as B** A를 B로 보다 **be related to** ~와 관련이 있다 **a variant of** ~의 변형 **the duration of illness** 질병의 지속(존속) 기간 **know the causes of** ~의 원인을 알다 **there is indirect evidence** 간접적인 증거가 있다 **link A with B** A와 B를 결부시키다, 연관시키다

1분회화

Fair to middling.

그저 그래.

공평하다는 의미 외에 fair에는 '그저 그런'이란 뜻이 있으며 middling은 '중간치의, 건강이 그만그만한'이라는 의미다. 썩 좋지도 않고 그렇다고 아주 나쁘지도 않은 의미를 나타내는 형용사가 두 개 반복되었으니 당연히 건강, 상황 따위가 그저 그런이라는 뜻이다.

A : How are you feeling? 기분이 어때?
B : Oh, **fair to middling**. 아, 그저 그래.
A : Are you still under the weather? 아직 몸이 편치 않아?
B : Just a little. 약간 안 좋아.

07 유괴 | 실종·수색

주제어	관련어
kidnap	**abduct, snatch, spirit away, shanghai, hijack, kidnapper, abductor, abductee, abduction, kidnapping, ransom, hostage, hostage-taker**
disappear	**vanish, be lost, go missing, go south, disappearance, missing, unaccounted for, be reported[listed] missing, search for, stop a search for**

●●● **Some men have sighed over the abduction of their wives, but many more have sighed because no one wanted to abduct theirs.** 어떤 남편들은 마누라가 납치를 당해 한탄하지만 더 많은 남편들은 아무도 자기 마누라를 납치하려고 하지 않기 때문에 탄식하고 있다. — 니체

2004년 6월 한 이라크 무장단체가 김선일 씨를 납치한(kidnap) 후 "대한민국 군대가 24시간 이내에 이라크에서 철수하지 않으면 인질을 참수하겠다"는 경고를 알자지라 방송(al-Zajeera TV)을 통해 내보냈다. 그런 협박에도 불구하고 정부는 철수하겠다는 입장을 표명하지 않았고 그로부터 얼마 지나지 않아 이 단체는 김 씨를 참수했고(behead) 그 끔찍한 장면의 동영상이 인터넷을 통해 떠돌아 많은 이들을 경악하게 만들었다.

이 납치 사건(kidnapping)은 정부가 이라크에 추가 파병을 결정하고 난 뒤 일어난 것이어서 많은 시민단체들이 정부의 결정을 비난하고 철회할 것을 요구한 바 있었다. '납치하다'는 뜻의 또 다른 동사로는 abduct가 있고 spirit away라는 동사구도 자주 쓰인다. 같은 뜻으로 중국 최대의 도시인 Shanghai가 동사로 사용되는 경우가 있는데 원래는 마약을 먹이거나 술에 취하게 하거나 또는 협박하여 배에 끌어들여 선원으로 일하게 한다는 의미인데 '~하도록 강제하다'는 뜻도 있다.

납치나 실종 사고가 생기면 경찰은 즉각 수색을 시작한다. 우리나라는 삼면이 바다로 둘러싸여 소형 어선들이 고기를 잡으러 나갔다 침몰하여(sink) 타고 있던 선원들이 실종되는(missing) 사건이 종종 발생한다. 사건이 터지면 해양경찰(coast guard) 대원들이 실종자 수색에 나서는데(search for missing persons) 많은 경우 실종자들을 찾게 되지만, 수색이 실패로 끝나 찾지 못하는 경우도 왕왕 있다.

kidnap

유괴(납치)하다; 유괴, 납치
to illegally take someone away from where they are and keep them by force
= abduct, bundle off, carry off, shanghai, snatch, spirit away

유의어 **body-snatch** 시체를 훔치다 **coax away** 속여 데리고 가다 **decoy, entice, lure** 유인하다 **hijack** (선박, 항공기 따위를) 납치하다 **impress** 징병(징발)하다 **seduce** 유혹하다 **skyjack** (비행기를) 공중 납치하다 **waylay** ~를 기다렸다가 말을 걸다, 불러 세우다

반의어 **free, give up, let go, release, restore, return**

용례 **kidnap a businessman** 사업가를 납치하다 **be kidnapped by** ~에 의해 납치당하다 **a kidnap attempt** 납치 시도 **a kidnap victim** 납치 희생자

| **abduction, kidnapping** 납치, 유괴

| **kidnapper, abductor** 유괴범, 납치범 **abductee** 납치된 사람, 피랍자 **hijacker** 공중 납치범

| **ransom** 몸값 **demand[exact] a ransom of $1 million for** ~에 대해 백만 달러의 몸값을 요구하다 **pay a ransom for** ~에 대한 몸값을 지불하다 **be ransomed for $2 million** 2백만 달러의 몸값을 주고 풀려나다

---

hostage 인질

a person held by one party in a conflict as security that specified terms will be met by the opposing party = captive, detainee, internee, prisoner, sacrificial lamb, scapegoat

반의어 **captor, guard, jailer, freeman**

용례 **hold[take, keep] ~ hostage** ~를 인질로 잡다 **be held[in] hostage** 인질로 잡히다 = be taken captive

| **release[set free, free] hostages** 인질을 석방하다

| **hostage-taker** 인질범 **kill a hostage-taker** 인질범을 사살하다 **be locked in a standoff with a hostage-taker** 인질범과 대치 상태이다

| **pirate** 해적, 해적선; 해적질하다 **a pirate crew[ship, flag]** 해적 선원들[해적선, 해적선 깃발] **a pirate gang** 해적단

| **piracy** 해적 행위, 공해상 약탈(행위) **a surge in piracy attacks** 해적 공격의 급증 **prevent piracy in Southeast Asian waters** 동남아시아 해역에서의 해적 행위를 예방하다

필수예문

1 A freelance US journalist was **kidnapped** Saturday morning when a group of gunmen ambushed his car and killed his translator in western Baghdad. (한 자유기고 미국 기자가 서부 바그다드에서 일요일 오전 납치되었는데 일단의 무장괴한들이 그의 차를 기습 공격하고 통역을 죽였다.)

2 Tourists are advised not to travel to the country where as many as 10 foreigners were **kidnapped** last week. (관광객들은 지난주 10명이나 되는 외국인들이 납치 당한 그 나라로 여행하지 말도록 권고를 받고 있다.)

The **kidnapping** came a day after a group of gunmen threatened to **abduct** foreigners if their demands were not met. (그 납치 사건은 일단의 무장괴한들이 자신들의 요구가 받아들여지지 않으면 외국인들을 납치하겠다고 협박한 지 하루 만에 일어났다.)

3 A number of people left the island with departing ships — some went willingly, while others were **shanghaied.** (많은 사람들이 출발 배편으로 그 섬을 떠났는데 일부는 자진해서 갔고 다른 사람들은 납치를 당했다.)

It's outrageous that police simply **spirit people away** for what they suspect have unacceptable political opinions. (경찰이 자신들이 용납할 수 없는 정치적인 견해를 가졌다는 이유로 그냥 사람들을 납치하는 것은 말도 안 된다.)

4 American aviation officials were warned as early as 1998 that al-Qaeda could seek to **hijack a commercial jet** and slam it into a US landmark, according to a report. (한 보고서에 의하면 미 항공관리들은 일찍이 1998년에 알 카에다가 상업용 비행기를 납치해 미국의 상징적 건물에 충돌시키기를 원할 수도 있다는 경고를 받았다고 한다.)

5 It is easy to criticize Japan's preoccupation with the **abduction issue** over more serious security concerns. (일본이 보다 중대한 안보 문제를 제쳐두고 납치 문제에 집착한다고 비난하기는 쉽다.)

There cannot be the slightest doubt that a **kidnapping** took place because her daughter disappeared from the front yard of her home. (그녀의 딸이 집 앞마당에서 사라졌기 때문에 유괴가 있었다는 것은 조금도 의심의 여지가 있을 수 없다.)

6 Iraqi security forces have arrested one of the **kidnappers** of two French journalists held for 124 days before being freed last December. (이라크 방위군은 지난 12월 석방되기 전 124일 동안 붙잡혀 있었던 2명의 프랑스 기자의 납치범들 중 한 명을 체포했다.)

North Korea allegedly used the **abductees** to train spies in Japanese language and culture. (북한은 그 피랍자들을 간첩들의 일본어 및 일본문화 교육에 이용했다고 한다.)

7 South Korean special forces shot dead a gunman who had **taken a hostage** at a main television station. (한국 보안군들은 주요 방송사에서 인질을 잡은 무장괴한을 사살했다.)

An armed man entered the station's headquarters in Seoul around 5 p.m., **took** an employee **hostage** and **demanded a ransom of** $10 million. (무장괴한이 오후 5시 경 서울의 방송국 본사에 들어와 직원 한 명을 인질로 잡고 천만 달러의 몸값을 요구했다.)

8 A **hostage standoff** ended in tragedy Sunday at a highway rest stop when police shot the **hostage-taker** as he tried to re-board a bus with his victim at gunpoint. (한 고속도로 휴게소에서의 인질 대치극이 일요일 비극적으로 끝났는데 경찰은 인질범이 인질을 총으로 위협하며 버스에 다시 타려고 하자 그를 사살했다.)

China has said its maritime police are prepared to provide armed escorts for commercial vessels and tugboats crossing **pirate-infested** waters off the east coast of the country. (중국 해양경찰은 해적들이 횡행하는 중국 동해 수역을 통과하는 상선들과 예인선에 무장 호위를 제공할 준비가 되어 있다고 중국이 밝혔다.)

disappear

행방불명이 되다, 실종되다; 사라지다
to become impossible to see or find = abscond, be gone, be lost, evanish, evaporate, fade, fade away, go missing, go south, perish, vanish

유의어 **clear** 가버리다 **die out** 쇠퇴하다 **escape, flee** 도망치다 **evanesce** 서서히 사라지다 **go south** 모습을 감추다, 도망가다
반의어 **appear, arrive, materialize, show**
용례 **disappear suddenly** 갑자기 사라지다 **disappear[vanish] without a trace** 흔적도 없이 사라지다 **vanish into thin air** 갑자기 사라지다
| **disappearance** 실종, 행방불명
| **a mysterious disappearance** 불가사의한 실종, 미궁의 실종(행방불명) **a sudden disappearance** 갑작스러운 실종 **disappearance from home** 가출
| **missing, unaccounted for** 실종된, 행방불명의
| **go missing** 행방불명이 되다
| **the missing** 행방불명자 **among the missing** (전쟁으로) 행방불명인 **be among those missing** 실종자에 속한 **a missing child** 미아
| **be listed as missing** 실종자 명단에 올라 있는 **be reported as missing** 실종으로 보고(신고)된

---

search 수색하다; 수색

to look over carefully in order to find something = beat, hunt for, root, scout, sift, smell around, study, track down
유의어 **chase after** 추적하다 **comb, rake, ransack, rifle through, rummage,** 철저히 찾다, 샅샅이 뒤지다 **fine-tooth-comb** 철저히 조사하다 **forage** 뒤지다 **frisk** (몸을 더듬어) 수색하다, 가택 수색하다 **scour** 급히 찾다
용례 **search for a missing fisherman** 실종 어부를 수색하다 **search for the killer** 살인자를 찾다
| **conduct[do, make] a search for** ~를 수색하다
| **conduct a thorough search for** ~를 찾아 철저히 수색하다
| **abandon[give up, call off] the search for** 수색을 포기하다 **give up the search at nightfall** 밤이 되어 수색을 포기하다 **stop[discontinue] the search for** ~ 수색을 중단하다
| **save, rescue, salvage, come to the rescue of** ~를 구조하다
| **rescuer** 구조자 **rescue worker** 구조대원
| **a rescue team** 구조대 **an emergency rescue team** 긴급 구조대 **a search-and-rescue team** 수색 구조대 **an emergency response team** 긴급 대응팀 **an emergency medical rescue team** 긴급 의료 구조대 **send[dispatch] a rescue team to** ~에 구조대를 파견하다 **Rescue 911** 미국의 긴급 구조대

필수예문

1 Every year tens of thousands of people from all walks of life **disappear**, leaving their families confused and traumatized. (매년 수만 명의 각계각층의 사람들이 실종되어 가족들을 당황하게 하고 상처받게 한다.)

The parents had been engaged in a lengthy custody battle over the boy when he **disappeared.** (그 소년이 실종되었을 때 부모들은 오랜 양육권 다툼을 벌여오고 있었다.)

The girl **disappeared from** her home in Seoul at around 10 p.m. Sunday. (그 소녀는 일요일 오후 10시경 서울에 있는 집에서 실종되었다.)

2 Police accused a stripteaser of faking her **disappearance**, saying she planted a knife in the marsh where she was found to make it appear she had been kidnapped. (경찰은 한 스트리퍼를 실종 자작극을 벌인 혐의로 고발했는데 그녀는 자신이 납치되었던 것처럼 보이게 하기 위해 발견된 장소인 늪에 칼을 몰래 놓아두었다고 밝혔다.)

The university student claims she was drugged and sexually assaulted four times **during her disappearance** from New York in early May. (그 대학생은 5월초 뉴욕에서 실종되었을 때 마약을 투여 당했고 네 차례 성폭행을 당했다고 주장한다.)

3 Many people **remain missing** for months or years before being found. Some are found dead, often having committed suicide; thousands are never traced. (많은 사람들이 몇 달 혹은 몇 년간 실종 상태로 있다 발견된다. 어떤 사람들은 종종 자살해 사망한 채 발견되지만 수천 명은 종적이 묘연하다.)

The boy was **reported missing from** his home in southern Los Angeles. (그 소년은 남부 로스앤젤레스의 집에서 실종된(가출한) 것으로 신고되었다.)

4 The police officer **went missing** three hours after reporting to work. (그 경찰관은 출근하고 세 시간 후 실종되었다.)

Since neither officer's remains were recovered and identified, both men remain **listed as missing.** (두 경관 모두 유해가 회수되지 않아 신원확인이 안 됐으므로 둘 다 실종자 명단에 올라 있다.)

5 The **issue of missing persons** tends to hit the headlines when children or celebrities are involved. (실종자 문제는 어린이나 유명인사가 관련될 경우 신문에 크게 보도되는 경향이 있다.)

The outreach group puts photos of **missing persons'** faces on posters and milk cartons and raises awareness on television programs. (그 봉사 단체는 실종자들의 얼굴 사진을 포스터나 우유팩에 싣고 텔레비전 프로그램에서 이 문제에 대한 인식을 높인다.)

6 Coast Guard aircraft and cutter crews are continuing to **search for** 14 fishermen missing in the Bering Sea. (해안 경비대 소속 비행기와 순시선들이 베링 해에서 실종된 14명의 어부에 대한 수색을 계속하고 있다.)

Search and rescue teams **resumed the search for** the two men missing after a fishing ship sank in rough weather in the West Sea. (수색 구조 팀들은 서해에서 악천후 속에 어선이 침몰된 뒤 실종된 두 사람에 대한 수색을 재개했다.)

7 The US Coast Guard has **ended its search for** three crewmen of a commercial helicopter missing in the Gulf of Mexico. (미국 해안 경비대는 멕시코 만에서 실종된 민간 헬리콥터의 3명의 승무원에 대한 수색을 끝냈다.)

Rescuers **discontinued the search for** three missing crew from the sunken fishing vessel after darkness fell at 5:20 p.m. (구조대원들은 오후 5시 20분에 어둠이 내리자 침몰한 어선에 타고 있던 3명의 승무원에 대한 수색을 중단했다.)

8 The **search operation for** the 10 missing men was hampered by bad weather and poor visibility. (10명의 실종자에 대한 수색 작전은 악천후와 낮은 가시거리 때문에 방해를 받았다.)

Deteriorating conditions have forced police divers to **abandon their sea search for** the two missing crew of a fishing vessel that sank off the south coast. (상황이 악화되어 경찰 잠수부들은 남해안에서 침몰한 어선에 타고 있던 두 명의 선원에 대한 해상 수색을 포기해야 했다.)

심화학습

전투 중 행방불명자 missing in action

전쟁이 일어나면 민간인(civilian)은 물론 많은 병사들이 죽거나 부상을 당하게 된다. 또한 상당수의 병사들은 유해는 물론 다른 종적을 발견할 수 없어 실종자로 처리되는데 이를 일컫는 말이 missing in action이다.

Missing in action (MIA) is a term referring to a member of the armed services who is reported missing following a combat mission and whose status as to injury, capture, or death is unknown. The missing combatant must not have been otherwise accounted for as either killed in action (KIA) or a prisoner of war (POW).

One of the lingering aftermaths of any war is the unknown fate of those listed as **missing in action**. These individuals were killed on the battlefield unseen, or died as prisoners, or met with other misfortune. What they all have in common is that they have disappeared and their bodies have not been found.

Most efforts now are concentrated on locating and then identifying remains. One of the spillovers from the **MIA search** in Vietnam is the belated search for MIAs from other wars (8,100 Americans were lost in the Korean War, and 78,000 in World War II).

전투 중 행방불명자란 전투 임무 후 실종되거나 부상, 포로 또는 사망에 대한 상황이 알려지지 않은 군인을 일컫는 용어로 전투 중 사망자 혹은 전쟁포로가 되지 않은 전투원들이다.

좀처럼 사라지지 않는 모든 전쟁의 후유증의 하나는 **전투 중 행방불명자**로 기록된 사람들의 알려지지 않은 운명이다. 이러한 사람들은 전쟁터에서 모르게 죽었거나 포로로 사망했거나 혹은 다른 불운을 만나서 그렇게 된다. 그들 모두의 공통점은 그들은 실종되었고 시체가 발견되지 않았다는 것이다.

현재 대부분의 노력은 유해를 찾고 확인하는 일에 집중되고 있다. 베트남에서의 **전투 중 행방불명자** 수색의 여파는 뒤늦게 다른 전쟁에서 발생한 전투 중 행방불명자들을 찾게 되었다는 것인데 미국인이 한국전쟁에서는 8100명이 실종되었고 제2차 세계대전에서는 78,000명이 실종되었다.

a term referring to ~를 지칭하는 용어 **be accounted for** 행방이 밝혀지다 **killed in action** 전투 중 사망자 **prisoner of war** 전쟁포로 **lingering aftermath** 오래 가는 여파 **what they all have in common** 그들 모두의 공통점 **be concentrated on** ~에 집중되다 **locate and identify** 찾아 확인하다 **spillover** 여파 **belated** 뒤늦은, 때늦은

08 음주 | 마약

주제어	관련어
drink	**consume, tipple, gulp, quaff, swig, swill, booze, hooch, alcoholic, alcoholism, dipsomania, drunk, take a breathalyzer test, toast**
drug	**narcotic, dope, junk, stuff, take drugs, peddle drugs, drug smuggling, drug trafficking, sniff glue, drug addiction, high on drugs**

●●● Don't drink and drive. 음주운전 금지.

술은 적당히 마시면 보약이지만 도를 넘을 경우 심각한 문제가 되며 특히 음주운전(drunk driving)은 패가망신으로 이어진다. 도로교통안전관리공단에 따르면 우리나라에서 한 해에 발생하는 전체 교통사고는 대략 23만 건에 달하는데 이 중 11퍼센트를 약간 넘는 숫자가 음주운전으로 인한 사고라고 한다. 음주운전으로 인한 사망자도 약 900명으로 전체 교통사고 사망자 6500여 명의 약 13퍼센트를 차지하며 음주운전 사상자 비용은 무려 6000억 원에 달한다고 한다.

술을 마시는 것이 도가 지나친 상태인 알코올 중독(alcoholism)은 전통적인 음주 습관의 영역을 넘어 병적으로 술을 마시는 것을 말하며 어떤 종류의 술을 마시든 간에 그로 인해서 개인과 사회 모두에 장애를 가져오게 되는 질병으로 간주된다. 우리나라에도 알코올 중독자들을 위한 치료소가 여러 군데 있으며 미국의 경우 Alcoholics Anonymous(Al-Anon)라는 금주회 혹은 알코올 중독자 갱생회도 있다.

음주와 함께 최근 큰 문제로 대두되고 있는 것이 마약이다. 사회가 복잡해지고 스트레스가 늘면서 최근 미국이나 기타 외국의 이야기로만 알고 있었던 마약(drugs, narcotics)을 사용하는 인구가 우리나라에도 크게 늘고 있다고 한다. 본드를 흡입하는(sniff glue) 청소년들은 물론이고 주부들 사이에서도 사용 인구가 급격히 증가하고 있어 사회학자들은 이를 심각한 사회문제(a serious social problem)로 지적하며 정부의 대책을 촉구하고 있다.

drink

술을 마시다, 마시다

to drink alcoholic drinks, especially when you do it habitually = consume, gargle, imbibe, lap up, take in, tipple

유의어 **absorb** 흡수하다 **drain** 쭉 들이켜다 **slake** 목을 축이다 **sop** 빨아들이다 **suck** 흡수하다 **swallow** 삼키다 **toast** 건배를 제안하다 **wash down** 흘려 넣다

용례 **drink heavily** 과음하다 **drink away** 술로 잊다 **drink of** ~를 조금 마시다

| **have a thirst (for drinking)** 한잔 하고 싶다

| **wet one's whistle** 한잔 마시다 **wet the other eye** 술을 한잔 더 하다 **wet a bargain** 술자리에서 계약을 맺다

| **belt down** 단숨에(벌컥벌컥) 마시다 = drink off[down], inhale, quaff, slosh, gulp, gulp down, swig, soak one's face, swill, toss off

| **drink up** 다 마셔버리다 = down, drain, knock back, polish off

| **drink deep, drink like a fish** 술을 많이 마시다

| **indulge, liquor up** 과음하다

| **guzzle** 폭음하다

| **belt the grape, tank up, drink it** 술을 진탕 마시다

| **nip, sip, sup** 홀짝홀짝 마시다 **put away** 마셔 치우다 **slurp** 쭉 소리를 내며 마시다

| **binge drinking** 통음, 폭음 **binge drinker** 폭음하는 사람

| **not drink** 술을 안마시다 **teetotal** 술을 전혀 안 마시는 **not touch a drop** 한 방울도 안 마시다

| **give up [stop] drinking** 술을 끊다 **be on the wagon** 술을 끊은, 금주하는 **fall off the wagon** 다시 술을 마시기 시작하다

| **drinker** 마시는 사람; (특히 상습적인) 술꾼 **a deep drinker** 술고래 **a hard[heavy] drinker** 대주가 **an inveterate drinker** 상습적인 음주자

---

alcohol 술

an alcoholic drink, used especially in the context of rules and warnings = booze, drink, hooch, hootch, intoxicant, liquor, lush, oil, palliative, spirits, tipple

유의어 **cocktail** 칵테일 **firewater** 화주(독한 술) **hard stuff** 독한 술, 위스키 **moonshine** 밀주, 밀수입한 술 **red-eye** 독한 싸구려 위스키 **rotgut** 싸구려 술 **sauce** 독한 술 **smoke** 집에서 빚은 술, 싸구려 술

반의어 **beverage, drink, soft drink, something to drink**

용례 **be addicted to alcohol** 술에 중독되다(빠지다) **under the influence of alcohol** 술에 취하여 **alcohol abuse** 술 남용(중독)

| **be in liquor, be the worse for liquor** 술에 취해있다

| **have a drink[liquor]** 술 한잔 하다

| **hold [carry] one's liquor** 아무리 마셔도 멀쩡하다

| **have a booze** 술판을 벌이다 **hit the booze** 술을 마시다 **on the booze** 줄곧 술을 마셔, 취하여 **talk over the bottle** 술 마시면서 이야기하다

| **alcoholic** 알코올 중독자

| **alcoholism, dipsomania** 알코올 중독 **the Alcoholics Anonymous** 금주회, 알코올 중독자 갱생회

| **have a drinking problem** 알코올 중독이다 **hit the bottle** 술에 빠지다 **be addicted to the bottle** 술

에 빠져있다 **on the bottle** 늘 술에 취해 있는 **wasted** 알코올 중독의

---

drunk 술에 취한

intoxicated with alcoholic liquor to the point of impairment of physical and mental faculties = befuddled, boozed up, canned, crocked, drunken, gassed, glazed, groggy, hammered, high, hosed, in orbit, inebriated, intoxicated, jugged, juiced, liquored up, lit, lushed, oiled, on a bun, pie-eyed, plastered, plowed, potted, seeing double, sloshed, soaked, sotted, soused, stewed, stoned, tanked, tight, totaled, zonked

반의어 **clearheaded, sober, straight**

용례 **be[get] dead[blind, beastly] drunk** 곤드레만드레 취해있다(취하다) **(as) drunk as a fish[lord, fiddler's bitch, skunk]** 곤드레만드레 취하여 **drunk and incapable[disorderly]** 만취한 **a drunken fellow** 술 취한 사람 **a drunken brawl** 술김에 벌어진 난투극 **get tight** 술에 취하다

| **drive drunk** 음주 운전하다 = drink and drive, drive while intoxicated

| **drunk[drunken] driving** 음주 운전 **drunk driver** 음주 운전자

| **jolly, merry, tipsy** 얼근히 취한

| **passed-out drunk** 술에 취해 인사불성인

breathalyzer[breath, sobriety] test 음주 측정(단속)

| **take a breathalyzer[breath, sobriety] test** 음주 측정을 받다

| **refuse a sobriety[breath, breathalyzer] test** 음주 측정을 거부하다 = refuse to take a sobriety[breath] test, refuse to take a test for blood alcohol content

| **set up a sobriety checkpoint** 음주 단속 검문소를 설치하다

| **have a blood-alcohol content[level, concentration] of .17 percent** 혈중 알코올 농도가 0.17이다 **exceed the legal limit** 법정 최고치를 초과하다

필수예문

1 A recent study shows that **drinking a glass or two of wine** a day may not be such a bad idea, but overindulging can have an adverse effect on your health. (최근 한 연구에 따르면 하루 한두 잔의 포도주를 마시는 것은 그리 나쁜 것은 아니지만 지나치게 많이 마시는 것은 건강에 악영향을 미칠 수 있다고 한다.)

2 **Having a drink** may help you get over the shock. (술 한잔 하면 충격을 극복하는 데 도움이 될 수도 있다.)

You should not **drink** if you are taking medicine. (약을 먹고 있으면 술을 마시면 안 된다.)

I will have orange juice because **I don't drink**. (나는 술을 안 마시기 때문에 오렌지 주스로 하겠습니다.)

I promised my wife that I would **go on the wagon** for a whole year. (아내한테 꼬박 일년간 금주를 하겠다고 약속했다.)

3 When people **become addicted to alcohol**, they develop a strong sense of compulsion to drink. (알코올 중독이 되면 술을 마셔야 한다는 강박관념이 생기게 된다.)

Alcohol addiction among senior citizens has become a serious social problem over the past five years. (노인들의 알코올 중독은 지난 5년간 심각한 사회문제가 되었다.)

4 **Alcoholism** is one of the oldest of human problems, the solution of which has eluded scientists and social workers for generations. (알코올 중독은 인간의 가장 오래된 문제들 중의 하나인데 과학자들과 사회사업가들은 수 세대 동안 이에 대한 해답을 찾지 못했다.)

A high school student died in a car after **binge drinking** with friends. Alone in the cold, he choked on his own vomit. (한 고등학생이 친구들과 폭음을 한 뒤 차 안에서 사망했다. 추운 데서 혼자서 그는 자신이 토한 음식물에 질식사했다.)

5 It is a very grave mistake to categorize these nervous drinkers as **chronic alcoholics** no matter how much alcohol they consume to enable them to go against their fears. (두려움에 대항하기 위해 술을 얼마나 마시든 이러한 초조함을 없애기 위해 술을 마시는 사람들을 만성적 알코올 중독자로 분류하는 것은 아주 중대한 실수다.)

6 The movie star was arrested for **driving drunk** and had his driver's license revoked. (그 스타 배우는 음주 운전으로 체포되어 면허를 취소당했다.)

More than 1 million drivers were detained for **driving under the influence of alcohol** in 2005. (2005년에 백만 명이 넘는 운전자들이 음주 운전으로 구속되었다.)

7 A person convicted of operating a commercial motor vehicle while his or her **blood-alcohol content** is .04 percent will be assessed 2 points and disqualified from driving a commercial motor vehicle for one year. (혈중 알코올 농도가 0.04퍼센트인 상태에서 상업적 차량을 운전하다 유죄 판결을 받은 사람은 벌점 2점을 받고 일년 간 차량 운전을 할 자격을 박탈당하게 된다.)

8 The businessman had his license revoked because he **refused to take a breathalyzer test** after an accident last October. (그 사업가는 지난 10월 사고를 낸 뒤 음주 측정을 거부해 면허를 취소당했다.)

Police suspended his driver's license because his blood alcohol level **exceeded the legal limit of .10 percent.** (경찰은 그의 혈중 알코올 농도가 법정 기준치 0.1 퍼센트를 넘었기 때문에 그의 면허를 중지했다.)

drug

마약

a drug that is taken illegally for pleasure or because it is a habit = dope, fix, junk, narcotic, stuff

유의어 **amphetamine, speed, upper, dexies, bennies** 각성제 **cocaine coke, snow, blow, nose candy, white, big C** 코카인 **crack, freebase, rock** 정제 코카인 **ecstasy** 환각제 **cannabis, hashish, hemp** 대마초 **heroin, horse, smack, Big H, junk** 헤로인 **inhalant (such as glue or paint thinner)** 흡입제 **LSD, acid, blotter, doses, microdots** 엘에스디 **marijuana, pot, weed, blunts, chronic, grass, reefer, herb, ganja** 마리화나 **methamphetamine, crank, meth, speed, crystal, chalk, fire, glass, crypto, ice** 메탐페타민

용례 **take[use] drugs** 마약을 하다 **be on drugs** 마약에 중독되다 **do the drug thing** 마약을 복용하다 **sell drugs** 마약을 팔다 **peddle[push] drugs** 마약을 밀매하다

| **controlled substance, addictive drug, hard drug, illegal substance** 습관성(불법) 약물 **hallucinogenic drugs** 환각제 **psychotropic drugs** 향정신성 의약품 **hard drug** 중독성이 강한 마약 **soft drug** 중독성이 약한 마약

| **drug user** 마약 사용자 **drug dealer** 마약상 **drug-related crimes** 마약 관련 범죄 **drug smuggling** 마약 밀수 **drug smuggler** 마약 밀수범 **drug smuggling ring** 마약 밀수단 **drug trafficking** 마약 거래 **drug trafficker** 마약 거래자 **drug trafficking ring** 마약 거래단 **be charged with drug possession and sales** 마약 소지와 판매 혐의로 고발되다

| **drug dealer** 마약상 = bagman, candy man, connection, dealer, dope peddler, dope pusher, drug peddler, drug seller, drug supplier, drug trafficker, man, pusher, source

| **drug-induced** 마약 복용으로 인한 **plead guilty to a drug-induced homicide** 마약 복용 후 저지른 살인죄를 인정하다

| **sniff glue** 본드를 흡입하다 **inhale paint thinner** 시너를 흡입하다

drug addict 마약 중독자

someone who is dependent on drugs = addict, burnout, dopehead, doper, dopenik, drug abuser, drug fiend, druggie, drug user, freak, hophead, junkie, narcotics addict, space cadet, user

용례 **associate with drug addicts** 마약 중독자들과 어울리다 **isolate drug addicts** 마약 중독자들을 격리시키다 **rehabilitation of drug addicts** 마약 중독자들의 갱생

| **addicted** 중독된 = dependent, given to, habituated, hooked, hooked on, spaced out, strung out, used to

| **drug addiction** 마약 중독 **drug abuse** 마약 남용 **a drug treatment and rehabilitation center** 마약 치료 갱생소

high (마약에 취해) 황홀한, 몽롱한

= stoned, wired, be out of one's head, out of it

| **high on drugs** 마약에 취한 **stoned out of one's head[mind]** 정신없이 취하여, 마약 기운이 돌아 **turn on** (환각제, 마약으로) 몽롱해지다

| **drive under the influence of narcotics** 마약에 취한 상태에서 운전하다

필수예문

1 Some young people start **taking drugs** simply because they're curious to find out what it's like. (일부 젊은이들은 마약을 하면 어떨까 알아보고 싶은 호기심에서 마약을 하기 시작한다.)

People who **use drugs habitually** or lapse back into drug taking often use them as a way of blocking out problems in the short term. (상습적으로 마약을 하거나 다시 마약 복용을 하게 되는 사람들은 단기적으로 문제를 지워버리기 위한 수단으로 마약을 한다.)

2 Police arrested 10 high school students on charges of **peddling drugs** after police officers posed as students and bought marijuana, cocaine and other drugs. (경찰관들이 학생으로 가장해 마리화나, 코카인과 다른 마약을 산 후 경찰은 10명의 고등학생을 마약 밀매 혐의로 체포했다.)

3 Six airline mechanics were charged with helping to **smuggle cocaine and heroin** into the United States aboard passenger jets from Colombia. (여섯 명의 항공사 정비사들이 콜롬비아에서 오는 여객기 안에 숨겨 미국으로 코카인과 헤로인을 밀수하는 것을 도운 혐의로 고발당했다.)

The former head of the spy agency has been indicted **on drug trafficking charges** by a federal grand jury. (정보기관의 전직 수장은 연방 대 배심원에 의해 마약 거래 혐의로 기소되었다.)

4 He is accused of **possessing drugs** with intent to distribute them. (그는 판매할 목적으로 마약을 소지한 혐의를 받고 있다.)

Police cracked a **drug smuggling ring** spanning four continents, arrested more than 100 people and seized more than five tons of cocaine. (경찰은 4개 대륙에 걸친 마약 밀수 조직을 일망타진하고 100명 이상을 체포했으며 5톤이 넘는 코카인을 압수했다.)

5 It is an offence to **sniff glue** or to sell it to street children. (본드를 흡입하거나 가출 아동들에게 판매하는 행위는 범죄다.)

To dull the pain of living on the street, most street children **inhale paint thinner or abuse other drugs**. (거리 생활의 고통을 덜기 위해 대부분의 가출 아동들은 시너를 흡입하거나 다른 마약을 남용한다.)

6 Experts call for better medical measures and social services to help **drug addicts** rehabilitate. (전문가들은 마약 중독자들의 갱생을 돕기 위한 보다 나은 의료 조치와 사회 서비스를 요구한다.)

More efforts should be made to tackle the serious problem of **drug addiction**. (마약 중독이라는 심각한 문제와 싸우기 위해 더 많은 노력을 기울여야 한다.)

7 Many young students are **getting hooked on drugs** believing that the substances, which they often don't realize are illegal or harmful, will help them study. (종종 불법이라거나 몸에 해롭다는 사실을 깨닫지 못하고 공부에 도움이 된다고 믿고서 많은 어린 학생들이 마약에 중독되고 있다.)

8 He was arrested on suspicion of **driving under the influence of drugs[narcotics]**. (그는 마약을 하고 운전한 혐의로 체포되었다.)

The suspect claims that he was **high on drugs and alcohol** at the time of the murder. (그 용의자는 살인을 할 당시 마약과 술에 취해 정신이 몽롱한 상태였다고 주장한다.)

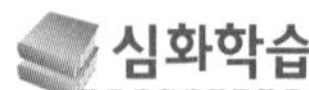

심화학습

음주 여부 검사 sobriety test

음주 운전 여부를 검사하는 데는 음주측정기(breathalyzer)를 운전자의 입에 대고 불게 하여 기계에 나타난 수치로 판단하는 것과 운전자를 차에서 내리게 하여 간단한 테스트를 하여 신체의 반응 여부에 따라 판단하는 것이 있는데 이를 sobriety test라 한다.

The subject takes nine heel-to-toe steps along a line, turns, and takes nine heel-to-toe steps back. The officer is looking to see if the accused can keep their balance and follow instructions or lose balance while turning.

The accused is instructed to stand with heels together, arms at the side, then raise one leg six inches off the ground while counting out loud until the officer allows the accused to stop.

The officer is looking for raising of the arms, swaying, hopping, putting the foot down, inability to stand still, body tremors, muscle tension, and any statements made by the accused during the test.

대상자는 선을 따라서 두 발이 닿는(발뒤꿈치에서 발가락까지 닿는) 아홉 보를 걸어가 돌아서서 다시 같은 방식으로 아홉 걸음을 걷는다. 단속 경찰관은 피의자가 균형을 유지할 수 있고 지시를 따를 수 있는지 혹은 도는 도중 균형을 잃는지 살피게 된다.

피의자는 팔을 옆으로 한 채 발뒤꿈치를 모으고 서서 경찰관이 멈추도록 할 때까지 큰 소리로 숫자를 세면서 한 다리를 지면으로부터 6인치 들어 올리도록 지시를 받는다.

경찰관은 테스트 도중 팔을 들어 올리는 것, 몸 흔들기, 뜀뛰기, 발 내려놓기, 가만히 서 있지 못하는 것, 신체의 떨림, 근육의 긴장 그리고 피의자가 하는 말 등을 조사한다.

the subject 대상자, **the accused** 피의자 **heel-to-toe** 발뒤꿈치에서 발끝에 이르는, 발 크기만큼의 **keep one's balance** 균형을 유지하다 **follow instructions** 지시를 따르다 **lose balance** 균형을 잃다 **raise one leg six inches off the ground** 한 다리를 지면으로부터 6인치 들어 올리다 **count out loud** 큰 소리로 숫자를 세다 **inability to stand still** 가만히 서 있지 못함 **body tremor** 신체의 떨림 **muscle tension** 근육의 긴장

Don't make a mountain out of a molehill.

침소봉대하지 마라.

별것도 아닌데도 호들갑을 떨며 과장하는 사람들이 있다. molehill이란 두더지가 파놓은 흙 두둑을 말하는데 이것을 산이라고 우겨댄다면 과장이 엄청나게 심하다고 할 수 있다. make a mountain out of a molehill 또는 make a molehill into a mountain은 하찮은 일을 과장해서 떠들어대다, 침소봉대하다는 의미다.

A : There are several typos in this report. 이 보고서에 오자가 여러 개 있어.
B : I know that. 나도 알고 있어.
A : Why don't you correct them? 고치지 그래?
B : Come on, **don't make a mountain out of a molehill**. It's not that important. 왜 이래. 침소봉대하지 마. 그리 중요한 것은 아니야.

09 매춘 | 밀수

주제어	관련어
prostitute	call girl, harlot, sex worker, comfort woman, prostitution, sex trade, pimp, brothel, pornography, X-rated, promiscuous, homosexual, swing
smuggle	deal, push, run, smuggling, smuggler, smuggling ring, human trafficking, human trafficker, people trade, seize, confiscate, contraband

●●● Prostitution is one of the oldest professions in the history of mankind. 매춘은 인류 역사상 가장 오래된 직업의 하나다.

인류 역사상 가장 오래된 직업인 매춘(prostitution)은 어느 사회에나 존재한다. 우리나라도 불법이지만 공공연히 존재하고 있어 여성가족부(the Ministry of Gender Equality and Family)의 주도로 이를 단속하기 위한 특별법이 마련되어 2004년 9월 23일 시행되었다. 소위 성매매특별법은 두 가지 법을 합쳐 편의상 말하는 것인데 하나는 성매매 방지와 피해자 보호에 대한 법률이고, 또 다른 하나는 성매매 알선 처벌에 대한 법률이다. 이 법률은 그 전에 존재했던 '윤락행위 방지법'이 더욱 강화된 법으로 가장 큰 특징은 처벌 대상이 성매매 여성들에게서 윤락업주들(brothel owners)과 성을 구매한 (buy sex) 남성들로 바뀐 것이다.

많은 성 노동자(sex worker, prostitute)들이 강제로 매춘을 하게 된다(be forced into prostitution)고 한다. 인신매매(human trafficking)를 통해 끌려가 밤거리에 나서게 되는 경우도 있으며, 포주(pimp)들의 협박과 감시에 시달리면서 수렁에서 헤어나기 힘들게 된다고 한다. 한때 인신매매단(human trafficking ring)이 전국에서 횡행하여 부녀자들을 불안에 떨게 한 적도 있었다.

인신매매는 한 나라에 국한되지 않고 국제적으로도 이루어지는데 이를 human smuggling이라고 한다. 불법 이민자(illegal immigrants)들에게서 돈을 받고 이들을 배에 태워 미국으로 이민시키려다 바다 위에서 풍랑을 만나 배가 좌초되거나 화물차 트레일러에 이들을 가득 싣고 미국 국경을 넘으려다 한꺼번에 수십 명이 질식사했다는 뉴스들이 외신을 통해 전해지기도 한다.

prostitute

매춘부, 창녀; 몸을 팔다, 매춘을 하다
someone, usually a woman, who has sex with people for money
= bag, bawd, broad, call girl, camp follower, cat, chippy[chippie], fallen woman, floozy, harlot, hooker, hustler, lady of the evening[night], model, moll, painted woman, pickup, pro, scarlet woman, sex slave, sex worker, slut, streetwalker, strumpet, tart, tomato, tramp, trollop, white slave, whore, working girl

유의어 **B-girl** 바의 여급 **bimbo** 섹시한 술집 여자, 헤픈 여자, 백치미인 **chicken** 매력적인 계집아이, 영계 **concubine** 첩, 내연의 처 **courtesan** 고급 매춘부, 정부 **hostess** 술집 여주인, 마담 **loose woman** 바람둥이 여자 **nymphomaniac** 여자 색정광 **party girl** 파티의 접대역으로 고용된 여자

용례 **work as a prostitute** 창녀로 일하다 **look like a prostitute** 창녀 같다 **pick up a prostitute for the night** 매춘부와 하룻밤 보내다

| **sell one's body** 몸을 팔다

| **line the street looking for customers** 고객을 찾아 거리에 늘어서다

| **crack down on the sex[flesh] trade** 매춘(성매매)을 단속하다 **ban sex trade** 성매매를 금지하다 **sell[buy] sex** 몸을 팔다[돈을 주고 성행위를 하다]

| **comfort woman, sex slave** 위안부

| **male prostitute** 남창 **rent boy** (젊은, 소년) 남창

prostitution 매춘

= flesh trade, sex trade

| **ban[legalize] prostitution** 매춘을 금지하다[합법화하다] **the sex industry** 성 산업, 성매매 산업

| **pimp** 포주, 뚜쟁이 = fancy man, pander, panderer, ponce, procurer

| **brothel** 매춘굴, 유곽 = bawdy house, bordello, call house, cathouse, chicken ranch, crib, hook shop, house of prostitution[ill fame, ill repute], joyhouse, red-light district, stew, whorehouse

| **disorderly house** 풍기문란 업소 **decadent entertainment establishment** 퇴폐 유흥업소 **massage parlor** 안마시술소

---

pornography 포르노, 포르노물

films, magazines and other materials that show sex acts and images intended to make people feel sexually excited = dirt, lubricity, no-no, porn, prurience, salacity, sleaze, smut, smuttiness

용례 **sell pornography on the Internet** 인터넷상에서 음란물을 팔다 **child pornography** 아동 포르노 **porn film[magazine]** 포르노 영화[잡지] **porn star** 포르노 스타 **hard[hard-core] porn** 성 묘사가 노골적인 포르노 **soft porn** 그다지 노골적이지 않은 포르노 **talk dirt** 음담패설을 하다

| **adult** 성인용의, 외설의, 음란물의 = blue, dirty, erotic, obscene, pornographic, raunch, steamy, smutty, X-rated

| **adult film[magazine, entertainment]** 성인 영화[잡지, 오락]

| **blue movie[joke]** 음란 영화[농담] **contain obscene[smutty] sex scenes** 진한 섹스 장면이 있다

| **steamy film[play, scene]** 음란 영화[연극, 장면] **X-rated movie** 성인 영화

have sex with ~와 성관계를 맺다

= sex with, have (sexual) intercourse with, make love to[with], sleep with, go to bed with

| **lose one's virginity** 처음으로 성관계를 하다, 처녀성(동정)을 잃다

| **mate** (동물이) 교배하다

| **horny, randy** 성적인 흥분을 느끼는 **feel really randy** 진짜 성적 흥분을 느끼다

| **sleep around** 성관계가 문란하다, 여러 남자(여자)와 자다 **promiscuous** 성관계가 문란한 **promiscuity** 혼음, 난교

| **sexual** 성적인, 성욕의 **sexual morality** 성도덕 **sexual desire[appetite]** 성욕 **sexual orientation** 성적 성향 **sensuous** 감각적인 **sensual** 육욕의, 관능적인

| **sexuality** 성욕 = sex drive, libido, sexual desire, lust

| **seduce, get someone into bed** 유혹하다 **turn on** 성적으로 흥분하다(흥분시키다)

| **homosexual** 동성애의; 동성애자 **gay** 남자 동성애자 **lesbian** 여자 동성애자 **heterosexual** 이성애의, 이성애자 **sex shop** 성인용품 판매점 **sex toy** 성인용품 **sex tourism** 섹스 관광

| **same-sex** 동성의 **group sex, orgy** 집단 섹스, 혼음 **swing, swap** 부부(파트너)를 교환하다 **throw a swing party** 파트너 교환 파티를 열다 **swinger** 부부 교환자

| **threesome** 세 사람이 동시에 하는 성교 = troilism, menage a trois

| **engage in a threesome, have a threesome** 세 명이 성교하다 **want a threesome** 세 명이 하는 성교를 원하다

| **troilist** 세 명 성행위를 하는 사람 **spice up one's sex life** 성생활의 묘미(흥취)를 더하다

have sex in a car 카섹스를 하다

| **make love in an automobile** 카섹스를 하다 **park** (주차중인) 차 속에서 성행위를 하다, 카섹스를 하다 **have sex while riding in an ambulance** 앰뷸런스 안에서 섹스를 하다 **make love in the back seat of a parked car in a drive-in theater** 자동차 전용극장에 주차된 차의 뒷좌석에서 섹스를 하다 **be caught having sex in a parked car** 주차된 차 안에서 섹스를 하다 들키다

| **engage in oral or anal sex** 구음이나 항문 섹스를 하다 **receive oral sex in a car** 차 안에서 오럴 섹스를 받다 **sphincter muscles** 괄약근

| **erect** 발기시키다; 발기한 **an erect[flaccid] penis** 발기한[발기하지 않은] 성기 **erection** 발기 **erectile dysfunction, impotence** 발기부전 **impotent** 발기부전의; 발기 불능자 **an anti-impotence drug** 발기부전 치료제

| **ejaculate, shoot off a gun** 사정하다 **ejaculation** 사정 **premature ejaculation** 조루

| **sexual position** (성행위의) 체위

| **the missionary position** 정상 체위 **the woman on top position** 여성 상위 **the rear-entry position, the doggy style** 후배위

필수예문

1 It is a criminal offense to force someone to **work as a prostitute** and to exploit someone's weak position by making them work as a prostitute. (다른 사람을 강제로 몸을 팔게 하고 약점을 이용해 몸을 팔게 하는 것은 형사 범죄다.)

2 She says she was beaten by a **pimp** and **forced into prostitution** under the threat of death. (그녀는 포주에게 구타를 당하고 생명의 위협을 받아 강제로 몸을 팔게 되었다고 말한다.)

It is right to **ban the sex trade** if AIDS spreads through sex workers. (AIDS가 성 노동자들을 통해 퍼진다면 성매매를 금지하는 것은 옳다.)

It is against the law to **buy sex** from someone under 18. (18세 미만인 자로부터 성을 사는 행위는 불법이다.)

3 A Japanese court has rejected a lawsuit filed by nearly 50 aging South Korean women demanding cash compensation for being forced to **work as sex slaves** for the Japanese imperial army in the 1930s and 1940s. (한 일본 법원은 1930년대와 1940년대에 일본 제국 군대를 위해 강제로 성노예로 일했던 것에 대한 현금 배상을 요구하며 약 50명의 한국인 할머니들이 제기한 소송을 기각했다.)

4 South Korea's new **anti-prostitution law** imposes tougher penalties on brothel owners and buyers, while protecting prostituted victims. (한국의 새 성매매 금지법은 포주와 성 매수자에게는 더 강력한 처벌을 하지만 매춘의 피해자는 보호한다.)

The parliament is expected to pass a bill that would place a full ban on the **public sale and purchase of sex services.** (의회는 섹스 서비스의 공개적인 매매를 전면 금지하는 법안을 통과시킬 것으로 예상된다.)

5 He is accused of **selling pornography** over the Internet. (그는 인터넷을 통해 포르노를 판매한 혐의를 받고 있다.)

The measures encourage Internet users to inform law enforcement authorities if they suspect that **child pornography** material is being distributed on the Internet. (그 조치들은 네티즌들에게 아동 포르노가 인터넷상에 유포되고 있다고 의심이 되면 사법당국에 신고하도록 장려한다.)

6 Everyone can **rent an X-rated video** just about anywhere in Canada, and **watch softer porn** on pay-per-view TV. (캐나다 거의 어디에서나 누구나 성인용 비디오를 빌릴 수 있고 유료 TV를 통해 별로 노골적이지 않은 포르노를 볼 수 있다.)

The **same-sex marriage** bill will go into effect once it receives approval in the Senate. (동성 결혼 법안은 상원에서 승인을 받으면 시행이 된다.)

7 Teens may experiment with drugs or alcohol or become sexually **promiscuous** to avoid feelings of depression. (십대들은 우울증을 피하기 위해 시험 삼아 마약이나 술을 하거나 성적으로 난잡하게 될 수도 있다.)

A US court has ruled that it is against the constitution to deny **gay and lesbian couples** the right to marry. (미국의 한 법원은 동성애 커플들이 결혼할 권리를 부인하는 것은 위헌이라고 판결했다.)

8 **Group sex** among consenting adults is neither prostitution nor a threat to society, Canada's top court ruled, lifting a ban on so-called **"swingers" clubs**. (합의하에 행하는 성인들간의 집단 섹스는 매춘도 아니고 사회에 위협도 아니라고 캐나다의 최고법원이 판결을 내려 소위 부부교환 클럽에 대한 금지를 해제했다.)

smuggle

밀수하다; 밀입국(출국)시키다, 밀항시키다
to import or export without paying lawful customs charges or duties; to bring in or take out illicitly or by stealth = bootleg, deal, moonshine, push, run

용례 **smuggled goods** 밀수품 **smuggle in jewels** 보석을 밀수하다 **be arrested for smuggling out dollars** 달러 밀반출 혐의로 체포되다
| **smuggling** 밀수
| **a smuggling ring** 밀수단 **bust[break up] a smuggling ring** 밀수단을 적발하다 **be charged with drug smuggling** 마약 밀수 혐의를 받다
| **smuggler** 밀수업자 **a drug smuggler** 마약 밀수꾼 **a ring of dope smugglers** 마약 밀수단
| **human trafficking** 인신매매 = human smuggling (보통 나라간), the flesh trade, the people trade
| **trade[smuggle] humans** 인신매매를 하다
| **human trafficker** 인신매매범 **a human trafficking ring** 인신매매단
| **seize** 압수하다 = confiscate, impound, sequester

---

contraband (수출입) 금지의, 금제의; 수출입 금제품, 밀수품

prohibited from being imported or exported; distributed or sold illegally = banned, bootleg, bootlegged, disapproved, excluded, forbidden, hot, illegal, illicit, interdicted, prohibited, proscribed, shut out, smuggled, taboo, unauthorized, unlawful, verboten

반의어 **allowed, authorized, lawful, legal, permitted**

용례 **contraband goods[items]** 금제품 **contraband trader** 밀수업자 = contrabandist
run contraband goods 금제품을 밀수하다
| **absolute[unconditional] contraband** 절대 금제품(무기 따위)
| **conditional contraband** 조건부 금제품 **smuggle contraband** 밀수하다 **seize contraband** 밀수품을 압수하다 **items on the contraband list** 수출입 금지 품목
| **bootleg liquor** 밀주
| **sell smuggled gold bullions** 밀수 금괴를 판매하다 **search ~ for smuggled goods** 밀수품이 있는지 ~의 몸수색을 하다 **smuggled antlers[bear gallbladders, bear paws, tiger bones, snakes, weasel skins, sable skins]** 밀수된 녹용[곰쓸개, 곰발바닥, 호골, 뱀, 족제비털, 담비털]

필수예문

1 Two flight attendants have been arrested for **smuggling drugs** in their underwear. (두 명의 비행기 승무원이 속옷에 마약을 숨겨 밀수하려다 체포되었다.)

Three Taiwanese tourists were arrested at the airport for allegedly trying to **smuggle** the illegal drug amphetamine **to Japan**. (세 명의 대만 관광객이 불법 마약인 암페타민을 일본으로 밀수하려 했다는 이유로 공항에서 체포되었다.)

2 The man allegedly tried to **smuggle** diamonds with a street value of $1 million **out of the country**. (전해진 바에 따르면 그 남자는 시가 백만 달러에 달하는 다이아몬드를 국외로 밀반출을 시도했다.)

A foreign traveler was nabbed for trying to **smuggle** narcotics **into** South Korea. (한 외국인 여행객이 한국으로 마약을 밀수하려고 하다 체포되었다.)

3 Organized crime groups operating from Mexico have **smuggled marijuana into the United States** since the early 1970s. (멕시코에서 활동하는 조직 폭력 단체들이 1970년대 초부터 미국으로 마리화나를 밀수해왔다.)

A man offered him $800 in return for **smuggling** two Chinese immigrants in the trunk of his car **into** the United States. (두 명의 중국인을 차 트렁크에 숨겨 미국으로 밀입국시키는 대가로 한 남자가 그에게 800달러를 제공했다.)

Russian customs officers have arrested a Chinese truck driver on charges of trying to **smuggle** several hundred severed bear paws **into** China from Siberia. Bear paw is a delicacy in parts of China. (러시아 세관 당국은 중국 트럭 운전사를 시베리아에서 중국으로 수백 개의 절단된 곰발바닥을 밀수하려고 한 혐의로 체포했다. 곰발바닥은 중국 일부 지방에서는 진미로 통한다.)

4 **Human trafficking** has replaced the drug trade as the world's largest illegal business. (인신매매가 마약 거래를 제치고 세계 최대의 불법 사업이 되었다.)

The **people trade** has become a multi-billion dollar business, with millions of men, women and children bought and sold every year. (인신매매는 연간 수십 억 달러 사업이 되었고 수백만 명의 남녀 및 아동들이 매년 매매된다.)

5 Two **human traffickers** have been arrested for smuggling in illegal immigrants from China and North Africa. (두 명의 인신매매범이 중국과 북아프리카로부터 불법 이민자를 밀입국시킨 혐의로 체포되었다.)

South Korean police have **smashed an international human trafficking ring** dealing in drugs, prostitution, extortion and money laundering. (한국의 경찰은 마약, 매춘, 갈취와 돈세탁에 관여하고 있는 국제 인신매매단을 일망타진했다.)

6 Chinese police have **seized** a huge amount of drugs and detained two South Korean suspects. (중국 경찰은 엄청난 양의 마약을 압수하고 두 명의 한국인 용의자를 구속했다.)

Security screeners at Incheon International Airport **confiscate** hundreds of **contraband items** every day, a process that contributes to long lines and frustration for many passengers. (인천 국제공항의 보안 검색요원들은 매일 수백 건의 금수품을 압수하는데 이것 때문에 대기 줄이 길어지고 많은 승객들에게 실망을 준다.)

심화학습

인신매매 human trafficking

사람을 납치하여 술집이나 집창촌에서 일하게 하거나 섬으로 보내 강제로 노역을 시키는 인신매매가 우리나라에서도 심심찮게 일어나고 있는데 전세계적으로도 심각한 문제로 대두되고 있는 실정이다.

Traffickers frequently recruit people through fraudulent advertisements promising legitimate jobs as hostesses, domestics, or work in the agricultural industry.

While women and children are particularly vulnerable to trafficking for the sex trade, **human trafficking** is not limited to sexual exploitation. It also includes persons who are trafficked into forced marriages or into bonded labor markets, such as sweatshops, agricultural plantations, or domestic service.

Trafficking victims are kept in bondage through a combination of fear, intimidation, abuse, and psychological controls. While each victim will have a different experience, they share common threads that may signify a life of servitude.

매매범들은 종종 호스티스, 가정부 혹은 농사일과 같은 합법적인 일자리를 약속하는 허위 광고를 통해 사람들을 모집한다.

여성과 아동들이 특히 매춘을 위한 매매에 취약하지만 **인신매매**는 성 착취에만 국한되어 있지 않다. 강제결혼이나 노동 착취 공장이나 대농장과 같은 구속된 노동시장 혹은 가사일 등을 하도록 매매되는 사람들도 포함한다.

인신매매 피해자들은 공포, 협박, 학대와 심리적 통제를 복합적으로 받으며 감금된다. 개개 피해자의 경험은 다르지만 강제 노역의 생활을 해야 한다는 공통점이 있다.

recruit ~ through fraudulent advertisements 허위 광고를 통해 모집하다 **legitimate job** 합법적인 일자리 **be vulnerable to** ~에 취약하다 **be limited to** ~에 한정(제한, 국한)되다 **sweatshop** 노동 착취 업소(공장) **be kept in bondage** 감금되다 **common thread** 공통점 **signify** 나타내다 **servitude** 노예 상태, 강제 노역

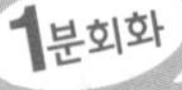

You've got another think coming.

잘못 생각하고 있다. 오산이다.

어떤 생각을 하고 있는데 그것이 잘못되어 곧 바로 다른 생각으로 바꾸어야 한다면 먼저 한 생각은 그야말로 처음부터 잘못된 것이라고 할 수 있다. think가 명사로 사용되면 '생각, 일고'라는 의미가 있는데 또 다른 생각이 바로 다가온다면 바로 뭔가를 오판하거나 잘못 생각하고 있다는 의미다.

A : Why is she so late? 그녀가 왜 이리 늦지?
B : I am afraid she will not come. 아마 안 올 거야.
A : What makes you think so? 왜 그렇게 생각해?
B : If you think he can persuade her, **you've got another think coming.** 너 그가 그녀를 설득할 수 있다고 생각한다면 그거야말로 오산이야.

10 도박 | 복권

주제어	관련어
gamble	**back, bet, stake, wager, plunge, gambling, compulsive gambler, punter, good bet, casino, bookmaker, oddsmaker, speculate, speculation**
lottery	**drawing, numbers game, raffle, sweepstakes, lottery ticket, scratch-off lottery ticket, win the lottery, winning ticket, hit the jackpot**

●●● Don't gamble with safety. 위험한 모험은 하지 마라.

인생 자체가 어차피 도박(gamble)이라는 말도 있지만 실제로 화투, 포커, 카지노, 경마(horse race)에 빠져 재산을 탕진하고 폐인으로 전락하는 사람이 적지 않다. 이는 도박이 술, 담배, 마약과 같이 중독성(addictiveness)이 강해 한번 빠지면 끝을 보기 전에는 빠져나오기 어렵기 때문이라고 한다. 이런 도박 중독자(addictive gambler)들은 노름빚(gambling debts)을 갚거나 도박 자금을 마련하기 위해 범죄에 빠지기도 하며 심한 경우 천륜을 저버리는 짓을 범하기도 한다.

사실상 도박이나 마찬가지이면서 합법적으로 행해지는 것이 바로 복권(lottery)이다. 해마나 새해 소망을 묻는 여론조사의 결과를 보면 많은 이들의 꿈은 복권에 당첨되어(win the lottery) 한방에 인생을 역전시키는 것이라고 한다. 로또가 시작되고 대박을 터뜨리는(hit the jackpot) 사람들이 일주일에 서너 명씩 나오면서 로또를 사는 일은 서민과 박봉에 시달리는 샐러리맨들의 주간행사가 되어버렸다고 해도 과언이 아니다. 800만분의 1의 희박한 확률에 기대를 걸면서 말이다. 그러나 일부 시민단체들은 로또가 국민의 사행심을 조장한다(promote gambling)며 이를 폐지해야 한다고 주장하기도 한다.

gamble

도박하다; 노름, 도박

try to win money by guessing who will win something, or by winning a game that is played for money = back, bet, cast lots, game, plunge, stake

'도박을 하다, 노름을 하다' 라는 뜻으로 사용될 때 gamble 뒤에 오는 전치사로는 at, on이 있고 '투기를 하다' 는 의미로 쓰이면 보통 전치사 in을 수반하게 된다. 또 '믿다, 신용하다, 희망을 걸다' 는 뜻으로 사용될 때는 on이 붙는다.

gamble at cards 내기 카드놀이를 하다

gamble in sugar 설탕 투기를 하다

You may **gamble on** that. 그것은 믿어도 된다 (그건 확실하다).

유의어 **have a flutter** 약간의 돈을 걸다 **play for money** 돈을 걸고 하다 **play for the horses** 경마에 돈을 걸다, 경마하다 **risk, venture** (생명, 재산을) (내)걸다 **wager** 내기

용례 **gamble at[on] cards** 돈내기 카드놀이를 하다 **gamble on a horse race** 경마에 돈을 걸다

gamble away 도박으로 (돈, 재산을) 날리다 **gamble on** 믿다, 확신하다 **go on the gamble** 도박(노름)을 하다

| **have a gamble on** ~에 걸다 **take a gamble on** ~에 이판사판의 모험을 하다 **back a winner** 이긴 말에 걸다 **stake much money on a race** 경마에 큰돈을 걸다

gambling 도박 **gambler** 도박꾼, 노름꾼

| **a compulsive gambler** 강박적 도박꾼 **an inveterate gambler** 상습적인 도박꾼 **a problem gambler** 문제 도박꾼 **punter** 내기하는 사람

| **pay off one's gambling debts** 노름빚을 갚다

| **promote gambling** 사행심을 조장하다

| **run a casino** 카지노를 운영하다 **run a private gambling operation** 사설 도박장을 운영하다 **open an off-track betting parlor** 장외 경마소를 열다 **set up an illegal[unlicensed] off-track betting parlor** 불법 사설 경마소를 세우다

bet[lay, put, wager] $100 on ~에 100달러 걸다

| **make[place, take] a bet on, have[lay] a wager on** ~에 걸다

| **bet $100 that** ~하는 데 100달러 걸다 **make book** 경마에 돈을 걸다

| **Let's have a bet.** 내기하자. = I'll lay you a bet. **accept[take up] a bet** 내기에 응하다

make[place, take] a bet with ~와 내기하다 **win[lose] a bet** 내기해서 이기다[지다] **lose[win] one's wager** 내기에 지다[이기다] **take up a wager** 내기에 응하다 **That horse looks like a good[poor] bet.** 저 말에 걸면 이길[질] 것 같다.

| **bookmaker, bookie** 도박사, 사설 마권업자 **oddsmaker** 승률 예측자, 배당률 생성 전문가 **the odds-on favorite** 유력한 우승 후보자

| **have Brazil as a clear 3-1 favorite** 확률 3-1로 브라질을 확실한 우승후보로 꼽다 = have[put] Brazil as the odds-on favorite at 3-1, have[favor] Brazil winning the title at 3-1 odds, make Brazil a 3-1 favorite, be 3-1 to win the title, offer 3-1 on Brazil to win the title, list Brazil the favorite at 3-1, offer the odds of 3-1 for Brazil winning the title

| **be a 3-1 favorite for the World Cup, be 3-1 to win the World Cup** 월드컵 우승 확률이 3대1이다

speculate 투기하다

to risk money in business in the hope of making a large profit = plunge, spec, wildcat

용례 **speculate in land[shares]** 주식[땅]에 투기하다 **speculate on a rise** 가격 상승을 예상하고 투기하다

| **speculation** 투기 **speculator** 투기자(꾼) **take anti-speculation steps** 투기 방지 대책을 취하다 **crack down on land speculation** 땅 투기를 단속하다

| **speculative** 투기적인 **speculative investment** 투기성 투자 **a speculative investor** 투기성 투자가

필수예문

1 It's illegal to **gamble** unless it's taking place in a state-approved facility such as a casino. (카지노와 같이 정부가 허가한 장소가 아닌 곳에서 도박을 하는 것은 불법이다.)

Tom is very religious — he doesn't smoke, he doesn't drink and he **doesn't gamble.** (톰은 신앙심이 매우 깊어서 담배도 안 피우고 술도 안 마시며 노름도 하지 않는다.)

2 Civic groups are against a government plan to **set up a casino** in the capital, saying it will **promote gambling.** (시민단체들은 수도에 카지노를 세우려는 정부 계획에 반대하는데 카지노가 생기면 사행심을 조장할 것이라고 주장한다.)

A father who has sold his 15-year-old daughter for 10 million won to **pay off his gambling debts** is being investigated by police. (노름빚을 갚기 위해 15세의 딸을 천만 원에 팔아넘긴 아버지가 경찰의 조사를 받고 있다.)

Ten **bookies** were arrested for collecting more than $3 million a month in illegal sports wagers for an **illegal gambling ring.** (열 명의 사설 도박주들이 불법 도박단을 위해 불법 스포츠 도박을 통해 한달에 3백만 달러 이상을 챙긴 혐의로 체포되었다.)

3 It goes against the law to **operate a private off-track betting parlor.** (사설 장외 경마소를 운영하는 것은 법에 저촉된다.)

You are allowed to play cards here, but you are not allowed to **play for money.** (여기서 카드놀이를 할 수는 있지만 돈 내기는 못한다.)

4 Tom **bet me $5 that** Brazil will win the 2006 World Cup. (톰은 브라질이 2006년 월드컵에서 우승하는 데 5달러를 내게 걸었다.)

Soccer fans have **bet $100,000 on** South Korea joining the last 16 of the World Cup. (축구 팬들은 한국이 2006년 월드컵 16강에 드는 데 십만 달러를 걸었다.)

I bet you $10 that she will not turn up. (내 너한테 10달러를 걸고 장담하는데 그녀는 나타나지 않을 것이다.)

How much are you willing to bet? (얼마나 걸 거야?)

5 British bookmakers **have Brazil as a clear 3-1 favorite** to win the 2006 World Cup in Germany. (영국 도박사들은 브라질이 2006년 독일 월드컵에서 확실히 우승할 확률을 3대1로 잡았다.)

The **odds of Spain winning the World Cup** have moved up from 15-1 to 13-1. (스페인이 월드컵에서 우승할 확률이 15대1에서 13대1로 상승했다.)

6 When small investors **speculate in real estate**, they should fully understand the huge risks involved. (소액 투자자들이 부동산에 투기를 할 때 수반되는 위험을 충분히 인식해야 한다.)

The government has vowed to **crack down on land speculation**, which it says is a bane to the national economy. (정부는 국가 경제에 독인 땅 투기를 강력 단속하겠다고 천명했다.)

lottery

복권, 추첨

a type of gambling game in which people buy numbered tickets and the people who have chosen numbers on their tickets win a prize = chance event, drawing

유의어 **grab bag, lucky dip** 보물 뽑기 주머니 **numbers game, numbers pool, numbers racket, numbers** 숫자 알아맞히기 노름 **raffle** 경품 추첨 **sweepstakes** 내기 경마, 건 돈을 승자가 독차지하는 내기

용례 **hold a lottery** 복권추첨을 실시하다 **win the lottery** 복권에 당첨되다 **buy a lottery ticket** 복권을 사다
| **win the sweepstakes** 내기 경마에서 이기다
| **hit the jackpot, strike pay dirt** 대박을 터뜨리다
| **a winning ticket** 당첨 복권 **a first-prize ticket** 1등 당첨 복권 **winning numbers** 당첨 번호 **the winner, a prize winner** 당첨자
| **miss the $10-million lottery jackpot by one digit** 숫자 하나 때문에 천만 달러 상금을 놓치다
| **claim the $300 million jackpot** 3억 달러 상금을 찾다
| **lose[find, recover] the winning ticket** 당첨 복권을 잃어버리다[찾다, 되찾다]
| **scoop $1 million in the lottery** 복권으로 백만 달러를 벌다
| **a scratch-off[instant] lottery ticket** 즉석 복권
| **scratch off the winning ticket** 즉석 복권에 당첨되다

필수예문

1 More than one in five Americans believe the best way to get rich is to **win the lottery**, a sign that these Americans greatly overestimate their chances of **hitting a lottery jackpot**. (다섯 명의 미국인 중에 한 명 이상이 부자가 되는 최고의 길은 복권에 당첨되는 것이라고 믿는데 이는 미국인들이 복권에 당첨되어 거액의 상금을 탈 확률을 지나치게 과대평가하고 있다는 것을 보여준다.)

2 The **chances of winning the jackpot with a lottery ticket** are 14 million to one. (복권에 당첨될 확률은 1400만분의 1이다.)

The **prize winning ticket**, numbered 23456, was purchased at a convenience store in central Seoul. (번호가 23456인 당첨 복권은 서울 중심가의 한 편의점에서 구매되었다.)

3 No tickets matched all the numbers needed to win any of the jackpots in the weekend Lotto lottery drawings, **raising the jackpot to** $5 million. (주말 로또 복권 추첨에서 당첨자가 나오지 않아 누적 상금이 5백만 달러로 늘었다.)

Prizes range from the face value of the ticket to **the first prize**. (상금은 복권 액면가에서부

터 1등까지 다양하다.)

4 **The winner** collected $5 million in South Korea's Lotto lottery after leaving the **winning ticket** unchecked on top of his microwave oven for a month. (복권 당첨자는 한 달 동안 당첨 복권을 맞춰보지 않고 오븐 위에 올려놓았다가 상금 5백만 달러를 찾아갔다.)

5 The **lottery winners** are donating some of their multi-million dollar jackpot to their town's fire and police departments. (복권 당첨자들은 수백만 달러 상금 중 일부를 지역 소방서와 경찰서에 기부하려고 한다.)

Opting for a **single lump-sum payoff**, the win totaled about $110 million after taxes and was split among several family members. (일시불 지급을 선택하자 당첨금은 세금을 제하고 총 1억1천만 달러에 달했고 여러 가족들이 나누어 가졌다.)

6 A jobless man won $1 million with a **scratch-off ticket** and secured his ticket in a safe. (한 무직자가 즉석 복권으로 백만 달러에 당첨돼 복권을 금고에 잘 놓아두었다.)

After a sleepless night, he **filed a claim for the prize** and said he wants to buy himself a car and a home besides paying off debts. (잠 못 이루는 밤을 지새우고 그는 당첨금 지급 신청을 했고 빚을 갚는 것 외에 차와 집을 사고 싶다고 말했다.)

7 His signature had been partially scratched off the ticket, so Lotto officials have been conducting forensic tests to ensure his **win** is legitimate. (복권에서 그의 서명이 약간 떨어져 나가 로또 관리들이 그의 당첨이 합법적이라는 것을 확인하기 위해 법의학 검사를 해오고 있다.)

심화학습

도박 중독 addictive[compulsive] gambling

주변에서 왕왕 도박에 중독되어 패가망신하는 이들을 볼 수 있는데, 도박 중독은 도박을 하고 싶은 충동을 도저히 뿌리칠 수 없어서 끊임없이 도박을 해서 그 충동을 해소시켜야 하는 일종의 병이라 할 수 있다.

Addictive gambling is the inability to resist impulses to gamble, leading to severe personal or social consequences. It affects 1 percent to 3 percent of adults, men more often than women. It usually begins in adolescence in men and later in women.

This behavior usually progresses from occasional gambling to habitual gambling. The urge to gamble becomes so great that the tension can only be relieved by more gambling.

Severe family problems, financial ruin, and criminal behavior to support the gambling habit may result. The cause for this behavior is not known. One risk factor may be excessive alcohol use which lowers inhibitions and impairs judgment.

도박 중독은 도박 충동을 거부하지 못하는 것을 말하는데 심각한 개인적 사회적 결과를 야기한다. 성인의 1~3퍼센트가 이에 걸려 있으며 여자보다는 남자에 종종 더 많다. 도박 중독은 남자의 경우 청소년기에 시작되고 여자의 경우 더 늦게 시작된다.

보통 이 행위는 가끔씩 하는 도박에서 상습적인 도박으로 진행된다. 도박을 하고 싶은 충동이 너무나 강해서 더 많은 도박을 해야만 그 긴장이 해소된다.

심각한 가정 문제, 재정 파탄 그리고 범죄 행위가 도박 습관을 유지하기 위해 일어날 수 있다. 이 행위의 원인은 알려진 것이 없지만 절제를 감소시키고 판단력을 떨어뜨리는 지나친 음주가 한 위험 요소가 될 수 있다.

| **inability** 무능, 무력, ~할 수 없음 **resist impulses** 충동을 거부하다 **affect** ~에 영향을 미치다, 걸리게 하다 **begin in adolescence** 청소년기(사춘기)에 시작되다 **progress from A to B** A에서 B로 진행되다 **occasional** 가끔의 **habitual** 상습적인, 습관적인 **urge** 강한 충동 **relieve** 경감하다, 완화시키다 **financial** 재정적인, 금전적인 **risk factor** 위험 요소 **lower inhibitions** 절제력을 감소시키다 **impair judgment** 판단력을 떨어뜨리다

1분회화

Why don't you practice what you preach?

너도 언행을 일치시켜 봐(너나 잘 하시지).

동료나 친구 중에는 남들이 하는 일에 시시콜콜 간섭하고 훈계하는(preach) 사람들이 있다. 담배를 많이 피거나 애주가들에게는 건강에 안 좋으니 끊으라고 설교를 해댄다. 가끔 이런 사람들 중에 자신은 정작 그렇게 못하는 사람들을 볼 수 있는데 그런 사람들에게 어울리는 표현이 **practice what you preach**다. 이는 **다른 사람에게 조언하는 대로 자신도 그렇게 행동하다, 즉 언행을 일치시키다**는 뜻이다.

A : Do you still smoke?	아직도 담배 피우나?
B : Yes, once in a while.	응, 가끔.
A : You'd better give up. It's not good for your health.	담배 끊어야지. 건강에 안 좋아.
B : You keep telling me to kick the habit. **Why don't you practice what you preach?**	너 늘 나보고 담배 끊으라고 얘기하는데, 너나 잘 하시지(사돈 남 말하고 있네).

11 보안 | 테러

주제어	관련어
security	**safety, security officer, security agreement, national security, maximum-security, breach of security, security gap, safe, safe house**
terror	**terrorist, terrorism, terrorist attack, terrorist act, armed terrorist, car bomb, bomb squad, bomb-sniffing dog, homemade bomb, metal detector**

●●● Security is the greatest enemy. 방심은 금물.

외국의 국가원수(head of state)가 우리나라를 방문하게 되면 서울에는 그야말로 삼엄한 경비(tight security)가 펼쳐진다. 평소보다 많은 경찰관들이 곳곳에 배치되고 검문검색이 강화되기도 한다. 외국 원수를 태운 차량행렬(motorcade)이 시내를 지나기라도 하면 통과하는 지점의 모든 교통이 통제되고 일반인들의 출입이 제한되는 등 경호를 위한 조치들이 취해진다. 과거 군사정권 시절에는 소위 운동권 학생을 색출한다는 명목으로 지나가는 행인들을 붙들어 소지품을 수색하는 소위 불심검문을 하기도(conduct a random search of passers-by) 했었다.

보안이 강화되는 이유는 물론 만약에 있을지도 모르는 테러를 방지하기 위한 것이다. 이라크의 대량살상무기(weapons of mass destruction)를 찾아낸다는 명분으로 2003년 이라크에 침공한 미국이 후세인을 체포하고 난 뒤 이라크의 치안을 유지한다며 우리나라에 파병(send troops to Iraq)을 요구했다. 노무현 정권은 결국 파병하기로 결정했고 그로 인해 알카에다 테러 조직이 우리나라에 테러 공격을 가한다(launch a terrorist attack on South Korea)는 소문이 나돌기도 했다.

총선을 실시하고 새로운 정부를 수립했지만 이라크에는 아직도 치안이 불안하고 하루가 멀다 하고 차량폭탄테러(car bomb attacks)가 발생해 수많은 민간인과 경찰 그리고 미군들이 죽어가고 있다고 한다. 미국의 의회 조사위원회는 이라크에는 대량살상무기가 없다는 결론을 내려 미국의 이라크 침공은 중동의 석유를 장악하기 위한 것이라는 음모론을 뒷받침하기도 했으며 최근에는 이라크 침공의 빌미가 된 뉴욕의 9.11테러도 조작이라는 내용이 인터넷에 돌아 수많은 누리꾼들의 관심을 끌기도 했다.

security

안보, 보안, 안전
freedom from harm or danger, especially from the danger of being robbed, killed or attacked = aegis, safeguard, safety, shelter, shield

반의어 **danger, vulnerability**

용례 **a threat to national security** 국가 안보에 위협 **a security law** 보안법 **the National Security Law** (한국의) 국가보안법 **security forces** 비밀경찰 **ensure[provide] security** 안전을 보장하다 **a high-security prison** 보안이 철저한 감옥 **conclude a mutual security agreement** 상호 안보 협정을 맺다

| **a security guard** 보안요원, 경비

| **security men** 보안요원 **security officer** 보안 경찰 **enter a security area without authorization** 허가 없이 보안구역으로 들어가다 **conduct a security check** 보안 점검을 하다 **a comprehensive review of security** 종합 보안 재점검

| **get under way amid tight security** 철저한 보안 속에 진행되다

| **step up [tighten] security** 보안을 강화하다

| **issue a maximum alert order** 최고 경계령을 내리다 **maintain watertight security** 물샐틈없는 보안을 유지하다 **a maximum-security prison** 일급 보안 감옥

breach of security 보안 침해(위반)

| **plug security gaps** 보안상의 허점을 메우다

| **install biometric devices to step up security** 보안 강화를 위해 생체인식 장비를 설치하다

| **search** 검문검색하다; 수색, 검문검색

| **screener** 검색 요원 **frisk** 몸을 더듬어 수색하다 **strip-search, skin-search** 알몸 수색하다 **conduct a random search of pedestrians or drivers** 보행자와 운전자에 대해 불심검문을 하다 **make a routine check** 통상적인 검문을 하다

| **hand-search all bags** 모든 가방을 손으로 검사하다 **close down all security checkpoints** 모든 검색대를 폐쇄하다

wiretap 전화도청; 전화도청을 하다

= bug, eavesdrop, listen in, monitor, overhear, pry, snoop, spy, tap, wire

| **eavesdropper, tapper, wiretapper** 도청자

| **wiretap[tap, bug] someone's telephone** ~의 전화를 도청하다 **tap an office phone [a home phone]** 사무실 전화[집 전화]를 도청하다 **wiretap and recording a lawmaker's telephone calls** 국회의원의 전화를 도청 녹음하다 **authorize wiretaps on lawmakers** 국회의원들에 대한 도청을 승인하다 **obtain permission[a warrant] for wiretaps** 도청 승인을 받다, 감청 영장을 발부받다 **conduct eavesdropping without a warrant** 영장 없이 도청을 하다 **approve national-security-related eavesdropping warrants** 국가 안보 관련 도청 영장을 승인하다 **wiretap first and ask for permission later** 먼저 도청을 하고 나중에 승인을 요청하다

| **listen in to [eavesdrop on] someone's phone conversations** ~의 전화 대화를 도청하다 **illegally record someone's telephone conversations** ~의 전화 대화를 불법 녹음하다 **secretly overhear, intercept, or record phone conversations** 전화 대화를 몰래 도청하고, 엿듣고 녹음하다

| **allow wiretapping on domestic soil** 국내 도청을 허용하다 **protect ~ against government eavesdropping** ~를 정부 도청으로부터 보호하다 **illegal wiretapping of lawmakers** 국회의원 불법 도청

regulate government eavesdropping 정부의 도청을 규제하다 **leak an illegal eavesdropping tape** 불법 도청 테이프를 유출하다

| **plant a bug in someone's phone** ~의 전화기에 도청 장치를 하다 **install a counter-surveillance device on someone's phone** ~의 전화기에 감청방지 장치를 설치하다 **anti-wiretapping[anti-bugging] equipment** 도청방지 장비 **anti-wiretapping technology** 도청방지 기술 **legislate an anti-wiretapping law** 도청방지법을 제정하다

---

safe 안전한

not in danger of being killed, harmed or attacked = buttoned down, buttoned up, guarded, in safety, intact, OK, protected, preserved, safeguarded, secure, sheltered, shielded, unthreatened

반의어 **at risk, dangerous, insecure, unsafe**

용례 **a safe place to live in** 살기에 안전한 장소 **be safe from attack** 공격을 받을 염려가 없다 **play (it) safe** 안전을 제일로 하다, 신중을 기하다

| **safe and sound** 무사히, 탈 없이

| **safe and sure** 안전하고 확실한 **safe in jail** 안전하게 수감되어 있는 **a safe house** 안전가옥, 비밀거점, 아지트 **safe sex** 안전한 성생활

| **safely** 안전하게 **in complete safety** 아주 안전하게

| **be out of danger** 위험을 벗어난 **at a safe distance** 안전거리를 두고

| **be in good[capable, efficient, safe] hands** (맡겨서) 안심할 수 있는, 잘 관리되는

| **out of harm's way[reach]** 안전한 장소에

| **safety measures[precautions, checks]** 안전 조치[예방책, 점검] **road safety** 도로 안전

| **safe harbor** 피난처 = asylum, haven, hiding place, port in a storm, protection, refuge, retreat, safe haven, safe house, sanctuary, secret place, security, shelter

필수예문

1 Airports across Europe have **tightened security** after a suspected suicide bomber boarded a transatlantic flight from Paris to New York. (자살 폭탄 테러 용의자가 파리발 뉴욕행 대서양 횡단 비행기에 탑승한 뒤 유럽 전역의 공항들은 보안을 강화했다.)

The government said it would deploy more police, customs agents and **security men** immediately. (정부는 즉시 더 많은 경찰, 세관원 그리고 보안요원을 배치할 것이라고 밝혔다.)

2 **Security has remained at a high level** at the airport since September 11 with a higher police presence, additional patrolling and extra checks on passengers and baggage. (9.11 테러 이후 그 공항은 경찰력을 증강하고 추가로 순찰을 하며 승객과 수하물에 대한 추가적인 점검을 통해 고도의 보안 상태가 유지되어왔다.)

3 All airports are now required to add **random shoe checks** of passengers to the already established practice of random baggage checks. (현재 모든 공항은 이미 실시되고 있는 무작위 수하물 검사에다 추가로 승객의 신발을 무작위로 검사하게 되어 있다.)

4 An investigation and comprehensive **review of security** is currently being

conducted, shutting down all work at the key installation. (보안 조사와 종합적인 재점검이 현재 이루어지고 있어 그 핵심 시설에서의 모든 일이 중단되었다.)

Despite five years of trying to **plug security gaps**, the research center continues to embarrass the authorities. (5년 동안 보안상의 허점을 메우려고 노력했음에도 불구하고 그 연구시설은 계속 당국을 당혹하게 만들고 있다.)

5 This is the latest in a long list of **security breaches** at the installation, that include a researcher being jailed for charges relating to mishandling secret nuclear information. (이번 사태는 그 시설에서의 많은 보안 위반 사례 중 가장 최근에 일어난 일로 과거에 한 연구원이 비밀 핵관련 정보를 잘못 취급한 것과 관련해 투옥된 건도 포함한다.)

6 Top scientists, including four Nobel laureates, are gathering for an annual science congress that begins on Saturday **amid tight security**. (네 명의 노벨상 수상자를 포함한 최고의 과학자들이 철통 같은 보안 속에 토요일 시작되는 과학 연차 총회 참석을 위해 모이게 된다.)

7 You'd better **drive at a safe distance** from the car in front to avoid accidents. (사고를 피하기 위해서 앞차와 안전거리를 두고 운전해야 한다.)

Don't worry about the children. They are **in good hands with** Jane. (아이들 걱정은 마. 제인이 아이들을 안전하게 돌보고 있다.)

South Korean police recently began a nationwide **road safety campaign** aimed at reducing the number of deaths and injuries on the roads. (한국 경찰은 최근 교통사고로 인한 사망자와 부상자를 줄일 목표로 전국적인 도로 교통 안전 캠페인을 시작했다.)

terror

공포, 공포감

an overwhelming feeling of fear and anxiety = alarm, anxiety, awe, consternation, dismay, dread, fearfulness, fright, horror, intimidation, panic, shock, trepidation

반의어 **peace**

용례 **be speechless with terror** 겁에 질려 말을 못하다 **be a terror to** ~에게 두려움이 되다 **be in terror of** ~를 무서워하다 **be in terror of one's life** 죽지 않을까 공포를 느끼다 **have a holy terror of** ~를 몹시 겁내다 **strike terror into a person's heart** 남을 겁나게 하다, 남의 간담을 서늘하게 하다.

| **employ[engage in, sow, unleash, resort to] terror** 공포감을 조장하다(퍼뜨리다) **inspire terror** 공포감을 불어넣다

| **terrorism** 테러 행위, 폭력 행위

| **combat[fight] international terrorism** 국제적인 테러와 싸우다 **indiscriminate terrorism** 무차별한 테러 행위

| **prevent[stop, smash] terrorism** 테러 행위를 예방하다[중지하다, 종식시키다] **terrorism rearing its ugly head again** 다시 추악한 고개를 들고 있는 테러리즘

terrorist 테러범, 폭력주의자

| **an armed terrorist** 무장 테러리스트 **an international terrorist** 국제 테러리스트 **an Arab terrorist** 아랍 테러분자

| **terrorist attack** 테러 공격 **an unending series of terrorist attacks** 끝없이 이어지는 테러 공격
| **be killed in a terrorist ambush** 테러범들의 매복 공격으로 살해되다
| **a terrorist network [ring, group]** 테러 조직(단, 단체) **a terrorist cell** 테러 조직(세포)

bomb 폭탄

an explosive weapon detonated by impact, proximity to an object, a timing mechanism, or other means
= bombshell, explosive

용례 **an atomic** 원자 폭탄 **a hydrogen bomb** 수소 폭탄 **an incendiary bomb** 소이탄 **drop a bomb on** ~에 폭탄을 투하하다
| **detonate[explode, set off] a bomb** 폭탄을 폭발시키다
| **fuse a bomb** 폭탄에 도화선을 장치하다
| **receive a bomb threat** 폭파 위협을 받다 **send a bomb threat** 폭파하겠다고 위협하다 **set off a time bomb** 시한폭탄을 폭발시키다 **a time bomb ticks away** 시한폭탄(의 타이머)이 재깍재깍 소리를 내다
| **be killed in a bomb attack** 폭탄 공격을 받아 사망하다 **a car (suicide) bomb attack** 차량(자살) 폭탄 공격 **defuse a bomb** 폭탄을 제거하다 **a booby-trap bomb** 부비트랩 폭탄 **a bomb blast** 폭탄 폭발 **plant a bomb on an aeroplane [in a car]** 비행기에[차에] 폭탄을 장치하다 **precision bombing** 정밀 폭격 **a bomb sortie** 폭격 출격
| **a bombshell declaration** 폭탄선언 **The news of his resignation was a bombsehll.** 그의 사임 소식은 날벼락이었다. **drop a bombshell** 폭탄을 투하하다, 폭탄선언을 하다

bomb (disposal) squad 폭발물 제거반
| **a bomb-sniffing dog** 폭발물 탐지견 **a homemade bomb** 사제 폭탄
| **bombard** 폭격하다, (질문, 불평을) 퍼붓다
| **a metal detector** 금속 탐지기 **pass[go, walk] through a metal detector** 금속 탐지기를 통과하다 **set off a metal detector alarm** 금속 탐지기가 울리게 하다 **scan passengers with a handheld metal detector[wand]** 휴대용 금속 탐지기로 승객을 검사하다
| **sniff out bombs** 냄새를 맡아 폭탄을 찾아내다
| **detect the target** 목표물을 탐지하다 **locate the explosives 90 percent of the time** 폭발물을 찾는 확률이 90퍼센트다 **reach one's goal of a 100 percent success rate** 100퍼센트 성공률에 도달하다 **stay a safe distance away** 안전거리를 유지하다

carpet-bomb, pattern-bomb 융단(무차별) 폭격을 하다
| **bomb out** 공습으로 쫓아내다
| **dive-bomb** 급강하 폭격하다 **glide-bomb** 활공 폭격하다 **skip-bomb** (목표물에) 저공 (측면) 폭격을 가하다
| **atom-bomb, nuke** 핵폭탄 공격을 하다 **hydrogen-bomb** 수소폭탄으로 공격하다

필수예문

1 It is extremely difficult to understand an **act of terrorism**. (테러 행위를 이해하는 것은 지극히 어렵다.)

Authorities may have no clear answers about how or why the **terrorist act** occurred or how many people were injured or killed. (당국은 테러 행위가 어떻게 그리고 왜 일어났는가 혹은 얼마나 많은 사람이 다치거나 죽었는지에 대해 명확한 답을 가지고 있지 않을지도 모른다.)

2 The **terrorist attacks** in the United States on September 11, 2001, and the **bombings** in Bali on October 12, 2002, stressed the need for action by the international community to **combat terrorism.** (2001년 9월 11일 미국에 대한 테러 공격과 2002년 10월 12일 발리에서 일어난 폭탄 공격은 국제사회가 테러 행위에 대항하기 위해 조치를 취할 필요성을 강조했다.)

3 **Armed terrorists** have launched a series of simultaneous attacks against a number of administrative departments and civil institutions in the capital. (무장 테러범들이 수도에 있는 많은 행정부서와 민간단체에 대한 일련의 동시다발 공격을 감행했다.)

A group of armed terrorists have entered into the area and attacked several villages, killing 20 civilians. (일단의 무장 테러범들이 그 지역에 들어와 여러 마을을 공격해 20명의 민간인을 죽였다.)

4 Police went on full alert in the expectation of **another series of attacks by a new group of suicide terrorists.** (경찰은 새로운 자살 테러범 단체에 의한 또 다른 일련의 공격을 예상하고 최고 경계 태세에 돌입했다.)

One year has passed since the **series of terrorist attacks** in the United States. (미국에 대한 일련의 테러 공격이 일어난 지 일년이 지났다.)

5 At least 20 people, including six Iraqi police commandos, were wounded when a **suicide car bomb** exploded as a police commando patrol was passing by. (경찰 특공대가 지나가는 와중에 자살 차량 폭탄이 터져 여섯 명의 이라크 경찰 특공대원을 포함하여 적어도 20명의 사람이 부상을 당했다.)

A **bomb squad** soon arrived on the scene but found no explosive materials or devices. (폭발물 제거반이 곧 현장에 도착했지만 폭발물이나 장치는 발견하지 못했다.)

6 The aircraft returned to the airport where passengers were evacuated and a **bomb-sniffing dog** was brought on board to search. (그 비행기는 공항으로 귀항했고 공항에서 승객들은 소개되었고 폭발물 탐지견이 수색을 위해 비행기에 투입됐다.)

A **homemade bomb** exploded near a polling station, leaving four people dead and 50 others wounded. (사제 폭탄이 투표소 근처에서 폭발해 4명이 죽고 50명이 부상을 당했다.)

7 The vast majority of employers don't require their workers to **pass through a metal detector** as they walk into the office. (대다수의 고용주들은 직원들이 출근할 때 금속 탐지기를 통과하도록 요구하지 않는다.)

When a woman **set off a metal detector alarm** at the airport, security staff found that it was caused by a chastity belt she was wearing. (공항에서 한 여인이 금속 탐지기를 울렸을 때 보안 요원들은 그녀가 차고 있던 정조대 때문에 일어났다는 사실을 알았다.)

If you **activate the metal detector**, you will be asked to submit to a **wand scan.** (금속 탐지를 울리게 하면 휴대용 금속 탐지기 조사를 받도록 요청받게 될 것이다.)

심화학습

알카에다 al-Qaeda

이슬람 과격원리주의 국제 테러단체. '알'은 정관사, '카에다'는 아라비아어로 '기지(基地, base)'를 뜻한다. 이 조직 이름은 대원들의 출생국, 소재지 등 정보가 담겨 있는, 빈 라덴의 개인컴퓨터 데이터베이스에서 비롯되었는데 2001년 9월 11일 미국 테러 대참사의 배후 조종자가 이 조직의 수뇌인 빈 라덴으로 지목되면서 전세계에 알려지게 되었다.

After the terrorist attacks of September 11, 2001, **al-Qaeda** surpassed the Irish Republican Army and the Palestine Liberation Organization as the world's most infamous terrorist organization. Al-Qaeda, which means "the base" in Arabic, is the network of extremists organized by Osama bin Laden.

Al-Qaeda has its origins in the uprising against the Soviet occupation of Afghanistan. Thousands of volunteers from around the Middle East came to Afghanistan as mujahideen, warriors fighting to defend fellow Muslims. In the mid-1980s, Osama bin Laden became the prime financier for an organization that recruited Muslims from mosques around the world.

The principal stated aims of **al-Qaeda** are to drive Americans and American influence out of all Muslim nations, especially Saudi Arabia; destroy Israel; and topple pro-Western dictatorships around the Middle East. Bin Laden has also said that he wishes to unite all Muslims and establish, by force if necessary, an Islamic nation adhering to the rule of the first Caliphs.

2001년 9.11 테러 공격 이후 **알카에다**는 아일랜드 공화국군(IRA)과 팔레스타인 해방기구(PLO)를 제치고 세계에서 가장 악명 높은 테러단체가 되었다. 아랍어로 '기지'를 뜻하는 알카에다는 오사마 빈 라덴이 만든 과격분자들의 조직이다.

알카에다는 소련의 아프가니스탄 점령에 대항하는 봉기에 그 기원을 두고 있다. 중동 각지 출신의 수천 명의 자원자들이 같은 회교도를 지키기 위해 싸우는 전사인 무자헤딘으로 아프가니스탄에 왔다. 1980년대 중반 오사마 빈 라덴은 전세계 회교사원으로부터 무슬림을 모집하는 조직의 재무 책임자였다.

알카에다의 명시적인 주요 목적은 모든 회교 국가, 특히 사우디아라비아로부터, 미국인과 미국의 영향을 몰아내고, 이스라엘을 파괴하며 중동의 친서구적인 독재정권을 무너뜨리는 것이다. 빈 라덴은 또한 자신은 모든 무슬림을 통합하여 필요하면 강제로 초대 칼리프들의 통치규범을 준수하는 회교 국가를 세우고 싶다고 말했다.

terrorist attack 테러 공격 **surpass** 능가하다, 뛰어나다 **the Irish Republican Army** 아일랜드 공화국군 **the Palestine Liberation Organization** 팔레스타인 해방기구 **network** (연계)조직 **extremist** 과격주의자 **have one's origins in** ~에 기원을 두다 **uprising** 봉기 **occupation** 점령 **volunteer** 자원자 **fellow** 친구의, 동료의 **Muslim** 이슬람교도, 회교도 **prime** 가장 중요한, 주된, 주요한 **financier** 재정가, 재무 담당 **recruit** 모집하다 **mosque** 회교 사원 **dictatorship** 독재국 **adhere to** ~를 지키다, 준수하다 **Caliph** 칼리프 (마호메트 후계자로서의 회교 국가의 교주 겸 국왕의 칭호)

12 사기 | 위조

주제어	관련어
cheat	chisel, defraud, double-cross, fleece, finagle, swindle, victimize, charlatan, con man, mountebank, fraud, scam, con game, hanky-panky
fabricate	cook up, counterfeit, falsify, forge, trump up, plagiarize, crib, fake, imitation, knock-off, forgery, reproduction, phony, sham, fake bills

●●● Honesty is the best policy. 정직은 최상의 방책.

'눈 감으면 코 베어 가는 세상'이라는 속담처럼 하도 세상인심이 각박해지다 보니 잠깐만 방심을 하면 사기(fraud)를 당하기 일쑤다. 인터넷의 폭발적인 발달로 피싱(phishing)이라는 사기 수법도 등장하여 심심찮게 피해자들이 생기고 있다. 피싱은 개인 정보를 도용하기 위해 설계된 속임수의 한 유형으로 사기범(con man)은 거짓 구실로 사용자를 유도하여 신용카드 번호, 암호, 계좌 데이터 또는 기타 정보 등의 중요한 개인 데이터를 제공하도록 시도하며 피싱 체계는 개인이 직접 또는 전화를 통하거나 스팸 전자 메일 또는 팝업 창을 통해 온라인으로 전달되기도 한다.

사기를 치려면 우선 그럴듯하게 보이게 하기 위해 여러 가지 문서들을 위조해야(falsify) 한다. 2006년 1월 초 서울대 조사위원회는 환자맞춤형(patient-specific) 줄기세포(stem cells)를 만들었다며 미국의 과학 잡지 〈사이언스〉에 논문을 발표했던 한 교수의 연구가 조작된 것이라고 결론을 내렸다. 위원회는 그가 맞춤형 줄기세포를 만든 과학적 근거가 없다며 2004년 체세포 줄기세포 논문도 조작된 것이라고 밝혀 혹시나 하며 사실이기를 바랐던 많은 불치병 환자들은 물론 일반 국민들에게도 실망을 안겨주었다.

외신들은 이 사건을 "사상 최대의 과학 사기극 중 하나"라고 규정하면서 "조사위의 이번 발표로 생명의료과학에 대해 근본적인 기여를 한 것으로 평가됐던 연구 결과가 마지막으로 남았던 한 조각의 신뢰성마저 잃게 됐다"고 보도했다. 일약 국제적인 명성을 얻고 국민적 영웅으로(national hero) 떠오르며 많은 난치병 환자들(people with incurable diseases)에게 희망을 주었었기에 그 충격은 더욱 컸던 것이다. 어떠한 경우든 조작되고 허위로 만든 것은 언젠가는 그 진실이 드러난다는 것을 잘 보여준 사례라 하겠다.

cheat

사기를 치다, 속이다
to behave unfairly and dishonestly in order to get money or advantages for yourself = bamboozle, beat, beguile, bilk, bunco, burn, chisel, con, cozen, cross, deceive, defraud, delude, diddle, do, double-deal, double-cross, dupe, finagle, fleece, flimflam, fudge, gyp, hoodwink, hose, jockey, mislead, ream, rip off, rook, rope in, sandbag, scam, screw, shaft, short-change, shuck, skin, stiff, sucker, swindle, take, take in, take out, trick, trim, victimize

cheat와 그 동의어들이 취하는 문장의 형태는 대개 같은데, 예를 들어 '그를 속여 돈을 빼앗다'는 cheat him out of his money 의 형을 취한다. 또 '누구를 속여서 ~하게 만들다'는 의미로 사용될 때는 동사, 목적어 다음에 전치사 into가 오고 그 뒤에 속여서 하게 하는 행위가 오게 된다.

cheat him **out of** $100 그를 속여서 100달러를 빼앗다

cheat her **into** marriage 그녀를 속여서 결혼하게 하다

유의어 **bleed** (남)의 돈을 뜯어내다 **crib** 도용하다, 표절하다 **fast-talk** 유창한 말솜씨로 구슬리다 **gouge** ~에게서 (돈 따위를) 우려내다(사취하다) **milk** 억지로 빼앗다, 착취하다 **two-time** (남편, 아내, 연인 등을) 배반하다, 속이다

반의어 **contribute, repay**

용례 **cheat him out of $500** 그를 속여 500달러를 빼앗다 **cheat her into marriage** 그녀를 속여 결혼하게 하다 **cheat in an examination** 시험에서 커닝을 하다 **cheat on one's wife** 아내를 속이고 바람피우다 **cheat a boy of his money** 소년에게서 돈을 속여 빼앗다

| **pull[put over] a fast one on** ~를 속여 넘기다, 속임수로 이기다

| **take[send] someone to the cleaners** 남에게 돈을 잃게 하다, 빈털터리로 만들다 **You've been had.** 당신 속은 거예요.

| **cheat** 사기꾼 = charlatan, chiseler, con man, confidence man, cozener, crook, deceiver, defrauder, dodger, double-crosser, double-dealer, fake, fraud, hypocrite, impostor, knave, mountebank, quack, scammer, shark, sharper, shyster, swindler, trickster

| **fix, rig** (시합, 가격 등을) 속이다, 조작하다, 담합하다 **match-fixing** 승부 조작

---

fraud 사기, 사기 행위

a dishonest method that is used in order to get money from a person or organization = artifice, bamboozlement, bunco, con, con game, cozening, deceit, deception, double-dealing, fast one, fiddle, flimflam, fraud, gyp, hanky-panky, humbug, hustle, imposture, plant, racket, rip-off, scam, sell, sham, shell game, skin game, sting, swindle, shuck, trickery

용례 **actual fraud, fraud in fact** 고의적(현실) 사기 **legal fraud** 법정 사기 **practice fraud** 사기 치다 **election frauds** 선거(법) 위반

| **a real estate fraud** 부동산 사기 **a marriage fraud** 결혼 사기

| **insurance fraud** 보험 사기 **commit insurance fraud** 보험 사기를 범하다

| **engage in a confidence game** 신용 사기를 하다 **the target of a con game** 신용 사기의 대상

| **a political flimflam** 정치적 협잡 **a gyp artist** 사기꾼 **a gyp joint** 사기 도박장, 바가지 씌우는 가게 **play hanky-panky with** ~를 속이다 **What's the scam?** (속어) 무슨 일이야?

 필수예문 

1 His old business partner **cheated** him **out of** all his hard-earned money and stole his wife. (그의 옛 동업자는 그에게서 힘들게 번 모든 돈을 속여 빼앗았고 그의 부인을 훔쳤다.)

What happens if I am caught **cheating in an examination**? (내가 시험에서 부정행위를 하다 들키면 어떻게 되나?)

2 A well-known priest is accused of **swindling** churches **out of** their money. (어느 잘 알려진 목사가 여러 교회에서 돈을 사취한 혐의를 받고 있다.)

A pharmacy owner and her daughter have been arrested for **defrauding** the state's medical insurance **out of** nearly $1 million. (한 약국 주인과 딸이 주 의료보험 기금 백만 달러를 사취한 혐의로 체포되었다.)

3 The man **conned** my mother **into** selling her diamond ring for half its real value. (그 남자는 나의 어머니를 속여 다이아몬드 반지를 원래 가격의 반값에 팔게 했다.)

He really got **taken to the cleaners** on that deal. (그는 그 계약으로 정말 빈털터리가 되었다.)

4 I bought this diamond ring for just $500. **You've been had.** It's **a fake.** (나 이 다이아몬드 반지 겨우 500달러 주고 샀다.— 너 속은 거야. 그거 가짜네.)

If you **double-cross** me, I will kill you. (너 나를 속이면 죽어.)

The secretary is accused of **fiddling** $10 million out of the company over the past 10 years. (그 비서는 지난 10년 동안 회사 돈 천만 달러를 사취한 혐의를 받고 있다.)

5 Police have arrested two soccer players and three referees for **fixing** six matches in the professional K-League during the 2004 season. (경찰은 2004년 시즌 중 K리그 여섯 경기의 승부를 조작한 혐의로 축구 선수 두 명과 심판 세 명을 체포했다.)

The insurance broker is suspected of cheating customers by **rigging** prices and steering business to insurers in exchange for millions of dollars in kickbacks. (그 보험 중개인은 가격을 조작해 고객을 속이고 수백만 달러의 리베이트를 받고 보험사들에 고객을 끌어다 준 혐의를 받고 있다.)

6 A government report shows that 10 percent of Americans have been **victims of credit card fraud.** (정부 보고서에 의하면 미국인 10퍼센트가 신용카드 사기의 피해자였다고 한다.)

He found that he was **the victim of an elaborate fraud.** (그는 자신이 교묘한 사기 사건의 피해자란 사실을 알게 되었다.)

fabricate

위조하다, 조작하다

to make up something artificial or untrue or illegally copy something = concoct, cook up, copy, counterfeit, fake, falsify, feign, forge, fudge, invent, make up, prevaricate, sham, trump up

유의어 **bull** 허풍떨다 **coin** 가짜 돈을 만들다 **contrive** 고안하다 **devise** 궁리하다 **fib** 거짓말하다 **jive** 터무니없는

말을 하다 **prevaricate** 얼버무리다, 발뺌하다

반의어 **tell the truth**

용례 **fabricate a passport** 여권을 위조하다 **fabricate a paper** 논문을 조작하다

| **falsify documents** 서류를 위조하다 **falsify evidence** 증거를 날조하다

| **concoct an alibi** 알리바이를 조작하다 **invent an excuse** 구실을 꾸며대다 **make up excuses** 구실을 만들다

| **plagiarize** 표절하다 = copy, crib, lift, pirate, steal

| **forge[counterfeit] bills** 지폐를 위조하다 **anti-counterfeiting features** 위조방지 장치

| **copy** 손으로 베끼다 = copy out, copy down, transcribe

| **copy** (복사기로) 복사하다 = make a copy of, photocopy, xerox, reproduce **copier, copying machine** 복사기

| **carbon-copy** (카본지로) 복사하다, 사본을 뜨다 **carbon copy** 꼭 닮은 사람[물건] = picture, spitting image, a chip off the old block **the carbon copy of one's father** 아버지를 빼다 박음

---

fake 가짜, 위조(모조)품; 가짜의

something that is not authentic or genuine = copy, counterfeit, fabrication, forgery, imitation, knock-off, phony, reproduction, sham

반의어 **genuine article, real McCoy, real thing**

용례 **a clever[cheap] fake** 교묘한[싸구려] 모조품 **spot[detect] a fake** 위조품을 찾아내다[간파하다] **know a fake from the original** 모조품과 진짜를 구별하다

| **It's not a real diamond necklace, it's just a fake!** 그건 진짜 다이아몬드 목걸이가 아니야, 단지 모조품이야!

| **confront a flood of Chinese knock-offs** 홍수처럼 밀려드는 중국 짝퉁에 맞서다

| **fake** 가짜의, 모조의 = artificial, assumed, bogus, counterfeit, fabricated, false, forged, mock, phony, sham, simulated, spurious

| **pretend** ~인 체하다, ~행세를 하다 = act, imitate, impersonate, make believe, make up, masquerade, mimic, play, playact, pose, purport

| **impersonate, imitate** 성대모사하다, 흉내 내다 **impersonate politicians** 정치인 성대모사를 하다 **a good impersonator** 성대모사의 달인

필수예문

1 With modern computer and other technology, it is not hard to **fabricate** documents and give them an authentic appearance. (현대 컴퓨터와 다른 기술로 문서를 위조하고 진짜처럼 보이게 하는 것은 어렵지 않다.)

A paper in the journal Science was reported to **contain fabrications**, and an investigating panel has concluded that the scientist **fabricated** the entire paper. (〈사이언스〉 잡지에 발표된 논문은 조작된 내용이 있다고 보고되었는데 조사위원회는 그 과학자가 논문 전체를 조작했다고 결론을 내렸다.)

2 The existing security features make it difficult for syndicates to **forge passports** without leaving tell-tale signs of the forgery. (현재의 위조방지 장치들은 범죄단들이 위조를 드러내는 흔적을 남기지 않고 여권을 위조하는 것을 어렵게 한다.)

He was eventually arrested for **forging banknotes** and for aiding and abetting fugitives from justice. (그는 결국 지폐를 위조하고 탈주범들을 방조한 혐의로 체포되었다.)

3 Police say they have busted a **currency counterfeit ring**, but some of that outfit's **phony 100-dollar bills** are still floating around Asia. (경찰은 지폐 위조단을 검거했지만 그 조직이 위조한 100달러 지폐들 중 일부가 아직도 아시아 전역에서 유통되고 있다고 밝힌다.)

Two men have been apprehended for passing several **counterfeit 100-dollar bills** at three convenience stores. (두 남자가 편의점 세 곳에서 위조된 100달러 지폐를 사용한 혐의로 체포되었다.)

4 Eventually, all currency is expected to be redesigned with new color schemes and **anti-counterfeiting features** to thwart **counterfeiters**. (위조범들을 막기 위해 결국 모든 100달러 지폐들은 새로운 색상안과 위조방지 장치들로 다시 도안될 것이다.)

5 Journalists sometimes **plagiarize** ideas from other people without realizing that they are doing so. (기자들은 때로 인식을 못한 채 다른 사람들의 아이디어를 표절한다.)

One sentence of his paper has been **lifted from** a science textbook. (그의 논문 중 한 문장이 과학 교과서에서 표절된 것이다.)

6 Diamond experts say it is sometimes very difficult to **know an original from a fake**. (다이아몬드 전문가들은 종종 진품과 모조품을 구별하는 것이 아주 어렵다고 말한다.)

Chinese factories are said to be churning out **knock-offs** of famous brands like Adidas to export them to the United States and other countries. (중국의 공장들은 아디다스와 같은 유명 브랜드들의 싸구려 복제품을 양산해 미국과 다른 국가에 수출한다고 한다.)

심화학습

위조 counterfeiting

미국은 북한(North Korea)이 대량으로 달러를 위조해 이를 마카오에 있는 금융기관에서 세탁을 해 유포시키고 있다고 비난하며 북한 기업에 대한 미국 행정부의 자산동결 조처를 취해 북한에 대한 압박의 수위를 높이고 있는데 위조에 대해 잠깐 알아보자.

Counterfeiting targets not only money and documents, but also clothing, software, pharmaceuticals, or any other manufactured item, especially when they are protected by trademarks or patents.

Counterfeiting money is probably as old as money itself. However, the introduction of paper money has made it an easier thing to do. Another form of **counterfeiting** is the production of documents by legitimate printers in response to fraudulent instructions.

Today the finest **counterfeit banknotes** are claimed to be US dollar bills produced in North Korea, which are used to finance the North Korean government, among other uses. The fake North Korean copies are called "superdollars" because of their high quality.

위조는 화폐와 문서는 물론 특히 상표와 특허로 보호되고 있는 의류, 소프트웨어, 약품 혹은 기타 모든 공산품을 목표로 한다.

화폐 위조는 아마 화폐 그 자체만큼이나 오래된 것이다. 그러나 지폐의 도입은 위조를 더 쉬운 일로 만들었다. **위조**의 다른 형태는 부정한 지시에 따라 합법적인 프린터로 문서를 만드는 것이다.

현재 가장 정교한 **위조지폐**는 북한에서 만들어지는 위조 달러라고 하는데 북한은 이를 다른 용도보다 정부 운영 자금으로 사용한다. 북한이 만든 위조 달러는 정교한 품질 때문에 '슈퍼달러'라고 불린다.

target 목표로 삼다 **be protected by patents** 특허로 보호되다 **as old as** ~만큼이나 오래된 **introduction of paper money** 지폐 도입 **legitimate** 합법적인 **in response to** ~에 응하여, ~에 따라 **fraudulent** 사기의, 부정의 **claim** ~을 (사실이라고) 주장하다 **finance** 자금을 공급하다, 돈을 대주다 **superdollar** 초정밀 위조 달러

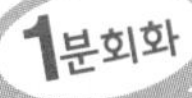

unless I am mistaken

내가 잘못 알고 있지 않다면

바쁘게 살아가는 현대인들에게 생일이니 결혼기념일이니 하는 날을 꼬박꼬박 기억하기란 웬만한 정성이 아니면 힘든 것이 사실이다. 물론 본인이나 배우자의 생일 정도는 기억하겠지만 바쁜 생활에 치이다 보면 깜박하는 수도 있다. unless I am mistaken은 **확실치는 않지만 내가 알고 있는 것이 틀리지 않다면**이라는 뜻이다.

A : This is for you.	이거 너한테 주는 거야.
B : What's that? What's the occasion?	그거 뭔데? 오늘 무슨 날이야?
A : Today is your birthday **unless I am mistaken**.	내가 잘못 알고 있지 않다면 오늘 네 생일이잖아.
B : What? Come on. Tomorrow is my birthday.	뭐? 왜 그래. 내 생일은 내일이야.

13 뇌물 | 공갈

주제어	관련어
bribe	**graft, grease, kickback, payola, payoff, bribery, oil one's palm, soap, square, corrupt, tainted, venal, corruption, anti-corruption drive**
threaten	**blackjack, bluster, cow, intimidate, menace, terrorize, threat, bluff, intimidation, threatening, blackmail, extort, milking, racket**

●●● Money corrupts. 돈은 인간을 타락시킨다.

작년 말 국제투명성기구(Transparency International)는 각국의 부패 현황에 대한 연례 보고서를 발표했는데 이에 따르면 우리나라의 공공부문 부패 정도가 작년보다 상당히 개선됐지만 아시아 주요국보다는 여전히 뒤지는 것으로 나타났다. 보고서에 따르면 우리나라 부패인식지수(corruption perceptions index)는 10.0점 만점에 5.0으로 조사대상 159개국 가운데 40위를 차지, 4.5점으로 146개국 중 47위를 기록했던 작년보다 부패 정도가 개선된 것으로 나타났다. 낮은 순위에도 불구하고 국제투명성기구는 "한국은 국가청렴위원회 출범을 계기로 투명사회협약을 비롯한 반부패 관련법과 제도를 마련함으로써 아시아에서 가장 뛰어난 진전을 보였다"고 평가했다.

이런 국제기구의 평가에도 불구하고 많은 이들은 아직도 부패에 관한 한 한국은 개선해야 될 점이 더 많다고 주장한다. 아직도 관청으로부터 각종 인·허가를 빨리 받기 위해서는 급행료(facilitating payment)를 주어야 하며 많은 학부모들이 선생님들에게 촌지를 건넨다고(hand teachers an envelope of cash) 한다. 기업들이 정치인이나 관료에게 건네는 각종 뇌물(bribe)은 결국에는 기업들이 만드는 제품의 가격에 반영되어 국민들이 부담하게 된다.

자신의 목적 달성을 위해 상대방에게 갖다 바치는 뇌물과는 달리 공갈 협박(blackmail)은 피해자에게 신체적인 위협을 가해 돈을 갈취하는 일종의 강도라고 할 수 있다. 조폭들이 나이트클럽이나 기타 동네 술집들로부터 영업을 보호해준다는 명목으로 보호금(protection money)을 뜯어가는 사례들이 종종 언론에 보도되는데 이는 공갈 협박의 전형적인 예라고 할 수 있다.

bribe

뇌물; 뇌물을 주다, 매수하다
money paid to someone in an official position to persuade them to do something dishonest = backhander, boodle, buyoff, envelope, graft, gravy, grease, ice, inducement, kickback, payola, payoff, price, sweetener

유의어 **allurement, bait, enticement, lure** 미끼 **compensation** 보상 **fringe benefit** 복지 수당 **gratuity** 팁, 행하 **hush money** 입막음 돈, 무마비 **incentive** 장려금 **influence peddling** 이권 개입, 독직, 수회 **lagniappe** 팁, 경품 **perk, perquisite** (직책에 따르는 급여 이외의) 수입, 특권, 이권 **protection (money)** (폭력단에게 지불하는) 보호금

용례 **give[offer] a bribe** 뇌물을 주다, 증회하다 **take[accept] a bribe** 뇌물을 받다, 수뢰하다 **bribe one's way into [out of]** 뇌물을 주고 ~에 들어가다[~에서 빠져나오다] **bribe someone into silence** 뇌물을 써서 입다물게 하다 **be bribed to vote against the candidate** 그 후보에게 반대투표를 하도록 매수되다

| **bribe** 매수하다 = buy off, grease[oil] a person's palm[hand], pay off, soap, square, suborn, give[throw] a sop to Cerberus

| **bribery** 뇌물 수수, 매수 **commit bribery** 뇌물을 주다[받다] **be proof against bribery** 뇌물이 안 통하다 **accuse someone of bribery** ~를 수뢰죄로 고소하다 **a bribery scandal** 수뢰 사건 **a sop in the pan** 뇌물, 선물

| **briber** 뇌물을 주는 사람, 증회자 **bribee, bribetaker** 수뢰자

| **bribe-taking** 수뢰 **be arrested on bribe-taking charges** 수뢰 혐의로 체포되다

---

corrupt 부패한, 부정한, 뇌물로 움직이는

corrupt morally or by intemperance or sensuality = bribable, crooked, dishonest, iniquitous, mercenary, perfidious, snide, tainted, underhanded, venal

반의어 **ethical, honest, trustworthy, uncorrupt**

용례 **a corrupt mayor** 부패한 시장 **corrupt practices** (선거에서의) 부정행위, 수뢰행위 **a corrupt official** 부패 공무원

| **a corrupt judge** 수뢰 판사

| **corruption** 부패, 매수 = bribery, crookedness, graft, jobbery, malfeasance, nepotism, payoff, payola, venality **a corruption scandal** 부패 사건

| **anti-corruption efforts** 반부패 노력 **launch an anti-corruption drive** 반부패 운동을 시작하다

| **venal** 돈으로 움직이는, 매수되기 쉬운 **a venal official** 매수되기 쉬운 공무원 **a venal office** 돈으로 산 지위 **a venal vote** 매수된 표 **venal practices[sins]** 매수 행위[매수죄]

| **lobby** 압력 단체; 로비를 하다, 이면공작을 하다 **lobbyist** 로비스트, 원외활동가 **an influence-peddler** 이권 브로커

slush[secret] fund 비자금

| **create[manage] a slush fund** 비자금을 조성[관리]하다 **keep a slush fund of $600 million** 6억 달러 비자금을 관리하다 **tap into a slush fund** 비자금을 활용하다 **create a slush fund for illegally lobbying politicians** 정치인 불법 로비를 위해 비자금을 조성하다 **create a slush fund to bribe influential government officials and politicians** 비자금을 조성해 영향력 있는 관료와 정치인을 매수하다 **a slush fund scandal** 비자금 파문 **throw[shed] light on a slush fund scandal** 비자금 파문의 진상을 밝히다

| **be suspected of creating slush funds** 비자금 조성의 혐의를 받고 있다 **be used as a slush fund** 비자금으로 사용되다 **go into a company slush fund** 회사 비자금으로 들어가다

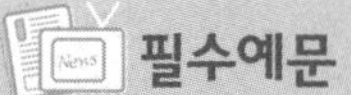

필수예문

1 The police officer is suspected of leaking confidential documents in exchange for **accepting a bribe from** a foreign arms dealer. (그 경찰관은 외국 무기상으로부터 뇌물을 받은 대가로 비밀 서류를 유출시킨 혐의를 받고 있다.)

Someone must have **offered** the intelligence official **a bribe** to get the information out of him. (누군가 정보를 빼내기 위해 그 정보관리에게 뇌물을 제공한 것이 틀림없다.)

2 Top executives of the company are accused of receiving millions of dollars **in kickbacks.** (그 회사의 고위 경영진들은 리베이트로 수백만 달러를 받은 혐의를 받고 있다.)

The insurance broker offered the bank employee $1 million **as a kickback** if he'd push through a $10 million loan. (그 보험 중개인은 은행 직원에게 만약 그가 천만 달러 대출을 성사시켜 준다면 리베이트로 백만 달러를 주겠다고 했다.)

3 The candidate denied claims that he had **bribed his way to** the top post of the soccer association. (그 후보는 돈을 써서 축구협회 회장직에 올랐다는 주장을 부인했다.)

The opposition party claims that many people **were bribed to** vote against its candidate. (야당은 많은 유권자들이 매수되어 자당 후보에 반대투표를 했다고 주장한다.)

4 Two accountants and a lawyer have been indicted to appear before a court on **bribe-taking charges.** (두 명의 회계사와 한 변호사가 수뢰 혐의로 법원에 출두하도록 기소되었다.)

A public servant has been arrested **on charges of bribery** and unlawful compensation. (한 공무원이 수뢰와 불법 보상을 했다는 혐의로 체포되었다.)

5 Moving to distance themselves from a growing **corruption scandal,** parliamentary leaders chose a three-time lawmaker to lead a crash effort to draw up legislation aimed at curbing the influence of lobbyists. (커져가는 부패 스캔들로부터 거리를 두려고 의회 지도자들은 3선 의원을 지명해 로비스트의 영향력을 규제하기 위한 긴급 입법 활동을 주도하게 했다.)

6 A **corrupt** government always breed **corrupt** officials. (부패한 정부는 항상 부패한 관료를 낳는다.)

The ruling party is facing a **snowballing corruption** scandal after a well-connected lobbyist pleaded guilty to bribing lawmakers and government officials. (여당은 한 유력 로비스트가 의원들과 정부 관리들에게 뇌물을 주었다고 인정한 뒤 눈덩이처럼 커지는 부패 사건에 직면해 있다.)

threaten

위협(협박)하다, ~하겠다고 위협하다

to say you will harm someone if they do not do what you want = blackjack, blackmail, bluster, browbeat, bulldoze, bully, comminate, cow, intimidate, menace, scare, spook, terrorize

유의어 **enforce** 강요하다 **flex one's muscles** 힘으로 위협하다 **fulminate** 맹비난하다, 호통 치다 **growl** 화가 나서 으르렁거리다 **look daggers at** (성이 나서) ~를 노려보다 **push around** 괴롭히다 **scowl** 얼굴을 찡그리

다, 노려보다 **snarl** 딱딱거리다, 호통 치다 **torment** 괴롭히다 **walk heavy** 잘난 체하다

반의어 **alleviate, help, protect, relieve**

용례 **threaten someone with a gun** 총으로 ~를 위협하다 **threaten to kill somebody** ~를 죽이겠다고 위협하다

| **threat** 위협, 협박 = bluff, intimidation, menace

| **issue[make, utter] a threat** 협박을 하다

| **receive a bomb threat** 폭파 위협을 받다 **send a bomb threat** 폭파하겠다고 위협하다 **make a death threat** 살해 협박을 하다 **breathe a threat** 위협의 말을 속삭이다

| **an ever-present threat** 늘 존재하는 위협 **use the threat of sanctions as a political lever** 정치적 수단으로 제재를 하겠다고 위협하다 **a threat to world peace** 세계 평화에 대한 위협

| **threatening** 위협적인, 협박하는 = intimidating, menacing

| **receive a threatening call[letter]** 협박 전화[편지]를 받다 **treat someone in a threatening way** ~를 위협적으로 대하다 **give a menacing laugh** 위협적인 웃음을 웃다

| **threatener** 협박자(범), 위협자 = intimidator, menacer

blackmail 공갈(협박), 갈취; 공갈 협박하다, 갈취하다

extortion of money by threats to divulge discrediting information = exaction, extortion, milking, racket

용례 **commit blackmail** 공갈을 치다 **emotional blackmail** 감정에 호소하는 공갈 협박 **be found guilty of blackmail** 공갈 협박 혐의가 드러나다

| **a clear case of blackmail** 명백한 공갈 협박 사례

| **be blackmailed by an organized crime ring** 조직폭력 단체로부터 공갈 협박을 당하다

| **blackmailer** 공갈 협박자, 갈취자 = extortioner, racketeer

| **blackmail** 갈취하다 = bleed, exact, extort, milk, racketeer, shake, shake down, squeeze

필수예문

1 Armed terrorists holding five US hostages have **threatened to kill** them if American troops attack their hideout. (5명의 미국인을 인질로 잡고 있는 무장 테러범들은 만약 미국 군대가 그들의 은신처를 공격할 경우 인질들을 살해하겠다고 위협했다.)

Subway workers **threatened that** they will go on strike unless the city government accepts their demands. (지하철 노동자들은 시 정부가 자신들의 요구를 받아들이지 않으면 파업에 돌입하겠다고 엄포를 놓았다.)

2 The suspect **threatened her with a knife** and sexually assaulted her, according to police. (경찰에 따르면 그 용의자는 그녀를 칼로 위협하고 성폭행을 했다고 한다.)

It's no use **threatening her** — she's not going to do it. (그녀를 협박해도 소용없다. 그녀는 하지 않을 테니까.)

3 If you **make a false bomb threat** against innocent people, you should pay a heavy price. (무고한 사람들에게 허위로 폭파 위협을 하면 엄중한 대가를 치러야 한다.)

The politician says he has **received a death threat from** an Islamic armed group. (그 정치인은 자신이 이슬람 무장단체로부터 살해 협박을 받았다고 한다.)

A number of Internet users recently received an email containing **threats against their lives**. (많은 네티즌들이 최근 살해 위협을 담은 이메일을 받았다.)

4 Many experts say **the threat of war** is still present on the Korean Peninsula despite a growing mood of detente. (많은 전문가들은 화해 무드가 높아감에도 불구하고 전쟁의 위협이 여전히 한반도에 존재한다고 말한다.)

A recent spate of terrorist attacks **pose a serious threat to** international security. (최근에 연쇄적으로 일어난 테러 공격은 국제 안보에 심각한 위협이 되고 있다.)

5 The trio was arrested for allegedly **blackmailing** a US businessman **for** $1 million. (그 3인조는 미국인 사업가를 협박해 백만 달러를 뜯어냈다는 혐의로 체포되었다.)

He spent time in jail last year while awaiting trial **on blackmailing charges**. (그는 공갈 협박 혐의로 재판을 기다리며 작년에 징역을 살았다.)

6 Police said they had suspended a traffic cop and booked him on charges of **extorting money from** drivers. (경찰은 한 교통 경찰관을 직무 정지시키고 운전자들로부터 돈을 뜯어낸 혐의로 입건했다고 한다.)

The man has been nabbed for running a **racketeering ring** using information obtained from corrupt police officers. (그 남자는 부패한 경찰관들로부터 입수한 정보를 이용해 공갈 협박단을 운영한 혐의로 체포되었다.)

심화학습

국제투명성기구 Transparency International

국제투명성기구는 부패를 방지하기 위해 독일 베를린에 설립된 비영리 사단법인으로 국제적 그리고 국가적 부패를 억제하기 위해 일하는 시민단체(non-governmental organization)이다.

Transparency International is the leading international non-governmental organization devoted to combating corruption. Through its International Secretariat in Berlin and its more than 85 independent National Chapters around the world, **Transparency International** works at both the international and national level to curb the supply and demand of corrupt practices.

In the international arena, **Transparency International** raises awareness about the damaging effects of corruption, advocates policy reform, works towards the implementation of multilateral conventions and subsequently monitors compliance by governments, corporations and banks.

At the national level, **Transparency International**'s National Chapters work to increase levels of accountability and transparency in their respective countries, monitoring the performance of key institutions and pressing for necessary reforms.

국제투명성기구는 부패와 싸우기 위한 선도적인 국제 비정부 기구다. 베를린에 있는 국제사무국과 전세계 85개 이상의 국가지부들을 통해 **국제투명성기구**는 부패 관행의 수요와 공급을 억제하기 위해 국제적 그리고 국가적인 차원에서 일한다.

국제적 차원에서 **국제투명성기구**는 부패의 악영향에 대한 인식을 높이고 정책 개혁을 주장하며 다국적 협약의 실행을 위해 일함으로써 정부, 기업, 은행들의 준수를 감시한다.

국가적 차원에서 **국제투명성기구**의 각국 지부는 자국에서 책임과 투명성 수준을 높이기 위해 일하며 주요 기관들의 이행을 감시하고 필요한 개혁을 촉구한다.

| **leading** 선도적인, 선구적인 **non-governmental organization** 비정부 기구 **be devoted to** ~에 헌신적인, 열심인, 바친 **secretariat** 사무국 **chapter** 지부 **curb the supply and demand of** ~의 수요와 공급을 억제하다 (우리말과는 순서가 반대인 점에 유의) **raise awareness about** ~에 대한 인식을 높이다 **advocate** 창도(주장)하다 **multilateral convention** 다국적 협약(협정, 조약) **monitor compliance** 준수 여부를 감시하다 **accountability and transparency** 책임과 투명성 **press for** 촉구하다

1분회화

He is all bark and no bite.

그는 엄포만 놓는 사람이야.

요란하게 짖는 개는 사실 사람을 물지 않는다. 아마도 사람이 무서우니까 마구 짖어대는 것이며 이는 사람을 겁주기 위한 것이다(make you afraid). 우리 주위에도 이런 부류의 사람들이 있는데 큰 소리 뻥뻥 치면서 협박을 하지만 실상은 그런 의지가 없거나 능력이 없는(not really willing or able to do something)데 이런 사람을 일컫는 표현이다.

A : The boss threatened to fire me again. 사장이 또 날 해고하겠다고 협박했어.
B : Oh, really? You don't have to worry about that. 아, 그래? 너 걱정할 필요 없어.
A : Why? What if he really gives me the ax? 왜? 진짜로 날 해고하면 어떻게 해?
B : Come on, I know he won't do it. 이봐, 그 사람 그렇게 안 할 거야.
He's all bark and no bite. 그는 엄포만 놓는 사람이야.

14 화재 | 폭발·붕괴

주제어	관련어
fire	**blaze, conflagration, inferno, break out, extinguish, put out, bring ~ under control, set fire to, arson, arsonist, pyromaniac, flammable, fireproof**
explode	**blast, blow up, detonate, go up, set off, explosive, explosion, blast, bomb blast, collapse, cave in, crumble, be trapped under the rubble**

●●● There is no smoke without fire. 아니 땐 굴뚝에서 연기 날까.

세상에 대한 막연한 증오나 자신의 처지를 비관하여 홧김에 주택가에 주차된 차량에 연쇄적으로 불을 지르거나 방화(arson)를 저지르는 사례가 늘고 있다. 몇 년 전 서울 마포구 신수동 일대 포장마차 등에 잇따라 불을 지른 혐의로 노숙자 최 모(53)씨를 구속했는데 경찰에 따르면 그는 새벽에 약 1시간 동안 신수동 일대를 돌며 포장마차, 주차된 승용차, 인쇄소 앞 책더미 등에 불을 질렀으며 포장마차에 낸 불은 옆의 속옷가게로 옮겨붙어 1억 원이 넘는 피해를 냈다고 한다. 그는 경찰에서 "세상이 답답해 보이고 길에 가득한 주차차량이 보기 싫어 불을 질렀다"고 말했다고 한다.

예전에는 겨울이 되면 거리에는 온통 '불조심 예방기간', '꺼진 불도 다시 보자' 등의 현수막들이 내걸렸고 학생들은 왼쪽 가슴에 같은 내용의 리본을 달도록 강요되었다. 혹시라도 잊어먹고 달지 않으면 교문에서 호랑이 같은 학생주임과 선도부 학생들에게 걸려 혼이 나곤 했었다. 지금 생각하면 웃음이 나오는 일이지만 한편으로는 이해가 되는 것이 화재(fire)는 그만큼 무서운 것이기 때문이다.

화재의 주요 원인으로는 전기 누전(an electrical short circuit), 담뱃불(a cigarette butt), 용접 불꽃(welding sparks) 등이 있으며 대부분의 가정이 도시가스를 사용하는 요즘에는 가스 누출 때문에도 심심찮게 화재가 발생한다. 가스가 누출된 사실을 모르고 라이터 등을 켜면 엄청난 폭발(blast)과 함께 화재가 일어나게 되고 폭발의 충격으로 화재가 난 집이나 건물은 붕괴되어(collapse) 종종 사상자가 발생하기도 한다.

fire

화재
an uncontrolled fire that has started accidentally = blaze, conflagration, inferno

유의어 **bonfire** 모닥불 **campfire** 야영의 모닥불 **combustion** 연소 **embers** 타다 남은 불, 잔불 **flames** 불길, 화염 **pyre** (화장용의) 장작더미 **sparks** 불꽃, 불똥 **tinder** 부싯깃

용례 **a big[great] fire** 큰 불, 큰 화재 **an accidental fire** 실화 **an incendiary fire** 방화 **a forest fire** 산불 **a brush fire** 소규모 산불 **a wildfire** 들불(자연발화로 생기는)

| **fire prevention** 화재 예방

| **fire equipment** 소방 기구 **insure a building against fire** 건물을 화재보험에 들다 **fire insurance** 화재 보험

| **Fire!** 불이야! **toughen fire safety rules** 화재 안전 규정을 강화하다

break out (화재가) 나다

= occur, take place

| **sweep[rage, rip, roar, tear] through** ~를 휩쓸고 지나가다 **start on the second floor and spread to upper floors** 이층에서 시작되어 위층으로 번지다

| **set fire to, set ~ on fire, set ~ ablaze[alight]** ~에 불을 지르다 **cause[start, set, trigger] a fire** 불을 내다 **light a cigarette** 담배에 불을 붙이다 **put[set] a match to** ~에 불을 붙이다 **ignite** 점화시키다

| **extinguish, put out** 불을 끄다 **bring ~ under control** 진압하다 **battle the blaze** 화재와 싸우다

escape[make it out] safely 안전하게 대피하다

| **jump from[out of] a window** 창문에서 뛰어내리다

| **be treated for smoke inhalation** 연기 질식으로 치료를 받다

| **be taken to hospital with serious burns** 심한 화상으로 병원으로 보내지다

| **be burnt to death** 불에 타 숨지다

| **kill all three family members in their sleep** 잠자고 있던 가족 세 명 모두 숨지게 하다 **be burnt beyond recognition** 알아볼 수 없을 정도로 타버리다

| **suffer third-degree burns** 3도 화상을 입다

| **trap numerous residents** 많은 주민을 가두다

| **scream for help** 살려달라고 외치다

| **place mattresses on the ground for people to land on** 뛰어내릴 수 있게 매트리스를 깔다

be burnt[leveled] to the ground, be reduced to ashes 전소되다

| **devour** (숲, 건물 등을) 완전히 태워버리다

| **gut** (건물 따위의) 내부를 태우다(파괴하다) **a house completely gutted by fire** 화재로 몽땅 타버린 집 **burnt-out** 전소한

| **go up in flames** 완전히 타버리다

| **save personal possessions from the burning house** 가재 도구를 건지다

| **cause[result in] about $100,000 in damage** 약 10만 달러의 피해를 내다

| **a fire caused by an electrical short circuit [a leakage of electricity]** 누전으로 인한 화재

| **be caused[started] by a tossed[discarded] cigarette butt** 버린 담배꽁초로 인한 화재 **caused by a cigarette butt left by** ~가 버린 담배꽁초로 일어난

| **triggered by welding sparks** 용접 불꽃으로 일어난

| **An initial investigation suggests that** 초기 조사는 ~를 암시한다. **The cause of the blaze is under investigation.** 화재 원인은 조사 중이다.
| **fire alarm** 화재경보기
| **smoke detector** 연기 탐지기 **fire exit, emergency exit** (화재) 비상구 **fire extinguisher** 소화기 **firetrap** 화재 때 비상구가 없는 건물(장소) **fire escape** 화재 피난 장치 **fire engine[truck]** 소방차 **ladder truck** 고가 사다리차 **firefighter, fireman** 소방수 **fire brigade** 소방대 **fire hydrant** 소화전
burn 불타다
| **burning** 불타는 **be on fire** 불타고, 불이 나서 **be ablaze** 불타는 **be in flames** 활활 타는 **blazing** 활활 타오르는
| **smolder** 연기가 나면서 약하게 타다 **flicker** 서서히 꺼지다
| **catch fire[flame]** 불이 붙다 **burst into flames** 확 타오르다 **flare up** 확 타오르다 **ignite** 점화(발화)하다
| **burn** 태우다 **scorch** 그슬리다 **singe** 그슬리다, 지지다 **char** 까맣게 태우다
| **burn down, incinerate** 소각하다 **incinerator** 쓰레기 소각로, 화장터
| **flammable** 가연성의, 불타기 쉬운 = burnable, combustible, dangerous, flammable, hazardous, ignitable, incendiary **flamethrower, flame projector** 화염 방사기
| **Flammables** (게시) 인화물 주의, 화기 엄금 **combustibles** 가연성 물질
| **fireproof** 내화성의, 불연성의 = flameproof, flame-resistant, nonflammable

---

arson 방화, 방화죄

the crime of setting a fire with intent to cause damage = firing, fire-raising, incendiarism, pyromania, setting fire, torching

용례 **commit arson** 방화를 저지르다 **an arson attack on a school** 학교에 대한 방화
| **an arson[incendiary] fire** 방화 **an incendiary crime** 방화죄 **set fire to (torch)** 방화하다
| **arsonist, incendiary, firebug, torch** 방화범 **serial arsonist** 연쇄 방화범
| **pyromaniac** 방화광, 방화벽이 있는 사람(pyro-는 불을 의미)
| **pyroclastic** 화쇄암(火碎岩)의 **a pyroclastic rock** 화산 쇄설암 **pyroelectricity** 초전기(焦電氣) **pyrogen** 발열 물질, 발열원(源) **pyrogenic** 발열성의, 열로 생기는 **pyrognostics** 가열(加熱) 반응 **pyrograph** 낙화(烙畵) **pyrography, pyrogravure** 낙화술(烙畵術) **pyrokinesis** 염화(念火) **pyrolatry** 배화교(拜火教); 불의 숭배 **pyromania** 방화벽(癖); 방화 상습범 **pyromancy** 불점(占) **pyrometer** 고온계 **pyrophobia** 공화증(恐火症), 불 공포증 **pyrophoric** 자연 발화의 **pyrosis** 가슴앓이(heartburn) **pyrostat** 고온용 온도 조절기; 화재 탐지기 **pyrotechnics** 불꽃 제조술; 화려함; 조명탄 **pyrotoxin** 발열 물질, 발열원

필수예문

1 **A fire swept through** a Seoul dormitory housing foreign students early on Saturday, killing at least 10 people and injuring 20 others, police said. The dead and injured included citizens of Japan, China and several Asian countries. (토요일 새벽 서울의 한 외국인 학생 기숙사에서 화재가 발생해 적어도 10명이 사망하고 20여명이 부상했다고 경찰이 밝혔다. 사망자와 부상자 중에는 일본, 중국 그리고 여러 아시아 나라에서 온 학생들이 있었다.)

2 The fire **started** in the early hours of Monday, and **spread to** four floors of the building. (화재는 월요일 새벽에 시작되어 건물의 네 개 층으로 번졌다.)

The fire is the latest in **a series of blazes** that have hit the community. (그 화재는 그 지역에서 발생한 연쇄 화재 중 가장 최근에 일어난 것이다.)

Six people were inside the home at the time of the blaze, but they all **made it out safely**. (화재가 났을 당시 여섯 명의 사람이 집 안에 있었지만 모두 안전하게 대피했다.)

3 The blaze was **extinguished** about three hours after the fire alarm sounded, authorities said. (화재 경보가 울리고 3시간 뒤에 화재는 진압되었다고 당국이 밝혔다.)

Firefighters **battled for control** for almost three hours as flames and plumes of thick black smoke spewed into the night sky. (불길과 시커먼 연기가 밤하늘로 솟아오르는 가운데 소방관들은 거의 세 시간 동안 진압을 위해 화마와 싸웠다.)

4 More than 10 people were injured after **jumping from windows**, and 20 people were **treated for smoke inhalation**. (열 명 이상의 사람들이 창문에서 뛰어내려 부상을 당했고 20명은 연기 질식으로 치료를 받았다.)

One witness said he saw people jumping out of a window in order to **escape the burning house**. Firefighters placed mattresses on the ground for them to land on. (한 목격자는 불타는 집에서 벗어나기 위해 사람들이 창문에서 뛰어내리는 것을 보았다고 말했다. 소방관들은 사람들이 뛰어내릴 수 있도록 땅에 매트리스를 깔았다.)

5 **Welding sparks** triggered a fire that killed a laborer who was working to ready the new airport for its long-delayed opening, police said. (용접 불꽃이 튀어 화재가 발생해 오랫동안 지연돼 공항 개항 준비를 위해 일하던 한 노동자가 사망했다고 경찰이 밝혔다.)

An **electrical short circuit** is believed to have caused a fire that seriously damaged an ancient palace in Seoul. (서울의 한 고궁을 심하게 훼손한 화재는 누전으로 일어난 것으로 추정되고 있다.)

A **cigarette** thrown from a car window by a careless smoker sparked a forest fire that forced hundreds of evacuations and hopscotched across 15,000 rural acres near the capital. (부주의한 흡연자가 차창 밖으로 던진 담배로 화재가 발생해 수백 명의 사람들을 소개시켜야 했고 수도 근처 15,000 헥타르에 이르는 여기저기를 휩쓸고 지나갔다.)

6 The number of **deaths caused by fire** has increased sharply over the past decade. (화재로 인한 사망자수가 지난 10년 동안에 크게 증가했다.)

The number of **accidental fires** is decreasing, while the number of **arson fires** is increasing. (실화 발생 숫자는 줄고 있는 반면 방화의 숫자는 늘고 있다.)

7 A trainee fireman has confessed to **setting alight** 10 cars in two small towns in the west of the country since August, police said. (한 소방 훈련생이 지난 8월부터 그 나라의 서부 지방에 있는 두 소도시에서 10대의 차량에 방화를 했다고 자백했다고 경찰이 밝혔다.)

The 20-year-old **arsonist** said he **torched** the cars because he "felt a real kick" at putting out the fires afterwards. (그 20세의 방화범은 뒤에 불을 끄는 것이 너무 재미있어서 차량들에 방화했다고 말했다.)

8 Fire officials believe an arsonist **set a series of fires** that destroyed five homes and damaged three others in Seoul. (소방 관리들은 서울에서 한 방화범이 연쇄 방화를 해 다섯 채의 집이 파괴되고 세 채의 집이 피해를 입었다고 믿고 있다.)

The **serial arsonist** is suspected of setting more than 40 fires in the community. (그 연쇄 방화범은 그 지역에서 40건 이상의 방화를 한 혐의를 받고 있다.)

Arson investigators determined that **the fire was intentionally set.** (방화 조사관들은 그 화재는 고의로 저질러진 것이라고 결론을 내렸다.)

explode

폭발하다, 폭발시키다

to burst suddenly and violently with a loud noise, usually cause a lot of damages = blast, blow out, blow up, burst, detonate, go off, go up, set off

반의어 **fizzle, implode**

용례 **explode[blast, detonate, set off, let off] a bomb** 폭탄을 폭발시키다

| **A bomb explodes.** 폭탄이 폭발하다. **The firework exploded in his hand** 폭죽이 그의 손에서 터졌다.

| **explosive** 폭약, 폭발물 **set off an explosive** 폭약을 폭발시키다

| **plant an explosive** 폭약을 장치하다 **plastic explosive** 플라스틱 폭약 **an explosive charge detonated by remote control** 원격 조정으로 폭발하게 되어있는 폭탄 장치 **an explosive device** 폭파 장치

| **carry out a search for explosives** 폭발물을 수색하다

blast 폭발

= blowout, blowup, burst, detonation, explosion

| **be killed[injured] in the blast** 폭발로 숨지다[다치다] **a bomb blast** 폭탄 폭발 **set[touch] off an explosion** 폭발시키다 **a deafening[loud] explosion** 귀청이 터질 것 같은[큰] 폭발 **hear an explosion** 폭발 소리를 듣다 **a gas explosion[blast]** 가스 폭발 **an explosion caused by a faulty gas cylinder** 가스통 결함으로 일어난 폭발

---

collapse 무너지다, 붕괴하다; 붕괴

to fall down suddenly because of a weakness in the structure = cave in, crumble, crumple, fall down, give way

반의어 **build, invigorate, rise, withstand**

용례 **A house collapses.** 집이 무너지다. **collapse in the earthquake** 지진으로 붕괴되다 **collapse completely** 폭삭 주저앉다 **A dike collapses[gives way].** 둑이 터지다.

| **be trapped under the rubble[debris, wreckage]** 무너진 잔해에 갇혀 있다

| **search thorough the rubble[wreckage]** 무너진 잔해 속을 수색하다

| **pull bodies from beneath[under] the rubble** 무너진 더미 아래서 시체를 꺼내다 **remove large concrete slabs** 큰 콘크리트 더미를 제거하다

| **assist the rescue and recovery efforts** 구조와 구출 활동을 돕다

| **call off the search for survivors** 생존자 수색을 중단하다 **find no new survivors** 새 생존자를 못 찾다 **search for signs of life** 생존자의 흔적을 찾다 **search through the night** 밤을 새워 수색하다 **be found alive[safe, unharmed]** 산 채로[무사한 채] 발견되다

필수예문

1 A car bomb **exploded** in a business district of central Baghdad Wednesday morning, killing at least seven people and injuring 16 others. Police believe the bomb had been targeting a passing convoy carrying a police chief, who was among the injured. (수요일 오전 바그다드 중심가 한 상업지역에서 자동차 폭탄이 폭발해 적어도 7명의 사람이 죽고 16명이 부상을 당했다. 경찰은 그 폭탄은 부상자 중 한 명인 경찰 총수를 태운 지나가는 차량 행렬을 목표로 했었다고 믿고 있다.)

2 The car hit a streetlamp and its gas tank **exploded** a few minutes later. (그 자동차는 가로등을 들이받았고 연료 탱크가 몇 분 뒤에 폭발했다.)

Be careful with fireworks, they can **explode** in your face. (폭죽 조심해, 얼굴에 터질 수 있으니까.)

3 I can smell gas. Don't strike a match or the whole place might **go up**! (가스 냄새가 나. 성냥 켜지 마, 집 전체가 폭발할지도 몰라!)

A bomb disposal squad **detonated** the dud bomb harmlessly in a nearby mountain. (폭발물 처리반은 근처 산에서 불발탄을 무사히 터뜨렸다.)

4 Enemy troops **blew up** the aircraft carrier while it was in harbor. (적군은 정박 중인 그 항공모함을 폭파시켰다.)

The parcel bomb is designed to be **set off** by whoever opens it. (그 소포탄은 누가 열든지 폭발되게 만들어져 있다.)

5 **A series of bomb blasts** ripped through three restaurants on the island of Bali on Saturday night, killing at least 25 people and injuring more than 100 others, police said. (연쇄 폭탄 폭발이 토요일 밤 발리 섬에 있는 세 식당에서 터져 적어도 25명이 죽고 100명 이상이 부상했다고 경찰이 밝혔다.)

At least one of the **deadly explosions** was likely the work of suicide bombers, the police chief said. (치명적인 폭발 중 적어도 하나는 자살 폭탄 테러범들의 소행일 가능성이 있다고 경찰총수가 말했다.)

6 The **gas blast** occurred after construction workers **hit a gas line**, police said. (건설 노동자들이 가스관을 건드린 후에 가스 폭발이 일어났다고 경찰은 밝혔다.)

A pit dug by construction workers who were trying to remove an underground oil tank collapsed and **pinched the gas line**, police added. (지하 기름 탱크를 제거하던 건설 노동자들이 판 구덩이가 무너져 가스관이 부서졌다고 경찰은 덧붙였다.)

7 A 10-story hotel **collapsed** in central Baghdad, killing at least 30 people and injuring 60 others. (10층짜리 호텔이 바그다드 중심가에서 무너져 적어도 30명의 사람들이 죽고 60명이 부상을 당했다.)

Two students were pulled alive **from the rubble** of an Italian school hit by an earthquake. (두 명의 학생이 지진으로 무너진 이탈리아의 한 학교 건물 잔해에서 산 채로 구조되었다.)

The woman was **trapped under the rubble** for more than 60 days, living on rotten fruits. (그 여인은 썩은 과일을 먹으며 60일 이상을 무너진 건물더미에 갇혀 있었다.)

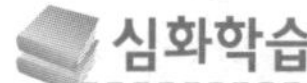

심화학습

차량 폭탄 car bomb

외신을 통해 하루가 멀다 하고 전해지는 소식은 미국의 침입 이후 자치(autonomy)의 수순을 밟고 있는 이라크의 차량 폭탄 사건들인데, 차량 폭탄이란 승용차나 기타 소형 트럭 등에 폭탄을 설치하고 목표물에 돌진하여 터뜨리는 것을 말한다.

A **car bomb** is an improvised explosive device that is placed in a car or other vehicle and then exploded. It is commonly used as a weapon of assassination, terrorism, or guerrilla warfare, to kill the occupant(s) of the vehicle or people near the blast site or to cause damage to buildings or other property.

Car bombs act as their own delivery mechanisms and can carry a relatively large amount of explosive without attracting suspicion. Automobiles or trucks are most commonly used, although motorcycles and even bicycles have also been used to carry bombs.

The U.S. military and law enforcement agencies often call a **car bomb** a VBIED, an acronym standing for Vehicle Borne Improvised Explosive Device.

차량 폭탄이란 승용차나 다른 차량에 설치되어 터뜨려지는 급조한 폭탄 장치다. 이것은 보통 암살, 테러, 게릴라전의 무기로 사용되며 차량에 타거나 폭발 현장 근처에 있는 사람을 죽이거나 건물이나 다른 건물에 피해를 입히기 위한 것이다.

차량 폭탄은 스스로 운반 장치의 역할을 하고 의심을 사지 않고 비교적 많은 양의 폭발물을 운반할 수 있다. 자동차나 트럭이 가장 흔히 이용되지만 폭탄을 운반하기 위해 오토바이나 심지어 자전거들도 사용되어 왔다.

미군과 사법 기관들은 종종 **차량 폭탄**을 VBIED라고 부르는데 차량 운반 급조 폭발 장치를 나타내는 약성어다.

improvised 급조된, 임시변통으로 만든 **be placed in** ~에 설치되다 **be commonly used as** 보통(흔히) ~로 사용되다 **assassination** 암살 **guerrilla warfare** 게릴라전 **occupant of the vehicle** 차량 점유자, 차에 탄 사람 **blast site** 폭발 현장 **cause damage to** ~에 피해를 입히다 **act as** ~ 역할을 하다 **delivery mechanism** 운반 장치 **attract suspicion** 의심을 사다 **acronym** 두문자어, 약성어

15 교통사고 | 항공·선박사고

주제어	관련어
collide	**collide head-on, collision, traffic accident, be run over, fender bender, pileup, hit, smash[bump] into, sideswipe, plunge into a gorge**
crash	**come down, go down, shoot down, burst into flames, crash-land, belly-land, mid-air collision, engine failure, human error, sink, run aground**

●●● Safety first. 안전제일.

급격한 차량 증가로 해마다 교통사고(traffic accident)로 목숨을 잃는 사람도 많다. 경제협력개발기구(the Organization for Economic Cooperation and Development)의 2005년 발표 자료에 따르면 우리나라는 교통사고 사망자수에서 회원국 가운데 부동의 1위를 기록하고 있는 것으로 나타났다. 우리나라의 인구 10만 명당 교통사고 사망자수는 15.1명으로 26개국 중에서 가장 높았는데 주요 교통선진국인 스웨덴 5.9명, 영국 6.1명, 일본 7명에 비해 2배~2.5배 높게 나타났다. 교통사고로 인한 인구 10만 명당 보행자 사망자수에서도 우리나라는 6명으로 네덜란드와 스웨덴 0.6명에 비하면 무려 10배에 이르며 이는 독일 · 프랑스 1명, 미국 1.6명, 일본 2.1명에 비해서도 매우 높은 수치이자 25개국 가운데 가장 높은 기록이라고 한다.

이렇게 교통사고 사망자수가 많은 가장 큰 이유는 운전자들이 교통법규를 준수하지 않기 때문이다. 정부와 시민단체들이 수시로 도로교통 안전 캠페인을 벌이고 있지만 대한민국 운전자들은 교통신호를 준수하지 않고 난폭운전(reckless driving)을 하는 것으로 악명 높다. 오죽하면 교통법규 위반 차량을 신고해 보상금을 받는 '카파라치'까지 등장했을까?

교통사고보다 훨씬 큰 사상자를 내는 항공사고(plane crash)는 일어났다 하면 대형 참사로 이어진다. 최근에 우리나라에서 일어난 사고로는 2002년 4월 어느 날 악천후 속에 부산 부근 김해 공항에 착륙하려던 중국 국제항공공사(에어 차이나) 소속 보잉 767 항공기가 김해공항 인근 경남 김해시의 산기슭에 추락해 무려 100명이 넘는 승객과 승무원이 사망한 적이 있었다.

collide

충돌하다
to hit each other accidently while moving in different directions = bang, bump, clash, crash, meet head-on, smash, strike

승용차나 기타 차량들이 다른 차량과 충돌할 때 그 대상을 나타내는 전치사로는 보통 with가 쓰인다. '반대편에서 달려오는 화물차와 충돌하다'는 collide with an oncoming truck이라고 표현한다. 이와는 달리 정지되어 있는 물체에 차량이 돌진해 들이받을 때는 전치사 into를 쓰게 된다.
collide with ~와 충돌하다
run[go] into ~를 들이받다
bump[crash, plow, smash, ram] into ~를 세게 들이받다
반의어 **avert, avoid, dodge, sidestep, step aside**
용례 **collide head-on** 정면충돌하다 **collide with** ~와 충돌하다 **collide head-on with** ~와 정면충돌하다 **collide with a train at a railroad crossing** 철도 건널목에서 열차와 충돌하다
| **a traffic[car, road, street] accident** 교통사고
| **cause[bring about] a traffic accident** 교통사고를 일으키다 **suffer a minor traffic accident** 가벼운 교통사고를 당하다 **a traffic death** 교통사고사
| **be run over [hit] and killed by a car** 차에 치여 숨지다
| **road rage** 노상 분노(교통 체증으로 인한 운전자의 짜증) **a road rage attack on a female motorist** 여성 운전자에 대한 노상 분노 공격
| **have[get] a flat, have a blowout, get a puncture** 펑크가 나다 **fix a blowout, fix[mend, patch, repair] a puncture** 구멍 난 곳을 수리하다, 펑크를 수리하다
collision 충돌 **head-on collision** 정면충돌
| **have[suffer] a fender bender, be involved in a fender bender** 접촉사고를 당하다 **cause a fender bender** 접촉사고를 일으키다
| **a 10-car pileup** 10중 추돌 사고
| **a highway center line** 고속도로 중앙선 **a center divider** 중앙 분리대 = a median strip
| **wear a seat belt, buckle up** 안전벨트를 매다 **use a cell phone while driving** 운전 중 휴대전화를 사용하다 **violate traffic signals** 교통신호를 위반하다 **run a red light** 정지 신호를 무시하고 달리다
| **get a speeding[parking] ticket** 과속[주차위반] 딱지를 떼이다 **illegal parking** 불법 주차 **haul[tow] illegally parked cars** 불법 주차 차량들을 견인하다 **a towing area** 견인지역
| **get points on one's driving license** 벌점을 받다
| **be snapped by a speed camera** 과속 단속 카메라에 찍히다 **obey speed limits** 제한속도를 준수하다 **exceed the speed limit** 속도 제한을 넘다

---

hit ~에 부딪히다

to come into contact with forcefully = bang, buffet, bump, butt, clash, strike
용례 **hit the guardrail** 가드레일을 들이받다 **get hit by a truck** 트럭에 받히다 **hit the traffic light** 교통신호등을 들이받다
| **run into, go into** ~를 들이받다
| **bump into, crash into, plow into, smash into, ram into** ~를 세게 들이받다
| **career into** 질주하여 들이받다 **careen** (차가 커브에서) 기울다 **swerve** 차로에서 벗어나다 **sideswipe** 옆을 살짝

스치다(들이받다) **get hit from behind** 뒤에서 받히다 **tailgate** (앞차에) 바싹 붙어 운전하다 **veer into the opposite late** 반대 차선으로 벗어나다 **negotiate a sharp curve** 급커브를 돌다 **hydroplaning** 수막현상(물기 있는 길을 고속으로 달리는 차가 옆으로 미끄러지는 현상)

| fall[plunge, tumble, plummet, hurtle] into a gorge[valley, ravine, gully] 계곡에 추락하다 **roll down a 50-meter gorge** 50미터 협곡으로 굴러 떨어지다 **skid off a slippery mountain road** 미끄러운 산길에서 미끄러져 벗어나다 **fall[plunge] into a river** 강에 떨어지다 **leap the concrete barrier** 콘크리트 장벽을 뛰어넘다 **fall off a cliff** 절벽에서 떨어지다

| drive on the wrong side of a road, drive against the traffic 역주행하다 **drive about 5 kilometers against the traffic** 약 5킬로를 역주행하다

blind spot[area] 사각

| check the blind spot, or the area not encompassed in the reflection of a glass mirror 거울을 통해 반사되지 않는 지역인 사각을 점검하다 **ride in the driver's blind spot** 사각 지대를 달리다 **a blind spot detection system** 사각 탐지 장치 **detect objects in the driver's blind spot** 운전자의 사각에 있는 물체들을 탐지하다 **objects approaching the driver's blind spot area** 운전자의 사각 지대에 접근하는 물체들 **stay out of other driver's blind spots** 다른 운전자들의 사각을 피하다

| speed and pass each other on blind mountain curves 앞이 보이지 않는 산간 도로에서 과속을 하고 추월하다

| Objects may be closer than they appear. 사물이 보이는 것보다 가까이 있을 수 있습니다.

필수예문

1 A passenger train **collided with** a bus that tried to dash through a railroad crossing in western Seoul, killing at least 20 people and injuring 40 others. (한 여객 열차가 서울 서부 지역에서 철도 건널목을 급하게 통과하려던 버스와 충돌해 적어도 20명이 사망하고 40명이 부상을 입었다.)

2 A 40-year-old man was killed when he was **run over** and dragged nearly 40 meters by a car driven by robbers who had been breaking into his van. (40세의 한 남자가 자신의 차를 훔치려는 강도들이 몬 차에 치여 거의 40미터 끌려가 사망했다.)

3 No driver of a vehicle may drive to the left side of **the center line** of a highway in passing another vehicle proceeding in the same direction unless the left side is clearly visible and is free of oncoming traffic. (어떤 차량 운전자들도 같은 방향으로 달리는 다른 차량을 추월할 때 왼쪽 차로의 시야가 확실하고 다가오는 차량이 없을 경우가 아니면 고속도로 중앙선의 왼쪽 차로로 운전해서는 안 된다.)

4 **Ten vehicles crashed in a fiery pileup** after a car stopped on a foggy road near a tunnel, killing at least four people and injuring 10 others. (터널 근처 안개가 낀 도로에서 승용차 한 대가 멈춘 뒤 화재가 발생한 10중 추돌사고가 일어나 적어도 네 명이 죽고 10명이 부상을 당했다.)

5 The passenger car **hit a tree** and the driver was seriously injured. (그 승용차는 나무를 들이받았고 운전자는 중상을 입었다.)

Because of the snow, his car **swerved and smashed into the concrete wall.** (눈 때문에 그의 차는 차로에서 벗어나 콘크리트 벽을 강하게 들이받았다.)

6 Twenty-nine people were killed and 15 were injured after a bus **plummeted into a 200-meter deep gorge** in the eastern province of Gangwon, police said. (강원도 동부 지역에서 버스가 200미터 계곡 아래로 추락해 29명이 죽고 15명이 부상을 당했다고 경찰이 밝혔다.)

7 A car carrying five teenagers **plunged into the river**, killing the driver. (5명의 십대들을 태운 승용차가 강으로 추락해 운전자가 죽었다.)

Two children were missing after their mother's car **ran off a road into the Han River**. (두 명의 어린이가 엄마가 몰던 차가 도로를 벗어나 한강에 추락한 후 실종되었다.)

8 Nineteen people died when an overloaded[overcrowded] bus **plunged off a cliff** in the province of Gangwon, police said. The driver stopped by the roadside to urinate and the unmanned bus rolled down the road, over a bridge and off a cliff, they added. (정원을 초과한 버스 한 대가 강원도의 한 절벽에서 추락하여 19명의 승객이 숨졌다고 경찰이 밝혔다. 버스 기사는 소변을 보기 위해 길가에 차를 세워두었고 버스가 길을 굴러 다리를 넘어 절벽으로 떨어졌다고 경찰은 덧붙였다.)

crash

추락하다; 추락

to fall or come down violently = come down, fall, go down

용례 **A plane crashes.** 비행기가 추락하다. **a plane crash** 비행기 추락 사고 **survive a plane crash** 비행기 추락 사고에서 살아남다 **fuselage** (비행기의) 기체 **cockpit** 조종실 **cabin** 객실 **aisle** 객실 통로

| **crash[slam, plunge, ram, plow] into a mountain[lake]** 산[호수]에 추락하다

| **crash shortly after takeoff** 이륙 직후 추락하다

| **crash and burst into flames** 추락해 불길에 휩싸이다

| **shoot[bring] down** 격추시키다

| **crash-land** 불시착하다 **belly-land** 동체착륙하다 **make an emergency landing** 비상 착륙을 하다

| **disappear off the radar screen** 레이더에서 사라지다 **lose sight of the aircraft** 비행기를 놓치다 **fly off course** 항로를 이탈하여 날다

probe the crash of a plane 비행기 추락 사고를 조사하다

| **crash due to engine failure** 엔진 고장으로 추락하다

| **caused by a pilot error[human error]** 조종사 실수로 일어난 **mechanical[technical] malfunction** 기계적 결함 **report engine difficulties** 엔진 고장을 보고하다

| **rule out terrorism as a cause** 테러 행위는 추락 원인이 아니라고 하다

| **encounter turbulence** 난기류를 만나다 **lose altitude due to strong headwinds** 강한 맞바람 때문에 고도를 잃다 **hit power lines** 전깃줄에 부딪히다 **start its descent too early** 너무 빨리 하강을 시작하다

| **black boxes** 블랙박스 (FDR과 CVR로 이루어져 있으며 실제로는 빨간색임) **the flight data recorder (FDR)** 비행자료 기록장치 **cockpit voice recorder(CVR)** 조종실 음성 녹음장치

| **recover[retrieve] the airplane's black boxes** 블랙박스를 회수하다

| **search for [analyze] the aircraft's black boxes** 비행기의 블랙박스를 찾다[분석하다]

collide in mid-air 공중에서 충돌하다

| **mid-air collision** 공중 충돌

| **nearly collide in mid-air** 공중에서 충돌할 뻔하다 **fly close to** ~에 가까이 비행하다 **miss each other by 100 meters** 100미터 차이로 충돌을 피하다

| **near miss** (비행기의) 이상(異常) 접근 **a near miss by two aircraft over southern South Korea** 한국 남부 상공에서 비행기 두 대가 사고가 날 뻔한 이상 접근 **be in a near miss with a passenger jet** 여객기와 하마터면 충돌할 뻔하다

overrun[overshoot] the runway 활주로를 지나쳐 착륙하다

| **skid on the slippery runway surface** 미끄러운 활주로 표면에서 미끄러지다

| **walk away from the burning wreckage** 불타는 잔해에서 무사히 탈출하다 **escape from the wreckage** 잔해에서 탈출하다 **recover 10 bodies from the crash site** 추락 현장에서 10구의 시체를 회수하다

| **escape through an emergency chute** 비상 활송 장치를 통해 탈출하다

| **eject** (고장 비행기의 사출 좌석에서) 긴급 탈출하다 **eject safely** 안전하게 탈출하다 **ejection capsule** (비행기, 우주선 등의) 사출(射出) (탈출) 캡슐 **ejection[ejector] seat** 사출 좌석

| **be ejected from an ejection seat** 사출 좌석에서 긴급 탈출되다

| **be ejected through the canopy of the fighter** 전투기의 조종실 덮개를 뚫고 튕겨져 나가다

| **be plucked from the sea** 바다에서 구출되다

---

sink 침몰하다

to descend to the bottom = go down, go under, submerge, touch bottom

반의어 **ascend, rise**

용례 **A boat sinks.** 배가 침몰하다. **sink to the depths of the sea** 깊은 해저로 가라앉다 **The ship is sinking.** 배가 가라앉고 있다.

| **sinking** 침몰; 침몰하는

| **be plucked from a sinking ship by a helicopter** 침몰하는 선박에서 헬기에 의해 구조되다

| **desert[leave] a sinking ship** 떠나다; 탈주하다; 곤란한 상황에 이르러 떠나다

sunken 침몰한

| **salvage[salve] a sunken ship** 침몰선을 인양하다

| **fish bodies out of the river** 강에서 시신을 꺼내다

| **capsize, overturn** 전복되다 **shipwreck, wreck** 난파하다

| **run[go, strike] aground** 좌초하다, **strike[go on] a reef** 좌초하다 **sink due to overloading** 과적(정원초과)로 침몰하다

| **a Liberian-registered[flagged] freighter** 리베리아 선적 화물선 **have a double hull** 이중 선체구조를 갖고 있다 **change course** 항로를 바꾸다

| **caisson disease** 잠수병, 감압병 = bends, decompression sickness, diver's disease, dysbarism **catch the bends** 감압병에 걸리다 **avoid the bends** 감압병을 피하다 **a recompression chamber, a hyperbaric chamber** 고압 산소실 **hyperbaric oxygen treatment** 고압 산소 치료 **a resuscitator** 산소 호흡기 **barotrauma** 기압, 수압에 의한 병변(病變), (특히 귀의) 압력 장애 **scuba (self-contained underwater breathing apparatus)** 스쿠버, 잠수용 수중 호흡 장치

필수예문

1 A commercial plane carrying 150 passengers and 10 crew members **crashed in a mountainous region** of northeastern South Korea, killing 158 people, officials said. (승객 150명과 승무원 10명을 태운 한 민간 비행기가 한국 북동부의 한 산악 지대에 추락해 158명이 죽었다고 관리들이 말했다.)

2 A military aircraft **plowed into a snow-clad mountain** and **burst into flames** in southwestern Russia, killing 42 people aboard and leaving a sole survivor. (군용 비행기 한 대가 남서부 러시아에서 눈 덮인 산에 추락해 불길에 휩싸여 42명이 죽고 단지 한 명이 생존했다.)

3 The plane was **en route from Seoul to Washington** when it **went down**, and an investigation is underway into the **causes of the crash**, police said. (그 비행기는 추락할 당시 서울에서 워싱턴으로 가는 중이었는데, 추락 원인에 대한 조사가 진행 중이라고 경찰이 밝혔다.)

4 Aviation officials blamed bad weather and **engine failure** for the crash that killed 110 people. (항공 관리들은 악천후와 엔진 고장 때문에 110명의 사망자를 낸 비행기 추락 사고가 발생했다고 밝혔다.)

The crew of the passenger plane became disoriented when weather turned bad and **visibility** was quickly reduced. (날씨가 나빠지고 가시거리가 급격히 줄어들면서 그 여객기의 승무원들은 방향 감각을 잃어버렸다.)

Aviation investigators have begun analyzing the aircraft's **flight recorders**, but they said it could take several weeks to explain what caused the crash. (항공 조사관들은 항공기의 비행기록 장치를 분석하기 시작했지만 원인을 규명하는 데 여러 주가 걸릴 수 있다고 말했다.)

5 Rescuers combed a jungle marsh for victims of an airliner that split in two after an **emergency landing** during a hailstorm. (구조대원들은 우박을 동반한 폭풍우 속에서 비상착륙한 뒤 두 동강이 난 여객기의 희생자들을 찾아 정글의 늪지대를 샅샅이 수색했다.)

Fifty-seven people **escaped the burning wreckage**, wading away through knee-deep mud. (57명의 사람들이 불타는 비행기 잔해를 벗어나 무릎 깊이의 진흙 속을 걸어 나왔다.)

6 Two planes were less than a mile away from a major catastrophe when a **near miss** happened in thick clouds above southern Japan. (일본 남부 상공에서 짙은 구름 때문에 비행기의 이상 근접이 발생하여 두 대의 비행기가 채 1마일도 떨어져 있지 않아 대형 참사가 일어날 뻔했다.)

A Boeing 747 passenger jet and a military transport plane **only avoided each other** when their internal warning systems detected human error and automatically steered away from danger. (보잉 747 여객기 한 대와 군용 수송기가 내부 경고 장치가 조종사 실수를 탐지하여 자동으로 위험에서 벗어나 가까스로 충돌을 피했다.)

7 At least seven fishermen died when their trawler **sank in freezing waters** off South Korea's south coast. (적어도 7명의 어부가 그들이 탄 저인망 어선이 한국 남해안의 영하의 바다에서 침몰하여 사망했다.)

An overloaded boat carrying hundreds of people **sank on a river** in central South Korea, and at least 13 people were reported dead and dozens more missing. (수백 명의 사람을 태워 정원을 초과한 배가 한국 중부지방의 강에서 침몰하였고 적어도 13명의 사람이 사망한 것으로 보고되고 수

십 명이 실종되었다.)

8 A Panamanian-registered tanker carrying 300,000 tons of crude oil has **run aground** in strong winds off the south coast, raising concerns over a massive oil spill. (원유 30만 톤을 실은 파나마 선적의 한 유조선이 남해 연안에서 강풍 속에서 좌초하여 대형 기름 유출 사고에 대한 우려를 불러일으켰다.)

심화학습

교통 신호등 traffic light

도로상에 교통 신호등이 없다면 도심은 지옥으로 변하고 말 것이다. 기본적으로 신호에는 빨강, 녹색 두 가지가 있지만 황색이 사용되기도 한다.

Traffic lights normally have two main lights, a red one that means stop and a green that means go. Usually, the red light contains some orange in its hue, and the green light contains some blue, to provide some support for people with red-green color blindness.

In most countries there is also a yellow (or amber) light which, when on and not flashing, means stop if able to do so safely. In some systems, a flashing amber means that a motorist may go ahead with care if the road is clear, giving way to pedestrians and to other road vehicles that may have priority. A flashing red essentially means the same as a regular stop sign.

교통 신호등은 보통 두 가지 주 색깔이 있는데 정지를 의미하는 빨강과 가도 좋다는 녹색이다. 보통 빨간 신호등은 약간의 오렌지 색조가 들어 있고 파란 신호등은 약간의 청색 색조가 들어 있는데 적록 색맹자를 돕기 위한 것이다.

대부분의 국가에는 또 노란 신호등이 있는데 깜빡이지 않고 켜져 있을 때 안전하게 할 수 있으면 정지하라는 의미다. 일부 신호 체계에서 깜박이는 황색 신호등은 운전자가 도로에 차가 없으면 보행자와 우선권이 있는 다른 차량들에 양보하면서 나아가도 좋다는 의미다. 깜박이는 빨간 신호등은 본질적으로 일반적인 정지 신호와 같은 의미다.

| **hue** 색조 **red-green color blindness** 적록 색맹 **flash** 깜빡거리다 **give way to** 양보하다 **have priority** 우선권이 있다

교통 관련 표현

| **go ahead** 나아가다 **go straight** 직진하다 **stop** 정지하다 **make a right[left] turn, turn right[left]** 우회전[좌회전]하다 **make a U-turn** 유턴을 하다 **turn on[off] the right[left] blinker[indicator]** 우측[좌측] 깜빡이를 켜다[끄다] **give a right[left] blinker** 우측[좌측] 깜빡이를 켜다 **give a right-turn[left-turn] signal** 우회전[좌회전] 신호를 주다 **stop behind the stop line** 정지선을 지키다 **cross the stop line** 정지선을 넘다 **have the right of way** 우선통행권이 있다 **give the right of way to another driver** 다른 운전자에게 우선권을 주다 **pull to the right-hand edge of the roadway** 도로 우측 가장자리로 멈추다 **check one's rear view mirrors** 백미러를 확인하다 **maintain a safe distance from other vehicles** 다른 차량과 안전거리를 유지하다 **change lanes suddenly by cutting in front of another vehicles** 다른 차 앞에 끼어들며 갑자기 차선을 바꾸다 **switch one's headlights to low beams** 전조등을 하향조정하다 **switch on one's high beams** 전조등을 상향조정하다 **turn on the four-way emergency flashers** 비상등을 켜다

16 태풍 | 지진·화산

▎주제어	▎관련어
typhoon	**tropical storm, tropical depression, eye of a typhoon, lash, batter, slam into, heavy rain, downpour, flood, inundate, submerge, swamp**
earthquake	**quake, temblor, tremor, magnitude, epicenter, aftershock, seismology, tidal wave, jolt, rock, shake, volcano, erupt, volcanologist**

●●● A tempest in a teacup[teapot]. 찻잔 속의 폭풍, 헛소동.

태평양(the Pacific Ocean)에서 발생하여 북상하면서(move northward) 점점 세력이 강해지는 열대성 폭풍(tropical storm)을 태풍(typhoon)이라 하는데 해마다 대략 서너 개 정도가 우리나라에 영향을 미친다. 같은 열대성 폭풍이라 하더라도 대서양에서 발생하여 미국에 피해를 주는 것은 hurricane, 인도양에서 발생하는 것은 cyclone 그리고 호주 근처에서 생기는 것은 willy-willy라고 부른다.

최근 몇 년 사이에 우리나라에 상륙해(make landfall) 큰 피해를 남긴 태풍으로 루사(Rusa)를 들 수 있다. 제15호 태풍 루사(Rusa)는 2002년 8월 31일 한반도에 상륙하여 5조 원 이상의 피해를 내고 소멸한(disappear) 태풍으로 특히 강원도 강릉 인근의 피해가 컸다. 태풍 루사가 휩쓸고 간(sweep through) 강릉 지역에서는 30명 이상이 급류에 휩쓸리거나 산사태로 목숨을 잃었고, 16명이 실종돼 생사조차 확인되지 않는 등 많은 인명피해를 냈고 엄청난 재산 피해를 끼쳤다.

태풍과 함께 큰 자연재해의 하나로 지진이 있는데 우리나라에는 아직 대형 지진(earthquake)이 발생한 적은 없지만 지난 2005년 6월 29일 밤 부산과 거제 인근에서 리히터 규모 4.0의 지진이 발생해 지진에 대한 공포가 커지고 있다. 전문가들은 한반도 역시 더 이상 지진 안전지대가 아니라며 지진에 대한 대비를 서둘러야 한다고 지적한다. 하지만 대부분의 우리나라 건물들은 내진설계(quake-proof designing)가 되어 있지 않아 대규모 지진(a massive quake)이 발생할 경우 엄청난 피해가 발생할 것으로 우려되고 있다.

typhoon

태풍
a tropical cyclone occurring in the western Pacific or Indian oceans
= cyclone, hurricane

유의어 **blizzard, snowstorm** 눈보라, 폭설 **cloudburst, downpour, rainstorm** 폭우, 호우 **monsoon** 장마 **squall** 돌풍 **storm** 폭풍 **tempest** 폭풍우(설) **tropical storm** 열대성 폭풍 **tornado** 대선풍, 대폭풍우 **twister, whirlwind** 회오리바람 **windstorm** (비를 수반하지 않은) 폭풍

용례 **the center[eye] of a typhoon** 태풍의 눈 **issue[give] a typhoon warning[alert]** 태풍 경보[주의보]를 발하다

| **approach South Korea** 한국에 접근하다 **make landfall [touch down] in** ~에 상륙하다 **move northward** 북상하다 **churn inland** 내륙으로 거세게 나아가다

| **be downgraded to a tropical storm[depression]** 열대성 폭풍[저기압]으로 약화되다 **gain[lose] strength** 세력이 커지다[세력을 잃다] **dissipate over the East Sea** 동해상에서 소멸되다 **turn into [weaken into] a temperate depression** 온대성 저기압으로 바뀌다[약화되다]

| **lash** 강타하다 = barrel into, baste, batter, buffet, hammer, hit, knock, pommel, pound, slam into, strike

heavy rain, torrential rains, downpour 폭우

| **dump more than 30 centimeters of rain over the past five days** 지난 5일간 300밀리 이상의 비를 퍼붓다

| **smash[destroy] houses** 집을 박살내다[파괴하다]

| **cut electricity** 전기가 끊어지게 하다 **suffer power blackouts** 전기가 들어오지 않다 **be without electricity and drinking water** 전기와 식수가 없다

| **evacuate people from low-lying areas** 저지대로부터 사람들을 대피시키다 **be evacuated from areas of high risks of landslides** 산사태 위험이 높은 지역에서 대피시키다

| **be washed into a raging river** 세차게 흐르는 강물에 휩쓸리다 **be swept[washed] away by floodwaters** 홍수에 유실되다

| **suspend railway services** 철도 운행을 중단하다

| **gird[batten down, prepare] for a typhoon** 태풍에 대비하다 **force boats to return to harbor** 선박을 항구로 회항하게 하다 **close tourist sites** 관광지를 폐쇄하다 **suspend classes** 수업을 중단하다 **be stranded** 발이 묶이다

---

flood 범람(침수)시키다; 홍수

to cover or submerge with or as if with a flood = deluge, drown, engulf, inundate, overflow, place [put] ~ under water, submerge, swamp

반의어 **dry up**

용례 **a flash flood** 갑자기 불어난 물, 갑작스런 홍수 **a raging flood** 무섭게 넘실대는 물 **a flood-prone area** 상습 홍수 지역 **reach[rise to] flood level** 홍수 수위에 도달하다 **a disastrous flood** 재난을 초래한 홍수

| **issue a flood warning** 홍수 경보를 발하다 **a rain-swollen river** 비로 물이 불어난 강

| **suffer from a flood, be damaged by a flood** 수해를 입다 **a record flood** 기록적인 홍수 **flood victims** 이재민 **widespread[extensive] flooding** 광범위한(전역에 걸친) 홍수

| **overflow its banks** (강이) 넘치다 **burst** (둑 등이) 터지다, 붕괴되다 **recede from** (물이) ~에서 빠지다

| **order the release of 1,000 tons of rice from the national reserve** 정부 비축미 천 톤의 방출을 명령하다 **spend 10 billion won from the state budget to help flood victims** 수재민을 돕기 위해 정부 예산 100억 원을 사용하다

| **displace** ~를 (원래의 장소에서) 옮기다; ~를 (집, 국가에서) 쫓아내다 **the number of displaced people** 이재민 수 **displace more than 1,000 people** 천 명 이상의 이재민이 발생하다 **be displaced in flash floods** 갑작스런 홍수로 이재민이 되다

필수예문

1 A **powerful typhoon** hit the South Korean coast Sunday morning, smashing houses, cutting electricity, grounding flights and placing a vast area of farmland under water. (일요일 오전 강력한 태풍이 한국의 해안을 강타하여 가옥을 파괴하고, 단전 사태를 일으키고 항공기 이 착륙을 불가능하게 하고 엄청난 면적의 농경지를 침수시켰다.)

2 The storm **touched down** on the country's south coast at 8 p.m., and the winds were expected to slow as it **churned inland**, though heavy rain pelted a broad swathe of the southern region. (태풍은 오후 8시 그 나라의 남해안에 상륙하였고 비록 남부 지방의 넓은 지역에 호우가 내렸지만 태풍이 내륙으로 세차게 이동함에 따라 바람은 약해질 것으로 예상되었다.)

3 The typhoon was **downgraded to a tropical depression and dissipated** over the East Sea after battering South Korea with heavy rains. (한국에 집중적인 호우를 뿌린 후 태풍은 열대성 저기압으로 약화된 뒤 동해상에서 소멸되었다.)

One woman died after her house collapsed on her, and one child was missing after being **washed** into a raging river. (여자 한 명이 무너진 집에 깔려 숨졌고 한 어린이는 세차게 흐르는 강물에 휩쓸려 들어간 뒤 실종되었다.)

4 The approach of a strong typhoon restricted ships to port, forced some schools to suspend classes and **stranded** about 1,000 boat passengers at the port city of Busan. (강력한 태풍이 다가옴에 따라 배들은 항구에 발이 묶였고 일부 학교는 휴교령을 내렸으며 약 1000명의 여객선 이용객들이 부산항에서 오도 가도 못하게 되었다.)

5 Ten people were **swept away by** flood waters as they tried to cross a **rain-swollen stream** and another was electrocuted when heavy rain brought down an electricity cable. (열 명의 사람이 비로 불어난 개울을 건너려다 홍수 물에 휩쓸려 떠내려갔고 다른 한 명은 폭우로 끊어진 전깃줄에 감전사했다.)

6 Heavy rains have **caused floods** in many parts of the country. (폭우로 전국 여러 곳에 홍수가 났다.)

The river burst its banks and **flooded the valley**. (강이 둑을 넘쳐 계곡에 범람했다.)

His house was **placed under water** after days of torrential rains. (며칠 동안 폭우가 계속되어 그의 집이 침수되었다.)

7 Nearly a week of heavy rains **caused widespread flooding** in low-lying areas of the capital, leaving thousands of people homeless. (거의 일주일 동안 호우가 쏟아져 수도의 저지대 여러 곳에 홍수가 나 수천 명의 이재민이 발생했다.)

Light rains were forecast for the region, but were unlikely to **cause any flooding**, the national weather forecast center said. (그 지역에 약한 비가 내릴 것으로 예상되지만 홍수를 일으키지는 않을 것 같다고 전국 기상예보센터가 밝혔다.)

Dozens of people were killed and thousands displaced when **flash floods caused by torrential rains** washed away homes. (호우로 인해 발생한 갑작스런 홍수로 집이 유실되면서 수십 명이 죽고 수천 명의 이재민이 발생했다.)

earthquake

지진

a sudden movement of the earth's crust caused by the release of stress accumulated along geologic faults or by volcanic activity

= quake, seism, shake, temblor, trembler, tremblor, tremor

용례 **a slight[mild] earthquake** 미진 **a moderate earthquake** 중진 **a strong[powerful, massive, severe, devastating] earthquake** 강진 **a volcanic[submarine] earthquake** 화산[해저] 지진 **There was [We had] an earthquake last night.** 어젯밤에 지진이 있었다.

| **magnitude** 지진의 강도 **a magnitude 6.5 earthquake, an earthquake of magnitude 6.5, an earthquake with a magnitude of 6.5, an earthquake measuring 6.5 on the Richter scale** 강도 6.5의 지진

| **epicenter, seismic center** 진원지, 진앙지 **aftershock** 여진 **fault** 단층 **tidal wave, tsunami** 지진해일

| **an earthquake observation center[station]** 지진 관측소 **an earthquake observation system** 지진 관측 장치 **earthquake observation equipment** 지진 관측 장비

| **seismic** 지진의 **seismology** 지진학 **seismologist** 지진학자

jolt, rock, shake, hit, strike (갑자기) 세게 흔들다, 뒤흔들다, 강타하다

| **jolt[shake, rock] the entire region** 전역을 뒤흔들다

| **feel the earthquake** 지진을 느끼다 **be felt across the nation** 전국에서 느껴지다 **be felt as far as Seoul** 멀리 서울에서까지 느껴지다

| **occur deep undersea** 해저 깊은 곳에서 발생하다

| **cause panic among residents** 주민들 사이에 공포 상태를 야기하다 **break one's leg while fleeing from one's home** 집에서 피하다 다리가 부러지다 **run into streets** 거리로 뛰쳐나오다 **phone authorities seeking information** 무슨 일인지 알아보려고 관공서에 전화하다

| **quake-prone** 지진이 자주 발생하는 **quakeproof** 내진의 **a quakeproof building** 내진 설계된 건물 **non-quakeproof** 내진 설계가 안 된

---

volcano 화산

a mountain from which hot melted rock, gas, steam, and ash from inside the earth sometimes burst

= vent

용례 **an active[live] volcano** 활화산 **a dead[extinct] volcano** 사화산 **a dormant[quiescent, silent] volcano** 휴화산

| **a submarine volcano** 해저 화산 **a shield volcano** 순상(방패 모양) 화산

| **sit on a volcano** 일촉즉발 상태에 있다

| **crater** 분화구 **volcanic ash** 화산재 **lava** 용암
| **erupt** 폭발하다 분출하다 **eruption** 분출, 폭발 **the eruption of a volcano, a volcanic eruption** 화산 폭발 **burst[go] into eruption** 폭발하다
| **belch out smoke and ash** 연기와 재를 토해내다 **spew out [vomit] lava** 용암을 분출하다 **shoot lava high into the air** 용암을 하늘 높이 내뿜다 **pour out of the volcano** 화산에서 분출하다 **smoke issuing forth from a volcano** 화산에서 분출되고 있는 연기
| **volcanology** 화산학 **volcanologist** 화산학자

rock 암석

| **igneous rock** 화성암 **granite** 화강암 **basalt** 현무암 **sedimentary rock** 퇴적암 **clastic rock** 쇄설암 **metamorphic rock** 변성암 **a pyroclastic rock** 화산 쇄설암 **slate** 점판암 **schist** 편암 **gneiss** 편마암 **marble** 대리석 **diorite** 섬록암 **shale** 혈암, 이판암 **sandstone** 사암 **clay rock, pelite** 이암 **limestone** 석회암 **calcite, calcspar** 방해석
| **stalactite** 종유석(鐘乳石) **stalagmite** 석순(石筍) **limestone cave** 석회동, 종유동굴 **speleology** 동굴학 **speleologist** 동굴학자 **spelunk** 동굴을 탐험하다 **spelunking** 동굴 탐험 **spelunker** 동굴 탐험가

필수예문

1 A 6.9-magnitude **earthquake** jolted Japan just before dawn and was **felt as far as Seoul**, but caused only slight damage and five minor injuries. (진도 6.9의 지진이 동트기 직전에 일본을 강타해 멀리 서울에서도 느껴졌지만 단지 약간의 피해가 발생하고 다섯 명이 경미한 부상을 당했다.)

2 The quake **occurred** off the south coast and its **epicenter** was about 20 kilometers beneath[under] the sea, which contributed to the lack of major damage or serious injuries, seismologists said. (지진은 남해안 해역에서 발생했고 진원지는 해저 20킬로에 위치했는데 이것 때문에 큰 피해나 심각한 부상자는 발생하지 않았다고 지진학자들이 말했다.)

3 No **tsunami warnings** were issued from the quake, which lasted about 20 seconds, but **aftershocks** continued to rock the country for several days after the initial earthquake. (약 20초간 계속된 지진으로 인한 해일 경보는 내려지지는 않았지만 여진은 최초 지진이 발생한 뒤 여러 날 동안 전국에서 계속 발생했다.)

4 A child broke his leg while **fleeing from his home**, and two women suffered minor cuts from shattered glasses, police said. (한 어린이가 집에서 대피하다 다리가 부러졌고 두 명의 여자가 깨진 유리 때문에 가벼운 상처를 입었다고 경찰이 밝혔다.)

Several homes were **damaged**, a church was close to collapse and phone services were also disrupted for an hour. (여러 채의 집이 피해를 입었고 한 교회 건물은 붕괴 직전이며 전화가 한 시간 동안 불통되었다.)

5 A **tidal wave** brought on by a powerful earthquake created floods that left some 3,000 people homeless. (강력한 지진으로 발생한 해일로 인해 홍수가 나 약 3천 명이 집을 잃었다.)

The quake, which hit at 6 a.m. about 50 kilometers south of the capital, could **cause a localized tsunami.** (수도에서 약 50킬로 남쪽에서 오전 6시에 일어난 지진은 국부적인 해일을 발생시킬 수 있다.)

6 A **volcano** on an uninhabited island in the Pacific Ocean erupted again, sending an **ash plume** 10 kilometers into the air. (태평양에 위치한 한 무인도에 있는 화산이 다시 폭발해 10키로 상공까지 화산재 기둥을 뿜어 올렸다.)

An **ash fall advisory** has been issued for communities close to the volcano, where a fine layer of ash fell. (얇은 층의 화산재가 떨어진 화산 근처 지역에 화산재 주의보가 내려졌다.)

심화학습

지진해일 tsunami

2004년 12월 말 태국, 인도네시아를 비롯한 동남아시아 국가에 강력한 지진해일(tsunami)이 덮쳐 수많은 희생자를 내었고 그 생생한 장면이 TV로 보도돼 시청자들을 전율케 한 바 있는데 그냥 해일이라고 부르기도 한다.

A **tsunami** is a series of waves generated when water in a lake or the sea is rapidly displaced on a massive scale. Earthquakes, landslides, volcanic eruptions and large meteorite impacts all have the potential to generate a **tsunami**. The effects of a **tsunami** can range from unnoticeable to devastating.

The term was created by fishermen who returned to port to find the area surrounding the harbour devastated, although they had not been aware of any wave in the open water.

Tsunamis have been historically referred to as tidal waves because as they approach land, they take on the characteristics of a violent onrushing tide rather than the sort of cresting waves that are formed by wind action upon the ocean. However, since they are not actually related to tides, the term is considered misleading and its usage is discouraged by oceanographers.

지진해일은 호수나 바다에 있는 물이 대규모로 급속하게 옮겨질 때 발생하는 연속적인 파도를 말한다. 지진, 산사태, 화산 폭발 그리고 대형 운석의 충돌은 **지진해일**을 일으킬 수 있는 잠재력을 갖고 있다. **지진해일**의 영향은 눈에 띄지 않을 수도 있고 엄청난 피해를 줄 수도 있다.

이 용어는 공해상에서 어떤 파도도 느끼지 못했지만 귀항해 보니 항구 주변지역이 파괴된 것을 발견한 어부들이 만들어 냈다.

역사적으로 **지진해일**은 해일로 불려져 왔는데 이는 육지에 접근하면서 대양에서 바람의 작용에 의해 형성되는 물마루 파도와는 다른 격렬하고 돌진하는 조류의 성격을 띠기 때문이다. 그러나 지진해일은 실제로 조류와는 관련이 없으므로 이 용어는 어폐가 있다고 여겨지고 해양학자들은 그것을 사용하지 말도록 권한다.

| **a series of** 연속적인, 일련의 **generate** 발생시키다 **on a massive scale** 대규모로 **meteorite impact** 운석 충돌 **have the potential to do** ~할 잠재력(가능성)을 갖고 있다 **range from A to B** A와 B사이에서 움직이다(변동하다) **unnoticeable** 눈에 띄지 않는 **devastating** 파괴적인, 엄청난 **refer to A as B** A를 B라고 부르다 **take on the characteristics of** ~의 특징을 띠다 **onrushing** 돌진하는 **crest** 물마루를 이루다 **be related to** ~와 관련이 있다 **misleading** 오해의 소지가 있는, 오도하는 **discourage** 말리다, 단념시키다 **oceanographer** 해양학자

17 환경 | 오염

주제어	관련어
environment	**environmentalist, ecology, ecosystem, biodiversity, ecologist, conservation, environmentally friendly, green, poach, reserve, overfishing**
pollution	**air[water, soil] pollution, pollutant, greenhouse gas, global warming, biodegradable, acid rain, smog, waste, recyclable, pollute**

●●● Nature is the best physician. 자연은 최고의 명의.

루소의 '자연으로 돌아가라'는 말을 상기하지 않아도 인간이 행복하게 오래 살려면 환경(environment)에 순응하면서 생활하는 것이 중요하다. 그러나 급속한 산업화와 더불어 환경오염(environmental pollution)도 심각한 지경에 이르러 더 이상 애국가에 나오는 '무궁화 삼천리 화려강산'은 점점 찾아보기 힘들게 되었다. 뿌연 스모그 낀 하늘을 보는 날이 많아지게 되고 대도시 부근의 하천은 말할 것도 없고 도시에서 멀리 떨어진 시골의 시내들도 오염으로 몸살을 앓고 있다.

1970년대 이전만 해도 우리나라의 산천은 그야말로 깨끗한 청정지역이어서 어디를 가나 명승지요 관광 명소였다. 그러나 여기저기에 공장들이 들어서면서 사정은 달라지기 시작했다. 수많은 공장 굴뚝에서 내뿜는 오염물질은 우리가 숨쉬고 살아가는 공기를 오염시켰고 서울을 비롯한 대도시의 대기오염(air pollution)은 심각한 수준에 이르렀다.

공기오염뿐만 아니라 공장에서 쏟아져 나오는 폐수가 우리의 식수원을 크게 오염시키면서 수질오염(water pollution) 또한 심각한 사회 문제로 대두된 지 오래다. 정부와 지방 자치단체들은 수돗물의 수질을 높이기 위해 많은 노력을 하지만 국민의 대다수는 여전히 가정으로 공급되는 수돗물에 큰 불신을 갖고 있어 물도 돈 주고 사 마셔야 하는 시대가 되었다.

environment

환경
the area in which something exists or lives = environs

유의어 **ambiance** 주위환경 **climate** 풍토 **habitat** 서식지 **locale** 현장 **milieu** (사회적, 문화적) 환경 **purlieus** 교외, 변두리 **terrain** 지형, 지대 **territory** 영역

용례 **protect[preserve, conserve] the environment** 환경을 보호하다 **destroy [pollute, threaten] the environment** 환경을 파괴하다[오염시키다, 위협하다] **clean up the environment** 환경을 정화하다

| **environmental** 환경의 **environmental protection[destruction, pullution]** 환경 보호[파괴, 오염] **conduct[carry out] an environmental (impact) assessment of, undertake an environmental impact study on** ~의 환경 영향 평가를 하다

| **environmentally friendly, eco-friendly, ecologically friendly** 환경 친화적인 **use environmentally friendly products** 환경 친화적인 제품을 사용하다

| **environmentalism** 환경 보호주의(운동) **environmentalist** 환경 보호론자

kingdom (생물학의) 계(界)

| **the animal[plant, mineral] kingdom** 동물[식물, 광물]계

| **kingdom** 계(界) **subkingdom** 아계(亞界) **phylum** 문(門, 식물의 경우 division) **subphylum** 아문(亞門) **class** 강(綱) **subclass** 아강(亞綱) **order** 목(目) **suborder** 아목(亞目) **family** 과(科) **subfamily** 아과(亞科) **genus** 속(屬) **subgenus** 아속(亞屬) **species** 종(種) **subspecies** 아종(亞種) **variety** 변종(變種)

| **Protozoa** 원생(原生) 동물 **Parazoa** 측생(側生) 동물 **Metazoa** 후생(後生) 동물

| **botony** 식물학 **botanist** 식물학자 **zoology** 동물학 **zoologist** 동물학자

| **vertebrate** 척추 동물 **fish** 어류 **amphibian** 양서류 **reptilia, reptile** 파충류 **mammalia, mammal** 포유류 **Primates** 영장류(靈長類) **primate** 영장류의 동물 **invertebrate** 무척추 동물

| **ornithology, birdlore** 조류학 **an ornithologist** 조류학자 **avian** 새의, 조류의 **avian influenza** 조류 독감 **bird watching** 조류 관찰, 탐조 **bird watcher, birder** 조류(들새) 관찰자 **fowl** (집합적) 조류; (복합어로) ~새 **a flock of waterfowl** 한 떼의 물새 **game fowl** 엽조

ecosystem 생태계

| **ecosphere** 생태권, 생물권 **biodiversity** 생물 다양성 **a biodiversity pact** 생물 다양성 협약

| **ecology** 생태, 생태환경 **ecological** 생태학적인 **ecologist** 생태학자

| **acclimate** (사람, 동식물 등을 새 풍토에) 순응시키다

| **endocrine disruptor** 내분비계 교란물질, 환경호르몬 = hormone-disrupting chemical, environmental estrogen, endocrine modulator, ecoestrogen, environmental hormone, xenoestrogen, hormone-related toxicant, endocrine-active compound, phytoestrogen

| **endocrine** 내분비선; 내분비물, 호르몬 **endocrine gland** 내분비선 **exocrine gland** 외분비선 **endocrinology** 내분비학

oil spill 기름 유출(사고)

| **a major[large, massive] oil spill** 대형 기름 유출 **a minor oil spill** 심각하지 않은 기름 유출 **a chemical spill** 화학약품 유출 **cause an oil spill** 기름 유출을 일으키다 **leak oil into the ocean** 바다로 기름을 유출하다 **pour[spew] a large amount of oil into the river** 많은 양의 기름을 강에 쏟아내다 **dump oil into the lake** 호수에 기름을 무단 방류하다 **an oil tanker** 유조선 **be covered in oil** 기름으로 뒤덮이다

| **clean up [contain] an oil spill** 기름 유출을 제거하다[억제하다] **absorbent, sorbent** 흡수제, 흡착제 **boom** 붐(펜스) **dispersant** 분산제 **skimmer** 기름 제거선 **oil slick** 유막 **siphon off the oil** 기름을 빨아올리다(흡수하다) **start a cleanup operation** 기름 제거 작업을 시작하다
| **stop the spread of oil** 기름의 확산을 막다 **spray chemicals to break down the oil** 기름을 분해하기 위해 화학약품을 뿌리다 **place a boom around the tanker** 유조선 주위에 펜스를 설치하다 **carry out aerial spray of dispersants** 분산제를 공중 살포하다 **disintegrate the concentration of oil** 기름의 응축을 분해하다(응축된 기름을 분해하다)
| **collect the oil off the water** 물에서 기름을 모으다 **remove the oil off the water** 물에서 기름을 제거하다 **clean the oil off the beaches** 해변의 기름을 제거하다 **vacuum up the oil** 기름을 진공으로 빨아들이다 **drain all the crude left in the vessel** 선박에 남은 모든 기름을 빼내다 **remain smothered in oil** 기름으로 뒤덮여 있다 **The oil-sodden carcasses of marine animals washed up on the shores.** 기름에 흠뻑 젖은 바다 동물들의 시체가 해변에 떠올랐다. **the devastated 10-km coastline littered with dead fish, crabs and other sea creatures** 죽은 물고기, 게 그리고 다른 바다 생물들이 어지러이 널려 있는 황폐화된 10킬로의 해안

conservation 보호, 보존

the preservation and careful management of the environment and of natural resources = conservancy, maintenance, preservation, protection, sustentation, upkeep

반의어 **destruction, spending, squandering, waste**

용례 **environmental[wildlife] conservation** 환경[야생동물] 보호 **energy[forest] conservation** 에너지[삼림] 보존 **conservation of the local flora and fauna** 지역 식물군과 동물군의 보존
| **soil conservation** 토양 보호 **a conservation movement[group]** 자연 보호 운동[단체] **the law of conservation of mass** 질량 보존의 법칙
| **conserve** 보존(보호)하다, 절약하다 = maintain, preserve, protect
| **conservationist** 자연보호주의자
| **green** 환경(자연)보호의 **a green movement** 자연보호 운동 **the Green Party** 녹색당
| **endangered** 멸종 위기에 처한 **endangered species** 멸종 위기에 처한 종 **extinct** 멸종한 **extinction** 멸종 **save ~ from extinction** ~를 멸종에서 구하다
| **poach** 밀렵(불법 포획)하다 **poacher** 밀렵꾼 **overfish** 물고기를 남획하다 **overfishing** 어류 남획 **set a trap** 덫을 놓다 **stumble into a trap** 어쩌다 덫에 걸리다
| **reserve, sanctuary** (특수한 목적을 위한 정부의) 보호지 **a wildlife reserve** 야생동물 보호 구역 **a forest[game] reserve** 보안림[금렵구] **a bird sanctuary** 조류 보호 구역
| **ban commercial whaling[fishing]** 상업적 고래잡이[어획]를 금지하다

필수예문

1 A senior government official has called for more efforts to curb water and air pollution, **protect the environment** and promote sustainable development. (한 고위 정부 관리는 수질·공기 오염을 규제하고 환경을 보호하며 환경 파괴 없는 개발을 촉진하기 위해 더 많은 노력을 할 것을 촉구했다.)

2 Recently, **environmental destruction** has become very serious on a global scale,

giving rise to intense discussion. (최근 환경 파괴는 전세계적으로 아주 심각해져 집중적인 논쟁이 벌어지고 있다.)

Along with cultural advance, the earth's environment is being **destroyed** at an alarming rate. (문화적인 발전과 더불어 지구의 환경은 놀라운 속도로 파괴되고 있다.)

3 The new regulations requires authorities to **carry out an environmental impact assessment** on particular plans and programs they develop. (새 규정은 당국이 특정 개발 계획이나 사업에 대한 환경 영향 평가 실시를 의무화하고 있다.)

The objective of the study is to carry out an environmental assessment of the air, noise and vibration pollution caused by a new power station, its impacts on neighborhood inhabitants, and recommend **pollution abatement measures**. (이 연구의 목적은 새 발전소로 인한 대기오염, 소음 및 진동 공해와 인근 주민에 대한 영향을 평가하고 공해 저감 대책을 제시하는 것이다.)

4 The company has led the way in making small, **environmentally friendly** cars with good fuel economy and low greenhouse gas emissions, so expectations are high for its latest model. (그 회사는 연비도 훌륭하고 온실 가스 배출량이 낮은 환경 친화적인 소형차 제작의 선두주자였기에 최신 모델에 대한 기대가 높다.)

Birds die from **oil spills** if their feathers are covered in oil. Animals may die because they get hypothermia, causing their body temperature to be really low. (새들은 기름 유출로 깃털이 기름으로 덮이면 죽는다. 동물들은 저체온증에 걸려 체온이 아주 낮아져 죽을 수도 있다.)

5 **Conservationists** have begun tagging the animals with tracking devices and monitoring their habitat in an effort to increase their population. (환경보호주의자들은 그 동물들의 개체수를 증가시키기 위해 추적 장치를 달고 서식지를 관찰하기 시작했다.)

He is an internationally recognized leader in efforts to promote **wildlife conservation**, particularly conservation of endangered species. (그는 야생동물 보호 장려 운동, 특히 멸종 위기에 처한 종들의 보호에 있어 국제적으로 인정을 받고 있는 지도자다.)

6 An **endangered** otter was returned to the wild Sunday, nearly four months after authorities saved it from becoming a meal in a restaurant. (멸종 위기에 처한 수달 한 마리가 당국이 한 식당에서 요리가 되는 것으로부터 구한 지 거의 4개월이 지난 일요일에 야생으로 되돌려 보내졌다.)

The tiger was killed when it stumbled into an electrical trap set by **poachers** who were hunting wild boars. (그 호랑이는 멧돼지를 사냥하는 밀렵꾼들이 쳐 놓은 전기 덫에 어쩌다가 걸려 죽었다.)

7 Experts say oceans are facing growing stress as **overfishing** has become a serious problem. (어류 남획이 심각한 문제가 되었기 때문에 대양에 대한 스트레스가 증가하고 있다고 전문가들은 말한다.)

The politician has called for establishing a **wildlife reserve** for the protection of the species and increasing government funding. (그 정치인은 그 종의 보호를 위해 야생동물 보호 구역을 설치하고 정부 지원을 증대할 것을 요구했다.)

pollution

오염, 공해
undesirable state of the natural environment being contaminated with harmful substances as a consequence of human activities = contamination, defilement, polluting, soiling, tainting

반의어 **purity**

용례 **air[water, environmental] pollution** 대기[수질, 환경] 오염 **noise[sound] pollution** 소음 공해 **oil pollution** 기름 오염 **marine[sea, oceanic] pollution** 해양 오염 **river[lake] pollution** 하천[호수] 오염 **industrial pollution** 산업 공해 **ground[radioactive] pollution** 토양[방사능] 오염 **thermal pollution** 열 공해 **small-particle pollution** 미세 먼지 오염 **dust pollution** 먼지 공해

| **pollution control facilities** 공해(오염) 방지 시설

| **cut[reduce, alleviate] pollution** 오염을 감소시키다 **control[curb] pollution** 오염을 억제하다 **prevent[contain] pollution** 오염을 막다(저지하다)

| **pollutant** 오염 물질, 오염원 **antipollution measures** 공해 방지책 **low-polluting** 오염 정도가 낮은

| **greenhouse gas** 온실 가스 **cut back on emissions of greenhouse gases** 온실 가스 배출을 줄이다 **global warming** 지구 온난화 **car exhaust[emission], exhaust fume** 자동차 배출 가스 **low-emission** 저배출 가스의

biodegradable 생물 분해성의 (미생물의 작용으로 분해되는)

| **biodegradable detergent** 생분해성 세제 **biodegradable packaging** 생분해성 포장 **non-biodegradable pollution** 비 생분해성 오염 **biochemical oxygen demand** 생화학적 산소 요구량 **bioremediation** 생물적 환경 정화(미생물을 사용하여 오염 물질을 분해하고 환경을 살리는 방법) **decomposition** 분해, 부패

| **acid rain** 산성비 **miasma** (호수의) 독기 **smog** 스모그 **anti-smog** 스모그 방지의

| **industrial waste** 산업 폐기물

| **household refuse** 생활 쓰레기 **garbage, rubbish, trash, refuse, litter** 쓰레기

| **waste water** 폐수 **a waste water treatment facility** 폐수 처리 시설 **sewage** 하수 **household sewage** 생활 하수 **a sewage treatment plant** 하수 처리장

| **collect trash** 쓰레기를 수거하다 **garbage collector[hauler]** 쓰레기 수거업자 **introduce the system for separate garbage collection** 쓰레기 분리수거 제도를 도입하다 **garbage bag** 쓰레기 봉투

recyclable 재활용 가능한

| **recyclable materials[bags, plastic]** 재활용 가능한 물질[가방, 플라스틱]

| **renewable energy sources** 재생 가능한 에너지원

| **alternative energy** 대체 에너지 **solar power** 태양열 **install solar panels on one's roof** 지붕에 태양열 집광판을 설치하다

| **a wind[nuclear, hydroelectric, thermal] power station** 풍력[원자력, 수력, 화력] 발전소

| **windfarm** 풍력 발전 지대 **a tidal power station** 조력 발전소

---

pollute 오염시키다

to make unfit for or harmful to living things = contaminate, dirty, foul, soil, taint

반의어 **clean, purify**

용례 **pollute the air[water]** 공기를[물을] 오염시키다 **pollute the environment** 환경을 오염시키다 **rivers polluted with chemical waste from factories** 공장에서 나오는 화학 폐기물로 오염된 강들

polluted air 오염된 공기 **become polluted** 오염되다
| **depollute** ~의 오염을 제거하다 **depollution** 오염 제거
| **decontaminate** ~를 정화하다, 소독하다; (물건, 지역)에서 독가스, 방사능 등을 제거하다 **decontamination** 정화, (독가스의) 제거

atmosphere 대기
| **troposphere** 대류권 **tropopause** 대류권 계면 **stratosphere** 성층권 **mesosphere** 중간권 **mesopause** 중간권 계면 **thermosphere** 열권
| **the westerlies, the prevailing westerlies** 편서풍 **the trade winds** 무역풍 **jet stream** 제트 기류
| **the core** 지구의 핵 **the mantle** 맨틀 **the crust** 지각 **an Oceanic crust** 해양 지각 **a Continental crust** 대륙 지각 **lithosphere** 암석권(岩石圈) **Mohorovicic discontinuity** 모호로비치치 불연속면 **isostasy** 지각 평형설 **plate tectonics** 판구조론 **the convection current** 대류(對流)

sandstorm 황사
= yellow dust storm, yellow sand storm
| **experience sandstorms almost every spring** 거의 매년 봄 황사를 겪다 **suffer one's worst yellow dust storm in four years** 4년 만에 최악의 황사를 겪다 **be hit[struck] by the worst sandstorm in decades** 몇십 년 만에 최악의 황사가 덮치다 **a choking pall of sand mixed with toxic chemicals** 유해 화학물질이 섞인 숨막히는 모래 장막
| **issue a yellow dust warning** 황사 경보를 내리다 **reduce visibility to 1.5 km from a normal average of 10 km** 가시거리를 보통 평균 10킬로에서 1.5킬로로 떨어뜨리다
| **cloud the skies of** ~의 하늘을 뒤덮다 **leave skies hazy** 하늘을 뿌옇게 하다 **leave the city blanketed under a film of ochre-colored dust** 도시를 황토색 먼지 막으로 뒤덮다 **cover homes, streets and cars in brown dust** 주택, 거리 그리고 차를 갈색 먼지로 뒤덮다 **engulf[envelope] the city** 도시를 집어삼키다[뒤덮다]
| **wake up to find their city covered in a thin layer of sand** 일어나보니 도시가 얇은 모래로 뒤덮여 있다 **don face masks, wear masks outside[outdoors]** 야외에서 마스크를 쓰다 **drive to work in cars colored yellow and brown by the dust** 황사로 황갈색이 된 차를 타고 출근하다 **halt[stop] earthworks** 토목공사를 중단하다 **a sharp increase in patients with respiratory diseases** 기관지 질병 환자의 급증 **stay indoors** 실내에 머무르다 **venture outdoors** 위험을 무릅쓰고 외출하다
| **dust and hose down cars** 차의 먼지를 털고 물로 씻어내다 **wash down roads** 도로를 씻어내다 **lessen the impact of the dust storm** 황사의 영향을 줄이다

필수예문

1 **Pollution** has become a scourge of society in some countries with highly developed economies. (고도의 선진 경제를 가진 일부 국가에서 공해는 사회적인 재앙이 되었다.)

Environmental pollution has become a major political and health issue for all of us. (환경오염은 우리 모두에게 중요한 정치적 그리고 건강 문제가 되었다.)

2 Today, the **pollution resulting from** plastic bags has become a big threat to the urban environment. (오늘날, 비닐봉지로 인한 오염은 도시 환경에 큰 위협이 되었다.)

In an effort to **curb air pollution**, the government is to cut nearly 100,000 tons of pollutant matter from the air within the coming nine months. (대기 오염을 억제하려는 노력의 일환으로 정부는 향후 9개월 안에 거의 10만 톤의 오염물질을 대기로부터 줄일 계획이다.)

3 Rivers and marshes in the southwestern area are being targeted by the government as part of its latest efforts to **reduce water pollution**. (수질 오염을 줄이기 위한 최근의 노력의 일환으로 정부는 그 남서 지역의 강과 늪지를 목표로 하고 있다.)

4 **Environmentalists** warn about the dangers of **global warming** and governments hail the start of the Kyoto Protocol to tackle climate change. (환경론자들은 지구 온난화의 위험에 대해 경고하고 각국 정부는 기후 변화에 대처하기 위한 교토의정서의 출범을 환영한다.)

Due to the evident threat of global warming, industries, individuals, governments and academics are trying to find ways to **reduce greenhouse gases**. (지구 온난화의 명백한 위협 때문에 기업, 개인, 정부와 학자들은 온실 가스를 줄이기 위한 방안을 찾으려고 노력하고 있다.)

5 The use of **degradable and biodegradable plastic packaging** can help cut the amount of waste going to landfills, reduce greenhouse gases and curtail the amount of litter affecting wildlife and the environment in general. (화학적 분해성 및 생분해성 플라스틱 포장의 사용은 매립지로 가는 쓰레기의 양을 줄이고 온실 가스의 양을 감축하며 야생동물과 환경 전반에 영향을 미치는 쓰레기의 양을 감소시키는 데 도움이 될 수 있다.)

6 In urban areas, disposal of **household waste** has become a serious problem. (도심 지역에서 생활 쓰레기 처리는 심각한 문제가 되었다.)

The South Korean government has announced the introduction of **separate garbage collection** to deal with the growing amount of household refuse. (증가하는 생활 쓰레기의 양에 대처하려고 한국 정부는 쓰레기 분리수거의 도입을 발표했다.)

7 People **pollute the air** by allowing chemicals, poisonous gases, and tiny particles of dirt to get into the air, and vehicles and airplanes pollute the air by giving off exhaust fumes. (사람들은 화학물질, 유독 가스 그리고 미세 먼지 입자를 대기로 유입되게 하여 공기를 오염시키고 차량과 비행기는 배기가스를 내뿜어 대기를 오염시킨다.)

8 The state oil company says it has contained a massive oil spill that has **polluted** the Han River. (국영 석유회사는 한강을 오염시킨 대형 기름 유출을 저지했다고 말한다.)

Some of the spilled oil has been carried to the riverside, and several plots of wetland at the upper reaches of the river have already been **polluted**. (유출된 기름의 일부는 강기슭으로 흘러갔고 강 상류에 있는 여러 군데의 늪지대가 이미 오염되었다.)

A severe **yellow dust storm** hit South Korea at the weekend, covering homes, streets and houses in brown sand and prompting authorities to issue a health warning for people. (심한 황사가 주말에 한국을 덮쳐 주택, 거리 그리고 차들을 갈색 모래로 뒤덮고 당국으로 하여금 건강 주의보를 발령하게 했다.)

심화학습

쓰레기 분리 garbage separation

넘쳐 나는 생활 쓰레기(household refuse)를 효과적으로 처리하기 위해 정부는 쓰레기를 분리해서 내어 놓도록 하고 이를 어길 시 벌금을 물리는 등의 조치를 취하고 있다. 분리수거를 통해 재활용 가능한 쓰레기들을 분리하므로써 쓰레기의 양을 줄임은 물론 자원절약이라는 일거양득의 효과를 거둘 수 있다.

The typical garbage can is a single-unit receptacle into which all kinds of garbage are thrown, creating a sort of garbage stew. While this stew contains valuable raw materials, such as aluminum, glass, paper and nutrient-rich organic materials, **separating** those materials from the stew is expensive.

The mixture of inorganic with organic materials produces a disgusting stinky mess that often contains vermin like maggots and disease-causing microbes. Besides being gross and unsanitary, garbage stew is not an economical resource for recycling enterprises. Consequently, it's buried in landfills.

Obviously, the best way to eliminate the cost of **separating** garbage stew into its constituent raw materials is to prevent mixing it in the first place. But as long as there is only a single container within convenient walking distance, people will prefer to make a stew of their garbage.

The solution, therefore, is the antithesis of this arrangement, namely to exercise **garbage separation** at the source, encouraged by a small set of separate containers for different materials.

흔히 쓰레기통은 온갖 종류의 쓰레기가 버려지는 단일 용기로 일종의 쓰레기 뒤범벅이 된다. 알루미늄, 유리, 종이, 영양소가 풍부한 유기물질 등과 같은 값진 원재료가 포함되어 있지만 이 물질들을 **분리하는** 것은 비용이 많이 든다.

무기물과 유기물이 혼합되면 구더기와 병을 일으키는 미생물과 같은 해충이 포함된 역겹고 악취를 풍기는 쓰레기가 된다. 구역질 나고 비위생적인 데다가 쓰레기 뒤범벅은 재활용 업체에게 경제적인 자원이 아니어서 매립지에 매립된다.

분명히 쓰레기 뒤범벅을 개개의 원재료로 **분리하는** 비용을 없애는 최선의 방법은 애초에 섞이지 않게 하는 것이다. 그러나 편리하게 걸어갈 수 있는 거리 안에 단일 용기만 있는 한 사람들은 쓰레기를 섞어서 버리길 좋아할 것이다.

따라서 해결책은 이 제도를 정반대로 하는 것인데, 즉 각기 다른 물질을 담는 작은 분리 용기로 장려하면서 원천적으로 **쓰레기 분리**를 실시하는 것이다.

typical 전형적인 **single-unit** 단일 단위의, 하나로 된 **receptacle** 용기 **a sort of** 일종의 **stew** 뒤범벅 **nutrient-rich** 영양소가 풍부한 **organic** 유기의 *cf.* **nonorganic** 무기의 **disgusting** 역겨운 **gross** 구역질 나는 **stinky** 악취를 풍기는 *cf.* **stink** 악취 **vermin** 해충 **maggot** 구더기 **microbe** 미생물 **unsanitary** 비위생적인 *cf.* **sanitation** 위생, 공중위생 **economical** 경제적인 *cf.* **economic** 경제의 **recycling enterprise** 재활용 업체 **landfill** 매립지 **obviously** 분명히 **eliminate** 제거하다, 없애다 **constituent** 구성 요소(성분)를 이루는 **within convenient walking distance** 편리하게 걸어갈 수 있는 거리 내에 **antithesis** 정반대 **arrangement** 제도

18 결혼·이혼 | 입양

주제어	관련어
marry	**get married, get hitched, get spliced, hook up with, propose, pop the question, sham marriage, married, single, spinster, divorce, separate**
adopt	**foster, adoption, adoptive parent, adoptee, foster parent, foster son, foster daughter, stepfather, stepmother, guardian, guardianship, custody**

●●● Marry in haste and repent at leisure.

서둘러 결혼하고 두고두고 후회한다.

톱 가수 S군과 영화배우 L양이 결혼한다(get married)고 대문짝만하게 기사가 실린다. 그 후 불과 2년도 채 안 돼 그들이 성격 차이로 이혼한다(get divorced)는 기사가 또 1면을 장식한다. 잉꼬부부라고 호들갑을 떨며 TV에 출연해서는 닭살 돋는 모습을 보여주곤 하더니 갑자기 이혼한다고 발표해 보는 이들을 어리둥절하게 만든다.

우리나라에서는 한 해 얼마나 많은 남녀가 결혼을 하고 또 얼마나 많은 쌍들이 헤어지는 걸까? 통계청에 따르면 한 해에 약 32만 쌍의 남녀가 백년가약을 맺고 또 14만 쌍 이상이 이혼하게 된다고 한다. '검은 머리 파뿌리 될 때까지' 백년해로 하자고 해놓고 경제적 문제, 성격 차이 등 이런 저런 이유로 그렇게 많은 부부가 헤어지게 되는 것이다. 불과 얼마 전만 해도 이혼이라는 딱지는 큰 오명이었지만 최근에는 하도 많은 부부들이 이혼하다 보니 대수롭지 않은 것이 되어버렸다.

이혼하는 부부들의 가장 큰 문제는 자녀 양육이다. 남편이나 아내 어느 한 쪽에서 키울 수 있는 능력이 되면 문제가 되지 않지만 최악의 경우 입양을 보내는 경우도 있다. 대한민국은 부끄럽게도 여전히 많은 어린이들을 외국에 입양 보내고 있다. 자격을 갖춘 어른이 합법적으로 다른 사람에게서 태어난 아이를 자신의 아이로 키우게 되는 것을 입양한다(adopt)고 하며 법적 절차를 거치지 않고 그냥 일정 기간 동안 데려다 키우는 것은 foster라고 한다.

marry

결혼하다

to join as spouses by exchanging vows = become one, couple, drop anchor, espouse, get hitched, get hooked, get married, get spliced, hitch up, hook up with, settle down, splice, take vows, tie, tie down, tie the knot, wed, wive, yoke

'~와 결혼하다'라고 쓰이기 때문에 전치가 with가 와야 한다고 착각하기 쉬운데, marry는 타동사이기 때문에 전치사 없이 바로 목적어가 온다. 그런데 '~에게 결혼하다'는 의미로 쓰일 때는 전치사 to가 온다.

marry someone ~와 결혼하다

be married to someone ~에게 결혼하다

유의어 **remarry** 재혼하다 **elope** (남녀가) 눈이 맞아 함께 달아나다 **engage** 약혼시키다 **intermarry** 다른 종족(인종, 계급, 종교) 사이에 결혼하다

반의어 **divorce, separate**

용례 **marry her** 그녀와 결혼하다 **get married** 결혼하다 **be well married** 결혼을 잘 하다 **marry for love[money]** 연애[돈을 보고] 결혼하다 **marry money[a fortune]** 부자와 결혼하다 **marry with the left hand** 신분이 낮은 상대와 결혼하다 **marry off** 결혼시키다, 시집(장가) 보내다

| **pop the question, propose, ask someone to marry you, declare oneself** 청혼하다

| **proposal** 청혼 **get engaged** 약혼하다 **engagement** 약혼 **engagement ring** 약혼 반지 **break off the engagement** 약혼을 파혼하다

| **fix[name, set] a day[date] for marriage, set the date of one's marriage** 결혼 날을 잡다, 택일하다 **Just married** 신혼부부, 우리 방금 결혼했음

married 결혼한, 기혼의

a married man[woman] 유부남[유부녀] **married life** 결혼 생활 **married love** 부부애

| **marital** 결혼의, 부부간의 **marital trouble** 부부 싸움 **marital rape** 부부 강간

| **nuptial** 결혼의, 혼례의 **a nuptial day** 결혼일 **a nuptial feast** 결혼 피로연

| **matrimonial** 결혼의, 부부간의 **experience matrimonial difficulties** 결혼 생활의 어려움을 겪다 **a matrimonial dispute** 혼인 분쟁

| **conjugal** 부부의, 혼인의 **conjugal affection[relations]** 부부애[부부 관계]

| **bachelor** 미혼 남자 **spinster** 미혼녀, 노처녀 = old maid **eligible** 결혼 상대로 어울리는, 조건이 좋은 **an eligible man** (남편감으로서) 적당한 청년

| **celibate** (종교적 이유에 의한) 독신자, 독신주의자; 독신의 **decide to adopt a celibate lifestyle** 독신주의자로 살기로 하다 **celibacy** 독신 **practice celibacy** 독신으로 지내다 **make[take] a vow of celibacy** 독신 서약을 하다

| **chastity** 순결, 정조 **a chastity belt** 정조대 **vows of chastity** 순결 서약 **abstinent** 금욕적인 **abstinence** 금욕, 절제

unmarried[unwed] mother 미혼모

| **single, unmarried** 독신의, 미혼의

| **a single mother[mom]** 미혼모 **an unmarried[single] couple** 미혼 부부 **a teenage birth** 십대 출산 **a teenage mother** 십대 엄마 **babies born to unmarried mothers** 미혼모의 아이들 **the employment rate among single mothers** 미혼모 취직률 **a single father** 미혼부

| **give birth outside marriage, give birth out of wedlock, have a child[baby] outside marriage** 혼외 출산을 하다 **non-marital childbearing** 혼외 출산

| **natural[biological] father** 생부 **stepfather** 의붓아버지, 계부

marriage 결혼

the legal union of two people as husband and wife = conjugality, life sentence, matrimony, nuptials, spousal relationship, wedding, wedlock, union

반의어 **divorce, separation**

용례 **an arranged marriage** 중매 결혼 **a marriage for love** 연애 결혼 **early[late] marriage** 조혼[만혼] **left-handed marriage** 신분이 맞지 않는 결혼 **his[her] uncle by marriage** 처삼촌[시삼촌] **marriage certificate[license]** 혼인 증명서 **a wedding ring[ceremony, invitation]** 결혼 반지[결혼식, 청첩장]

fake[sham, bogus, phony] marriage 위장 결혼

| **enter into a sham marriage** 위장 결혼하다 **arrange[set up] a fake marriage[wedding] for** ~의 위장 결혼을 주선하다

| **enter into a fraudulent marriage** 사기 결혼을 하다 **be deceived into marrying someone, be deceived into a marriage with** ~에게 사기 결혼을 당하다

fiance 약혼자(남성) **fiancee** 약혼녀

| **bride-to-be** 예비 신부 **husband-to-be** 예비 신랑 **best man, bridesman** 신랑 들러리

| **bride** 신부 **groom, bridegroom** 신랑 **honest woman** (동거남과) 결혼한 여자

| **wife** 부인 **husband** 남편 **spouse, partner** 배우자 **couple, man and wife** 부부 **the happy couple, newlyweds** 신혼부부 **better half** 배우자, 아내; 여자친구, 반쪽

| **widow** 과부, 미망인 **widower** 홀아비 **widowed** 홀로 된(상처한, 남편을 잃은)

| **honeymoon** 신혼여행 **go on a honeymoon** 신혼여행을 가다

paternal 아버지의, 아버지 쪽의

| **paternal love** 부성애 **one's paternal relative** 아버지 쪽 친척 **one's paternal grandmother** 친할머니 **paternal affection[authority]** 아버지의 애정[권위] **patrilineal** 부계의 **patriarchy** 가부장제, 부권 사회 **patriarch** 가부장, 가장

| **maternal** 어머니의, 어머니 쪽의 **maternal love** 모성애 **a maternal instinct** 모성 본능 **maternal grandparents** 외조부모(外祖父母) **maternal grandfather** 외할아버지 **maternal grandmother** 외할머니 **matrilineal** 모계의, 어머니 쪽의 **matriarchy** 모계 사회, 모계제 **matriarch** 여가장(女家長), 여족장

polygamy, polygyny 일부다처(제)

| **polygamist** 일부다처론자, 다처인 사람 **polygamous** 일부다처의 **polyandry** 일처다부(제) **polyandrist** 일처다부론자, 둘 이상의 남편을 가진 여자 **polyandrous** 일처다부의

| **monogamy, monogyny** 일부일처(제) **monogamist** 일부일처주의자 **monogamous** 일부일처의

| **bisexual** 양성애자; 양성체(兩性體); 남녀의 생식기를 모두 가진 사람, 남녀추니 **bisexuality, bisexualism** 양성애주의

| **adultery** 간통, 간음 **commit adultery** 간통(통정)하다 **adulterer** 간통자, 간부(姦夫)

| **extramarital** 혼외(婚外)정사의, 간통의, 불륜의 **have an extramarital affair** 혼외정사를 갖다 **an extramarital relationship** 혼외 관계, 불륜 관계

divorce 이혼하다; 이혼

to legally end one's marriage = break up, split up

반의어 **espouse, join, marry, unite**

용례 **a divorce suit** 이혼 소송 **file a divorce suit with** ~에 이혼 소송을 제기하다 **file for divorce** 이혼

을 신청하다 **seek divorce** 이혼을 요구하다 **a divorce court** 이혼 법원 **the divorce rate** 이혼율 **grant a divorce** 이혼을 허가하다

| **get[obtain] a divorce from** ~와 이혼하다

get divorced 이혼하다 **end in divorce** 이혼으로 끝나다 **a consensual divorce** 합의 이혼 **a non-consensual divorce** 강제 이혼

| **divorced** 이혼한 **divorcer** 이혼남 **divorcee** 이혼녀 (divorcee가 이혼 남녀를 다 지칭하기도 함)

| **ex-husband** 전남편 **ex-wife** 전처 **ex** 전남편, 전처

| **separate** 별거하다 **separation** 별거 **judicial[legal] separation** (법원의 판결에 의한) 별거 **separated** 별거한 **separatist, separationist** 분리주의자, 이탈자

| **estranged** 소원해진, 별거하는 **be estranged from** ~와 소원하다, 별거하다 = be alienated from

필수예문

1 A recent medical report shows that the fertility of the women who **marry late** is found to be only slightly less than that of those who **marry young.** (최근의 한 의학 보고서에 의하면 늦게 결혼하는 여성의 출산력이 어려서 결혼하는 여성의 그것보다 단지 조금 낮은 것으로 밝혀졌다고 한다.)

Will you marry me? (저와 결혼해주겠습니까?)

2 I hear Tom is **getting married** next week. (톰이 다음 주에 결혼한다고 한다.)

She is **getting married to** a famous baseball player. (그녀는 유명한 야구 선수와 결혼한다.)

Do you think your brother will **ever marry**? (네 형이 언젠가 결혼할 거라고 생각해?)

3 Jane fell in love with a truck driver and **eloped with** him to New York last year. (제인은 트럭 운전수와 사랑에 빠져 작년에 그와 뉴욕으로 함께 달아났다.)

Are you asking me to marry you? (지금 나한테 청혼하는 거예요?)

It's time you **proposed to** your girlfriend. (네가 여자친구에게 청혼할 때다.)

Susan wishes her boyfriend would hurry and **pop the question.** (수잔은 남자친구가 서둘러 청혼하기를 바란다.)

4 Tom and Jane are **getting engaged** next week. (톰과 제인은 다음 주에 약혼한다.)

The couple finally decided to **break off their engagement.** (그 커플은 마침내 약혼을 파하기로 결정했다.)

Have you fixed a date for your marriage? (너 결혼 날짜 잡았어?)

5 Her parents have organized an **arranged marriage** for her but she already has a boyfriend. (그녀의 부모는 딸을 위해 중매 결혼을 주선했지만 그녀는 이미 남자친구가 있다.)

After the **wedding,** the **bride and groom** went straight to the airport to Saipan. (결혼 후 신랑신부는 사이판에 가려고 공항으로 직행했다.)

A Korean-Chinese woman has been arrested for **entering into a bogus marriage** with a South Korean worker in an attempt to acquire South Korean nationality.

(한 조선족 여성이 한국 국적을 취득하기 위해 한국인 노동자와 위장 결혼한 혐의로 체포되었다.)

6 According to doctors, **single women** tend to live longer than **married women**. (의사들에 따르면 미혼 여성이 기혼 여성보다 장수하는 경향이 있다고 한다.)

His father has been a **widower** for 10 years and he really wants to **remarry**. (그의 아버지는 10년 동안 홀아비로 지내 정말 재혼하고 싶어한다.)

7 Due to financial constraints, we didn't **go on a honeymoon**. I really want to go on a nice romantic trip with my husband to Hawaii. (금전상의 제약으로 우리는 신혼여행을 가지 않았다. 나는 정말 남편과 하와이로 멋지고 낭만적인 여행을 가고 싶다.)

8 Before **getting divorced**, couples should think carefully about the impact it will have on the children. (이혼하기 전에 부부는 이혼이 아이들에게 미칠 영향에 대해 신중히 생각해야 한다.)

The couple denied rumors that their marriage has **hit the rocks** because the husband had an affair. (그 부부는 남편이 바람을 피워 결혼이 파탄 지경에 이르렀다는 소문을 부인했다.)

adopt

입양하다

to legally and permanently take another person's child into your family and to treat them as if they were one of your own children = foster, raise

용례 **adopt an orphan** 고아를 입양하다 **adopt a child as one's heir** 상속자로 어린애를 입양하다 **a legally adopted daughter** 합법적으로 입양한 딸 **adopt out** 입양을 보내다 **an adopted son [daughter]** 입양한 아들[딸]

| **adoptive** 입양의 **adoptive parents** 양부모 **an adoptive father[mother, son, daughter]** 양부[양모, 양자, 양녀] **the adoptive family** 양가(養家) **adoptee** 입양아, 양자 **adopter** 양부모, 입양 부모

| **adoption** 입양 **an adoption agency** 입양 기관 **give up adoption** 파양하다 (양친자 관계를 소멸시키다) **put up ~ for adoption** 양자로 내주다 **offer ~ for adoption** 입양하도록 내놓다

| **foster** 양자로 삼다 = to take another person's child into your own family without becoming their legal parent

foster parent, fosterer 수양 부모

| **foster father** 수양아버지 **foster mother** 수양모, 유모 **foster nurse** 유모

| **foster son** 양자, **foster daughter** 양녀 **foster child** 양아들(딸) **foster home** 수양 아이를 맡아 기르는 집, 아동(노약자, 병자) 보호 시설

| **stepparent** 의붓 부모 **stepmother** 의붓어머니, 계모 **stepfather** 의붓아버지, 계부 **stepson** 의붓아들 **stepdaughter** 의붓딸 **stepbrother** 의붓 형제, 이복형제 **stepsister** 의붓 자매, 이복자매

---

guardian 후견인, 보호자

a person who has been legally appointed to look after a child whose parents are away or dead = curator, custodian, protector, shepherd

유의어 **angel** 재정적 후원자 **attendant** 수행원, 간호원 **baby-sitter** 아기 봐주는 사람 **Cerberus** 엄중하고 무서운 문지기 **escort** 호위자 **safeguard** 호위병 **sentinel** 보초 **sponsor** 보증인, 후원자 **trustee** 수탁자, 관재인

vigilante 자경단원 **warden** 관리인 **watchdog** 경비견; 감시인, 파수꾼

용례 **a natural guardian** 혈연상의 보호자 (미성년자의 부모) **a legal guardian** 법적 보호자 **act in the capacity of a guardian** 보호자로서 행동하다 **act as (a) guardian of** ~의 후견인이 되다 **a guardian angel** 수호천사

| **guardianship** 보호자의 임무; 보호 **under the guardianship of** ~의 보호하에

| **custody** 양육권 **have custody of** ~의 양육권을 갖다 **share custody of** ~의 양육권을 공유하다 **award[grant] custody** 양육권을 주다

| **baby-sit, look after, keep an eye on, mind, take care of** 아이를 잠깐 돌보다

| **bring up, raise, rear** 키우다, 양육하다 **child-rearing** 자식 양육

| **look after, care for, nurse** (노약자, 병자를) 돌보다 **carer** 간병인

필수예문

track 36

1 He believes that to **adopt** a foreign child would help them understand a different culture. (그는 외국인 어린이를 입양하는 것이 그들이 다른 문화를 이해하는 데 도움이 될 것이라 믿는다.)

The history of Americans **adopting** foreign children started from the end of World War II, when many war orphans from Vietnam and Korea were **adopted**. (미국의 외국 어린이 입양의 역사는 제2차 세계대전 종전과 더불어 시작되었는데, 그 당시 많은 베트남과 한국의 고아들이 입양되었다.)

2 A judge has ordered a toddler's **adoptive parents** to give the child back to his biological mother. (판사는 한 유아의 입양 부모에게 어린이를 생모에게 되돌려주라고 명령을 내렸다.)

His **adoptive parents** are keeping him at their home during the adoption proceedings. (그의 입양 부모는 입양 절차가 진행되는 동안 자신들의 집에 그를 데리고 있다.)

3 At present, **adoption** is not widely practiced in South Korean society. (현재 입양은 한국 사회에서 널리 행해지고 있지는 않다.)

There are tens of thousands of orphans in the country who could benefit from **inter-country adoption**. (그 나라에는 국가 간 입양으로 혜택을 볼 수 있는 수만 명의 고아들이 있다.)

4 A national pilot project to promote **foster care** is under way as part of an overall strategy for the de-institutionalization of children. (양자 양육을 촉진하기 위한 전국적인 시범 사업이 어린이들의 탈시설화를 위한 전반적인 전략의 일환으로 실시되고 있다.)

Foster families help kids who need someone to take care of them. (수양 가족은 돌봐줄 사람이 필요한 아이들을 돕는다.)

5 A grandchild is not an eligible family member unless the child qualifies as your **foster child**. (손자는 수양 아이 자격이 없으면 가족 구성원으로서의 자격이 없다.)

The child has become so attached to her **foster mother** that she can not bear the thought of returning her to her natural parents. (그 아이는 수양모를 너무 좋아하게 되어 그녀는 그 아이를 친부모에게 돌려준다는 생각을 견딜 수 없다.)

6 My brother has been appointed **legal guardian** of my children in case my husband and I both die. (오빠가 내 남편과 내가 둘 다 죽을 경우에 대비해 우리 아이들의 법적 후견인으로 지명되었다.)

If the child has reached the age of 15, the guardian can not bring an action without the consent of the child. (만약 그 아이가 15세가 되면 보호자는 아이의 동의 없이 제소할 수 없다.)

7 "**Joint custody**" means that both parents have the legal custodial rights and responsibilities toward a child. ('공동 양육권'은 양 부모가 모두 아이에 대한 법적 양육권과 책임을 가지고 있는 것을 의미한다.)

A parent may **have joint custody** even though a child resides with another parent. (부모 중 한 쪽은 아이가 다른 쪽 부모와 거주하더라도 공동 양육권을 가질 수 있다.)

8 Will you **keep an eye on** Susan while I go for a cigarette? (담배 한대 피우러 나갈 동안 수잔 좀 봐주시겠어요?)

I'll ask her to **baby-sit** while I go to the hospital. (내가 병원에 가는 동안 그녀에게 아이를 봐달라고 부탁해야겠다.)

She has to **look after** her grandchildren every Wednesday while her daughter goes shopping. (그녀는 딸이 쇼핑을 하는 매주 수요일 손자들을 돌봐야 한다.)

심화학습

이혼 divorce

남녀가 결혼하여 검은 머리 파뿌리가 되도록 백년해로하면 오죽 좋으련만 현실은 그렇지 못하여 이런 저런 이유로 수많은 부부들이 이혼을 하게 된다.

A **divorce** happens after a husband and wife decide they can't live together anymore and no longer want to be married. They agree to sign legal papers that make them each single again and allow them to marry other people if they want to.

Although that may sound simple, it's not easy for a husband and wife to decide to end a marriage. Often they spend a long time trying to solve problems before deciding to **divorce**. But sometimes they just can't fix the problems and decide that a divorce is the best solution.

Many kids don't want their parents to **divorce**. Some kids have mixed feelings about it, especially if they know their parents weren't happy together. Some kids may even feel relieved when parents **divorce**, especially if there's been a lot of fighting between parents during the marriage.

이혼은 부부가 더 이상 같이 살 수 없고 결혼을 유지하고 싶지 않다고 결론을 내린 뒤 일어난다. 그들은 자신들을 다시 독신으로 만들고 원하면 다른 사람과 결혼을 허용하는 법적 서류에 도장을 찍기로 합의한다.

그것이 간단하게 들릴지 모르지만 부부가 결혼을 끝내기로 결정하는 것은 쉽지 않다. 종종 **이혼** 결정을 하기 전 문제 해결을 위해 오랜 시간을 보내기도 한다. 하지만 때로 부부는 문제를 해결할 수 없어서 이혼이 최선의 해결책이라고 결론을 내린다.

많은 아이들은 부모가 **이혼하는** 것을 원치 않는다. 특히 부모님들이 함께 행복하지 못했다는 것을 아는 일부 아이들은 이혼에 대해 복잡한 감정을 품게 된다. 특히 부모들이 결혼한 동안 싸움을 많이 했으면 어떤 아이들은 부모가 **이혼하면** 심지어 안도감을 느낄 수도 있다.

not ~ anymore, no longer 더 이상 ~아니다 **sign legal papers** 이혼 서류에 도장을 찍다 **if they want to** 원한다면 **sound simple** 간단하게 들리다 **end a marriage** 결혼을 끝내다, 이혼하다 **fix the problems** 문제를 해결하다 **the best solution** 최선의 해결책 **have mixed feelings about** ~에 대해 복잡한(착잡한) 감정을 갖다 **feel relieved** 안심하다, 안도감을 느끼다

Maybe it's just a blessing in disguise.

아마 전화위복일지도 모르지. (오히려 잘 되었는지도 모르지.)

실직했다고 낙담할 일만은 아닌 것이 미래에 더 좋은 일자리를 구할 수 있는 전화위복이 될 수도 있기 때문이다. 처음에는 좋은 것으로 인정하지 않지만(not recognize at first as a good thing) 나중에는 좋은 것으로 판명 나는 것을 **a blessing in disguise**라고 하는데 불행처럼 보이나 실은 행복이 되는 것, 괴롭지만 유익한 경험이라는 뜻이다. 직역을 하면 변장을 하고 있는 축복인데 변장을 하고 있으니 처음에는 못 알아보는 것이 당연할지도 모른다. 적당한 우리말은 '전화위복' 정도가 되겠다.

A : I was given the boot. 나 잘렸어.
B : Oh, That's too bad. 아, 그거 참 안됐군.
A : What shall I do now? 이제 어쩌지?
B : **Maybe it's just a blessing in disguise.** You can find a better job. 오히려 더 잘 된 일인지도 몰라. 더 좋은 직장 구하면 되지.

19 출생·낙태 | 장례

주제어	관련어
birth	**delivery, be born, have a baby, give birth to, become a mother, fetus, infant, newborn, pregnant, infertile, abortion, pro-choice, pro-life**
funeral	**state funeral, lie in state, coffin, hearse, morgue, mortuary, bury, inter, lay ~ to rest, cremate, mourn, mourning, chief mourner, condolences**

●●● Birth is much, but breeding is more. 가문보다 교육이 더 중요하다.

대중매체와 인터넷의 발달로 요즘 어린이들은 성에 관한 기초지식(the birds and bees)을 갖추고 있어 자신과 동생들이 어떻게 해서 태어나게 되었는지 어느 정도 알고 있지만, 이삼십 년 전만 해도 학교나 부모들이 아이들에게 성교육(sex education)을 제대로 시키지 않아 엄마의 배꼽(navel)을 통해 아기가 나오는 것으로 아는 어린이들이 대부분이었다. 하지만 일부 아이들은 엄마, 아빠나 형, 누나에게 집요하게 물어보는데, 그러면 으레 듣게 되는 대답이 '다리 밑에서 주워왔다'는 것이었다.

서양 아이들도 이에 대한 궁금증이 컸었다는 것을 반증하는 영어 표현이 있으니 바로 a visit from the stork이다. 직역을 하면 '황새로부터의 방문'이나 '아기의 출생, 탄생'을 의미한다. 서양의 부모들도 하도 애들이 질문을 해대니까 답이 궁해서 황새가 아이를 물어다주었다고 대답했다는 데서 유래한 표현이다. 태아(fetus)는 열 달의 임신기간(pregnancy, gestation period)이 지나고 나면 엄마의 배를 박차고 나와 세상과 첫 대면을 한다. 하지만 성질이 급해 기다리지 못하고 미리 나오는 녀석들이 있으니 미숙아(premature child)들이다. 이들은 미리 나온 '죄'로 보육기(incubator) 안에서 지내야 한다. 또 부모들의 판단 착오나 기타 이유로 세상의 빛을 보지도 못하고 스러지고 마는 태아들도 있으니 바로 낙태를 통해 죽어가는 아이들이다.

여하튼 힘들게 세상에 나와 파란만장한 생애를 보내다 세상을 하직하게 되는데 죽은 이를 저승으로 보내는 의식인 장례식(funeral)을 거쳐 매장(burial)이나 화장(cremation) 등을 하게 된다. 대통령이나 왕 등 한 국가의 주요 인사가 사망하면 그들의 장례는 보통 국장(state funeral)으로 치러지고 여러 나라의 조문 사절단(condolence delegation)들이 찾아와 조의를 표한다.

birth

출생, 탄생; 출산, 분만
the emergence and separation of offspring from the body of the mother = accouchement, bearing, birthing, blessed event, childbearing, childbirth, delivery, nativity, parturition, producing

'아이를 낳다, 출산하다'는 뜻의 동사 bear의 과거분사형은 borne, born 두 가지 형태가 있는데 이것을 수동태로 쓸 때 주의해야 한다. 뒤에 by...가 이어질 경우에는 borne을 쓰고, 그 이외의 경우에는 과거분사로서 형용사적으로 born을 쓴다. born은 능동태에는 쓰이지 않는다.

She has **borne** him three sons. 그녀는 그와의 사이에서 아들 셋을 낳았다.

Cain was **borne** by Eve. 카인은 이브가 낳은 아들이다.

He was **born** in 1962. 그는 1962년에 태어났다.

유의어 **nascence, nascency** 발생기, 초기 **natality** 출생률

반의어 **death, decease, passing**

용례 **the date of one's birth** 생년월일 **the birth of a child** 아이의 출생 **from birth to death** 태어나서 죽을 때까지 **have two at a birth** 쌍둥이를 낳다 **be Korean by birth** 태생은 한국인이다

| **a musician by birth** 타고난 음악가 **a woman past bearing** 아이 낳을 시기가 지난 여성 **a birthing [childbearing] center** 분만 센터 **the birth rate** 출생률

| **a visit from the stork** 아기의 출생 (아기는 황새가 데려온다고 아이들에게 얘기해주는 데서 유래)

| **baby** 아기 **baby boy[girl]** 사내 아이[여자 아이] **child** 어린아이, 갓난아이 **infant** 갓난아이, 유아 **newborn, newborn baby[child, infant]** 신생아 **unborn child[baby]** 태아 **fetus** (임신 9주 이후의) 태아 **embryo** (수정 후 8주 미만의) 태아, 배아 **a posthumous child** 유복자

| **be born** 태어나다 = arrive, come along

| **have a baby, give birth to a chid, become a mother, deliver** 아이를 낳다 **have twins** 쌍둥이를 낳다 **have kittens** 고양기가 새끼를 낳다 **have puppies** 개가 새끼를 낳다 **die in childbirth** 아이를 낳다가 죽다

boy twins, twin brothers 남자 쌍둥이

| **girl twins, twin sisters** 여자 쌍둥이 **one's twin brother** 쌍둥이 형[아우] **one's twin sister** 쌍둥이 언니[동생]

| **mixed twins, pigeon pair, twin boy and girl** 남녀 쌍둥이 **twinborn, twinned** 쌍둥이로 태어난

| **triplet** 세 쌍둥이 **quadruplet** 네 쌍둥이 **quintuplet** 다섯 쌍둥이 **sextuplet** 여섯 쌍둥이 **septuplet** 일곱 쌍둥이 **octuplet** 여덟 쌍둥이

| **conjoined[Siamese] twins** 동체 쌍둥이 **twins conjoined[joined] at the chest** 가슴이 붙은 쌍둥이 **separate six sets of conjoined twins** 여섯 쌍의 동체 쌍둥이를 분리하다

labor, travail 산고, 진통

| **go into labor** 진통이 시작되다, 산기가 있다 **be in labor** 진통 중인

| **natural childbirth** 자연 분만 **artificial delivery** 인공 분만

| **a Cesarean section (C-section)** 제왕절개 **have a Cesarean section** 제왕절개를 하다 **vaginal birth** 질 분만

| **preterm[premature] delivery** 조산 **a difficult delivery[childbirth]** 난산 **an easy delivery [childbirth]** 순산 **a delivery room** 병원의 분만실 **primiparous** 초산의, 처음 아기를 낳는 **primiparity** 초산 **primipara** 초산부 **puerperal fever** 산욕열

| **low-birth-weight baby[infant]** 저체중 아기 **a premature baby** 미숙아

a deformed[malformed] child, a baby born with birth defects 기형아

| a postpartum[postnatal] clinic 산후 조리원 **postnatal[postpartum] depression** 산후 우울증 **suffer from postpartum depression** 산후 우울증을 겪다
| incubator 미숙아 보육기
| be in an incubator 보육기에 있다 **place[keep] ~ in an incubator** 보육기에 넣다[두다] **artificial incubation** 인공 부화 **an incubation period** 병의 잠복기

---

pregnant 임신한

to have a baby developing in one's body = anticipating, big, bumped, childing, enceinte, expectant, expecting, fragrant, gestating, gone, gravid, heavy, knocked up, preggers, with child

용례 **be three months pregnant** 임신 3개월이다 **pregnant with one's first child** 첫 아이를 임신한 **get pregnant** 임신이 되다 **heavily pregnant** 산달이 다 된, 몸이 무거운 **carry twins** 쌍둥이를 임신하다
| be going to have a baby, be having a baby, be expecting a baby, have a bun in the oven 임신한 **expectant** 임신 중인, 출산을 앞둔
| an expectant mother 임신부 **an expectant father** 곧 아버지가 될 사람
pregnancy 임신, 임신 기간
| a pregnancy test 임신 여부 검사 **one's third pregnancy** 세 번째 임신
| an ectopic[extrauterine] pregnancy 자궁외 임신 **the later stages of pregnancy** 임신 말기 **unplanned[unwanted] pregnancies** 계획에 없던[원하지 않은] 임신 **the increase in teenage pregnancies** 십대 임신의 증가 **during pregnancy** 임신 중에 **gestation period** 임신 기간
| antenatal, prenatal 출생 전의, 산전(産前)의 **an antenatal clinic** 임산부 병원 **antenatal care** 산전의 건강관리
| maternity 산부인과 병원; 임신의, 출산의 **a maternity clinic** 산부인과 병원 **a maternity (hospital) ward** 산과 병원(병동) **a maternity home** 조산원 **a maternity dress** 임산부복
| a maternity leave[benefit] 출산 휴가[수당] **be on maternity leave** 출산 휴가 중인
| a midwife 산파 **obstetrics** 산과학, 조산술 **obstetrician** 산과 의사 **gynecology** 부인과 의학 **gynecologist** 부인과 의사
contraception 피임
| practice[use] contraception 피임하다 **a method of contraception** 피임법 **contraceptive** 피임약, 피임 기구
| a chemical contraceptive 피임약 **an oral contraceptive** 경구 피임약 **a contraceptive pill** 피임약 **a morning-after pill** 사후 피임약 **birth control** 산아 제한 **family planning** 가족계획
| morning sickness 입덧 **have morning sickness** 입덧을 하다 **have some morning sickness** 입덧을 약간 하다 **have terrible[severe] morning sickness** 입덧이 심하다
| fertile, be able to have children 아이를 낳을 수 있는 **child-bearing age** 가임 연령
| infertile, sterile, be unable to have children 불임의 **infertility** 불임 = sterility, barrenness, unproductiveness, infecundity
| an infertility clinic 불임 치료 병원

---

abortion 낙태, 임신 중절

termination of pregnancy and expulsion of an embryo = aborticide, feticide, termination

반의어 **live birth**

용례 **a criminal abortion** 위법 낙태 **induced abortion** 인공 유산 **cause abortion** 인공 유산을 시키다 **have an abortion** 낙태(유산)하다 **do[perform] an abortion on** ~에게 낙태 수술을 하다

| **induce an abortion** 유산을 시키다 **terminate a pregnancy** 낙태 시술을 하다

| **abort** 낙태(유산)시키다

| **abortionism** 낙태 옹호 **abortionist** 낙태 옹호론자 **pro-choice** 낙태 찬성의 **anti-abortion, pro-life** 낙태 반대의 **pro-lifer** 낙태 반대자

| **lose the baby, miscarry, have a miscarriage** (자연) 유산하다

| **abortifacient, abortion pill, abortion-inducing drug** 낙태약

| **stillborn** 사산의 **give birth to a stillborn child** 사산아를 낳다

필수예문

1 The declining **birth rate** has been brought about primarily by increased contraception, especially condom use. (출산율 하락은 주로 피임의 증가, 특히 콘돔 사용으로 초래되었다.)

The **birth rate** among Singapore's four million people is falling steadily and now languishes at 1.4 children per woman. (4백만 인구인 싱가포르의 출산율은 꾸준히 떨어지고 있고 현재는 여성 한 명당 1.4명으로 아주 낮다.)

2 A woman in the United States has **given birth to sextuplets**. (미국의 한 여성이 여섯 쌍둥이를 낳았다.)

The three male and three female infants **were born** by Cesarean section. (세 명의 남아와 세 명의 여아가 제왕절개를 통해 태어났다.)

Chinese doctors have successfully separated six-week-old **conjoined twin girls** who had been joined at the chest and abdomen. (중국의 의사들이 가슴과 배가 붙어서 태어난 6주 된 여자 동체 쌍둥이를 분리하는 데 성공했다.)

3 A **Cesarean section** is the surgical delivery of a baby through an incision in the mother's abdomen and the uterus. (제왕절개란 산모의 복부와 자궁을 절개하여 아이를 수술을 통해 분만하는 것이다.)

More than 1 in 4 babies in the United States are delivered **by Cesarean section**. (미국의 신생아 4명 중 1명 이상이 제왕절개를 통해 분만된다.)

4 **Primiparous women** have been reported to suffer from **postpartum depression** more frequently, but other studies refute this. (초산의 여성이 더 자주 산후 우울증에 걸린다고 보고되었지만 다른 연구는 이를 반박한다.)

After pregnancy, hormonal changes in a woman's body may **trigger postpartum depression**. (임신 후 여성 신체의 호르몬 변화가 산후 우울증을 불러일으킬 수 있다.)

5 He weighed just 1 kilogram at birth and has **been in an incubator** since coming into the world. (그는 태어날 때 몸무게가 겨우 1킬로였고 세상에 나온 후 죽 인큐베이터 안에 있었다.)

A **premature infant** who has been kept in an incubator relatively warm, should not be brought out so soon. (비교적 따뜻한 인큐베이터 안에 있었던 미숙아는 너무 일찍 밖으로 꺼내서는 안 된다.)

6 I'm **six months pregnant**, and my husband doesn't seem to want to make love anymore. Since my body started changing, he doesn't get turned on by me anymore. He just tells me not to worry and that things will get back to normal. (나는 임신 6개월인데 남편이 더 이상 나와 성관계를 갖기를 원하지 않는 것 같다. 내 몸이 변하기 시작한 이후 그는 더 이상 나를 봐도 흥분하지 않는다. 그는 그냥 나에게 걱정하지 말라고 하면서 모든 게 정상적으로 될 것이라고 말한다.)

7 Drugs taken **during pregnancy** can lead to deformity in children. (임신 중의 약물 복용은 기형아를 낳을 수 있다.)

Pro-lifers oppose **abortion** even when pregnancy has resulted from rape or incest. (낙태 반대자들은 임신이 강간이나 근친상간의 결과일지라도 낙태에 반대한다.)

Antenatal complications can affect a baby's health. (임신 중독은 태아의 건강에 영향을 미칠 수 있다.)

The **morning-after pill** is a pill that a woman can take some hours after having sex to prevent herself from becoming pregnant. (사후 피임약은 임신을 막기 위해 여성이 성 관계 후 몇 시간 뒤에 먹는 약이다.)

8 Many women in the entire world **have abortions**. Women believe there are many reasons to abort such as fear of having or raising a child, rape, or not having enough money. But whatever the situation, there is never an acceptable reason to get an abortion. (전세계 많은 여성들이 낙태를 한다. 아이를 낳고 기르는 두려움, 강간 혹은 충분한 돈이 없다는 등의 낙태를 할 이유가 여러 가지 있다고 여성들은 믿는다. 그러나 상황이 어떠하든 낙태를 할 합당한 이유는 절대로 없다.)

funeral

장례식

a ceremony or group of ceremonies held in connection with the burial or cremation of a dead person = burial service, exequies, extreme unction, funeral ceremony, funeral rites, funeral service, last duty, last honors, last offices, last rites, memorial service, obsequies

용례 **a state funeral** 국장(國葬) **attend a funeral** 장례식에 참석하다 **hold[conduct] a funeral** 장례식을 거행하다 **a funeral ceremony** 장례식 **a funeral service** 영결식 **a funeral oration** 조사(弔辭), 추도사 **a funeral march[dirge]** 장송곡 **a funeral procession** 장례 행렬 **lie in state[repose]** (유해가) 식장에 정장하여 안치되다

| **a funeral parlor[home]** 장의사 = an undertaker's (office)

| **an undertaker** 장의사 = a funeral director, a mortician, a blackcoat

| **coffin, casket** 관 **lower a coffin into a grave** (매장하기 위해) 무덤 속으로 관을 내리다 **a hearse** 영구차 = a funeral car[coach]

| **bier** 상여 **bear[shoulder] a bier** 상여를 메다 **pallbearer** 관잡이, 상여꾼

grave, tomb 무덤, 묘소

| **gravestone, tombstone** 묘비 **graveyard** 묘지

| cemetery (공동) 묘지 **a military cemetery** 국군묘지 **a national cemetery** 국립묘지 **visit one's graveyard** 성묘하다
| deathday 제삿날 **observe the annual celebration of the deathday, conduct the annual deathday ceremony, perform a sacrificial rite for** 제사를 지내다
| morgue 시체 보관소(공시소) **mortuary** 영안실, 빈소 **altar** 제단
| bury 매장하다 = inter, lay ~ to rest, put ~ to rest
| burial, interment 매장 **aerial[water] burial** 풍장[수장] **temporary interment** 가매장
| cremate 화장하다 **cremation** 화장 **crematory, crematorium** 화장터
| strew one's ashes in a river 강에 유골을 뿌리다

---

mourn (남의 죽음을) 슬퍼하다, 애도하다, 거상(居喪)하다

to show how sad you are that someone you love has died = be broken-hearted, be sad, bemoan, bewail, deplore, fret, grieve, lament, regret, rue, sorrow

유의어 **ache** 마음이 아프다 **agonize, anguish** 괴로워하다 **bleed** 마음 아파하다, 동정하다 **blubber** 엉엉 울다 **keen** (망인을 애도하여) 곡하다, 슬퍼하며 울다 **moan** 한탄하다 **pine** 애타게 그리워하다, (슬픔으로) 수척해지다 **repine** 한탄하다 **sigh** 탄식(한탄)하다 **sob** 흐느껴 울다 **wail** 슬퍼서 몹시 울다

반의어 **rejoice**

용례 **mourn over the death of** ~의 죽음을 슬퍼하다 **mourn the death of** ~의 죽음을 애도하다 **mourn his passing** 그의 서거를 애도하다
| mourner 애도자, 문상객 **the chief mourner** 상주

mourning 애도, 상(喪), 기중(忌中)
| go into [put on, take to] mourning 상을 당하다, 상복을 입다 **go out of [leave off] mourning** 탈상하다 **be in mourning** 상중이다, 상복을 입고 있다 **a token of mourning** 애도의 표시
| a period of mourning 애도 기간 **declare a three-day mourning period for** ~를 위해 3일간의 국가 애도 기간을 선포하다

condolences 조의, 애도의 말
| a condolence letter[message] 조문 편지[메시지] **a letter of sympathy** 조문 편지
| pay tribute to, pay one's last respect to 조문을 하다
| express one's condolences over[at] the death of ~의 사망에 애도를 표하다 **send[offer, give] one's condolence message to** ~에 애도의 뜻을 전하다 **express profound grief[sorrow] at the loss of** ~의 사망에 깊은 슬픔을 표하다 **express one's sympathy to the families of** ~의 가족에 조의를 표하다
| send a delegation to the funeral of ~에 조문 사절단을 보내다 **send a condolence delegation [team, mission]** 조문 사절단을 보내다

필수예문

1 A **state funeral** for the late political leader is set for Friday, which the president has declared a national day of mourning. (고인이 된 정치 지도자의 국장이 금요일로 정해졌는데 대통령은 이날을 국가 애도의 날로 선포했다.)

His body will be brought to Seoul this evening for a **state funeral** that will be held tomorrow morning. (그의 유해는 내일 아침에 열릴 국장을 위해 오늘 저녁에 서울로 운반될 것이다.)

2 His body will **lie in repose** Monday and Tuesday at the library and will then be flown to Seoul Wednesday, where the body will **lie in state** at his home until Friday morning. (그의 유해는 도서관에 월요일과 화요일 안치되었다가 수요일 서울로 비행기로 운반되는데 서울에서는 생전의 집에 금요일 오전까지 안치될 것이다.)

The body of the deceased businessman will be flown back to Busan for **burial**. (고인이 된 사업가의 유해는 매장을 위해 부산으로 다시 비행기로 운구될 것이다.)

3 A **funeral service** for the legendary movie star, who died Thursday at age 70, will be held on Saturday at the national theater. (목요일 70세를 일기로 타계한 전설적인 영화배우의 장례식이 국립극장에서 토요일 열릴 것이다.)

4 As his **casket**, draped in the national flag, was lowered from the **hearse**, scores of people broke down into tears. (국기에 싸인 그의 관이 영구차에서 내려지자 수십 명의 사람들이 울음을 터뜨렸다.)

Six Marine pallbearers took slow, precise steps as they carried his silver flag-draped **casket** from the **hearse** to the grave site. (여섯 명의 해병대 관잡이들이 그의 은색 국기로 덮인 관을 영구차에서 묘지로 옮기며 느리면서 정확한 걸음을 걸었다.)

5 His body has now been **laid to rest** at the national cemetery where other members of his family are buried. (그의 유해는 이제 그의 가족들이 묻혀 있는 국립묘지에 안장되었다.)

His body was **cremated**, and his **ashes** were strewn in the Pacific from the deck of a warship. (그의 유해는 화장되었고 유골은 전함의 갑판에서 태평양 바다에 뿌려졌다.)

6 Thousands of South Koreans lit candles and placed flowers to **mourn the death of** the president who led the country's rapid economic development. (수천 명의 한국인들이 국가의 급속한 경제발전을 이끌었던 대통령의 서거를 애도하기 위해 촛불을 켜고 꽃을 바쳤다.)

7 The government **declared a three-day mourning period** to mark the passing of the former president. (정부는 전직 대통령의 서거를 기려 3일 애도 기간을 선포했다.)

Flags were to be flown at half mast[staff] for three days from Sunday while ministries and official organizations were to close from Monday. (일요일부터 3일간 조기가 게양될 예정이고 정부 부처와 공공 기관들은 월요일부터 휴무에 들어갈 것이다.)

8 The South Korean president sent a telegram to **express his condolences over** the death of the Chinese leader, who died of heart failure Wednesday. (한국 대통령은 조전을 통해 수요일 심장마비로 사망한 중국 지도자의 서거에 애도의 뜻을 표했다.)

World leaders **expressed their condolences over** the death of Palestinian leader Yasser Arafat, who died at a French military hospital outside Paris after battling his illness for more than two weeks. (전세계 지도자들이 2주 이상 병마와 싸우다 파리 교외의 한 군사병원에서 사망한 팔레스타인 지도자 야세르 아라파트의 서거에 애도의 뜻을 표했다.)

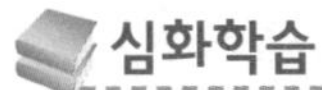

심화학습

입덧 morning sickness

입덧이란 임신 초기에 소화기 계통(digestive system)을 중심으로 나타나는 이상 증상을 가리키며 대체로 임신 5주 무렵부터 식욕이 떨어지고 음식에 대한 기호가 평소와 달라지게 된다. 또 타액 분비가 늘어나는 한편 빈속일 때 메스꺼움(nausea)이나 구토(vomiting)가 일어나게 된다.

Pregnancy sickness, or "**morning sickness,**" is nausea with or without vomiting during pregnancy. **Morning sickness** may occur at any time of the day, especially when the stomach is empty. It affects about one-third to one-half of all expectant women and is most common during the first three months of pregnancy.

Some expectant mothers will not experience it until well into the second trimester and a few may never experience **morning sickness** throughout the pregnancy. If the nausea and vomiting persist or worsen, the woman may have a rare condition called hyperemesis gravidarum.

No one knows for sure the causes of **morning sickness**. The fact that morning sickness is more common and tends to be more severe in first pregnancies supports the concept that both physical and emotional factors are involved.

입덧이란 임신 중에 구토를 수반하거나 혹은 수반하지 않는 메스꺼움을 말한다. 입덧은 하루 중 아무 때나 일어날 수 있는데 특히 공복일 때 생긴다. **입덧**은 모든 임산부의 약 1/3 혹은 절반에 영향을 미치며 임신 첫 3주에 가장 흔하다.

일부 산모들은 임신 3개월이 훨씬 지나서야 경험을 하고 소수는 임신기간 내내 전혀 **입덧**을 경험하지 않기도 한다. 메스꺼움과 구토가 지속되거나 악화되면 임산부는 임신 오조(惡阻, 임신 6~8주간의 특히 심한 입덧)라고 불리는 희귀한 이상에 걸린 것일 수도 있다.

입덧의 원인은 확실하게 알려진 게 없다. 첫 임신에서 입덧이 더 흔하고 더 심한 경향이 있다는 사실은 신체적, 감정적 요인들이 둘 다 연관되어 있다는 사실을 입증한다.

| **nausea** 메스꺼움 **vomiting** 구토 **when the stomach is empty** 공복일 때, 공복 시 **affect** 영향을 미치다 **not ~ until** ...이 되어서야 ~하다 **persist** 지속되다 **condition** (몸의) 이상, 질병 **for sure** 확실히 **know the causes of** ~의 원인을 알다 **support** 입증하다 **physical and emotional factors** 신체적, 감정적인 요인들

20 파업 | 시위·단식

▎주제어	▎관련어
strike	**down tools, walk out, walk off the job, walkout, sit-in, slowdown, sympathy strike, work-in, wildcat strike, lockout, paralyze, disrupt**
demonstration	**sit-in, protest, march, protest rally, civil disobedience, demonstrator, dissident, riot police, tear gas, water canon, hunger strike**

●●● Peace brings prosperity. 평화는 번영을 가져다준다.

얼마 전 국내 유수의 항공사 조종사들이 임금인상과 근로조건의 개선을 요구하며 파업(strike)에 돌입, 항공기를 이용하는 승객들에게 큰 불편을 끼친 바 있다. 파업으로 인해 수많은 비행편이 취소 또는 지연 운행되어 승객들의 원성을 샀고 수출 화물이 제때에 인도되지 못함으로써 막대한 경제적인 손실도 가져왔다. 비난 여론이 들끓는 가운데 정부가 긴급조정권을 발동했고 조종사 노조(a pilots union)는 여론의 압박에 못이겨 업무에 복귀했다(return to work).

한 회사의 노동조합(labor union)과 사측(management)은 매년 봉급인상과 근로조건에 대한 협상을 하게 되는데 이를 단체협상(collective bargaining)이라고 한다. 노조는 조금이라도 더 많은 봉급을 받으려고 하고 사측은 가능한 한 적게 주려고 하다 보니 협상 타결이 쉽지 않고 협상이 결렬되면 노조는 최후의 수단으로 파업을 선언하게(call a strike) 된다.

자신들의 요구 조건을 관철시키고 사회의 관심을 끌기 위해 파업을 선언한 노조는 종종 거리로 나와 시위(demonstration)를 벌여 경찰과 충돌을 빚기도 한다. 그래도 목적 달성이 되지 않으면 으레 노조 지도부는 삭발을 하고 최후의 저항 수단이라고 할 수 있는 단식(hunger strike)에 돌입한다. 이들의 단식 소식은 신문과 방송을 통해 보도되고 사측은 파업으로 인한 조업 차질과 매출 손실을 줄이기 위해 종래의 입장에서 한 발짝 물러나 유연한 협상 태도를 보이고 노조에서도 어느 정도 양보를 해 양측은 타협을 하게 된다.

strike	**파업하다** to deliberately stop working in order to demand better pay or working conditions = be on strike, come out on strike, down tools, go on strike, walk out, walk off the job

strike가 명사로 쓰이면 '파업' 이라는 뜻으로 '파업하다' 는 숙어로는 동사 go를 취한다.

go on (a) strike 파업하다

be on (a) strike 파업 중이다

유의어 **arbitrate, mediate, broker** 조정(중재)하다 **boycott** 배척하다, 불참하다 **hold out** 버티다, 저항을 계속하다 **mutiny** 반항하다, 항명하다 **negotiate** 협상하다 **picket** (파업시에 상점, 공장, 노동자 등을) 감시하다 **sit in** 연좌 시위를 하다 **slow down, go slow** 태업하다 **stick out** 파업을 계속하다

용례 **strike for higher wages** 임금을 올려달라고 파업하다 **strike over layoffs** 해고에 반발해 파업하다

| **striking** 파업 중인 **striking workers[laborers]** 파업 중인 노동자들

| **striking players** 파업 중인 선수들 **striker** 파업 노동자(참가자)

| **wage talks** 임금 협상 **begin[start, launch] wage talks** 임금 협상을 시작하다

| **reach a wage agreement** 임금 협상안을 타결하다 **a 5 percent raise in base pay** 기본급 5퍼센트 인상 **a 10 percent increase in benefits** 수당 10퍼센트 인상 **the minimum wage** 최저 임금

| **begin collective negotiations[talks, bargaining] with** ~와 단체협상을 시작하다 **reach a collective bargaining agreement** 단체협상안에 합의하다

| **last-minute[eleventh-hour, last-ditch] talks** 막판 협상 **marathon negotiations** 마라톤 협상 **at the last minute, at the eleventh hour** 막판에

---

strike 파업

a situation in which people deliberately stop working in order to improve their pay or conditions = industrial action, stoppage, strike action, walkout

용례 **a partial[general] strike** 부분[총]파업 **a national[nationwide] strike** 전국적 파업 **an all-out strike** 전면 파업

| **call[call off, cancel] a strike** 파업을 선언[철회]하다

| **stage[launch, begin, start] a strike** 파업을 실시하다 **end a strike** 파업을 끝내다 **the right to strike** 파업권

| **vote for[against] a strike** 파업 찬성[반대] 투표를 하다 **vote in favor of strike action** 파업에 찬성 투표를 하다 **hold a strike vote[ballot]** 파업 찬반 투표를 하다

| **job action** (노동조합의) 쟁의 행위; 태업 **slowdown** 태업 **sid-down, sit-down strike** 연좌(농성) 파업 **a miners' [teachers', railworkers'] strike** 광부들의[교사들의, 철도 노동자] 파업 **a sympathy [sympathetic] strike** 동조 파업 **a wildcat strike** 불법 파업 **a work-in** 공장 점거

| **break up a strike** 파업을 종식시키다 **a strikebreaker, a blackleg, a scab, a rat** 파업 파괴자 **picket line** (노동쟁의의) 피킷 라인

| **form[organize] a picket line** 피킷 라인을 형성하다 **join[walk] a picket line** 피킷 라인에 합세하다, 파업을 하다

| **return to work, return to one's job** 업무에 복귀하다 **order ~ back to work** 업무 복귀 명령을 내리다 **resume operations** 조업을 재개하다

| **work to rule** 준법 투쟁하다

| lockout 공장(직장) 폐쇄 **impose[lift] a lockout** 직장 폐쇄를 하다[풀다] **lock out** 공장(직장)을 폐쇄하다
| a labor[trade] union 노동조합 **a company (kept) union** 어용 노조 **an umbrella labor union** 상급 노조 **an industrywide labor union** 산별 노조 **unionist, unionized worker** 노조원 **non-unionized worker** 비노조원

paralyze 마비시키다
| cripple 무력하게 하다
| bring ~ to a halt 정지시키다, 멈추게 하다 **come to a halt** 멈추다, 서다, 정지하다 **grind to a halt** (자동차 등이) 끽 소리를 내며 멈춰서다, (활동 등이) 서서히 멈추다 **ground** 비행기 이륙을 불가능하게 하다
| suspend 중단시키다 **disrupt** (교통, 통신 등을) 혼란시키다, 중단(두절)시키다

필수예문

1 Unionized pilots of the airline have announced they will **go on strike** after management said it would not give in to their demand for a pay increase and improved contracts. (그 항공사의 노조에 가입한 조종사들은 경영진이 봉급인상과 근로조건 개선 요구에 굴복하지 않겠다고 한 후 파업에 돌입할 것이라고 발표했다.)

2 The leader of the labor union said all union members are prepared to **strike over** job cuts. (노조 위원장은 해고에 항의해 모든 노조원들이 파업할 준비가 되어 있다고 밝혔다.)

Railway workers are not **striking for** higher pay, but for better working conditions. (철도 노동자들은 봉급인상이 아니라 근로조건 개선을 위해 파업하고 있다.)

3 The agreement will terminate all **striking workers** and give them rights to unemployment compensation. (그 합의는 모든 파업 노동자들을 해고할 것이고 그들에게 실업수당을 받을 권리를 부여할 것이다.)

More than 300 workers of the company plan to **walk out** as a protest over cuts in overtime. (그 회사의 300명 이상의 노동자들은 초과근무 수당 삭감에 대한 항의의 표시로 파업할 계획이다.)

4 More than 5, 000 workers at the shipbuilding company **downed tools** this week against its unilateral decision to go ahead with an unbundling plan. (그 조선회사의 5000명 이상의 노동자들이 분리매각 계획을 강행하려는 사측의 일방적 결정에 항의하여 이번 주 파업을 했다.)

5 A **strike vote** authorizes union leaders to call a strike if they deem it necessary. (파업 투표는 노조 지도부에 필요하다고 생각하면 파업을 선언할 수 있는 권한을 준다.)

Firefighters are to **hold a strike ballot** as a dispute over the national pay deal remain deadlocked. (소방대원들은 전국적 임금 협상이 교착 상태에 빠짐에 따라 파업 투표를 실시할 예정이다.)

Of the 1,500 unionized workers who **cast ballots**, 85 percent supported the leadership's decision. (투표를 한 1500명의 노조원 가운데 85퍼센트가 지도부의 결정을 지지했다.)

6 Less than two years after a concrete workers' strike **crippled** the construction industry, workers at the country's largest cement supplier are threatening to **walk off the job** Monday. (레미콘 노동자들이 건설 산업에 큰 타격을 준 지 2년도 채 못 되어 국내 최대 시멘트 회사 노동자들이 월요일 파업을 하겠다고 위협하고 있다.)

7 A **company union** is an employer-controlled union having no affiliation with other labor organizations. (어용 노조란 다른 노동단체들과 제휴하지 않는 사용자가 지배하는 노조다.)

The carmaker declared **an indefinite lockout** of its factory in the wake of a **wildcat strike** by its employees demanding reinstatement of three of their dismissed colleagues. (그 자동차회사는 세 명의 해고 노동자의 복직을 요구하며 노동자들이 불법 파업을 함에 따라 무기한 직장 폐쇄를 선언했다.)

The **lockout** was declared after striking workers threatened to blow up LPG storage tanks on the factory premises. (파업 노동자들이 공장 내의 LPG 저장 탱크를 폭파하겠다고 위협한 뒤 직장 폐쇄가 선언되었다.)

8 Subways and buses **ground to a halt** Monday morning in New York as transit workers walked off the job. (운송 노동자들이 파업을 함에 따라 뉴욕의 지하철과 버스들이 월요일 오전 운행이 중단되었다.)

Strikers claimed to have **paralyzed** at least 90 percent of transportation services in the capital. (파업 노동자들은 수도의 교통 서비스의 적어도 90퍼센트를 마비시켰다고 주장했다.)

demonstration

시위, 데모

a protest in which a large number of people march through a place or gather to show that they disagree with something = demo, protest, rally

유의어 **parade** 행렬, 시위 행진 **sit-in** 연좌 시위, 농성 **teach-in** 토론 집회

용례 **an antiwar demonstration** 반전 시위 **a violent demonstration** 폭력 시위 **a mass demonstration** 대규모 시위 **hold[stage, mount] a demonstration against[for]** ~에 반대[찬성]하는 데모를 하다

| **plan a demonstration** 시위를 계획하다 **join a demonstration** 시위에 참가하다 **a ban on demonstration** 시위 금지

| **block[foil] a demonstration** 집회를 원천 봉쇄하다 **seal off access to the area** 그 지역에로의 접근을 차단하다

| **a peaceful demonstration** 평화적인 시위 **a protest demonstration** 항의 시위

| **a rally** 집회 **hold a rally** 집회를 벌이다 **stage a protest rally** 항의 집회를 벌이다

| **hold a candlelight vigil** 촛불 시위를 벌이다 **stage a protest march** 항의 행진을 벌이다 **a peace march** 평화 행진 **take to the streets** 거리로 나서다 **stage a boycott** 불매 운동을 벌이다 **a campaign of civil disobedience** 시민 불복종 운동

| **freedom of assembly and demonstration** 집회 및 시위의 자유

| **violate a law on assembly and demonstration** 집회 및 시위에 관한 법률을 위반하다

| **demonstrator, demonstrationist** 시위자, 시위 참가자 **protester** 항의자 **dissident** 반체제 인사 **political dissident** 반정부 인사

demonstrate 시위하다

| **protest** 항의하다 **march** 행진을 벌이다 **riot** 폭동을 일으키다 **boycott** 불매 운동을 벌이다, 불참하다

| **riot police** 전경 **throw[pelt, hurl] a fire bomb [Molotov cocktail]** 화염병을 던지다 **tear gas** 최루 가스 **tear-gas** 최루 가스로 공격하다 **fire tear gas** 최루탄을 쏘다
| **a rubber bullet** 고무탄 **shoot rubber bullets to disperse demonstrators** 고무탄을 쏘아 시위대를 해산시키다 **wooden pellet** 나무탄 **fire wooden pellets** 나무탄을 쏘다
| **water canon** 물대포 **use water cannons to break up a demonstration** 물대포를 이용해 시위를 해산시키다 **loose[unleash] water canons** 물대포를 쏘다
| **stab oneself in the abdomen** 할복하다 **sever fingers and write protest messages in blood** 손가락을 잘라 혈서를 쓰다 **burn Japanese flags and effigies of Prime Minister Koizumi** 일장기를 태우고 고이즈미 수상의 화형식을 갖다

hunger strike 단식 투쟁

a voluntary fast undertaken as a means of protest, as by a prisoner = fast, fasting

용례 **begin[start] a hunger strike** 단식 투쟁을 시작하다 **end a hunger strike** 단식 투쟁을 끝내다 **stage[carry out] a hunger strike** 단식 투쟁을 하다
| **go on (a) hunger strike** 단식 투쟁을 하다 **be on (a) hunger strike** 단식 투쟁 중이다 **continue a hunger strike** 단식 투쟁을 계속하다
| **an indefinite hunger strike** 무기한 단식 투쟁 **be into the tenth day of a hunger strike** 단식 투쟁 10일째이다
| **hunger-strike** 단식 투쟁을 하다 **hunger-striker** 단식 투쟁자
| **refuse to eat, refuse all food, stop eating, sew one's lips** 음식을 거부하다
| **be treated with intravenous drips, be given an intravenous drip** 정맥주사(링거)를 맞다 **use an intravenous drip** 링거를 사용하다 **administer intravenous drips** 링거를 놓다 **use intravenous therapy** 정맥주사 요법을 사용하다
| **nonviolence, nonviolent resistance, passive resistance** 비폭력(평화) 저항(시위) **hunger march** 기아 행진(실업자 시위)

필수예문

track 40 

1 Tens of thousands of South Koreans **staged a massive demonstration** to protest a government plan to move the nation's administrative capital out of Seoul. (수만 명의 한국인들이 행정 수도를 서울 밖으로 이전하려는 정부 계획에 항의하여 대규모 시위를 벌였다.)

2 **Demonstrators**, holding national flags and chanting slogans in support of the president, flooded several main squares in the capital. (시위대들은 국기를 들고 대통령을 지지하는 구호를 외치며 수도의 여러 주요 광장을 가득 메웠다.)

Thousands of Pakistanis **took to the streets** Sunday to protest a purported US attack on a border village, demanding US troops leave neighboring Afghanistan. (수천 명의 파키스탄 인들이 국경 마을에 대한 미국의 공격에 항의하기 위해 일요일 거리로 나서 미군이 이웃인 아프가니스탄을 떠날 것을 요구했다.)

3 Hundreds of citizens **joined a peace march** in Seoul, organized by the families of three hostages held in Iraq. (수백 명의 시민들이 이라크에 인질로 잡힌 세 명의 가족들이 조직한 서울의

평화 행진에 참가했다.)

To protest the closure of the hospital, residents and health care workers will **stage a candlelight vigil.** (병원 폐쇄에 항의하기 위해 주민과 의료 노동자들이 촛불 시위를 벌일 것이다.)

4 Riot police fired **tear gas and rubber bullets** at demonstrators protesting the construction of the so-called security wall. (전투 경찰은 소위 안전 벽 건설에 항의하는 시위대들을 향해 최루탄과 물대포를 쏘았다.)

5 Some people in the crowd **hurled Molotov cocktails and chunks of concrete** at officers who stood guard at the government building. (군중의 일부는 정부 청사를 지키고 있는 경찰들을 향해 화염병과 벽돌을 던졌다.)

After **showering demonstrators with water canon**, the police stormed the park swinging truncheons. (시위자들에게 물대포를 퍼부은 뒤 경찰은 진압봉을 휘두르며 공원을 급습했다.)

6 About 100 prisoners **began a hunger strike** to demand mass release and to protest poor prison conditions. (약 100명의 수감자들이 단체 석방을 요구하고 열악한 교도소 환경에 항의하기 위해 단식을 시작했다.)

Hundreds of prisoners **ended a 20-day hunger strike** after the government agreed to discuss prison conditions with them. (수백 명의 수감자들이 정부가 교도소 환경을 논의하겠다고 동의한 뒤에 20일 간의 단식을 끝냈다.)

Many patients in the hospital are given an **intravenous drip**, which allows blood or medicines to be given straight into the bloodstream. (병원의 많은 환자들은 정맥주사를 맞는데 이는 혈액이나 약이 혈류 속으로 바로 투여되게 한다.)

심화학습

단체협상 collective bargaining

노동자들의 대표 단체인 노동조합과 사측은 매년 임금인상 및 기타 근로 조건에 관한 협상을 하는데 이를 단체협상이라고 하며 회담이 결렬될 경우 파업으로 이어지기도 한다.

Collective bargaining consists of negotiations between an employer and a group of employees so as to determine the conditions of employment. The result of **collective bargaining** procedures is a collective agreement.

Employees are often represented in bargaining by a union or other labor organization. **Collective bargaining** is governed by federal and state statutory laws, administrative agency regulations, and judicial decisions. In areas where federal and state law overlap, state laws are preempted.

Arbitration is a method of dispute resolution used as an alternative to litigation. It is commonly designated in collective agreements between employers and employees as the way to resolve disputes. The parties select a neutral third party (an arbiter) to hold a formal or informal hearing on the disagreement. The arbiter then issues a decision binding on the parties.

단체협상은 고용 조건을 결정하기 위해 고용자와 피고용자 단체 간의 협상이다. **단체협상**의 결과가 단체협약이다.

노동조합이나 기타 노동 단체가 협상에서 피고용자를 대표한다. **단체협상**은 연방 및 주 법령, 행정 기관 규정 그리고 사법 결정의 적용을 받는다. 연방 및 주법이 중첩되는 부분에서는 주법이 우선한다.

중재는 소송의 대용으로 사용되는 분쟁 해결의 방법이다. 중재는 보통 고용자와 피고용자 간의 단체협약에서 분쟁 해결의 방법으로 지정된다. 당사자들은 중립적인 제3자(중재자)를 선정해 의견 차이에 대한 공식 혹은 비공식 공청회를 연다. 중재자는 당사자들에게 구속력이 있는 결정을 발표한다.

collective bargaining 단체협상 **consist of** ~로 이루어져 있다 **employer** 고용자, 고용주 **employee** 피고용자, 노동자 **determine the conditions of employment** 고용 조건을 결정하다 **be represented by** ~에 의해 대표되다 **be governed by** ~의 적용을 받다 **statutory** 법령의 **administrative** 행정의 **judicial** 사법의, 법원의 **overlap** 중복(중첩)되다 **preempt** 선점하다 **arbitration** 중재 **alternative** 대안 **litigation** 소송 **designate** 지정하다 **a neutral third party** 중립적인 제3자 **binding** 구속력이 있는

Everyone is on the same page.

모두 동의하다.

회의할 때 보고서를 참석자들에게 돌리고 누군가 설명할 때 같은 페이지를 보고 있을 경우 그 페이지에 대해서는 기본적으로 이해를 하고 의견을 같이하는 것으로 간주하는 경우가 많다. 여기에서 유래하여 **be on the same page**는 ~에 대해 이해하고 있는 내용이 같다, ~에 기본적으로 동의하다는 의미다.

A : Is it okay to decide when to meet? — 언제 만날지 결정해도 좋겠어?
B : I don't agree with you. — 난 반대야.
A : What do you mean? — 무슨 말이야?
B : I'd like to make sure that **everyone is on the same page** before we make any decisions today. — 우리가 오늘 결정을 내리기 전에 나는 모두가 동의하는지 확인하고 싶어.

21 영화 | 흥행 | 수상

주제어	관련어
movie	**cinema, film, flick, moviedom, actor, actress, movie star, star, star-studded, studio, shoot, preview, X-rated, screen quota, censorship**
box office	**gross, haul, takings, earn, take in, haul in, rake in, collect, release, open, debut**
award	**Academy Awards, best actor[actress], best supporting actor, best director, nominee, nomination**

●●● A movie is a mirror of society. 영화는 사회상을 반영한다.

1990년대 초까지만 해도 국산 영화(domestic movies)는 엄청난 돈과 물량을 쏟아붓는 할리우드 영화에 밀려 제대로 주목받지 못했다. 그러나 2000년대에 들어서면서 탄탄한 대본을 바탕으로 한 젊은 감독들이 호소력 있는 영화를 만들기 시작하면서 영화 팬들을 사로잡기 시작했다. 2006년 초 많은 화제를 불러일으키며 국내 극장가를 장악한 영화는 단연 '왕의 남자 (the Royal Jester)'였다. 조선 연산군 시절 궁중 광대를 소재로 한 '왕의 남자'는 2005년 12월 29일 개봉해 입체적인 캐릭터, 역사의 독창적인 재구성 그리고 배우들의 호연이 함께 어우러져 질 높은 작품을 선보이며 영화 팬들을 극장으로 이끌었다.

개봉 67일 만인 3월 5일 전국 관객 1천175만 명을 넘어서 한국 영화사상 흥행 1위에 올라섰는데 기존 기록은 2004년 '태극기 휘날리며'가 갖고 있던 1천174만 명이다. 그러나 쉽게 깨질 것 같지 않았던 '왕의 남자'의 흥행 기록도 얼마 안 있어 '괴물'에 의해 또다시 갈아 치워졌는데, 개봉한 지 두 달도 안 돼 1천300만 명의 관객이 한국 영화의 새로운 장르를 개척한 이 괴수 영화를 보러 극장을 찾았다. 이와 같은 흥행 신기록 행진은 한편으로는 한 영화의 '싹쓸이'라는 비난 속에 한국 영화의 발전에 과연 긍정적인 것인지에 대한 논란을 불러일으켰다.

젊은 감독들의 창의성과 피나는 노력이 국산 영화 성공의 밑거름이 되었다는 점은 부인할 수 없지만 제도적인 장치로 국산 영화를 보호하고 있는 것이 있으니 바로 '스크린 쿼터'다. 이는 국내 영화관들이 연중 일정 기간 동안 국산 영화를 상영하도록 의무화하는 것으로 할리우드 영화의 무차별 공세에 큰 방패막이 역할을 해왔다고 전문가들은 평가한다. 그러나 미국이 자유무역협정을 체결하기 위해 스크린 쿼터의 폐지나 축소를 요구하자 정부는 국산 영화의 의무상영일수를 146일에서 73일로 축소하는 방안을 2006년 3월초에 확정했고, 이에 영화인들은 스크린 쿼터 축소가 국내 영화업계를 크게 위축시킬 것이라며 반발하고 나섰다.

movie

영화

a cinema film =cine, cinema, cinematics, cinematograph, film, flick, flicker, motion picture, moving picture

단수와 복수로 쓰일 때 의미가 완전히 달라지는 명사가 있는데 movie도 그렇다. 단수일 땐 '영화', 복수로 쓰이면 '영화계'라는 의미가 된다.

a horror **movie** 공포 영화

work in **the movies** 영화계에서 일하다

용례 **go to a movie[the movies]** 영화 보러 가다 **a movie ticket** 영화관 입장권 **a foreign movie** 외화 **a domestic[local, homegrown] movie** 방화

| **see a movie** 영화를 보다 **watch a movie on television** 텔레비전을 통해 영화를 보다 **a blockbuster, a huge box-office hit[success]** 크게 성공한 영화 **the title of a movie** 영화 제목 **a movie critic** 영화 평론가 **a remake of** ~의 개작 영화

| **a stag movie** 남성용 영화 **a sexed-up movie of a novel** 소설을 섹시하게 윤색한 영화 **a sequel to the hit movie** 히트 친 영화의 속편

| **an uncut[uncensored] movie, a full-length movie** 무삭제 영화

| **a feel-good movie** 오락 영화 **a gangster movie** 갱 영화 **a horror movie** 공포 영화 **an adult movie** 성인용 영화 **a war movie** 전쟁 영화 **a western movie, a western, a cowboy movie, a horse opera** 서부 활극 영화 **a color[technicolor] movie** 천연색 영화 **a black-and-white movie** 흑백 영화 **a silent movie** 무성 영화 **outsleep a movie** 영화가 끝날 때까지 자다

| **moviedom, filmdom, the movies** 영화계 **work in the movies** 영화계에 종사하다 **enter the movie world, go into the movies** 영화계에 들어가다 **movieland** 할리우드(Hollywood); 영화계, 영화 산업 **the movie[film] industry** 영화 산업

actor 영화배우

| **actress** 여우 **star** 유명 배우 **movie[film] star** 유명 영화배우

| **the cast of a movie** 영화의 출연진

| **stardom** 스타계, 스타의 지위 **attain[achieve, rise to] stardom** 스타덤에 오르다 **rocket to stardom** 갑자기 스타가 되다 **a star-studded Hollywood movie** 유명 배우들이 출연한 할리우드 영화 **a movie queen** 은막의 여왕

| **star** 주연 배우 **co-star** 공동 주연 배우 **extra** 보조 출연자

| **star** ~가 주연을 맡다 **star in** ~에서 주연을 맡다 **play the lead** 주연을 맡다 **co-star** ~가 공동 주연을 맡다 **feature** ~가 주요 배역을 맡다 **a movie with** ~가 출연하는 영화 **be in, appear in** ~에 출연하다

| **play, play the part of** ~의 역을 맡다 **as** ~로 출연하는 **portray** ~의 역을 해내다

| **overact, ham it up** 과잉(과장된) 연기를 하다 **a ham performance** 과잉 연기, 서투른 연기

| **screen, put ~ on the screen, show, run** 상영하다 **running time** 상영 시간 **be dubbed in Korean** 우리말로 더빙되다 **voice actor** 성우

moviemaker 영화 제작자

| **moviemaking** 영화 제작 **produce[make, do] a movie** 영화를 제작하다 **movie studio** 영화 촬영소, 영화사 **a big-budget studio** 고예산 영화사 **independent, indie** 독립 제작사 **distribution company** 배급회사 **director** 감독

| **make a movie[version] of, cinematize, cinematograph, film, picturize, make ~ into a**

movie[film] 영화화하다 **do the book into a movie** 그 책을 영화화하다 **adapt** 각색하다 **adaptation** 각색 **script** 각본, 대본 **unscripted** 대본에 없는, 즉흥적인, 계획에 없는 **clip** (영화의 컷된) 장면
| **shoot a film, take a movie** 촬영하다 **be shot just for $1 million** 겨우 백만 달러의 비용으로 찍다
| **avant-garde film, experimental film, independent film, indie film, indie movie** 전위(실험) 영화

---

preview 시사회, 예고편

an advance showing of a movie to which a selected audience is invited before public presentation begins = prevue, trailer

용례 **give a preview** 시사회를 하다 **a sneak preview (of a film)** (관객의 반응을 알아보기 위한) 비공개 영화 시사회
| **a press preview** 언론 상대 시사회
| **go to the preview of a new movie** 새 영화 시사회에 가다 **a special preview of** ~의 특별 시사회
| **moviegoer** 영화 팬
| **moviegoing** 영화 구경(을 자주 가는) **the moviegoing public** 영화를 좋아하는 대중 **movie-fiend, movie fan[bug], film enthusiast** 영화광 **movie house, theater** 극장 **cinema complex** 복합 영화관

movie[film] rating 영화 등급
| **be rated PG** 보호자 동반 관람가 **be rated restricted** 제한 등급 **X-rated** (영화가) 성인용의, 미성년 관람 금지의; 포르노물의
| **pornographic movie** 포르노 영화 = blue movie, porn film, porn flick, porn movie, porno film, porno flick, pornographic film, pornographic flick, porno movie, skin flick
| **cartoon animation** 만화 영화 = animated cartoon, animated movie, animation, cartoon, comic, comic strip
| **screen quota** 스크린 쿼터 (국산 영화 의무 상영제)
| **impose a screen quota system** 스크린 쿼터를 시행하다 **remove[abolish, eliminate] a screen quota system** 스크린 쿼터를 폐지하다

censorship 검열
| **pass censorship** 검열을 통과하다 **put censorship on** ~를 검열하다 **fail to pass censorship** 검열에 걸리다 **pre-censorship** 사전 검열 **post-censorship** 사후 검열
| **be cleared without any cuts for adult viewing** 성인용으로 아무런 삭제 없이 검열을 통과하다 **run a disclaimer** 경고문을 내보내다
| **be dubbed into Korean** 한국어로 더빙되다

필수예문

1 Despite the merits of pursuing a free trade agreement, bilateral trade issues such as Korean quotas that limit the screening of **foreign films** and a ban on US beef have blocked approval of fast-track negotiations. (자유 무역 협정을 체결하는 이점에도 불구하고 외국 영화 상영을 제한하는 한국의 쿼터 및 미국산 소고기 수입금지와 같은 양국간 무역 문제는 일괄 협상의 승인을 방해해 왔다.)

2 **Movie critics** predict the movie probably won't be a huge box-office hit because many people will consider it a **chick flick.** (영화 비평가들은 그 영화는 많은 사람들이 그것을 어린이용 영화라고 생각하기 때문에 아마도 흥행에 큰 성공을 하지 못할 것이라고 예상하고 있다.)

The **movie industry** is one of the most exciting and informative businesses in the world, where the revenue of a single **feature film** such as Titanic can approach or exceed $1 billion. (영화 산업은 세계에서 가장 흥미롭고 유익한 산업의 하나인데 타이타닉과 같은 단일 장편 영화 한 편의 수입이 10억 달러에 육박하거나 초과하기도 한다.)

3 The Chinese **movie star** was arrested after a drunken brawl at a nightclub. (그 중국 유명 영화배우는 나이트클럽에서 술을 마시고 싸워 체포되었다.)

She **rose to stardom**, playing a series of women with lower-class origins who struggled to succeed in the big city. (그녀는 대도시에서 성공하려고 노력하는 일련의 하류 출신의 여성 역을 한 뒤 스타덤에 올랐다.)

4 The **star** of the megahit movie has announced that he will donate $10 million to help the underprivileged. (대히트를 한 영화의 주인공은 사회적 약자를 돕기 위해 천만 달러를 기부하겠다고 발표했다.)

He is to **appear in** a film based on his former life as a male stripper. (그는 남자 스트리퍼로서의 자신의 옛 생활을 다룬 영화에 출연할 예정이다.)

The new film is an action drama **starring** John Travolta. (그 새 영화는 존 트라볼타 주연의 액션물이다.)

5 Hollywood stars have one thing in common; they have all passed through the gates of the **fabled Hollywood studios.** (할리우드 유명 배우들은 한 가지 공통점이 있는데 그들은 모두 유명한 할리우드 영화 제작사들을 거쳐왔다는 것이다.)

In an era of comic-book movies, the **indies** have carved out a niche for themselves. (만화 영화의 시대에 독립 영화사들은 자신들의 틈새 시장을 개척해냈다.)

6 **Distribution companies** determine how many copies of a film to make and show the movie to prospective buyers representing the theaters. (배급 회사들은 얼마나 많은 영화의 복사판을 만들 것인가를 결정하고 극장을 대표하는 관심 있는 구매자들에게 영화를 보여준다.)

The popular actor, who turned a Latin script on the crucifixion of Christ into a box-office hit, is in Mexico to **shoot a new film.** (예수의 십자가에 못박음에 대한 라틴 대본을 흥행 성공작으로 만든 그 인기 배우는 새 영화를 찍기 위해 멕시코에 있다.)

7 The director is to **screen a sneak preview** of his new film in a tiny South Korean town for the **extras** who appear in the movie, which stars the Hollywood actress. (그 감독은 그 할리우드 출신 여배우 주연의 영화에 출연하는 보조 출연자들을 위해 한국의 한 소도시에서 새 영화의 비공개 예고편을 상영할 계획이다.)

X-rated movies and their sex-without-consequences plot lines may be linked to risky sexual behavior among teenagers, according to a recent study. (최근의 한 연구에 의하면 성인 영화와 그것들의 무책임한 구성은 십대들의 위험한 성행위와 연관이 있을 수도 있다고 한다.)

8 The United States has called on South Korea to abolish the latter's **screen quota**

system that restricts the screening of Hollywood movies. (미국은 한국이 할리우드 영화 상영을 제한하는 스크린 쿼터 제도를 폐지할 것을 요구했다.)

The director had to cut several smutty scenes from the movie after it failed to pass **censorship.** (그 감독은 검열을 통과하지 못한 뒤에 영화의 여러 외설스런 장면을 삭제해야 했다.)

box office

(흥행) 수익, 수입
the amount of money received from ticket sales for an entertainment
= gross, haul, receipts, sales, takings

용례 **soar to the top of the weekend box office** 주말 흥행 수익 1위로 올라가다 **maintain[retain, keep] the top spot at the weekend box office** 주말 흥행 수익 1위를 고수하다

| **become a box-office hit** 흥행 대박이 나다

| **a surprise smash at the box office** 깜짝 흥행 대박 **a box-office flop[failure, disaster]** 흥행 실패

earn 벌어들이다

= gross, take in, haul in, rake in, bring in, collect

| **earn ~ in one's debut weekend** 개봉 주말에 ~의 흥행 수익을 올리다 **open with ~ in ticket sales[receipts]** 개봉하여 ~의 수익을 올리다 **debut[open] at No. 2 with** 개봉하여 ~로 흥행 수익 2위를 하다

| **garner ticket sales of** 흥행 수익 ~를 올리다 **gross ~ in 200 theaters [on 340 screens]** 200개 극장[340개 스크린]에서 총 ~의 수익을 올리다

| **round out[off] the top three with a gross of** 총수익 ~로 3위를 차지하다 **slip into second place with a haul of** 수익 ~로 2위로 떨어지다 **the average gross per theater for the movie** 영화의 극장 당 평균 수익

| **a box-office tracker** 흥행 수익 집계 회사

release 개봉하다; 개봉

| **release a movie** 영화를 개봉하다 **go into[on] general release** 일반에 개봉되다 **open, debut** 개봉되다

award

상
a tangible symbol signifying approval or distinction = accolade, crown, honor, laurels, prize, trophy

용례 **win the best actor[actress] award** 남우[여우] 주연상을 받다 **scoop a best picture trophy** 작품상을 받다

| **clinch the top acting award** 남우 주연상을 받다

| **win the best picture Oscar** 아카데미 작품상을 받다 **receive the best director award** 감독상을 받다

| **be honored for best song** 음악상을 받다

| **win the Oscar for supporting actor** 아카데미 남우 조연상을 받다 **win three Oscars** 세 개의 아카데미상을 수상하다

| **settle for the best director statuette** 감독상에 만족하다 **go to** ~에게 돌아가다

nominee 후보자, 후보작

| **a best actor nominee** 남우 주연상 후보 **win[earn] a best director nomination for** ~로 감독상 후보가 되다 **get an Oscar nomination** 아카데미상 후보가 되다

필수예문

1 The terrorist thriller **seized top spot at the box office**, hauling in $25 million. (그 테러범 스릴러 영화는 지난 주말 흥행 수입 1위를 차지해 2천5백만 달러를 벌어들였다.)

The romantic comedy, starring Kim and Lee, slipped into second place with a **haul** of $15 million. (김과 리 주연의 그 로맨틱 코미디 영화는 총수익 천5백만 달러로 2위로 떨어졌다.)

2 In third place was a family comedy which **brought in** $13 million after slipping one position in the ranking. (3위는 가족 코미디 영화로 순위에서 한 계단 떨어진 뒤 천3백만 달러를 벌었다.)

The romantic comedy rose one notch to fourth place by **raking in** $12 million. (그 로맨틱 코미디 영화는 천2백만 달러를 벌어들여 한 계단 상승해 4위가 되었다.)

3 **Rounding out** the top 10 ranking was a sci-fi adventure starring a Chinese actor, which **took in** $2 million. (톱 10 마지막을 장식한 것은 중국 배우가 주연한 공상과학 모험 영화로 2백만 달러의 수익을 올렸다.)

The movie scored a **staggering average** of $60,000 per theater. (그 영화는 극장 당 6만 달러라는 어마어마한 평균 흥행 수입을 올렸다.)

4 The weekend's top 10 grossing films **raked in** a total of $92 million compared with $105 million during the same weekend last year. (주말에 흥행 수입 10위 안에 든 영화들은 작년 같은 주말의 1억5백만 달러에 비해 총 9천2백만 달러를 벌어들였다.)

5 The film is scheduled to **be released** next week, timed with the start of the summer vacation season. (그 영화는 여름휴가 시즌의 시작에 맞추어 다음 주에 개봉될 예정이다.)

The movie has had its **release** postponed five times because of high school shootings. (그 영화는 고등학교에서 발생한 총기 사건 때문에 개봉이 다섯 번 연기되었다.)

6 **Oscar night** will include the presentation of an honorary statuette to the Canadian filmmaker, a five-time best director nominee who helmed several avant-garde films. (아카데미 시상식에는 여러 편의 전위 영화의 메가폰을 잡아 감독상 후보에 다섯 번 올랐던 캐나다 감독에 대한 공로상 수여가 포함될 것이다.)

The **three-time Oscar nominee** is reported to star in the director's new movie. (오스카상 후보에 세 번이나 올랐던 그 배우가 그 감독의 새 영화에서 주연을 맡게 될 것이라고 한다.)

7 Films that fail to win anything on Oscar night reap no additional benefits from a nomination. However, an **Oscar win** has an economic effect on a movie for an average of four weeks beyond the ceremony. (오스카 시상식에서 아무 상도 수상하지 못하는 영화들은 지명되었다고 해도 아무런 부가적인 혜택을 거두지 못한다. 그러나 아카데미상 수상은 시상식 후 평균 4주 동안 영화에 경제적인 영향을 미친다.)

8 The Chinese director says he feels less pressure to **win an Oscar for** "Brokeback Mountain" than he did five years ago when he **earned a best director nomination** for the kung fu film "Crouching Tiger, Hidden Dragon." (그 중국 감독은 자신이 5년 전 무술영화 '와호장룡'으로 감독상 후보에 지명되었을 때보다 '브로크백 마운틴'으로 오스카상을 받는 것에 부담감을 덜 느낀다고 말한다.)

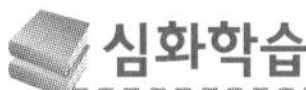

심화학습

아카데미상 the Academy Awards

미국 영화업계 단체인 영화예술과학아카데미에서 주는 영화상으로 1929년부터 매년 시상해왔다. 매년 3월 하순~4월 상순에 열리는 전년의 우수 작품에 대한 시상식은 미국 영화계 최대의 연례행사로 미국뿐 아니라 전세계에 생중계 또는 녹화중계된다. 높이 34.3cm, 무게 3.85kg의 남성 나체 모양의 황금 트로피가 수여되는데 이 나상은 오스카라는 이름으로 알려져 있다.

Every January, when the calendar has turned to a new year, the attention of the entertainment community and of film fans around the world turns to the upcoming **Academy Awards**. Oscar Fever hits, building to the crescendo of the annual presentation of golden statuettes, when hundreds of millions of cinema lovers glue themselves to their television sets to learn who will receive the highest honor in filmmaking.

After three-quarters of a century of recognizing excellence in cinema achievement, the annual presentation of **the Oscars** has become the Academy of Motion Picture Arts and Sciences' most famous activity. The annual Oscar presentation has been held since 1929.

All voting for **Academy Awards** is conducted by secret ballot and tabulated by the international auditing firm of PricewaterhouseCoopers. Secrecy is maintained by the auditors and the results of balloting are not revealed until the now-famous envelopes are opened on stage during the live television program.

달력이 새해로 바뀌는 매년 1월 연예계와 전세계 영화팬들의 관심은 다가올 **아카데미상**으로 쏠린다. 오스카 열기가 시작되고 그것은 수억 명의 영화 애호가들이 누가 영화 제작의 최고상을 받는지 알려고 텔레비전에 시선을 고정시키는 오스카의 연례 시상에서 최고조에 달하게 된다.

영화계에서 탁월한 업적을 인정한 지 75년이 지나면서 매년 열리는 **오스카상** 시상은 영화예술과학아카데미의 가장 유명한 활동이 되었다. 연례 오스카 시상은 1929년부터 열려왔다.

아카데미상의 모든 투표는 비밀투표로 행해지며 국제 회계법인인 PricewaterhouseCoopers사가 집계한다. 회계사들은 비밀을 지키며 결과는 지금은 유명해진 봉투가 텔레비전으로 생방송되는 동안 무대 위에서 개봉되어서야 밝혀진다.

turn to ~로 변하다; ~로 향하다 **entertainment community** 연예계 **hit** 점화되다, 시작되다 **build** 높아지다, 증가하다 **crescendo** 최고조 **presentation** 시상, 수여 **golden statuette** 황금 트로피 **glue oneself to** ~에 주의를 집중하다 **secret ballot** 비밀투표 **tabulate** 집계하다 **auditing firm** 회계법인 **auditor** 회계사

주요 아카데미상

best picture 작품상 **best actor** 남우 주연상 **best actress** 여우 주연상 **best supporting actor** 남우 조연상 **best supporting actress** 여우 조연상 **best art direction** 미술감독상 **best cinematography** 촬영상 **costume design** 의상상 **documentary feature** 다큐멘터리상 **film editing** 편집상 **best foreign language film** 외국영화상 **makeup** 분장상 **best song** 음악상 **best short film** 단편영화상 **best story** 각본상 **visual effects** 시각효과상

It's a different kettle of fish.

그건 전혀 다른 문제다. 별개의 문제다.

물고기를 잡아 한 주전자에는 붕어만 넣고 다른 주전자에는 피라미만 넣어두면 서로 완전히 다른 종류의 물고기가 각각의 주전자에 있게 된다. 따라서 **a different kettle of fish**는 어떠한 상황이 현 상황과 현저히 다르다는 뜻이다.

A : Why are you making such a long face? 왜 그렇게 우거지상을 하고 있어?

B : I heard she had talked about me behind my back. 그녀가 나 없는 데서 나에 대한 험담을 했대.

A : Come on, she has always been nice to you. 왜 그래, 그녀는 너한테 늘 잘하잖아.

B : **It's a different kettle of fish.** 그건 별개의 얘기지.

22 음악 | 패션 | 연극

주제어	관련어
music	classical[modern] music, pop music, musician, musical, pop chart, sing, song, singer, maestro, virtuoso, composer, conductor, label, album
fashion	fashion designer, couturier, haute couture, fashion house, fashion model, catwalk, runway, fashion-conscious
play	drama, dramatic, playlet, morality play, miracle play, comedy, tragedy, playgoer, theatrical world, playwright

●●● She has no music in her soul. 그녀는 음치이다.

우리나라 국민은 세계에서 둘째 가라면 서러워할 정도로 마시고 노래부르고(sing) 춤추기 좋아하는 민족이다. 단적인 예로 노래방(karaoke salon)을 들 수 있는데 동네마다 없는 곳이 없어 전국의 노래방이 9만여 개에 달한다고 한다. 이러한 음악에 대한 열정 때문인지는 몰라도 최근 우리나라 대중가수들이 부른 노래가 한류(Korean Wave)의 열풍을 타고 아시아 여러 나라에서 인기를 끌고 있다고 한다.

일본의 각종 가요 순위에서 톱을 달리며 왕성한 활동을 하고 있는 보아를 비롯해 여러 가수들이 중국, 베트남 등지에서 많은 팬들을 확보하고 있다는 보도를 접할 수 있다. 특히 보아는 13세의 어린 나이로 데뷔해 지금까지 일본에서 발매한 앨범이 전부 오리콘 차트 1위에 오르는 기록을 세우고 있으며 싱글로도 1위를 기록한 바 있는데, 힘있는 가창력과 춤 실력이 돋보이는 가수라는 평이다. 또한 가수 비도 2006년 2월 초에 미국에서 이틀간 공연을 가지면서 아시아의 스타를 넘어 세계적인 스타로의 발돋음을 시도했다.

대중음악과는 달리 패션이라고 하면 일반인들에게는 낯설지만 그래도 우리에게 패션에 대한 관심을 가질 수 있게 해 준 인물이 있으니 얼굴에 화장을 하고 늘 하얀 옷을 입고 등장하는 앙드레 김이다. 그는 독특한 화법 때문에 많은 코미디언들의 성대모사(impression, impersonation) 대상이 되었지만 외국 전문가들은 그를 뛰어난 패션디자이너로 인정하고 있다. 패션쇼에서 모델들이 화려한 의상을 걸치고 몸매를 뽐내며 걸어 나왔다 들어가는 좁은 통로인 무대를 catwalk 또는 runway라고 한다.

music

음악

vocal or instrumental sounds possessing a degree of melody, harmony, or rhythm = harmony, melody

music은 '음악'이라는 뜻 외에 '악보, 음감'이라는 의미도 갖고 있다.

play without **music** 악보 없이 연주하다

have no **music** 음감이 없다

용례 **instrumental[vocal] music** 기악[성악] **folk music** 민속 음악, 민요 **compose[play] music** 작곡[연주]하다 **a piece of music** 하나의 곡

| **a music award** 음악상

| **set[put] ~ to music** ~에 곡을 붙이다 **a music room[lesson]** 음악실[음악 레슨] **write[arrange] music** 음악을 작곡[편곡]하다

| **classical[modern] music** 고전[현대] 음악 **chamber music** 실내악

| **read music** 악보를 읽다 **study music** 음악을 공부하다 **a music academy[school]** 음악 학교 **background music** 배경 음악 **a musician** 음악가 **a music director** 음악 감독 **music hall** 음악당, 음악회장

musical 음악의; 뮤지컬

| **a musical composer** 작곡가 **a musical director** 지휘자 **a musical instrument** 악기 **musical intervals[scales]** 음정[음계] **a musical performance** 연주 **a musical score** 악보 **have a musical ear** 음악을 이해하다

| **produce[stage] a musical** 뮤지컬을 상연(공연)하다 **a Broadway musical** (뉴욕) 브로드웨이 뮤지컬 **a musical entertainment[performance]** 뮤지컬 공연 **an opera** 오페라 **an opera house** 가극장

| **pop music** 팝 음악, 대중 음악 **electronic music** 전자 음악 **country music** 컨트리 음악 **dance music** 댄스 음악 **jazz** 재즈 **rap** 랩 **rock 'n' roll, rock and roll** 로큰롤 **rock music** 록 음악

| **top the pop chart** 가요 순위 1위를 하다 **debut at top of the pop chart** 첫 주에 가요 순위 1위를 하다

sing 노래하다

| **sing another song[tune]** 방침을 바꾸다, 저자세로 나오다 **sing low** (패배하여) 겸허해지다 **sing the blues** 걱정을 늘어놓다, 비관적인 말을 하다 **sing the praises of** ~를 칭찬(찬양)하다 **sing the same[old] song[tune]** 똑같은 소리만 늘어놓다, 넋두리하다

| **song** 노래 **burst into song** 갑자기 노래를 부르기 시작하다 **on the song** (주전자가) 픽픽 끓어 **lyrics** 가사 **write music and lyrics** 작곡과 작사를 하다 **singer-songwriter** 가수 겸 작곡가

| **hum** 허밍을 하다 **whistle** 휘파람을 불다 **sing a cappella** 무반주로 노래하다

| **singer** 가수 **lead singer** 리드싱어 **vocalist** (그룹의) 가수 **lead vocalist** 주 가수 **pianist** 피아니스트 **violinist** 바이올린 연주자 **guitarist** 기타 연주자 **virtuoso** 거장 **cellist** 첼로 연주자

| **choir** 합창단, 성가대 **form a choir** 성가대를 만들다 **lead a choir** 성가대를 이끌다 **orchestra, symphony orchestra** 교향악단

| **compose** 작곡하다 **compose a song** 노래를 작곡하다 **composer** 작곡가 **a classical composer** 클래식 작곡가 **a major composer** 일류 작곡가

conduct, direct, lead 지휘하다

| **conduct an orchestra** 관현악단을 지휘하다 **under the conduct of** ~의 지휘로

| **conductor** 지휘자 **a permanent conductor** 상임 지휘자 **an associate conductor** 부지휘자 **a**

guest conductor 객원 지휘자 **name a new conductor** 새 지휘자를 임명하다 **maestro** 대음악가, 명지휘자
| **baton** 지휘봉 **wield a good baton** 지휘봉으로 능숙하게 지휘하다 **under the baton of** ~의 지휘로

---

label (레코드의) 브랜드, 상표; 레코드(음반) 회사

a distinctive name or trademark identifying a product or manufacturer, especially a record company = brand, brand name, marquee, record label, trademark, trade name

용례 **a pirate label** 해적판 레코드 **a rival label** 경쟁 레코드회사 **a US record label** 미국 레코드회사
| **a major record label** 주요 레코드회사 **an independent record label** 독립 레코드회사 **the recording industry** 레코드 산업 **a Net[digital] label** 인터넷 레코드회사
| **album** 레코드 **release a new record album** 새 앨범을 내다 **one's latest album** ~의 최신 앨범 **one's last album** ~의 마지막 앨범
| **platinum** 음반이 100만 장 이상 팔린

필수예문

1 The Grammy Awards, presented by the Recording Academy for outstanding achievements in the recording industry, is one of four major **music award** shows held annually in the United States. (레코드 아카데미가 레코드 산업에 기여한 뛰어난 업적에 대해 수여하는 그래미상은 미국에서 매년 열리는 4대 주요 음악상 시상식의 하나다.)

2 The Juilliard School in New York City is one of the world's most prestigious **music schools**, with a roster of faculty and students that reads like a veritable "Who's Who of the Performing Arts World." (뉴욕 시에 있는 줄리어드 음악원은 세계에서 가장 권위 있는 음악 학교의 하나로 공연 예술계의 진정한 유명 인사들을 망라한 교수진과 학생들이 있다.)

3 The **violin virtuoso**, who died of heart failure at 82, was a renowned interpreter of **classical and modern music** and will be remembered as one of the greatest **musicians** of his age. (82세를 일기로 심장마비로 사망한 그 바이올린의 거장은 고전 및 현대 음악의 저명한 해석가였고 당대 최고의 음악가 중의 일인으로 기억될 것이다.)

4 Among the **Broadway musicals** most popular with American and foreign audiences, the three artists will perform Leonard Bernstein's excerpts from "West Side Story." (미국과 외국 관객들에게 가장 인기 있는 브로드웨이 뮤지컬 중에서 그 세 연주자는 레너드 번스타인의 '웨스트사이드 스토리' 발췌곡을 연주할 것이다.)

5 Chung will serve as the first of four **guest conductors** for the Seoul Philharmonic Orchestra as the symphony searches for a **new permanent conductor**. (정은 서울 필하모닉 오케스트라가 새 상임 지휘자를 찾고 있는 가운데 오케스트라의 네 명의 객원 지휘자 중 처음으로 일하게 될 것이다.)

6 Most major record labels are owned by a few large multinational companies that make up almost all of the global **recording industry**, although there is a recent resurgence in **independent record labels**. (비록 최근에 독립 레코드 회사들이 부활하고 있지만 대부분의 주요 레코드 회사는 세계 레코드 산업의 거의 전부를 차지하는 소수의 대형 다국적 회사들이 소유하고 있다.)

7 Prosecutors have opened an investigation into whether there has been any collusion on wholesale pricing in **record labels'** digital download businesses.

(검사들은 음반회사들의 디지털 다운로드 사업의 도매가격 결정에 담합이 있었는지의 여부에 대한 조사를 시작했다.)

One of the oldest and most respected **record labels'** in the world, the company traces its origins back to the late 1880s. (세계에서 가장 오래되고 높이 평가되는 음반회사들의 하나인 그 회사는 기원이 1880년대 말로 거슬러 올라간다.)

8 With the Internet now being a viable source for obtaining music, **Net labels** have emerged. (인터넷이 현재 실용적인 음악 입수원이 되고 있는 가운데 인터넷 음반회사들이 생겨났다.)

Music files from the artists can be downloaded free of charge or for a fee that is paid via an online payment system. (무료로 혹은 인터넷 결제 시스템을 통해 지급되는 비용을 내고 음악 가들로부터 음악 파일을 다운로드 받을 수 있다.)

fashion

패션, 유행
the latest and most admired style in clothes and cosmetics and behavior = style, trend, vogue

용례 **the world of fashion, the fashion community** 패션계 **the latest[newest] fashion in hairdressing** 최신 유행의 머리 스타일 **follow[keep up with] (the) fashion** 유행에 따르다
| **a fashion show[magazine]** 패션쇼[패션 잡지] **hold[attend] a fashion show** 패션쇼를 열다[패션쇼에 참석하다]
| **the latest fashion trend** 최신 패션 경향 **the spring[winter] fashion collection** 봄[겨울] 패션 컬렉션 **fashion supremo** 패션계의 최고봉 **haute couture, high fashion, high style** 고급 패션 **retro fashion** 복고, 복고풍 **have a fashion sense** 패션 감각이 있다 **collection** 컬렉션, 신작품 (발표회)
| **a fashion house** 패션업체 **fashion designer** 패션 디자이너 **couturier** 여성복 디자이너 **the fashion industry** 패션 산업 **a newcomer on the fashion scene** 패션계의 신성

fashion model 패션모델
| **a top fashion model** 일류 모델 **a modeling agency** 모델 중개소 **a trend-setter** 패션을 선도하는(만드는) 사람
| **model swimwear** 수영복 모델을 하다
| **catwalk, runway** 패션쇼의 무대 **walk the catwalk** 패션쇼 무대에 서다 **the king and queen of the catwalk** 패션 무대의 톱 남녀 모델 **walk down the catwalk** 패션쇼 무대를 걸어가다
| **fashionable** 유행하는, 상류 사회의 **a fashionable dress** 유행하는 의상 **the fashionable world** 상류 사교계 **a fashionable lady** 상류 사회의 부인 **a fashionable hotel** 고급 호텔
| **fashion-conscious** 패션에 신경을 쓰는 **fashion-conscious stars** 패션에 신경을 쓰는 스타들

play

연극; 희곡, 대본
a dramatic work intended for performance by actors on a stage = drama, theater

용례 **go to a play, go to the play[theater]** 연극 구경 가다 **write a play for television** 텔레비전 각본을 쓰다 **a one-act play[drama]** 단막극

| **present[stage, give, put on] a play** 연극을 상연하다

| **appear in a play** 연극에 출연하다 **direct[coach] a play** 연극을 연출하다[지도하다] **rehearse a new play** 새 연극을 시연하다 **the last[closing] day of a play** 연극의 최종일

| **a drama club** 연극부 **a drama critic** 연극 비평가 **a drama school** 연극 학교 **the plot of a play** 연극의 줄거리 **the original performance of a play** 연극의 초연 **a stage actor[actress]** 연극배우

| **playlet** 짧은 연극 **a yawny play** 지루한 연극 **a morality play** 도덕극 **a miracle[mystery] play** 기적극, 종교극 **comedy** 희극 **tragedy** 비극

| **theatergoing, playgoing** 연극 구경 **playgoer, theatergoer** 연극 팬

| **dress rehearsal** 총연습, 최종 무대 연습

dramatic, theatrical 연극의

| **dramatic criticism** 연극 비평 **the theatrical world[circles]** 연극계 **the theatrical people** 연극계 인사들

| **theatrical, stagy** 연극조의, 연극 같은

| **playwright, playwriter, dramatist** 극작가

필수예문

1 The prime minister has called upon the **fashion community** to make the country a leader of fashion technology in the world. (수상은 패션업계에 국가를 세계 패션 기술의 리더로 만들어달라고 부탁했다.)

South Korean actress Choi has refused to accept an offer to take part in one of the **fashion shows** in North Korea despite the extremely high wage she was given. (한국 배우 최는 많은 돈을 받음에도 북한에서 열리는 패션쇼 참가 제안을 거부했다.)

2 The US actress **held her first Asian fashion show** featuring clothing, music, and dance from Asian countries. (그 미국 여배우는 아시아의 의상, 음악, 춤을 특징으로 하는 자신의 최초의 아시아 패션쇼를 열었다.)

South Korean baseball stars are slated to **hold a charity fashion show** to raise funds for students skipping lunch. (한국의 야구 스타들은 점심을 거르는 학생들을 위한 기금 마련을 위해 자선 패션쇼를 열 예정이다.)

3 The department store offers a unique retail atmosphere that inspires consumers to explore the **latest fashion trends.** (그 백화점은 소비자들이 최신 패션 트렌드를 탐구하게끔 자극하는 독특한 소매 환경을 제공한다.)

The latest show of the South Korean **fashion supremo** showcased a dazzling collection of the country's **top designers.** (한국 패션계 최고봉의 최근 패션쇼는 최고의 디자이너들의 눈부신 컬렉션을 소개하였다.)

4 At the end of the gala fashion show, models filed down the **runway** for their final stretch and a galaxy of guests began to scurry out. (화려한 패션쇼의 마지막에 모델들이 마지막으로 무대를 따라 줄줄이 걸어 나오자 기라성 같은 초대 손님들은 급히 빠져나가기 시작했다.)

5 At the event, some students will **walk the catwalk** wearing what they have made, while others will choose someone else to don their creations. (그 행사에서 일부 학생들은 자신들이 만든 옷을 입고 패션 무대에 설 것이며 다른 학생들은 자신들의 창작품을 다른 사람들에게 입게 할 것이다.)

6 The **fashion house** offers a range of clothing and accessories to fashion-conscious businessmen and women. (그 패션업체는 패션에 신경을 쓰는 사업가와 여성들에게 다양한 옷과 액세서리를 제공한다.)

As the public becomes more **fashion-conscious**, simply wearing the right labels is no longer enough. (대중이 패션에 더욱 신경을 쓰게 되면서 단지 적당한 상표의 옷을 입는 것은 더 이상 충분하다고 할 수 없다.)

7 Religious organizations have called on theaters nationwide to stop **staging a controversial play** which they claim desecrates the crucifixion of Jesus Christ. (종교 단체들은 전국의 극장에 그리스도의 십자가에서의 죽음을 모독한다고 그들이 주장하는 논란이 되는 연극의 상연을 중단하라고 요청했다.)

8 She is one of the most renowned **playwrights** in the world, and people of all ages and backgrounds have come to love her work. (그녀는 세계에서 가장 유명한 극작가 중의 한 명이고 노소와 배경을 불문하고 모든 사람들이 그녀의 작품을 좋아하게 되었다.)

Friedrich Schiller, one of Germany's most famous **playwrights**, was also a historian and author of many tragedies based on extensive historical study. (독일의 가장 유명한 극작가의 한 명인 프리드리히 실러는 역사가이기도 해서 광범위한 역사 연구에 바탕을 둔 많은 비극의 작가였다.)

심화학습

그래미상 the Grammy Award, the Grammys

미국의 레코드 업계에서 해마다 한 번씩 시상하는 상으로 1958년에 제1회를 시작으로 매년 105개 분야의 뛰어난 레코드를 선정하여 상을 주고 있다.

Like the Oscars, **the Grammys**, which currently have 105 categories within 30 genres of music (such as pop, gospel, and rap), are voted upon by peers — voting members of the Recording Academy — rather than being based upon popularity.

The awards are named for the trophy which the winner receives — a small gilded statuette of a gramophone. The awards ceremony features performances by prominent artists, and some of the more prominent **Grammys** are presented in a widely-viewed televised ceremony.

Some feel that because Grammy voters tend to vote conservatively, and are marketed by record companies, the most widely-recognized Grammys tend to go to either well-established artists or those being hyped by the recording industry. Hence, **the Grammys** are not taken seriously by some musicians and music fans. In fact, artists who are considered by some to be of the greatest in history, such as Elvis Presley and Madonna, have not been awarded Grammys.

오스카상과 마찬가지로 현재 30개 장르(팝, 가스펠 그리고 랩과 같은) 105개 분야가 있는 **그래미상**은 인기를 바탕으로 결정되는 것이 아니고 녹음아카데미의 투표권이 있는 회원인 동료들의 투표에 의해 결정된다.

그래미상은 수상자가 받는 황금색 작은 축음기 조상인 트로피를 따 이름이 지어진 것이다. 시상식에는 유명한 연예인들이 공연을 펼치며 더 유명한 **그래미상**의 일부는 널리 시청되고 텔레비전으로 중계되는 시상식에서 수여된다.

어떤 사람들은 그래미상 투표자들이 보수적으로 투표하는 경향이 있고 음반회사들에 의해 홍보되기 때문에 가장 널리 인정되는 **그래미상**은 유명하거나 음반업계에서 띄우는 연예인에게 돌아간다고 생각한다. 따라서 그래미상은 일부 음악가들이나 음악 팬들에게 경시 당한다. 실제로 엘비스 프레슬리나 마돈나와 같이 일부 사람들이 역사상 최고라고 여기는 가수들도 그래미상을 받지 못했다.

| **currently** 현재 **category** 항목, 분야 **genre** 장르 **vote on** 표결하다 **voting** 투표권이 있는 **peer** 동료 **popularity** 인기 **name for[after]** ~의 이름을 따서 명명하다 **gramophone** 축음기 **gilded** 금도금한, 황금색의 **feature** ~를 특별 인기거리로 하다 **prominent** 저명한 **present** 수여하다 **widely-viewed** 널리 시청되는 **televise** 텔레비전으로 중계하다 = telecast *cf.* **be televised live** TV로 생중계되다 **well-established** 유명한 **take seriously** 진지하게 생각하다, 중요하게 여기다 **award** 수여하다

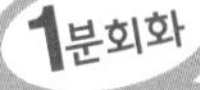

We are all in the same boat.

우리 모두 같은 운명이야.

한 배를 타고 있는 사람들 모두는 공동의 운명체다. 아무런 풍파 없이 배가 순항을 해 무사히 목적지(destination)에 도착하면 다행이고 폭풍우가 닥치고 파도가 배를 삼키는 사태가 발생하더라도 같이 이에 맞서 싸워야 한다. be all in the same boat는 처지, 운명, 위험을 같이하다는 뜻이다.

A : I can't stand the boss anymore. 사장한테 더 이상 참을 수 없어.

B : What's the matter? 무슨 일이야?

A : He told me to draw up the marketing plan again. 나더러 마케팅 계획을 다시 작성하래.

B : Keep your shirt on. **We are all in the same boat.** 진정해. 우리 모두 같은 처지잖아.

23 방송 | 종교 | 출판

주제어	관련어
broadcast	**air, transmit, satellite, telecast, cybercast, colorcast, rebroadcast, simulcast, program, show, call-in, telethon, viewership**
religion	**belief, sect, denomination, Christianity, Buddhism, Islam, cult, doctrine, the Pope, papal, the Vatican, ordain**
publish	**issue, release, put out, publisher, publishing house, publishing industry, publication, special publications**

●●● To see is to believe. 백문이 불여일견.

내세(afterlife)에 대한 두려움을 극복하고 현세에서 복을 기원하기 위해 많은 사람들이 종교(religion)를 믿는다. 그러므로 세상이 힘들어지고 삶이 각박해질수록 종교에 의지하려는 사람들이 늘어나는 법이다. 어떤 사람들은 종교단체에 대해 상당한 거부감을 갖고 있는데 이는 극히 일부 종교 집단들이 비리에 연루되고 비도덕적인 행태를 보이고 있기 때문이다. 그럼에도 불구하고 누군가에 대한 절대적인 믿음을 강조하는 종교는 여러 장점을 가지고 있으며 인간의 생활을 보다 알차고 윤택하게 만들 수 있다고 한다.

우리나라에는 국교가 없지만 헌법은 종교의 자유(freedom of religion)를 보장하고 있으며 한국은 전세계에서 종교 활동이 가장 활발한 나라 중 하나로 꼽힌다. 종교에 관한 조사 결과에 따르면 우리 국민의 절반 가량이 종교를 믿고 있다고 한다. 또 70퍼센트 이상이 종교생활을 해보았거나 현재 하고 있는 것으로 나타났다. 정부통계에 따르면 한국에는 각종 교단이 150개가 넘고 교당의 수는 거의 5만에 육박한다니 가히 종교의 천국이라 할 만하다.

신도의 수는 종교인구 대비로 볼 때 기독교(Christianity)가 거의 50퍼센트에 달하고 불교(Buddhism)도 47퍼센트에 이르며 나머지가 유교(Confucianism) 등의 기타 종교(other religions)라고 한다. 이러한 공식적인 종교들 외에 사이비 종교(cult)도 성행하고 있는 것으로 알려져 있으며 그 대표적인 것들로 소위 20세기 말에 나타난 종말론(eschatology)을 신봉했던 여러 사교 집단들을 들 수 있다. 그들은 20세기 미지막 날에 세상이 끝나며 신에게 선택받은 일부만이 휴거(rapture)되어 신이 계신 하늘나라로 불려 올라간다고 외쳐댔지만 세상은 아직도 끝나지 않고 굴러가고 있다.

broadcast

방송하다; 방송
broadcast over the airwaves = air, beam, send out, transmit

용례 **broadcast a lecture** 강연을 방송하다 **broadcast live** 생방송하다 **be broadcast nationwide** 전국으로 방송되다

| **broadcast a football game** 축구 경기를 방송하다 **broadcast all over the world** 전세계로 방송을 하다 **broadcast on television[radio]** TV[라디오]로 방송하다

| **satellite** 위성 방송(중계)하다

| **telecast, televise** 텔레비전으로 방송하다

| **rebroadcast, rerun** 재방송하다

| **cybercast** 인터넷으로 방송(중계)하다; 인터넷 방송

| **colorcast** 컬러 TV 방송을 하다; 컬러 TV 방송

| **newscast** 뉴스 방송을 하다; 뉴스 방송 **newscaster** 뉴스 방송 진행자

| **radiocast** 라디오 방송을 하다; 라디오 방송

| **preempt** ~으로 대체(대신)하다

broadcast, broadcasting 방송

| **a television[radio] broadcast** 텔레비전[라디오] 방송 **a broadcast of a football match** 축구 경기 중계 **a live broadcast** 생방송 **a news broadcast** 뉴스 방송 **work in broadcasting** 방송계에서 일하다 **broadcasting satellite** 방송 위성

| **sportscast** 스포츠 방송 **sportscaster** 스포츠 담당 아나운서

| **telecast** TV 방송 **telecaster** TV 방송인

| **simulcast** 텔레비전과 라디오 동시 방송; ~를 텔레비전과 라디오(AM과 FM)로 동시에 방송하다

| **television** 텔레비전 = TV, telly, the box, the tube, the small screen

on the air, be on 방송중

put[send] ~ on the air ~를 방송하다 **off the air** 방송되지 않고, 방송이 중지되어 **go off the air** 방송을 중단하다, 방송국이 문을 닫다 **take ~ off the air** ~의 방송을 중단시키다

| **air time** 방송 시작 시간, 방송 시간

| **transmission** 방송, 송신

---

program (라디오, TV의) 프로

a scheduled radio or television show = broadcast, show

용례 **news program** 뉴스 프로 **comedy** 코미디 프로 **documentary** 다큐멘터리 프로 **videotape a TV program** TV 프로그램을 비디오에 녹화하다 **programming** 프로그램 편성 **suspend all regular programs[programming]** 모든 정규 방송을 중단하다

| **show** (라디오, TV의) 프로그램 **game[talk, quiz] show** 게임[토크, 퀴즈]쇼 **giveaway** (라디오, TV의) 현상 퀴즈 프로

| **sitcom** 상황 코미디 **rerun** 재방송 **replay** 재생 화면, 슬로우모션

| **serial, series** 시리즈, 연속물 **a comedy series** 코미디 시리즈

| **instalment, installment, episode** 연속물의 한 회 **sustaining program** 자체 제작 프로그램(스폰서 없이 방송국이 자체적으로 비용을 부담)

telethon (자선 따위를 위한) 장시간 TV 쇼, 모금 방송
call-in, call-in show 시청자(청취자) 전화 참여 프로, (생방송의) 전화 인터뷰 **a call-in radio show** 청취자 참가 라디오 프로
host 프로그램 진행자 **hostess** 여자 진행자 **co-host** 공동 진행자; 공동 진행하다
televangelism 텔레비전 전도 **televangelist** 텔레비전 전도사

TV station TV 방송국
a radio station 라디오 방송국
network (전국 방송망이 있는) 방송국 **the ABC network** ABC 방송국
channel 채널 **broadcast on Channel 9** 채널 9번으로 방송하다
the media 언론 **mass media** 대중 매체

viewer TV 시청자
a regular viewer 고정 시청자 **younger viewers** 젊은 층의 시청자들
viewership (TV 프로의) 시청자; 시청자수, 시청률 **high[low] viewership** 높은[낮은] 시청률
listener 청취자

필수예문

1 Bush's press conference and his speech at Seoul National University will be **broadcast live.** (부시의 기자회견과 서울대에서 하는 연설은 생중계될 것이다.)

The semifinal match was **broadcast live nationwide** to South Korea's 48 million people on state television. (그 준결승전은 국영 텔레비전을 통해 4천8백만 한국인들에게 전국에 생방송으로 중계되었다.)

2 All of the major networks will preempt regular shows in order to **broadcast** Bush's State of the Union address. (모든 주요 전국 방송사들은 정규 프로그램 대신 부시의 연두교서 발표를 방송할 것이다.)

The cable channel will **telecast** all matches of the inaugural World Baseball Classic **live.** (그 케이블 방송은 제1회 월드베이스볼클래식의 모든 경기를 생중계할 것이다.)

3 The radio station will **rebroadcast** the president's New-Year speech which aired live three days ago. (그 라디오 방송국은 3일 전에 생방송된 대통령의 신년사를 재방송할 것이다.)

A rerun of the popular drama was Monday night's highest-rated show among viewers 18-49 with a 4 percent average. (그 인기 드라마의 재방송은 18세에서 49세의 시청자 층에서 평균 4퍼센트로 월요일 밤 가장 높은 시청률을 기록한 프로였다.)

4 The confirmation hearing of the prime minister nominee will be **cybercast live** from the National Assembly at 10 a.m. (총리 지명자의 인준 청문회는 국회로부터 오전 10시 인터넷으로 생중계될 것이다.)

Only a small number of aficionados will watch the **cybercast** since it will happen at a very early time. (아주 이른 시간에 방송되므로 단지 소수의 열혈 팬들만 그 인터넷 중계를 시청할 것이다.)

The station will also **simulcast** news from 9-9:30 p.m. each weeknight. (그 방송국은 또한 평일 매일 밤 9시에서 9시 30분까지 뉴스를 TV와 라디오로 동시에 방송할 것이다.)

5 Three-quarters of adults say they watch local **broadcast news**, and 71 percent say they watch network broadcast or cable news several times a week or daily. (성인의 75퍼센트는 지역 방송 뉴스를 시청한다고 답하고 71퍼센트는 일주일에 여러 번 혹은 매일 전국 방송과 케이블 뉴스를 시청한다고 말한다.)

Radio and television stations **suspended all their regular programming** to play solemn music. (라디오와 텔레비전 방송국들은 모든 정규 방송을 중단하고 장엄한 음악을 틀었다.)

6 The **radio station**, scheduled to begin airing Monday, will send out locally produced programs every weekday morning and evening. (월요일에 방송을 시작할 예정인 그 라디오 방송국은 평일 매일 아침과 저녁에 자체적으로 만든 프로그램을 방송할 것이다.)

A local radio station will **go off the air** at the end of the month to make way for a new hit music station. (한 지역 라디오 방송국이 새 인기 음악 방송국이 새로 생길 수 있도록 이번 달 말에 방송을 중단할 것이다.)

The TV station says it will **remain on the air** despite huge losses. (그 TV 방송국은 엄청난 적자에도 불구하고 계속 방송을 할 것이라고 밝히고 있다.)

7 The popular **radio host** will continue as the station's morning host. (그 인기 라디오 진행자는 계속 그 방송국의 아침 진행자로 남을 것이다.)

The station's local **call-in shows** will air mostly on weekdays from 7-9 p.m., whose topics will include sports, teen-age issues, music and politics. (그 방송국의 지역 청취자 참여 프로그램은 주로 평일 밤 7시에서 9시 사이에 방송될 것인데 주제는 스포츠, 십대 문제, 음악 그리고 정치 등이 포함될 것이다.)

8 ABC has decided to drop the Miss America pageant because of record-low **viewership**. (ABC는 기록적으로 낮은 시청률 때문에 미스 아메리카 선발대회 방송을 하지 않기로 했다.)

Producers of the TV station are under extreme pressure to **boost viewership ratings** for their programs. (그 TV 방송국의 제작자들은 자신들이 맡은 프로의 시청률을 높이라는 엄청난 압박을 받고 있다.)

The comedy series had an **average viewership rating** of 10 percent, down 4 percentage points from the previous week. (그 코미디 연속물은 평균 10퍼센트의 시청률을 올렸는데 이는 지난주에 비해 4퍼센트 포인트 떨어진 것이다.)

religion

종교

a system of belief in a god or gods = belief, creed, faith

용례 **believe in religion, profess[embrace] a religion** 종교를 믿다 **ministers of religion** 성직자, 목사 **the Christian[Buddhist] religion** 기독교[불교] **freedom of worship[religion]** 종교의 자유 **religious reformation** 종교 개혁 **religious strife** 종교 분쟁

I find relief in religion, seek refuge[solace, peace] in religion 종교에서 안식처를 구하다 **What's**

your religion? What religion do you profess? 당신의 종교는 무엇입니까?

| separate politics from religion 정치와 종교를 분리하다 **separation of politics from religion, separation of religion and state, separation of church and state** 정교 분리

| propagate a religion, spread a faith 종교를 전도하다

| ban[proscribe] a religion 종교를 금하다

| persecute a religion 종교를 박해하다

| guarantee freedom of religion 종교의 자유를 보장하다

sect, denomination 종파

| Christianity 기독교 **Christian** 기독교인 **Buddhism** 불교 **Buddhist** 불교도, 불자 **Islam** 회교, 이슬람교 **Muslim** 이슬람교도 **Confucianism** 유교 **Taoism** 도교 **superstition** 미신 **superstitious** 미신을 믿는 **fetish** 물신(物神) **fetishism** 물신 숭배, 페티시즘 (이성의 몸의 일부나 옷 따위로 성적 만족을 얻는 변태 심리) **fetishist** 물신 숭배자, 성도착자

| believer 신앙을 가진 사람, 신자 **a believer in Christianity[Buddhism]** 기독교도[불교도]

| Catholicism 가톨릭교 **Methodism** 감리교 **Protestantism** 신교 **Presbyterianism** 장로교

| a Catholic church 가톨릭교회 **a Methodist church** 감리교회 **a Baptist church** 침례교회 **a Presbyterian church** 장로교회

| cult 유사 종교, 사교(邪敎)

| doctrine 교리 **the Christian[Buddhist] doctrine** 기독교[불교] 교리

religious 종교의; 종교를 믿는, 신앙심이 깊은

| a religious book 종교 서적 **a religious man** 신앙심이 깊은 사람 **deeply[profoundly, very] religious** 신앙심이 매우 깊은 **a religious house, a monastery** 수도원 **a seminary** 신학교 **a religious service** 종교 의식

| devout 독실한 **a devout follower of Buddha** 독실한 불교도

| orthodox 정통 신앙의 **heterodox** 이단의 **pagan** 이교도, 이단의

| holy, sacred 성스러운 **holy water** 성수 **holy grail** 성배 **blasphemy, sacrilege** 신성모독

| spiritual 종교의, 종교적인 **a spiritual court** 종교 재판소 **spiritual songs** 성가 **secular** 세속적인 **secular affairs** 세속적인 일

| prayer 기도 **service** 예배 **mass** 미사 **ritual** 종교 의식 **the Sabbath** 안식일 **Easter** 부활절

| the Bible 성서 **the Koran** 코란 **a Buddhist scripture** 불경 **a sutra** 경전

| theology 신학 **liberation theology** 해방신학 **theologian, theologist** 신학자

| atheism 무신론 **atheist** 무신론자

the Pope, the pontiff 교황

| papal 교황의 **papal authority** 교황의 권위 **a papal election** 교황 선거 **papal robes** 교황복 **conclave** (교황을 선출하는) 추기경 비밀회의 **the Vatican** 교황청

| cardinal 추기경 **minister, priest** 목사, 성직자 **father** 신부 **bishop** 주교 **archbishop** 대주교, (불교의) 대승정 **nun** 수녀, 비구니

| monk 수도사, 승려 **a Buddhist temple** 절

| ordain 성직에 임명하다 **ordainment** 서임, 서품

| unfrock, defrock ~의 법의(法衣)를 벗기다, ~를 성직에서 해직하다 **defrock[unfrock] a priest** 사제직을 박탈하다

| excommunicate (교회가) ~를 파문하다, 제명하다 **excommunication** 파문, 제명

publish

출판하다, 발간하다
to produce many copies of a book, magazine, or newspaper
= issue, bring out, release, put out

용례 **publish a book** 책을 출판하다 **publish memoirs** 회고록을 출판하다 **publish one's first novel** 첫 소설을 출간하다
| **be published monthly[quarterly, annually]** 매달[계간으로, 연간으로] 발행되다 **be published by** ~에 의해 발간되다 **publish a political pamphlet** 정치 팸플릿을 발행하다
| **publisher** 출판업자, 출판사
| **a publishing house, a publishing company** 출판사 **a small publishing outfit** 소규모 출판사 **work as a proofreader for a publishing company** 출판사의 교정원으로 일하다
| **publishing** 출판업 **be offered a job in publishing** 출판 쪽 직장을 제의 받다 **a publishing tycoon** 출판계의 거물 **a publishing empire** 출판 제국(거대 기업) **the publishing industry** 출판 산업
publication 출판, 출판물
| **Near publication** (광고) 근간 **the publication of one's memoirs** ~의 회고록 출판 **new[foreign] publications** 새로운[외국] 출판물 **an annual[a monthly] publication** 연보[월간] **begin[start] publication** 창간하다 **specialist publications** 전문인 출판물 **the date of publication** 발행일

필수예문

1 **Freedom of religion** is a guarantee by a government for freedom of belief for individuals and freedom of worship for individuals and groups. (종교의 자유는 정부가 개인의 믿음의 자유와 개인이나 단체의 신앙의 자유를 보장하는 것이다.)

Freedom of religion must also include the freedom to believe that there exists no deity (atheism). (종교의 자유는 또한 신은 존재하지 않는다고 믿는(무신론) 자유를 포함해야 한다.)

2 Once started, **religious strife** has a tendency to go on and on, and to become permanent feuds. (일단 시작되면 종교 분쟁은 계속되고 영구적인 갈등이 되는 경향이 있다.)

The government has been unable to come up with any way to solve the ethnic and **religious strife** other than using the armed forces to suppress it. (정부는 군대로 진압하는 것 외에는 민족 및 종교 분쟁을 해결할 어떤 방법도 제시할 수 없었다.)

3 The religious leader contends **separation of politics from religion** is the sole panacea for all sorts of religious evils. (그 종교 지도자는 정교 분리가 모든 종교의 폐해를 해결하는 유일한 만병통치약이라고 주장한다.)

Separation of religion and politics is widely understood as meaning separation of religion and state. (정교 분리는 종교와 국가의 분리를 의미하는 것으로 널리 이해되고 있다.)

4 **Buddhists** are taught to show tolerance for beliefs that differ from their own, but, in recent years, militant Buddhists have persecuted **Christians**. (불교도들은 자신들과 다른 종교에 관용을 보이라고 가르침을 받지만 최근 몇 년 간에 투쟁적인 불교도들은 기독교도들을 박해해왔다.)

5 **Cardinal** Joseph Ratzinger of Germany, a hard-line guardian of **conservative doctrine**, was **elected the new pope** Tuesday evening in the first **conclave** of the new millennium. (전통적 교리의 강경한 수호자인 독일의 조셉 라칭거 추기경이 화요일 저녁에 있은 새 천년의 첫 교황 선거에서 새 교황으로 선출되었다.)

6 In **the Vatican**, he has supported crackdowns on **liberation theology**, religious pluralism, and challenges to traditional moral teachings on issues such as homosexuality. (교황청에서 그는 해방신학, 종교적 다원주의, 동성애 같은 문제에 대한 전통적인 도덕적 가르침에 대한 도전을 탄압하는 것을 지지해왔다.)

7 Recently retired Federal Reserve Chairman Alan Greenspan has sealed a book deal with the Penguin Press to **publish his memoirs**. (최근에 물러난 연방준비제도이사회 앨런 그린스펀 의장은 펭귄 출판사와 자신의 회고록 출판 계약을 맺었다.)

The baseball star has signed a multi-million-dollar deal to **publish his autobiography**. (그 야구 스타는 수백만 달러에 달하는 자서전 출판 계약을 맺었다.)

8 Despite a falling birthrate and a slump in the **publishing industry**, child-care magazines are going strong. (출산율 하락과 출판 산업의 불황에도 불구하고 육아 잡지는 호황을 누리고 있다.)

Market analysts agree that the **magazine publishing industry** — faced with slumping advertising sales and rising costs — is headed for even tougher times. (시장 분석가들은 광고 매출 하락과 비용 증가에 직면하고 있는 잡지 출판업계가 더 힘든 시기를 맞을 것이라는 데 동의한다.)

심화학습

해방신학 liberation theology

해방신학이란 인간에 의한 인간의 지배로 인해 발생되는 모든 억압과 수탈로부터 인간을 해방시키는 신학으로서 라틴 아메리카, 아프리카, 아시아 등 제 3세계에서 일어나는 새로운 신학들을 총칭하는 말이다.

Liberation theology, a term first used in 1973 by Gustavo Gutierrez, a Peruvian Roman Catholic priest, is a school of thought among Latin American Catholics who believe the church should concentrate its efforts on liberating the people of the world from poverty and oppression.

The leading exponents of the **liberation-theology movement** include Gutierrez, Leonardo Boff of Brazil, and Juan Luis Segundo of Uruguay. The liberationists have received encouragement from the Latin American bishops, especially in resolutions adopted at a 1968 conference in Medellin, Colombia.

Others in the Roman Catholic church have objected to their use of Marxist ideas, their support for revolutionary movements, and their criticisms of traditional church institutions. Vatican authorities censured Boff in 1985 but in a 1986 document supported a moderate form of **liberation theology**.

페루의 로마 카톨릭 사제인 구스타보 구티에레스에 의해 1973년 처음 사용된 용어인 **해방신학**은 라틴 아메리카 기독교인들 사이에서 생긴 학파로 이들은 교회는 세계 인민을 가난과 압제로부터 해방하는 데 노력을 집중해야 한다고 믿는다.

해방신학 운동의 대표적인 인물에는 구티에레스, 브라질의 레오나르도 보프 그리고 우루과이의 후안 루이스 세군도 등이 있다. 이들 해방신학자들은 라틴 아메리카의 주교들로부터, 특히 콜롬비아 메델린에서 1968년에 열린 한 회의에서 채택된 결의안으로부터 자극을 받았다.

로마 가톨릭 교회에 종사하는 다른 사람들은 그들의 마르크스 사상 이용, 혁명 운동의 지지 그리고 전통적인 교회 관습의 비난 등에 반대해왔다. 바티칸 당국은 1985년에 보프를 문책했지만 1986년의 문서를 통해 온건한 형태의 **해방신학**을 지지했다.

liberation 해방 **liberationist** 해방 운동가 **liberate** 해방시키다 **theology** 신학 **term** 용어 **priest** 사제, 신부 **school** 학파 **concentrate ~ on ...** ~를 ...에 집중하다 **oppression** 압제 **leading** 주요한, 일류의 **exponent** 주창자, 대변자, 옹호자 **movement** 운동 **receive encouragement from** ~에서 자극을 받다 **bishop** 주교 **resolution** 결의안 **adopt** 채택하다 **object to** ~에 반대하다 **Marxist idea** 마르크스 사상 **revolutionary** 혁명의 **traditional** 전통적인 **institution** 제도, 관습 **authorities** 당국 **censure** 견책(문책)하다 **moderate** 온건한

1분회화

It's a fact.

그건 확실한 사실이야.

'콩으로 메주를 쑨다고 해도 믿지 않는다'는 속담도 있지만 주위에 보면 무슨 말을 해도 아예 귀를 막고 믿지 않으려는 사람들이 있는데 정말 답답한 노릇이다. 이럴 때 상대방에게 **그건 확실한 사실이야**라고 말하는 표현이다. **That's a fact**도 같은 말이다.

A: I can't believe it.	나 못 믿겠어.
B: Come on, believe me.	왜 이래. 정말이야.
A: Do you want me to believe that Tom will marry Jane?	톰이 제인과 결혼한다는 것을 나더러 믿으라는 거야?
B: I am not going to argue with you about it. **It's a fact.**	너하고 그 얘기로 다투기 싫어. 그건 확실한 사실이야.

24 전시 | 공연 | 문화재

주제어	관련어
exhibit	**demo, display, show, exhibition, on exhibition, retrospective exhibition, gallery, museum, curator, oil painting, watercolor, cubism**
performance	**concert, recital, encore, improvisation, one-night stand, perform, rehearsal, dry run**
heritage	**cultural heritage, relic, artifact, archaeology, archeologist, excavate, unearth, dig, loot, vandalism**

●●● Beauty is in the eye of the beholder. 제 눈에 안경이다.

흔히 문화재는 한 민족이 살아온 역사적 발자취의 축적이며 그 나라의 문화적 수준을 보여주는 척도라고 한다. 반만년의 유구한 역사를 자랑하는 대한민국. 그 긴 역사만큼이나 찬란한 문화유산(cultural heritage)을 갖고 있지만 강대국들의 식민지 쟁탈전 와중에서 불행한 역사를 겪으면서 많은 문화재들이 소실되고 해외로 유출되었다.

19세기말 일본, 중국, 프랑스, 영국 등 열강들이 한반도에서 각축을 벌이는 가운데 많은 유물들이 약탈되었으며 일제 강점기에는 그 정도가 더욱 심해 수만 점의 귀중한 문화재를 일본이 빼앗아갔다고 한다. 하지만 해외문화재 반환은 정부의 노력에도 불구하고 거의 이루어지지 않고 있다. 이런 상황에서 2006년 3.1절에 의미 있는 행사가 있었으니 일본 야스쿠니 신사(the Yasukuni Shine)에 100년 동안 방치돼오다 2005년 10월 한국으로 돌아온 북관대첩비(an 18th-century war memorial)가 북한에 인도되는 행사였다. 이날 행사에는 유홍준 문화재청장(head of the Cultural Heritage Administration)을 비롯한 남북의 고위 인사들이 참석했다.

최근 한 방송에서 약 7만 점이 넘는 해외 약탈 문화재를 되찾자는 운동을 벌여 국민들의 큰 관심과 호응이 이어지고 있다. 일본이 약탈해가 그곳에 방치되고 있는 우리 문화재의 현장을 찾아 그 실태를 생생히 보여주어 시청자들의 마음을 움직였고 급기야 국민의 성금을 모아 되사오는 운동을 벌이기도 했다. 그 중의 하나로 임진왜란 3대첩의 하나인 진주대첩 주인공 김시민 장군의 '공신 교서'를 확인하여 일본인 소장자로부터 매각 동의를 얻어내고 반환을 추진한 바 있었다.

exhibit

전시하다; 전시회; 전시품
to show or demonstrate something to an interested audience = demo, demonstrate, present, show

exhibit 역시 명사, 동사 양쪽으로 다 쓰이는 단어로 '전시하다; 전시회, 전시품' 이라는 의미를 갖고 있다.
exhibit paintings 그림을 전시하다
have an **exhibit** 전시회를 열다
see **exhibits** 전시품을 관람하다

용례 **exhibit paintings** 그림을 전시하다 **exhibit Picasso's works** 피카소의 작품을 전시하다 **exhibit flowers at a flower show** 꽃 박람회에 꽃을 전시하다

| **exhibit some of Monet's paintings** 모네의 그림 일부를 전시하다

| **exhibit one's paintings at a gallery** 화랑에 그림을 전시하다 **exhibit[submit, send] one's paintings in an exhibition** 전시회에 작품을 내다

| **exhibit** 전시회 **have[hold, mount, organize, put on] an exhibit** 전시회를 열다(개최하다) **on exhibit** 전시(진열, 공개)되어 **an impressionism exhibit** 인상주의 전시회

exhibit 전시품(물)

| **see exhibits** 전시품을 관람하다 **a priceless exhibit** 귀중한 전시품 **Do not touch the exhibits.** 전시품에 손대지 마시오.

| **exhibits enclosed in glass cases** 유리 케이스 안에 둘러싸인 전시품들 **a fine exhibit of Chinese porcelain** 정교한 중국 도자기 전시품

| **an exhibit hall[room]** 전시회장

| **gallery** 화랑 **museum** 박물관 **curator** (박물관 등의) 관장, 관리자

exhibition 전시회, 전람회

| **hold[give, have, organize, mount, put on] an art exhibition** 미술 전람회를 열다 **an exhibition of oil landscapes** 유화 풍경화 전시회

| **an exhibition of old photographs** 옛날 사진전 **an exhibition catalogue** 전시회 카탈로그 **a retrospective exhibition of the painter's work** 그 화가의 작품 회고전

| **be on exhibition[display, show]** 전시 중이다

| **put[place] ~ on exhibition** ~를 전시하다

| **fair** 박람회, 설명회 **an agricultural fair** 농산물 박람회 **a job[college] fair** 취업[대학 진학] 설명회 **presentation** (제품 등의) 발표, 설명 **demo, demonstration** 실연 설명 **showstopper** 열렬한 갈채를 받는 명연기[연기자], 이목을 끄는 것

| **oil painting** 유화 **watercolor** 수채화 **landscape** 풍경화 **still life** 정물화 **portrait** 초상화 **self-portrait** 자화상 **drawing** 소묘, 데생

impressionism 인상파

| **impressionist** 인상파 화가 **postimpressionism** 후기 인상파 **postimpressionist** 후기 인상파 화가 **cubism** 입체파 **cubist** 입체파 화가 **Fauvism** 야수파 **Fauvist** 야수파 화가 **romanticism** 낭만파 **romanticist** 낭만파 화가 **surrealism** 초현실파 **surrealist** 초현실파 화가

필수예문

1 The gallery plans to **exhibit** paintings and sculptures by avant-garde artists, which critics say will provide a glimpse into their unique art styles. (그 화랑은 전위 예술가들의 그림과 조각을 전시할 계획인데 비평가들은 이 전시회가 그들의 독특한 예술 스타일을 엿볼 수 있게 할 것이라고 말한다.)

2 Japan's first **exhibit** of Pablo Picasso's works will be held next week. (일본 최초의 파블로 피카소 작품 전시회가 다음주에 열릴 것이다.)

A collection of 50 original Picasso paintings and sculptures alongside 30 African art objects will be **on display** at the gallery for five weeks. (30여 점의 아프리카 예술품과 함께 50여 점의 피카소 원작 그림과 조각이 그 화랑에서 5주간 전시될 것이다.)

3 The online gallery provides an excellent **exhibit** for viewing the painter's styles in a series of paintings and drawings depicting similar subject matters. (그 인터넷 화랑은 비슷한 주제를 묘사하고 있는 일련의 회화와 소묘를 통해 그 화가의 스타일을 감상할 수 있는 멋진 전시회를 제공하고 있다.)

4 Touching paintings and other **exhibits** in the museum is strictly forbidden. This is because the skin on our fingers always contains oils and salts that cause long-term damage. (그 박물관에서 그림과 다른 전시품을 만지는 것은 엄격하게 금지되고 있다. 이것은 우리 손가락 피부는 장기간의 피해를 입히는 기름과 소금을 함유하고 있기 때문이다.)

5 The head **curator** of the museum is usually called the museum director. (박물관의 수석 관장은 박물관장이라고 불린다.)

Curators direct the acquisition, storage, and exhibition of collections, including negotiating and authorizing the purchase, sale, exchange, or loan of collections. (관장들은 수집품의 구매, 매각, 교환 및 대여의 협상과 승인을 포함하여 수집품의 획득, 보관 및 전시를 총괄한다.)

6 The gallery will **hold an exhibition of** paintings by the US painter who was a major figure in post-war New York figurative painting and exerted a powerful influence on a generation of young painters. (그 화랑은 전후 뉴욕 인물화계의 거물이었고 젊은 화가층에 큰 영향을 끼친 그 미국 화가의 그림의 전시회를 개최할 것이다.)

7 The National Museum of Art is to **hold a retrospective exhibition of** 30 works by Paul Cezanne, once dubbed the father of modern art. (국립 미술 박물관은 한때 현대 미술의 아버지라고 불린 폴 세잔느의 작품 30점의 회고전을 열 계획이다.)

The gallery will **hold a retrospective exhibition of** paintings, sculptures and etchings by the artist to mark the first anniversary of his death. (그 화랑은 그 화가의 1주기를 맞이하여 그의 그림, 조각 그리고 동판화 회고전을 열 것이다.)

8 The **impressionist** artist's solo exhibition features oil landscapes, still-life paintings with flowers, nude paintings and portraits. (그 인상파 화가의 개인전은 유화 풍경화, 꽃이 있는 정물화, 누드 그림과 초상화를 선보인다.)

Cubist paintings create an ambiguous sense of space through geometric shapes that flatten and simplify form. (입체파 화가의 그림은 형태를 납작하게 하고 단순화시키는 기하학적인 형태를 통해 모호한 공간감을 만들어 낸다.)

performance

공연, 연주, 상연
the act of presenting a play or a piece of music or other entertainment = action, production, presentation, representation, show

용례 **a musical performance** 음악 연주 **an afternoon[evening] performance** 주간[야간] 공연 **a live performance** 라이브 공연
| **one's greatest performance** 최고의 공연(연기) **give[deliver] a performance of** ~를 공연(상연)하다 **a much acclaimed performance** 폭넓은 환호를 받은 공연 **give an ad lib performance** 즉흥적인 공연을 하다 **an award-winning performance** 상을 받은 공연 **a cameo performance** 카메오 연기
| **an immaculate performance** 빈틈없는 공연 **a flawless performance** 완벽한 공연 **an impressive[impromptu] performance** 인상적인[즉석] 공연 **a mesmerizing performance** 관객을 홀리는 듯한 공연
| **a musical performance** 뮤지컬 공연 **a mimed performance** 마임 공연 **a repeat performance** 재공연 **a solo performance** 독주 연주 **a virtuoso performance** 거장의 연주
| **concert** 음악회, 연주회 **benefit** 자선 공연 **a benefit concert** 자선 음악회 **pianism** 피아노 연주 **play reading** 희곡 낭송회 **premiere** 첫 공연, 초연 **recital** 독주회, 독창회 **an organ recital** 오르간 독주회 **give a recital** 독주회를 하다 **coda, finale** 피날레, 결말 **encore** (앙코르에 답하는) 노래, 연주, 출연 **do an encore** 앙코르 곡을 부르다, 앙코르 연주를 하다 **extemporization, improvisation** 즉흥 공연(연주) **one-night stand** 하룻밤 흥행 **last hurrah, swan song** 마지막(최후의) 공연

perform 공연(연기, 연주)하다
| **perform before a large audience** 많은 관중 앞에서 공연하다 **perform in the role of Hamlet** 햄릿 역을 연기하다 **perform on the violin** 바이올린을 켜다 **perform in concert** 콘서트에서 공연하다 **perform live** 라이브 공연하다
| **performer** 연기자, 연주자, 가수, 연예인 **performing arts** 공연 예술, 무대 예술
| **collaborate with** ~와 협연하다

rehearsal, dry run 예행 연습
| **conduct[have, hold, stage] a rehearsal for** ~의 리허설을 하다 **schedule a rehearsal** 리허설의 일정을 잡다 **a public rehearsal** 공개 시연
| **a dress rehearsal** (연극의) 총연습 **be in rehearsal** 예행 연습중이다 **a rehearsal room** 리허설 실 **perform a piece without rehearsal** 사전 연습 없이 한 곡을 연주하다
| **rehearse, dry-run** 예행 연습을 하다 **rehearse a play** 연극의 예행 연습을 하다 **rehearse for a concert** 음악회의 예행 연습을 하다

heritage

전통, 유산
any attribute or immaterial possession that is inherited from ancestors = bequest, inheritance, legacy, tradition

용례 **cultural heritage** 문화적 유산 **national heritage** 국가적 유산 **literary heritage** 문학적 유산 **musical[artistic] heritage** 음악[예술] 유산

ethnic heritage 민족 유산 **spiritual[mental] heritage** 정신적 유산 **be designated as a UN World Heritage Site** 유엔의 세계유산(등록지)으로 지정되다 **protect cultural heritage** 문화 유산을 보호하다 **cultural assets[properties]** 문화재
intangible cultural assets 무형 문화재 **human cultural assets** 인간문화재 **be designated[registered] as important cultural property** 중요 문화재로 지정되다
relic 유물 **historic relics** 역사적 유물
artifact 인공 유물 **ancient artifacts** 고대 유물
archeology 고고학 **archaeologist** 고고학자 **excavate, dig, unearth** 발굴하다 **loot** 약탈하다; 약탈품
loot[steal] cultural assets 문화재를 약탈하다(훔치다) **looting of cultural assets** 문화재 약탈 **stolen art works** 훔친 예술품들
vandalize, destroy 파괴하다, 훼손하다 **vandalize cultural assets** 문화재를 파괴하다 **vandalism** 파괴 행위 **vandal** 파괴자
rob a tomb[grave] 무덤을 도굴하다 **a tomb robber** 도굴꾼 **tomb robbery** 도굴

필수예문

1 The actress became an international star with a **much acclaimed performance** in Hamlet. Her performance brought much praise and the offer of leading roles in several other plays. (그 여배우는 큰 찬사를 받은 햄릿 공연으로 국제적인 유명 배우가 되었다. 그녀의 연기는 많은 찬사를 받았고 그로 인해 다른 여러 연극의 주연 제의가 들어왔다.)

2 The pianist **performs** regularly in Russia, Germany, Italy, Latin America and the United States. (그 피아니스트는 러시아, 독일, 이탈리아, 라틴 아메리카 그리고 미국에서 정기적으로 공연을 한다.)

She frequently **collaborates with** the South Korean conductor. (그녀는 자주 그 한국인 지휘자와 협연을 한다.)

3 The famous South Korean musician is to **hold a solo piano concert** at New York's prestigious Lincoln Center for the Performing Arts in May. (그 유명 한국인 음악가는 5월에 뉴욕의 유명한 링컨 공연 예술 센터에서 피아노 독주회를 열 예정이다.)

The **dress rehearsal** will take place at the concert venue on a Tuesday night. (그 총연습은 화요일 밤 연주회장에서 있을 것이다.)

4 More efforts should be made to protect Afghanistan's rich historical monuments, sites and artifacts which are part of **the world's cultural heritage.** (세계 문화유산의 일부인 아프가니스탄의 풍부한 역사적 기념물과, 유적 및 유물을 보호하기 위해 더 많은 노력을 기울여야 한다.)

A **UN World Heritage Site** is an internationally-protected landmark of historical, cultural or natural significance. (유엔 세계유산 등록지는 국제적으로 보호되는 역사적, 문화적 그리고 자연적인 중요성을 갖는 유적이다.)

5 A team of American **archaeologists** has discovered an ancient tomb that officials say is the first find in Egypt's Valley of the Kings since King Tut's tomb was opened in 1922. (미국 고고학자 팀이 투탄카멘 왕의 무덤이 1922년에 개봉된 이래 이집트 왕들의 계곡에서의 첫 발

견이라고 관리들이 말하는 고대 무덤을 발견했다.)

About 400 pieces of **cultural relics were excavated** from an ancient tomb dating back more than 600 years. (약 400여 점의 문화 유물이 600여 년 전으로 거슬러 올라가는 고대 무덤에서 발굴되었다.)

6 **Stealing art works and cultural assets** to fund terrorist and military activity is nothing new. (테러 및 군사 활동의 자금 조달을 위해 예술품과 문화재를 훔치는 일은 새로운 것이 아니다.)

Much of the **loot** was converted into cash, which then paid for weapons and explosives used by Islamic terrorists. (장물의 대부분은 현금화되어 이슬람 테러분자들이 사용하는 무기나 폭발물을 사는 데 쓰였다.)

7 With the beginning of the **massive looting and destruction** of Jewish cultural assets at the start of World War II, all kinds of efforts were made to save this heritage, which had been created over centuries. (2차 세계대전 발발 당시 유대인 문화재의 대량 약탈과 파괴가 시작되자 수세기에 걸쳐 만들어졌던 이 유산을 지키기 위한 모든 노력이 이루어졌다.)

The whole world has been appalled by the **looting of cultural treasures** in Iraq and the failure of the allied forces to prevent it. (전세계가 이라크에서의 문화재 약탈과 연합군이 그것을 막지 못한 것에 크게 놀랐다.)

8 Police are looking for two men who were caught on videotape using silver spray paint to **vandalize** the statue of the late president. (경찰은 은색 스프레이 페인트를 이용해 고인이 된 대통령의 동상을 훼손하는 것이 비디오에 찍힌 두 남자를 찾고 있다.)

The tomb has not yet been excavated and efforts to **rob** it have failed, making it the only undisturbed royal tomb in South Korea. (그 무덤은 아직 발굴되지 않았고 도굴 시도는 실패로 끝나 그것은 한국에서 훼손되지 않은 유일한 왕릉이다.)

심화학습

세계유산 World Heritage

유엔교육과학문화기구(UNESCO)는 지구상에 남겨져 있는 문화 유산이나 보존할 만한 가치가 있다고 생각되는 자연 지역을 지정해 보호하고 있는데 이를 세계유산(World Heritage)이라고 한다.

Heritage is our legacy from the past, what we live with today, and what we pass on to future generations. Our cultural and natural heritage are both irreplaceable sources of life and inspiration. Places as unique and diverse as the wilds of East Africa's Serengeti, the Pyramids of Egypt, and the Baroque cathedrals of Latin America make up our world's heritage.

What makes the concept of **World Heritage** exceptional is its universal application. World Heritage sites belong to all the peoples of the world, irrespective of the territory on which they are located.

The United Nations Educational, Scientific and Cultural Organization (UNESCO) seeks to encourage the identification, protection and preservation of cultural and natural heritage around the world considered to be of outstanding value to humanity. This is embodied in an international treaty called the **Convention concerning the Protection of the World Cultural and Natural Heritage**, adopted by UNESCO in 1972.

유산이란 우리들이 과거로부터 물려받은 것이고 오늘날 더불어 살고 있으며 미래 세대들에게 전해줄 것이다. 우리의 문화 및 자연 유산은 둘 다 대체가 불가능한 생명과 영감의 원천이다. 동아프리카의 세렝게티 초원, 이집트의 피라미드 그리고 라틴 아메리카의 바로크식 성당처럼 독특하고 다양한 지역들이 우리가 살고 있는 세계의 유산을 구성한다.

세계유산의 개념을 특별하게 하는 것은 전 세계적인 응용에 있다. 세계유산지는 그들이 위치한 영토와 상관없이 세계의 모든 민족에게 속하는 것이다.

유엔교육과학문화기구(UNESCO)는 인류에게 뛰어난 가치가 있다고 생각되는 전세계의 문화 자연 유산의 확인, 보호 그리고 보존을 장려하려고 노력한다. 이러한 노력은 1972년 유네스코에 의해 채택된 **세계 문화 및 자연 유산 보호 협약**이라고 불리는 국제조약에 구현되어 있다.

legacy 유물, 유산 **pass on to** ~에 물려주다 **irreplaceable** 대체할 수 없는 **inspiration** 영감 **wild** 황야, 초원 **make up** 구성(형성)하다 **exceptional** 특별한 **universal** 전세계적인, 보편적인 **belong to** ~에 속하다 **irrespective of** ~에 관계(상관)없이 **territory** 영토 **encourage** 장려하다 **identification** 확인 *cf.* **identify** 확인하다 **preservation** 보존 *cf.* **preserve** 보존하다 **outstanding** 뛰어난, 탁월한 **humanity** 인류 **be embodied in** ~에 구체화되다, 구현되다 **treaty** 조약, 협정, 협약 = agreement, pact, convention

1분회화

That's a deal!

좋아, 알았다! (그것으로 결정짓자! 계약하자!)

사업상 흥정을 하는 양측이 밀고 당기고 하다 마침내 서로 조건에 합의하는 것을 strike a deal이라고 하는데 긴 협상 끝에 합의에 이르며 하는 말이라고 할 수 있다. 계약뿐만이 아니고 쌍방간에 의견이 일치하는 경우에도 쓰이는 말이다. 참고로 **It's no deal.**은 **흥정은 끝이다, 없던 일로 하자**라는 뜻이다.

A : Did you make up your mind? — 결심했니?
B : Yes, I decided to accept your offer. — 그래, 네 제안을 받아들이기로 했어.
A : **That's a deal.** You should not backpedal on your promise. — 좋아, 그렇게 하기로 하지. 약속 어기면 안 돼.
B : Don't worry about that. — 그런 걱정 붙들어 매.

Part 2

의학 과학 정보통신 science & technology

25 감정 | 감각 | 건강

주제어	관련어
emotion	**joy, joyful, thrilled, sadness, sad, grieve, anger, angry, galling, pacify, fear, frighten, love, old flame, hate, greed, greedy, emotional**
sense	**sight, hearing, smell, taste, touch, common sense, sensible, sensuous, sensitive**
health	**fitness, public health, healthy, healthcare, health insurance, health-conscious**

●●● Love is blind. 사랑을 하면 눈이 먼다.

인간은 이성적인 동물(Man is a rational animal)이라고 어느 유명한 철학자가 갈파했지만 그 이전에 인간은 오감(the five senses)의 지배를 받는 감정(emotion)의 동물이라고 할 수 있다. 살아가면서 좋은 일이 생기면 기뻐하고 때로는 분노를 터뜨리기도 한다. 가슴 아픈 일이 생기면 눈물을 흘리며 슬퍼하기도 하고 때로는 슬픔이 지나쳐 세상을 비관하여 소중한 목숨을 스스로 끊는 사람도 종종 있다. 희노애락애오욕의 칠정을 초월하여 득도한 사람이 아닌 이상 인간은 감정의 지배에서 벗어날 수 없는 것이다.

인간의 일곱 가지 감정 중에 가장 앞서는 것은 누군가를 좋아하고 마음 깊이 사모하는 애(愛)라고 할 수 있을 것이다. 대개 한 번쯤은 첫 눈에 반하는 사랑(love at first sight)을 경험하기도 하고, 특히 가족에 대한 사랑은 모두가 가지고 있는 감정이라고 할 수 있다. 매를 아끼면 자식을 버린다(Spare the rod and spoil the child)는 속담이 있음에도 불구하고 부모들의 자식에 대한 사랑은 끝이 없으며 때로는 맹목적으로 아끼고 사랑하다 버릇없는 아이를 만들기도 한다.

인간으로 태어난 이상 언젠가는 다시 흙으로 돌아가야 하는데도 죽음에 대한 공포(fear)를 떨치기 어렵다. 또 알몸으로 태어나 알몸으로 돌아가는 인생임에도 불구하고 모두들 물질적 탐욕(greed)에 사로잡혀 아귀다툼을 벌인다. 돈이면 모든 것이 다된다는 황금만능주의(mammonism)가 사회에 팽배하여 어린 학생들조차 용돈을 벌기 위해 해서는 안 될 일을 서슴지 않는 세상이 되어버렸다. 그래서 지각 있는 인사들은 인간답게 사는 사회를 만들기 위해 모든 국민이 도덕 재무장을 해야 된다고 주장하기도 한다.

emotion

감정, 정서; 감동

a mental state that arises spontaneously rather than through conscious effort and is often accompanied by physiological changes = affect, feeling, sentiment

용례 **sentimental emotion** 감상적인 감정 **a man of strong emotion** 격정적인 사람 **appeal to the emotions** 감정에 호소하다 **control one's emotion** 감정을 억누르다

| **betray one's emotion** 무의식중에 감정을 나타내다

| **stir[whip] up emotion(s)** 감정을 자극하다 **display[show] emotion** 감정을 나타내다 **show no emotion** 아무런 감정을 보이지 않다

| **a gush of emotion** 감정의 복받침 **with emotion** 감동(감격)하여

joy, delight 기쁨

| **happiness, euphoria** 행복 **bliss** 더없는 행복, 환희 **elation** 의기양양 **contentment** 만족

| **joyful, pleased, glad, happy, jolly** 기쁜, 행복한 **exultant, gleeful** 매우 기뻐하는 **jaunty** 명랑한 **radiant** 기쁨에 빛나는 **cheerful** 기분이 좋은, 명랑한 **blistfully happy, be on top of the world, blissful** 아주 행복한 **on cloud nine[seven]** 기분이 날아갈 듯하여, 의기양양하여 **ecstatic** 무아지경의

| **delighted, thrilled, be over the moon, overjoyed, elated, jubilant** ~에 대해 몹시 기뻐하는

| **cheer up, perk up, brighten up** 기운이 나다 **be heartened[cheered]** 고무되다 **take heart** 용기를(기운을) 내다

| **make ~ happy** 행복하게 하다 **cheer ~ up** ~를 고무시키다, 기운 나게 하다 **please, put ~ in a good mood** 기쁘게 하다 **make one's day** ~를 행복하게 하다 **raise[lift] one's spirits** ~의 기분을 좋게 하다

| **cheering, heartening** 고무적인, 격려가 되는 **heartwarming** 마음이 따스해지는, 기쁜

| **happy ending** 행복한 결말

sadness, sorrow 슬픔

| **depression** 의기소침, 우울; 우울증 **gloom** 의기소침, 우울 **unhappiness** 불행 **despair** 절망 **despondency** 낙심, 의기소침 **grief** 큰 슬픔, 비탄, 비통 **heartache** 비탄 **misery** 비참, 고통

| **sad, sorrowful** 슬픈 **unhappy** 불행한 **miserable** 비참한, 슬픈

| **depressed, low, down, be down in the dumps, despondent, feel blue** 우울한

| **dejected, downcast, glum** 낙담한, 의기소침한 **wistful** 아쉬운 듯한, 수심에 잠긴 **gloomy** 우울한, 침울한 **morose** 침울한

| **broken-hearted, heartbroken** 상심한 **inconsolable** 슬픔에 잠긴 **desolate** (사람이) 불행한; 비참한

| **depressing** 낙담하게 하는 **heartbreaking, heart-rending** 가슴이 찢어질 듯한, 애끊는 **plaintive** 애처로운, 가련한 **mournful** 슬프게 하는

| **dismal, depressing, dreary, bleak, cheerless** (장소 등이) 쓸쓸한, 황량한, 음울한

| **grieve** 몹시 슬퍼하다, 비탄에 잠기다 **mourn** 슬퍼하다, 애도하다

| **depress, sadden, get ~ down, upset, break one's heart, make ~ sad[unhappy]** 슬프게 하다, 우울하게 하다 **drive ~ to despair** ~를 절망에 빠지게 하다

anger, choler, ire, resentment 화, 분노 **rage** 격노

| **angry, mad, annoyed, cross, be in a temper, indignant pissed off, pissed, be worked up** 화난

| **furious, irate, incensed, livid, seething, be on the warpath** 몹시 화난

| **get angry[mad], lose one's temper** 화를 내다

| **fly off the handle, go berserk, blow one's top, hit the roof, go crazy, go nuts, have a fit** 몹시 화내다, 발끈하다
| **have[throw] a tantrum** 발끈 화를 내다 **make a scene** 야단법석을 떨다 **shake one's fist** (분노의 표시로) 움켜쥔 주먹을 흔들다 **let off steam** 울분을 풀다 **stamp one's foot** 화가 나서 발로 땅을 차다
| **make ~ angry[mad], anger, rile** ~를 화나게 하다 **infuriate, make one's blood boil, make ~ sick, enrage** ~를 몹시 화나게 하다
| **grate on** ~에 거슬리다, ~를 불쾌하게 하다
| **galling, infuriating, maddening** 화나게 만드는
| **provoke, needle, wind up** (~를 일부러) 화나게 하다, 약 올리다
| **pacify, mollify** 달래다, 진정시키다

fear 두려움, 무서움

| **dread** 불안, 두려움 **fright** 갑작스럽고 순간적인 공포 **terror** 아주 커다란 공포 **horror** 공포, 전율 **panic** 공황, 공포 **anxiety, misgivings** 불안, 걱정
| **frightened, scared, terrified** 깜짝 놀란, 겁먹은 **petrified** 대경실색한 **scared stiff, scared out of one's wits, scared to death** 몹시 겁먹은
| **be afraid[scared, frightened, terrified, fearful] of, fear, dread** ~를 무서워하다 **for fear of** ~를 두려워하여
| **have a phobia about** ~에 공포증을 갖고 있다 **live in fear of** ~를 늘 두려워하다
| **frighten, terrify, scare, spook, alarm, startle, rattle** ~를 놀라게 하다 **give ~ a fright** 놀라게 하다 **give ~ the creeps** 오싹하게 하다 **make a person's hair stand on end, curl a person's hair** 머리가 쭈뼛하게 하다, 겁나게 하다
| **get a fright** 공포에 사로잡히다 **panic** 당황하다, 공황을 일으키다 **go as white as a sheet** (공포로) 얼굴이 창백해지다
| **frightening, scary, terrifying, chilling** 깜짝 놀라게 하는, 무서운 **spooky, creepy** 섬뜩한, 무시무시한 **blood-curdling, spine-chilling** 간담이 서늘해지는, 등골이 오싹한 **hair-raising** 머리털이 곤두서게 하는, 무시무시한
| **frighten, scare, terrorize** (일부러) 겁을 주다
| **scare easily** 잘 놀라다 **timid** 겁 많은 **be of a nervous disposition** 안절부절 못하는 성격이다

love 사랑, 연모, 애정

| **affection** 애정 **devotion** 헌신적인 사랑 **passion** 연정, 정열 **romance** 연애
| **love, be fond of, care, be close to** ~를 사랑하다, 좋아하다
| **adore** 무척 좋아하다 **dote on** 맹목적으로 사랑하다 **think the world of** ~를 대단히 소중히 여기다 **mean the world to, be all the world to** ~에게 있어서 무엇과도 바꿀 수 없는 것이다 **be devoted to** ~를 헌신적으로 사랑하다
| **be in love with** ~를 사랑하다 **fall in love with** ~와 사랑에 빠지다 **be swept off one's feet by** ~에 마음을 사로잡히다 **love at first sight** 첫눈에 반한 사랑
| **be madly in love with, be mad about, be infatuated with, be crazy about, have a crush on, be besotted with** ~를 몹시 사랑하다, 푹 빠져있다 **worship the ground someone walks[treads] on** ~를 열애하고 있다, ~에게 열중해 있다
| **loving** 사랑하는, 애정이 있는 **affectionate** 애정이 있는, 따뜻한 **doting** 맹목적으로 사랑하는 **fond** 정에 약한, 맹목적으로 사랑하는 **tender** 다정한, 애정이 담긴 **devoted** 헌신적인
| **passionate** 정열적인 **romantic** 낭만적인

| loved one 연인, 가장 사랑하는 사람; 가족, 친척 **lover, love, sweetheart** 애인 **old flame** 옛 애인 **the one you love** 사랑하는 사람 **the love of one's life** 평생 사랑한 사람, 유일한 사랑

| unloved 사랑받지 못하는, 귀염 받지 못하는 **an unloved wife** 사랑받지 못하는 아내

| like, appeal to, be fond of, be keen on, be to one's liking, go down well ~를 좋아하다

| like, be fond of, be attached to, have a soft spot for (사람을) 좋아하다 **a man[woman] after one's own heart** 마음에 드는 남자[여자]

| lover 애호가 **freak** ~광 **a jazz freak** 재즈광 **fan, aficionado, enthusiast, devotee** 애호가, ~광, 팬

| enthusiasm 열중, 열광, 열정 = ardency, ardor, avidity, craze, dash, devotion, eagerness, earnestness, fanaticism, fervor, fever, keenness, vehemence, verve, vim, zeal, zealousness, zest

hate 증오, 미움

| hatred 증오, 반감 **animosity** 적의, 반감 **abhorrence, loathing, aversion** 혐오, 질색 **hate crime** 증오(혐오감) 범죄 (인종, 신앙 따위의 편견에서 비롯된 증오심을 바탕으로 하는 범죄)

| hate, hate one's guts, can't stand, detest, loathe, abhor 몹시 싫어하다

| hated 증오하는 **pet hate[peeve]** 몹시 싫어하는 것

greed 욕심, 탐욕, 식탐

| greediness 욕심, 탐욕 **avarice** 탐욕 **avidity** 욕망, 탐욕 **glutton, greedy guts** 대식가, 열중하는 사람 **gluttony** 대식, 폭음 폭식; 탐닉 **pig** 욕심쟁이, 이기적인 사람

| greedy 욕심 사나운, 탐욕스러운 **grasping** (경멸적) 욕심 많은, 탐욕스러운 **materialistic** 물질주의적인, 돈이 최고라고 여기는

| mammonism 배금주의, 황금만능주의 **mammonist** 배금주의자 **the almighty dollar principle** 금권만능주의

---

emotional 감정적인, 감정에 움직이기 쉬운

용례 **an emotional actor** 감정 표현이 능숙한 배우 **be rarely emotional** 좀처럼 감정을 드러내지 않다 **apt to be emotional** 감정적으로 되기 쉽다

| get emotional 감정적이 되다

| one's emotional prop ~의 정신적 지주 **an emotional person** 다정다감한 사람 **an emotional clash** 감정 충돌 **have an emotional bias toward** ~에 감정적인 편견을 가지다

| emotional growth 정서적 성장 **emotional health** 정신 건강 **emotional problems** 정서 장애 **emotional instability** 정서 불안정

| suffer an emotional disorder 정서 장애를 앓다, 정서 장애가 있다

필수예문

1 With **public emotions** running so high, it is inconceivable that no legal action is taken against the religious group suspected of swindling believers of large money. (국민의 감정이 아주 고조된 상태에서, 신도들로부터 많은 돈을 사취한 혐의를 받고 있는 그 종교단체에 대해 아무런 법적 조치가 취해지지 않는다는 것은 생각할 수 없다.)

2 Under increasing attack, the prime minister denied any deliberate ethics violations by his officers and denounced opposition parties for using harsh rhetoric to **stir up the public's emotions.** (커져가는 비난에 직면한 총리는 부하 직원들의 어떠한 의도적인 윤리 위반도 부인하면서 야당들이 가혹한 발언으로 국민의 감정을 자극한다고 비난했다.)

3 Tens of thousands of **jubilant fans** took to the streets in South Korea to celebrate the national team's progression to the next stage of the World Cup. (한국에서 수만 명의 기쁨에 들뜬 팬들이 거리로 쏟아져 나와 축구 대표팀의 월드컵 16강 진출을 축하했다.)

4 Thousands of **angry workers** held a rally to protest a government plan to impose a cap on pay increases. (수천 명의 성난 노동자들이 임금 인상 상한선을 정하려는 정부의 계획에 항의하여 집회를 열었다.)

Hundreds of soccer fans, **angered by** a referee's decision, set fire to stadium seats and torched a police van before riot police used batons and high-pressure fire hoses to disperse them. (심판 판결에 분노한 수백 명의 축구 팬들이 경기장 의자와 경찰차에 불을 질렀고 시위 진압 경찰이 진압봉과 고압 소방 호스를 이용해 이들을 해산시켰다.)

5 While the brutal manner in which the murders were executed was a **hair-raising experience** in itself, the arrest of all the accused has brought out a shocking revelation that they killed the two persons for a paltry share of $1,000 each. (그 살인의 잔혹한 수법 자체가 끔찍한 경험이었지만 모든 피의자들의 체포로 인해 그들이 각각 불과 1000달러를 나눠 갖기 위해 두 사람을 죽였다는 충격적인 사실이 밝혀졌다.)

6 It's painful enough for these families to have to cope with the loss of **their loved ones.** (이 가족들이 사랑하는 사람들의 상실에 대처해야 한다는 것은 아주 고통스러운 것이다.)

The rate of **hate crimes** against American Muslims increased last year to the highest level since the September 2001 terrorist attacks, according to a recent report. (최근의 한 보고서에 따르면 작년 미국의 회교도에 대한 증오 범죄율은 2001년 9월 테러 공격 이래 최고 수준으로 증가했다.)

7 **Mammonism** is the covetous will — to seize, possess, and enjoy. It destroys other lives for the sake of ownership. (배금주의는 빼앗고, 소유하고 즐기려는 탐욕적인 의지이다. 그것은 소유를 위해 다른 사람들의 삶을 파괴한다.)

Many South Koreans **have an emotional bias toward** Japan which colonized the Korean Peninsula for 36 years. (많은 한국인들은 한반도를 36년간 식민지화했던 일본에 대해 감정적인 편견을 갖고 있다.)

8 **Emotional health** is about how we feel, think and behave. Nobody feels blissfully happy, thinks positive thoughts and behaves sensibly all the time. (정신 건강은 우리가 어떻게 느끼고, 생각하고, 행동하는가에 관한 것이다. 그 누구도 늘 아주 행복하게 느끼고 긍정적인 생각을 하고 지각 있게 행동하지는 않는다.)

People who **suffer from an emotional disorder** like depression often experience an overlap of other types of disorder symptoms such as **social anxiety disorder**. (우울증과 같은 정서 장애를 겪는 사람들은 종종 사회 불인증과 같은 다른 종류의 질병 증상의 중첩을 경험한다.)

sense

감각; 느낌; 관념; 감

any of the faculties by which stimuli from outside or inside the body are received and felt, as the faculties of hearing, sight, smell, touch, taste, and equilibrium = faculty, feel, function, impression, kinesthesia, sensation, sensibility, sensitivity

용례 **the (five) senses** 5감 **the sense of sight[hearing, smell, taste, touch]** 시각[청각, 후각, 미각, 촉각] **have keen senses** 감각이 날카롭다 **the sixth sense** 육감, 직감

| **a sense of delight** 쾌감

| **a sense of warmth[uneasiness]** 따뜻한 느낌[불안감] **a sense of social responsibility** 사회적 책임감 **a religious sense** 신앙심 **the sense of justice** 정의감 **have no sense of citizenship** 시민 의식이 없다 **a sense of time** 시간관념 **a good musical sense** 훌륭한 음악적 센스 **a sense of humor** 유머감각 **cultivate a language sense** 언어 감각을 기르다

| **common sense** 상식 **conventional wisdom** 일반적(사회적) 통념

| **sense and sensibility** 이지와 감정 **a man of sense** 사려 분별이 있는 사람 **He has more sense than to say such a foolish thing.** 그는 분별이 있으니 그런 어리석은 말을 하지는 않는다.

| **sensible** 분별이 있는, 현명한 **sensuous** 감각적인, 감각에 호소하는 **sensitive** 민감한, 감수성이 강한

intuition 직관(력)

| **a sudden flash of intuition** 갑작스런 직관의 번득임 **feminine intuition** 여자의 직관 **have an intuition that** ~라는 직감이 들다

| **intuit** 직관으로 알다, 직관하다 **intuitable** 직관으로 알 수 있는

| **hunch** 예감, 육감, 직감, 감(感) **have a hunch that** ~라는 생각이 들다 **play a[one's] hunch** 직감적으로 행동하다, 요행수를 노리다

| **insight** 식견, 안식, 통찰력 **a man of keen insight** 통찰력이 예리한 사람 **have[gain, get] an insight into** ~를 꿰뚫어 보다, 통찰하다; ~에 관한 식견을 지니다

| **insightful** 통찰력(식견)이 있는 **an insightful remark[critic]** 통찰력이 있는 발언[비평가]

| **clairvoyance** 천리안, 날카로운 통찰력, 투시 **clairvoyant**(남자), **clairvoyante**(여자) 천리안을 가진 사람 **clairvoyant** 천리안의

health

건강

the condition of the body and the degree to which it is free from illess, or the state of being well = bloom, constitution, fettle, fitness, haleness, robustness, salubrity, shape, vigor, well-being, wellness, wholeness

반의어 **illness**

용례 **have[lose] one's health** 건강을 지니다[잃다] **be good[bad] for one's health** 건강에 좋다[나쁘다] **be restored to health** 완쾌되다

| **have good[poor] health** 건강하다[건강하지 않다] **be out of health** 건강이 시원치 않다 **fall into ill health** 건강을 해치다 **in bad[poor, ill] health** 건강이 좋지 않아 **in good health** 건강하여

| **public health** 공중위생 **health care** 건강 관리, 의료

| **a healthcare center** 건강관리 센터 **the health care industry** 의료산업 **national health**

insurance 국민 의료 보험 **compulsory health insurance** 의무 의료 보험

healthy 건강한, 건전한; 건강에 좋은

= able-bodied, chipper, fit, hale, hardy, healthful, hearty, robust, rosy-cheeked, sound, strong, sturdy, vigorous, virile, well, whole, wrapped tight

| **a healthy body** 건강체 **a healthy mind** 건전한 정신 **a healthy climate** 건강에 좋은 기후 = advantageous, healthful, hygienic, salubrious, sanitary, tonic

| **bright-eyed and bushy-tailed** 원기 왕성한, 기력이 넘치는

| **health-conscious** 건강을 항상 의식하는, 건강에 신경을 쓰는 **health-conscious consumers** 건강에 신경을 쓰는 소비자들 **health-conscious seniors** 건강에 신경을 쓰는 노인들

smoking 흡연

| **No smoking** 금연 **cut down on smoking** 흡연을 줄이다 **give up [stop] smoking** 담배를 끊다 **ban smoking in all public places** 모든 공공장소에서 흡연을 금지하다 **smoking[non-smoking] area[place]** 흡연[금연]구역 **be designated as a non-smoking area** 금연 구역으로 지정되다 **the smoking section of an airplane** 비행기의 흡연구역 **the smoking rate among teens** 십대의 흡연율

| **smoke-free** 금연의 **go smoke-free** (장소 등이) 금연이 되다 **create a smoke-free environment** 금연 환경을 만들다

| **smoker** 흡연자 **a chain smoker** 줄담배를 피우는 사람 **a habitual[heavy, inveterate] smoker** 상습적인 흡연가, 골초

| **passive[secondary] smoking** 간접 흡연 **secondhand smoke** 간접 연기 **be exposed to secondhand smoke** 간접 연기에 노출되다 **breathe in other people's tobacco smoke** 다른 사람의 담배 연기를 마시다

필수예문

track 50

1 Without us even knowing, our sense **organs** (nose, eyes, ears, tongue, and skin) are taking in information and sending it to the brain for processing. If we didn't have them, we would not be able to smell, see, hear, taste, or touch anything. (우리가 모르게 감각 기관들(코, 눈, 귀, 혀, 피부)은 정보를 받아들이고 처리를 위해 이를 뇌에 보낸다. 만약 감각 기관이 없다면 우리는 전혀 냄새 맡고, 보고, 듣고, 맛보고 느낄 수 없을 것이다.)

2 Many scientists say we actually have **nine senses** — sight, sound, taste, touch, smell, pain, balance, thirst and hunger. (많은 과학자들은 사람에게는 실제로 9개의 감각 — 시각, 청각, 미각, 촉각, 후각, 통증, 균형, 갈증, 공복 — 이 있다고 한다.)

Pain, balance, thirst, and hunger are considered to be our internal senses, which provide information about the body and its needs. For example, the **sense of hunger** shows that the body needs food. (통증, 균형, 갈증, 공복은 내부 감각이라고 간주되는데 신체와 신체의 필요에 대한 정보를 제공한다. 예를 들면 공복감은 신체가 음식을 필요로 하는 것을 나타낸다.)

3 It's no surprise that many companies consider a strong **sense of social responsibility** to be one of their most important corporate values. (많은 기업들이 강한 사회적 책임감을 가장 중요한 기업 가치의 하나로 여긴다는 것은 놀라운 일이 아니다.)

4 The problem of a **lack of common sense** is not limited to politics because everybody does something foolish sometimes. (모두가 때로 어리석은 짓을 하기 때문에 상식 부족의 문제는 정치권에 한정된 것이 아니다.)

Tourism is highly **sensitive to** foreign exchange rates and their fluctuations. (관광은 환율과 환율 변동에 아주 민감하다.)

5 We all need to be concerned about smoking. About 1 out of every 5 women in America smokes, even though we know smoking is **not good for our health**. (우리 모두는 흡연에 대해 우려할 필요가 있다. 흡연이 건강에 안 좋다는 것을 알지만 미국 여성 5명 중 약 1명이 담배를 피운다.)

6 The public organization is trying to enlist the help of both adults and children in a **public health campaign** to ensure proper sanitation and fight the outbreak of diseases. (그 공공기관은 적절한 위생 설비를 확보하고 질병 발생에 대처하기 위한 공중위생 캠페인에 어른과 어린이 양쪽의 도움을 구하려 하고 있다.)

7 More than 500,000 establishments make up **the health care industry**. Although hospitals constitute only 2 percent of all health care establishments, they employ 40 percent of all workers. (50만 개가 넘는 기관들이 의료 산업을 구성하고 있다. 비록 병원이 모든 의료 기관의 겨우 2퍼센트를 차지하지만 모든 근로자의 40퍼센트를 고용하고 있다.)

8 The food company is broadening its high-end customer base by launching the sale of organic foods to meet the demands of **health-conscious consumers**. (그 식품회사는 건강에 신경을 쓰는 소비자들의 요구에 부응하기 위해 유기 식품 판매를 시작함으로써 고급 소비자 층을 넓히고 있다.)

심화학습

정서장애 emotional disorders

많은 어린이는 물론이고 심지어 일부 어른들도 다양한 종류의 정서 장애(emotional disorders)를 겪고 있다고 하는데 여러 가지 요인으로 인해 발생하는 장애의 종류를 정리한다.

anxiety disorders 불안장애

| **panic disorder** 공포 장애 **obsessive-compulsive disorder** 강박 신경증 **post-traumatic stress disorder** 심리적 외상(정신적 충격) 후 스트레스 장애 **social phobia** 사회 공포증 **generalized anxiety disorder** 일반 불안 장애 **separation anxiety disorder** 분리 불안 장애 **acute stress disorder** 중증 스트레스 장애

depressive disorders 우울장애

| **depression, nervous depression** 우울증 **depressive** 우울증 환자 **dysthymia, chronic and mild depression** 가벼운 우울증 **cyclothymia** 조울병(躁鬱病) **manic-depressive syndrome** 조울병 증후군 **manic depression** 조울병 **mania** 조병(躁病). **manic** 조병 환자 **postnatal[postpartum] depression** 산후 우울증

personality disorders 성격장애

| **borderline personality disorder** 경계선 성격장애 **antisocial personality disorder** 반사회적 성격장애 **multiple personality disorder** 다중 성격장애 **histrionic personality disorder** 연극성 성격장애

schizoid personality disorder 정신분열형 성격장애 **paranoid personality disorder** 편집증적 성격장애 **narcissistic personality disorder** 자아도취적 성격장애 **dependent personality disorder** 의존적 성격장애 **obsessive-compulsive personality disorder** 강박적 성격장애 **avoidant personality disorder** 회피성 성격장애

behavioral and eating disorders 행동 및 섭식장애

| **attention deficit hyperactivity disorder** 주의력결핍 과다행동장애 **autism** 자폐증 **autist** 자폐증 환자 **autistic children** 자폐증 어린이 **anorexia nervosa** 신경성 식욕 부진증 **bulimia nervosa** 신경성 과식증 **binge eating disorder** 폭식장애

psychotic disorders 정신병

| **mental disease, psychosis, psychopathy** 정신병 **schizophrenia** 정신분열증 **paranoid schizophrenia** 편집병적 정신분열증 **schizophreniac** 정신분열증 환자 **psychiatric[psychopathic, psychotic] ward** 정신병동(棟) **psychiatrist, psychiater, psychopathist, mental specialist, alienist** 정신병 의사 **mentally deranged person, insane[demented] person, lunatic, psychopathic case, psychopath, psycho** 정신병자 **mental[psychopathic] patient** 정신병 환자 **delusional disorder** 망상 장애 **the delusion of grandeur[persecution]** 과대[피해] 망상 **megalomania** 과대망상증 **megalomaniac** 과대망상증 환자 **persecution mania** 피해망상증 **persecution maniac** 피해망상증 환자

26 질병 | 입원 | 의료사고

주제어	관련어
illness	**bug, ailment, complaint, condition, disease, disorder, infection, epidemic, pandemic, outbreak, waterborne, ill, sick, infirm, unwell, sickly**
hospitalize	**be hospitalized, be admitted, hospitalization, admission, be released from hospital, inpatient, outpatient**
malpractice	**malpractice suit, malpractice insurance, clinical test, cohort study, placebo, placebo effect**

●●● Ill weeds grow apace. 미움 받는 자가 오히려 활개친다.

최근 언론매체에 자주 등장하는 조류독감(bird flu, avian influenza)은 주로 닭과 오리, 칠면조 등 가금류(poultry)에 감염되는 급성 바이러스성 전염병으로 전파 속도가 매우 빠르고 고(高)병원성(highly pathogenic)의 경우 치사율이 100%에 이를 정도로 폐사율이 높다. 이 전염병(epidemic)은 모든 종류의 조류에 감염될 수 있는 인플루엔자로 특히 기르는 가금류의 감염률이 높은 것으로 알려져 있다. 또 조류독감은 인체에도 전염이 된다. 그러나 아직 대인 감염 (human-to-human transmission) 케이스는 공식 보고되지 않았다.

조류독감은 야생조류나 돼지 사이에서 전염되는 것으로 알려졌으나 지난 1997년 홍콩에서 조류와 접촉한 뒤 감염된 8명 가운데 6명이 사망하는 사건이 발생하면서 사람도 감염되는 것으로 알려지기 시작했다.

특히 2003년 이후 아시아에서 확산된 조류독감 H5N1 바이러스로 인해 베트남에서만 40명 이상이 사망하는 등 적어도 65명이 숨졌으며 수천만 마리의 새와 가금류가 집단 폐사했다. 인간이 조류독감에 감염되면 변종 바이러스가 발생할 가능성이 높은데다 돌연변이를 일으킨 변종 바이러스는 인간끼리의 전염을 유발, 전세계적인 대재앙(a global pandemic)이 발생할 수 있다는 것이 전문가들이 우려하는 부분이다.

질병에 걸리면 병원에 입원하여 치료를 받아야 하는데 가끔 의료사고가 발생해 병원 가기가 무서울 때도 있다. 2006년 초 대전의 한 대학병원에서 수술환자가 바뀌면서 위암환자는 갑상선(thyroid)이 제거되고, 갑상선 환자는 위가 절제되는 의료사고(medical malpractice)가 발생한 적도 있다.

illness

병, 질병, 질환

a health problem that makes people feel ill = bug, ailment, complaint, condition, disease, disorder, infection

용례 **suffer from an illness** 병을 앓다 **recover from an illness** 병에서 회복되다, 병이 낫다

| **contract[catch, get] an illness** 병에 걸리다 **have an illness** 병이 있다 **terminal illness** 불치병 **serious illness** 중병

disease 병 (구체적인 명칭이 있는)

| **have heart disease** 심장병이 있다 **a sexually transmitted [venereal] disease** 성병 **a skin disease** 피부병 **an acute [a chronic] disease** 급성[만성] 질환 **die of a disease** 병으로 죽다 **suffer from a disease** 병을 앓다 **catch[contract, come down with, fall victim to] a disease** 병에 걸리다 **infectious disease** 전염병(호흡기성) **contagious disease** 전염병(접촉성) **fatal disease** 치명적인 병 **heart[lung, kidney] disease** 심장[폐, 신장]질환

| **complaint, condition, ailment** 병, 질환

| **a chronic complaint** 만성병 **a female complaint** 부인병 **have a heart complaint** 심장이 나쁘다 **a heart condition** 심장의 이상 **a skin condition** 피부 질환 **a chronic ailment** 만성 질환 **a common ailment** 흔한 병

disorder (가벼운) 질환, 장애, 이상

| **a mental disorder** 정신 질환 **a stomach[liver, skin] disorder** 위[간, 피부] 질환 **disorder of the stomach** 위장 장애 **disorder of the liver** 간 이상 **a disorder of the brain** 뇌 질환 **an autoimmune disorder** 자기 면역 장애

infection 전염, 감염; 전염병

| **a chest[throat] infection** 폐병[후두염] **a viral infection** 바이러스성 전염병 **be exposed to infection** 감염에 노출되다

| **bug** 병 (잘 걸리지만 가벼운) **pick up [get] a bug** 병에 걸리다 **a stomach[tummy] bug** 위장병[배탈]

| **attack** 발병 **have an attack of asthma** 천식에 걸리다 **a long bout of illness** 오랜 병환 **a touch of indigestion** 소화불량 증세 **a touch of flu** 감기 기운

epidemic 유행병, 전염병

| **a cholera[flu] epidemic** 콜레라[독감] 전염병 **touch off [trigger] an epidemic** 전염병을 일으키다 **contain[control] an epidemic** 전염병을 억제하다 **the outbreak of an epidemic** 전염병의 발생 **pandemic** 전국(전세계)적인 유행병

| **contagious** 전염성의 = catching, communicable, endemic, epidemic, infectious, pestiferous, pestilential, spreading, taking, transmissible, transmittable

| **a contagious disease** 전염병 **extremely[highly, very] contagious** 전염성이 높은

| **epidemic hemorrhagic fever** 유행성 출혈열 **be[get, become] infected with a hantavirus** 유행성 출혈열 병원균에 감염되다 **a hantavirus infection** 유행성 출혈열 감염 **contract a hantavirus infection** 유행성 출혈열에 걸리다 **be transmitted by the bite of an infected rodent** 감염된 설치류에 물려 전염되다

| **foot-and-mouth disease** 구제역 **a highly contagious viral disease** 전염성이 강한 바이러스 질병 **affect cloven-hooted animals** 발굽이 갈라진 동물들에 침범하다 **cause sores, blisters and fever** 종기와 물집, 열을 일으키다 **be deadly for livestock but harmless to people** 가축에게는 치명적이지만 사람에게는

무해하다

| **avian influenza, bird flu** 조류독감 **high pathogenic** 고병원성의 **low pathogenic** 저병원성의 **non-pathogenic bacteria** 비병원성 세균

| **mad cow disease, bovine spongiform encephalopathy (BSE)** 광우병 **a suspected case** 의심환자 **a probable case** 추정환자

| **waterborne** 수인성(水因性)의 **a waterborne disease** 수인성 질병 **airborne** 풍매의, 공기를 통해 옮겨지는 **airborne bacteria** 공기를 통해 전염되는 세균 **animal-to-human transmission** 동물에서 사람에로의 전염 **human-to-human spread, person-to-person transmission** 대인 전염 **spread from person to person** 대인 전염되다

sick house syndrome 새집증후군

| **suffer from a sick house syndrome** 새집증후군을 겪다 **a patient with sick house syndrome** 새집증후군 환자 **avoid sick house syndrome** 새집증후군을 피하다 **sick building syndrome** 새건물증후군 **sick school syndrome** 새학교증후군

| **lead** 납 **asbestos** 석면 **radon** 라돈 **carbon dioxide** 이산화탄소 **volatile organic compounds** 휘발성 유기화합물 **mold and mildew** 곰팡이 **harmful vapors** 유해 발산물 **dust mites** 먼지 진드기 **allergen** 알레르기를 일으키는 물질 **interior construction materials** 내장재 **wood preservatives** 나무 방부제 **insecticide** 살충제 **deodorizer** 탈취제 **formaldehyde** 포름알데히드

| **irritations of the eye, nose, and throat** 눈, 코, 목의 염증 **cough** 기침 **hoarseness of voice** 목이 쉼 **headache** 두통 **chronic fatigue** 만성 피로 **nausea** 메스꺼움 **allergies** 알레르기 **indisposition** 가벼운 병 **atopy** 아토피(선천성 알레르기)

---

ill 병든, 건강이 나쁜, 아픈

suffering from poor health or not feeling well = be in a bad way, infirm, poorly, sick, unwell

용례 **be seriously ill** 중병이다 **be mentally ill** 정신병을 앓고 있다 **lie ill** 병으로 누워 있다

| **be sick with heart disease** 심장이 나쁘다 **be ill in bed** 병으로 누워 있다 **be taken [become, fall, get] ill** 병들다, 병에 걸리다

| **sick** 병든, 몸이 아픈 **a sick man** 환자 **be taken sick** 병에 걸리다 **be sick with a cold** 감기에 걸리다 **be sick in bed** 병으로 누워 있다 **sick pay[benefit]** 병가 수당 **be off sick** 아파서 결근한

off color 약간 아픈

| **not be oneself, not feel oneself** 몸이 정상이 아니다(약간 아프고 피곤한) **under the weather** 몸 상태가 좋지 않아 **run down** 지친, 기진맥진한

| **sickly** 건강이 좋지 않은, 병약한 **a sickly child** 병약한 어린이 **delicate** 허약한 **be in delicate health** 체질이 허약(병약)하다 **be in poor[bad, ill] health** 건강이 좋지 않다 **be prone to pneumonia** 폐렴에 걸리기 쉽다

| **hypochondriac** 건강에 지나치게 신경을 쓰는 사람 **hypochondria, hypochondriasis** 건강 염려증

| **feel ill** 몸이 아프다 **not feel well** 몸이 아프다 **feel funny[peculiar]** 몸이 찌뿌드드하다 **feel faint** 현기증이 나다

필수예문

track 51

1 Because of their impaired decision-making capability, people with **mental illness**, who often need ambulatory or inpatient treatment, are in danger of being

stigmatized. (의사 결정 능력 손상 때문에 종종 외래 혹은 입원 치료를 요하는 정신병 환자들은 오명을 입을 위험이 있다.)

2 Hand washing is the cheapest and most effective way to **prevent illness** and the organization is launching a campaign to teach children how to properly wash their hands to help stop the spread of germs. (손을 씻는 것은 질병을 예방하는 가장 값싸고 효과적인 방법이어서 그 단체는 세균 전염을 막기 위해 적절하게 손을 씻는 법을 어린이들에게 가르치기 위한 캠페인을 벌이고 있다.)

3 Alzheimer's is a **terminal disease**. Medications can ease symptoms and delay the progress of the disease, but there is no cure. (알츠하이머병은 불치병이다. 약이 증상을 완화시키고 병의 진행을 지연시킬 수는 있지만 치료약이 없다.)

Coronary artery disease is one of the most common forms of heart disease and the leading cause of heart attacks. (관상동맥 질병은 가장 흔한 형태의 심장병 중 하나로 심장마비의 주요 원인이다.)

4 More than 80 percent of seniors suffer from at least one **chronic ailment**, and 25 percent have four or more. (노인의 80퍼센트 이상이 적어도 하나 이상의 만성 질환을 앓고 있고 25퍼센트는 넷 이상의 질병이 있다.)

Proper health care is not available to health insurance beneficiaries over 60 who suffer from a **chronic ailment**. (만성 질환을 앓는 60세 이상의 의료 보험 가입자들은 적절한 건강 관리를 받지 못하고 있다.)

5 Health authorities are conducting serological tests for Brucella among workers occupationally exposed to **infection**. (보건 당국은 직업상 감염에 노출된 노동자들을 대상으로 브루셀라 감염 혈청 검사를 실시하고 있다.)

Malaria often doesn't go away completely, and a patient may suffer from **repeated attacks**. (말라리아는 종종 완전히 사라지지 않고 환자는 반복해서 발병할 수 있다.)

6 Avian influenza, which has claimed more than 90 lives worldwide, could turn into a **pandemic**, experts warn. (전세계적으로 90명 이상의 목숨을 앗아간 조류독감은 전세계적인 전염병이 될 수 있다고 전문가들은 경고한다.)

The people who became infected had close contact with infected birds. In view of the current situation, the possibility of a massive bird flu **outbreak** can not be ruled out. (감염자들은 감염된 조류와 가까이서 접촉을 했다. 현 상황을 감안하면 대대적인 조류독감 발생의 가능성을 배제할 수 없다.)

7 Policing the international movement of livestock may help prevent the spread of bird flu, though there is no evidence that **human-to-human transmission** occurred last year. (지난해 대인 전염이 발생했다는 증거는 없지만 가축의 국제적인 이동을 단속하는 것이 조류독감의 확산을 막는 데 도움이 될 것이다.)

8 Employees are not eligible for **sick pay** while on vacation or when observing a holiday. All eligible full-time employees earn a maximum of 12 days of sick pay per year if they become hospitalized. (종업원들은 휴가 중이거나 공휴일일 때는 병가 수당을 받을 수 없다. 입원을 하게 되면 모든 자격이 있는 정규 직원들은 연간 최대 12일에 해당하는 병가 수당을 받는다.)

hospitalize

입원시키다
to place in a hospital for treatment, care, or observation = admit ~ into a hospital, send ~ to a hospital

용례 **be hospitalized for asthma** 천식으로 입원하다 **be hospitalized for diagnosis and treatment** 진단과 치료를 위해 입원하다 **become hospitalized** 입원하다
| **be hospitalized after suffering a heart attack** 심장마비 증세로 병원에 입원하다 **a hospitalized person** 입원한 사람
| **hospitalization** 입원 **hospitalization insurance** 입원 보험
| **be admitted to hospital after experiencing an irregular heartbeat** 심장 박동 불안정으로 입원하다 **be admitted to hospital with a head injury** 머리 부상으로 입원하다 **admission to a hospital** 병원 입원
| **be readmitted to hospital, be rehospitalized** 재입원하다
| **remain in hospital, remain hospitalized** 계속 입원 중이다
release, discharge 퇴원시키다
| **be released[discharged] from (the) hospital** 퇴원하다 **seek release from hospital** 퇴원을 원하다
patient 환자
| **inpatient** 입원 환자 **outpatient, ambulatory patient** 외래 환자 **sufferer** 환자 (특이한 병의) **AIDS[hay fever, asthma] sufferer** 에이즈[건초열, 천식] 환자 **invalid** 환자; 상이군인 **a war invalid** 상이군인 **be invalided home** 상이군인으로서 송환되다 **be invalided out of the army** 상이군인으로서 제대되다 **the sick** (복수) 환자
| **intensive care unit** 중환자실
| **be in intensive care, be in the intensive care unit** 중환자실에 있다
| **emergency room** 응급실 **operating room, surgery** 수술실 **perform an operation on a patient for a tumor** 환자의 종양 수술을 하다 **undergo major surgery** 대수술을 받다
| **treat** 치료하다 **treatment** 치료
| **have one's decayed teeth treated** 충치 치료를 받다 **be treated for cancer** 암치료를 받다 **be treated with transfusions of blood** 수혈을 받다 **receive medical treatment for** ~로 치료를 받다 **refuse treatment** 치료를 거부하다 **require two weeks of treatment** 2주의 치료를 요하다
the endocrine system 내분비계
| **hypothalamus** (뇌의) 시상하부 **pineal gland** 송과선 **pituitary gland** 뇌하수체 **thyroid gland** 갑상선 **parathyroid gland** 부갑상선 **thymus, thymus gland** 흉선 **adrenal glands** 부신 **adrenal cortex** 부신피질 **pancreas** 췌장 **ovary** 난소 **testis** 고환
pharmacy, pharmaceutics 약국; 약학
| **a hospital pharmacy** 병원의 조제실 **a Doctor of Pharmacy** 약학 박사
| **pharmaceutical** 제약의; 약 **the pharmaceutical industry** 제약업 **pharmacist, pharmaceutist, dispenser, chemist, druggist** 약사
| **a pharmaceutical company, a drug manufacturer[company], a drugmaker** 제약회사
| **pharmacodynamics** 약효학, 약력학 **pharmacogenetics** 약물 유전학, 유전 약리학 **pharmacokinetics** 약물 동태학 **pharmacology** 약학, 약물학, 약리학 **pharmacotherapy** 약물 요법

pharmacopeia 약전(藥典)

generic 상표 등록이 되어 있지 않은, 일반의

| generic drugs, generic versions of medicines 상표 등록에 의한 법적 보호를 받고 있지 않은 약, 일반 약품 **produce cheap generic drugs** 값싼 일반 약품을 생산하다

| generics, generic products 상표 없는 상품 **use generics** 일반 약품을 사용하다 **the use of generics** 일반 약품 사용

| patent drugs 특허 약품 **take out [get] a patent for** ~의 특허를 얻다 **grant[issue] a patent** 특허를 주다 **apply for a patent** 특허를 신청하다 **register[hold] a patent** 특허를 등록하다[보유하다] **the Korean Intellectual Property Office** 특허청 **a patent lawyer[attorney]** 변리사, 특허대리인 **a patent lie** 새빨간 거짓말 **patent nonsense** 터무니없는 짓[말, 것]

| synergism (약품 등의) 상승 작용

| die of a synergism of carbon monoxide and alcohol 일산화탄소와 알콜의 상승 작용으로 사망하다

ultrasound, ultrasound scan 초음파 검사

| receive an ultrasound (scan), undergo an ultrasound scan, undergo a scan 초음파 검사를 (진단을) 받다 **undergo an ultrasound scan of one's thyroid** 갑상선 초음파 검사를 받다

| ultrasound scanner 초음파 검사기 **scan the gall bladder** 쓸개를 초음파로 검사하다 **ultrasound scanning** 초음파 검사

Oriental medicine 한의학

= traditional Chinese medicine, Chinese medicine

| Chinese medicine practitioner 한의사 **herbal medicine** 한약 치료 **herb doctor** 한의사 **alternative medicine** 대체 의학 **folk medicine, traditional medicine** 민간 요법

| acupuncture, stylostixis 침술 **electroacupuncture** 전기침 **hand acupuncture** 수지침 **acupuncturist** 침술사 **acupuncture point, acupoint, acupressure point** 혈, 경혈, 혈도, 급소 **the meridian system, meridian** 경락 **qi, the body's vital energy, vitality, life force** 기(氣) **circulate through the body along meridians** 경락을 따라 몸을 순환하다

| the pit of the stomach, the solar plexus, the wind, the mark 명치 **the hypogastric center, the field of elixir, the bodily energy center below the navel** 단전 **the upper elixir field** 상단전 **the middle elixir field** 중단전 **the lower elixir field** 하단전 **the hypogastric plexus** 하복부 신경총

| breathe 호흡하다 **inhale** 숨을 들이쉬다 **exhale** 숨을 내뿜다 **meditation** 명상 **practice meditation** 명상을 하다 **lotus position** 연화좌, 결가부좌(結跏趺坐)

| chiropractic 지압 요법 **chiropractor** 지압 요법사 **physical therapist** 물리 치료사 **acupressure** 지압술(요법) **acupressurist** 지압 요법사 **read the pulse** 맥박을 짚다

| moxibustion 쑥뜸 **mugwort, mugwort herb** 쑥 **moxa** 뜸쑥 **cup** 부항(附缸)을 뜨다 **cupping** 부항 뜨기, 흡각 시술법 **acupressure cupping** 부항 뜨기 **suction cup** 부항 단지

| alchemy 연금술, 연단술 **alchemist** 연금술사 **the Yellow Emperor's Medicine Classic, the Yellow Emperor's Classic of Internal Medicine** 황제내경(黃帝內經)

therapy 치료법, 요법

| actinotherapy 방사선 요법 **aerotherapy** 대기(공기) 요법 **alimentotherapy** 식이 요법 **aromatherapy** 방향요법 **art therapy** 예술 요법 **aversion therapy** 혐오 요법

| animal assisted therapy 동물원호 요법 **biotherapy** 생물 요법 **chemotherapy** 화학 요법 **color therapy** 색깔 요법

| **deep therapy** (X선 따위를 이용한) 심층부 치료 **diversional therapy** 기분전환 요법 **drug therapy** 약물 요법 **group therapy** 집단 요법

| **hemotherapy** 혈액 요법 **homeotherapy** 동종 요법 **hormone replacement therapy** 호르몬 대체 요법 **hyperbaric oxygen therapy** 고압 산소 요법 **immunosuppressive therapy** 면역 억제 요법

| **light therapy, heliotherapy** 일광 요법 **logotherapy** 실존 분석적 정신 요법 **magnet therapy** 자석 요법 **massage therapy, massotherapy** 마사지 요법

| **music therapy, musicotherapy** 음악 요법 **oral rehydration therapy** 경구 수분 보충 요법 **occupational therapy** 작업 요법 **physical therapy, physiotherapy** 물리 요법(치료)

| **play therapy** 유희(놀이) 요법 **psychotherapy** 심리 요법 **radiation therapy** 방사선 요법 **recreational therapy** 레크리에이션 요법

| **serotherapy** 혈청 요법 **sex therapy** 성적 장애 치료, 섹스 요법 **shock therapy** 충격 요법 **speech therapy** 언어 요법

malpractice

의료사고, 오진
improper or negligent treatment of a patient = medical negligence

용례 **medical malpractice** 의료 사고 **be accused of medical malpractice** 의료사고로 기소되다

| **handle medical malpractice cases** 의료사고 사건들을 처리하다 **offer[provide] information on medical malpractice** 의료 과실에 대한 정보를 제공하다

| **a malpractice suit** 의료사고 소송 **file a malpractice suit against** ~에 대해 의료사고 소송을 제기하다 **face a malpractice suit** 의료사고 소송에 직면하다 **sue a doctor for malpractice** 의사를 의료사고로 고소하다

botched surgery 수술 실수

| **fail to diagnose prostate cancer** 전립선 암 진단을 하지 못하다 **develop cerebral palsy because he was denied oxygen during his birth** 태어날 때 산소를 공급받지 못해 뇌성마비에 걸리다

| **malpractice insurance** 의료사고 보험 **buy malpractice insurance** 의료사고 보험에 들다 **medical malpractice insurer** 의료사고 보험회사

clinical test, clinical trial[study] 임상 시험(실험)

| **conduct[perform, carry out, run] a clinical trial[test] of[for]** ~의 임상 실험을 하다 **conduct a clinical study of** ~의 임상 연구를 하다 **conduct a second-phase clinical trial of** ~의 2단계 임상 실험을 하다 **perform a clinical trial on** ~를 대상으로 임상 실험을 하다 **assess the safety and efficacy of** ~의 안전성과 효과를 평가하다

| **double-blind** 이중 맹검(盲檢)의; 이중 맹검법 (약의 효과 판정을 위하여 피실험자나 연구자에게 그 사실을 알리지 않고 하는 검사법) **a randomized controlled trial** 임의 추출 통제 실험 **a cohort study** 집단 조사, 군(群) 조사

| **placebo** 위약(僞藥) **be administered[given] a placebo** 위약을 투여받다 **a placebo effect** 위약 효과 (가짜 약이지만 약을 복용하고 있다는 데 대한 심리효과 따위로 실제 환자의 상태가 좋아지는 것) **placebo-controlled** 위약으로 통제된

1 Approximately 1 million patients are **hospitalized** each year **for** gastrointestinal complications related to the use of non-steroidal anti-inflammatory drugs. (매년 약 백만 명에 달하는 환자들이 비스테로이드성 소염제 사용에 관련된 위장 합병증 때문에 입원한다.)

A six-time Premier League scoring champion with a history of health problems was **admitted to hospital** after experiencing an irregular heartbeat. (건강 문제 이력이 있는 프리미어 리그 6회 득점왕이 심장박동 불규칙이 있은 후 입원했다.)

2 The patient committed suicide soon after **admission to** a psychiatric hospital. (그 환자는 정신병원에 입원한 직후 자살했다.)

Women are more likely than men to be **readmitted to hospital** after bypass surgery, according to a recent study. (최근의 한 연구에 따르면 여자가 남자보다 부혈행로(副血行路) 수술 뒤에 재입원할 가능성이 높다고 한다.)

3 The Vatican announced that the Pope would **remain in hospital** for a few more days while recovering from his illness. (바티칸은 교황이 병에서 회복하는 동안 며칠 더 입원해 있을 것이라고 발표했다.)

Two men **remain hospitalized** after a plane crash in South Korea a week ago. (일주일 전 한국에서의 비행기 추락사고 이후 두 명의 남자가 아직 입원 중이다.)

4 One of the four people wounded in a bomb blast in June has been **released from hospital** and is now recovering at home. (6월 폭탄 폭발사고에서 부상을 당한 네 명 중 한 명이 퇴원해 집에서 회복 중이다.)

Five days after undergoing surgery to remove his gall bladder, the prime minister was **discharged from the hospital** Sunday. (쓸개 제거 수술을 받은 지 5일 후에 수상은 일요일 퇴원했다.)

5 About 90 percent of residents feel confident that they could treat **inpatients**, 94 percent to treat **outpatients** or elderly patients, and 91 percent to treat chronically ill patients. (약 90퍼센트의 레지던트는 입원 환자들을 치료할 자신이 있다고 여기며 94퍼센트는 외래 환자나 노인 환자들을 그리고 91퍼센트는 만성 환자들을 치료할 자신이 있다고 생각한다.)

Most open-heart surgery patients **remain in the intensive care unit** for about 24 hours after surgery. (대부분의 심장 절개 수술 환자들은 수술 후 약 24시간 동안 중환자실에 계속 있게 된다.)

6 A South Korean hospital is investigating how doctors had mistakenly removed healthy organs from two patients. The **malpractice** resulted from hospital workers confusing the identities of the two women in their 60s, the hospital said, adding it would punish those responsible for the **mix-up**. (한국의 한 병원이 의사들이 실수로 두 환자이 건강한 장기를 제거한 경위를 조사하고 있다. 그 의료사고는 60대의 두 여성 환자의 신원을 의료진들이 착각을 해 발생했다고 병원은 밝히고 그 뒤바뀜의 책임이 있는 의료진을 처벌할 것이라고 덧붙였다.)

7 The legislature and the court have been at odds over **malpractice issues** since August, when the court erased the cap on how much money **malpractice victims**

can collect for noneconomic damages. (입법부와 법원은 8월 법원이 의료사고 희생자들이 비경제적 손실에 대해 받을 수 있는 보상금 상한선을 폐지한 이래 의료사고 문제로 갈등을 빚어 왔다.)

8 Many people do not know that their physician is not required to be insured. If not insured, there is little hope of collecting compensation if the doctor injures an innocent patient through **malpractice**. (많은 사람들이 자신들의 의사가 보험에 가입할 의무가 없다는 것을 모른다. 보험에 가입하지 않았다면 그 의사가 의료사고로 무고한 환자에 부상을 입혀도 보상을 받을 희망은 거의 없다.)

심화학습

암 cancer

암이란 우리 몸의 수많은 세포들 중 일부가 비정상적으로 커지면서 제 기능을 수행하지 못하고, 심지어 다른 세포의 기능을 방해하는 악성 종양(a malignant tumor)을 말하는 것으로 최근 우리나라에서도 급증하고 있다.

Cancer develops when cells in a part of the body begin to grow out of control. Although there are many kinds of **cancer**, they all start because of out-of-control growth of abnormal cells.

Cancer usually forms as a tumor. **Some cancers**, like leukemia, do not form tumors. Instead, these **cancer cells** involve the blood and blood-forming organs and circulate through other tissues where they grow.

Often, **cancer cells** travel to other parts of the body where they begin to grow and replace normal tissues. This process is called metastasis. Regardless of where a **cancer** may spread, however, it is always named for the place it began. For instance, **breast cancer** that spreads to the liver is still called breast cancer, not liver cancer.

Cancer is the second leading cause of death in the United States. Half of all men and one third of all women in the United States will **develop cancer** during their lifetimes.

암은 신체 일부의 세포가 통제가 불가능하게 자라기 시작할 때 발병한다. 많은 종류의 **암**이 있지만 모두 비정상적 세포의 통제 불가능한 증식 때문에 시작한다.

암은 보통 종양으로 형성하지만 백혈병과 같은 **일부 암**은 종양이 형성되지 않는다. 대신에 이런 **암세포들**은 혈액이나 혈액 생성 기관들에서 생기며 그것들이 자라는 다른 조직을 통해 퍼진다.

종종 **암세포들**은 신체의 다른 부위로 옮겨 다니며 거기에서 자라 정상 조직들을 대체하는데 이 과정은 전이라고 불린다. 그러나 암이 어디로 퍼지는지에 상관없이 항상 시작된 곳의 이름으로 불린다. 예를 들면 간으로 퍼지는 **유방암**은 간암이 아니라 유방암으로 불린다.

암은 미국에서 두 번째의 사망 원인이다. 미국 내 모든 남성의 절반과 여성의 3분의 1이 일생 중 **암에 걸린다**.

develop 발병하다 **out of control** 통제할 수 없게, 통제 불능으로 **abnormal** 비정상적인 **normal** 정상의 **tumor** 종양 *cf.* **benign[malignant] tumor** 양성[악성] 종양 **circulate** 퍼지다, 순환하다 **metastasis** 전이(轉移) **regardless of** ~에 상관없이

병명 정리 disease names

1. 기본 표현

I have[suffer from] a disease ~를 앓다 **get[develop, catch, contract] a disease** ~에 걸리다 **complain of** ~를 호소하다

I a ~ patient ~ 환자 **a brain tumor patient** 뇌종양 환자

I be diagnosed with ~의 진단을 받다 **be[get] become infected with** ~에 감염되다

I perform[conduct] an operation on a patient for ~의 수술을 하다 **have[undergo] surgery [an operation] on[for]** ~의 수술을 받다

I remove ~를 제거하다 **have ~ removed** ~를 제거 받다

I be treated for ~치료를 받다 **be treated with** ~로 치료되다

I endoscope 내시경 **endoscopy** 내시경 검사 **have an endoscopy** 내시경 검사를 받다 **have a gastrointestinal endoscopy** 위내시경 검사를 받다 **biopsy** 조직검사 **have a biopsy** 조직검사를 받다 **have an MRI (magnetic resonance imaging) scan** MRI 검사를 받다

2. 머리(head)

I head 머리 **brain** 두뇌 **cerebral** 대뇌의, 뇌의 **craniology** 두개(골)학 **brain[cerebral] surgery** 뇌외과

I headache 두통 **encephalalgia** (의학) 두통 **a slight headache** 가벼운 두통 **a splitting[racking] headache** 빠개지는 듯한 두통

I migraine, megrim, hemicrania, sick headache 편두통

I brain[cerebral] hemorrhage, stroke, cerebral apoplexy 뇌출혈(뇌일혈, 뇌졸중) **palsy, apoplectic stroke** 중풍 **paralytic** 중풍 환자 **cerebral paralysis** 뇌성 마비 **cerebral arteriosclerosis** 뇌동맥 경화증 **cerebral embolism** 뇌색전증, 뇌경색 **cerebral anemia** 뇌빈혈 **cerebral[coronary] thrombosis** 뇌혈전 **cerebrospinal meningitis, brain fever** 뇌척수막염 **anarthria** (뇌장애로 인한) 실구어증(失構語症) **encephalomalacia** 뇌연화증(腦軟化症) **congestion of the brain, cerebral hyperemia** 뇌충혈(腦充血) **concussion** 뇌진탕

I encephalitis, cerebritis, phrenitis 뇌염 **Japanese encephalitis** 일본 뇌염 **epidemic encephalitis** 유행성 뇌염 **symptoms of encephalitis** 뇌염 증세 **an encephalitis patient** 뇌염 환자 **a culex (mosquito), an encephalitis-bearing mosquito** 뇌염 모기 **a warning against the outbreak of encephalitis** 뇌염 경보

I brain tumor, cerebral tumor, encephaloma 뇌종양 **malignant[benign] brain tumor** 악성[양성] 뇌종양 **hydrocephalus** 뇌수종

3. 이비인후과(the nose, ear, and throat)

I otorhinolaryngology, otolaryngology 이비인후과 **a nose, ear, and throat hospital** 이비인후과 병원 **a nose, ear, and throat specialist, an otorhinolaryngologist, an ENT(ear, nose and throat) doctor** 이비인후 전문의

I ear wax, cerumen 귀지 **ear diseases** 귀병 **the middle ear** 중이 **tympanitis, inflammation of the middle ear, middle ear infection** 중이염 **deafness** 귀먹음 **hearing aid** 보청기 **tinnitus** 귀울림, 이명(耳鳴) **hearing loss** 청력 상실 **the eardrum, the tympanum** 고막, 귀청 **have one's eardrum split[ruptured]** 고막이 터지다 **myringitis** 고막염 **myringodectomy** 고막 절제

I nose diseases 코병 **nasal** 코의 **nasal cavity** 비강 **nasal bone** 비골 **snivel, nasal mucus** 콧물 **nose dirt, nose wax** 코딱지 **clear one's nose of nose wax** 코딱지를 없애다 **pick one's nose** 코를 후비다 **nose[nasal]congestion, congested nose** 코막힘 **runny nose** 콧물 흐름 **empyema,**

ozena 축농증 **sinusitis** 부비강염 **rhinitis** 비염 **allergic rhinitis** 알레르기성 비염 **rhinopharyngitis** 비인두염(鼻咽頭炎) **epistaxis, nosebleed** 코피 **nasal bone fracture, broken nose** 코뼈 부러짐
| **throat** 목구멍, 인후(咽喉) **sore throat** 인후염 **esophagus, gullet** 식도 **esophagitis** 식도염 **tonsil** 편도선 **tonsillitis** 편도선염 **have swollen tonsils** 편도선이 부었다 **laryngeal catarrh, laryngitis** 후두염
| **respiratory diseases** 호흡기 질환 **bronchitis** 기관지염 **whopping cough** 백일해 **hay fever** 건초열, 꽃가룻병 (꽃가루로 인해 생기는 알레르기성 질환) **asthma** 천식

4. 안과(ophthalmology)
| **eye** 눈 **ophthalmology** 안과 **the department of ophthalmology** (병원의) 안과 **eye doctor, opthalmologist, oculist** 안과 의사 **eye specialist** 안과 전문의 **opthalmic surgery** 안과 병원
| **eyeball** 안구 **crystalline lens, eye lens** 수정체 **retina** 망막 **eyelid, palpebra** 안검(눈꺼풀) **double(-edged) eyelid** 쌍꺼풀 **have a double-edged eyelid** 쌍꺼풀지다 **have double-eyelid surgery** 쌍꺼풀 수술을 하다
| **myopia, nearsightedness, short-sightedness** 근시 **hyperopia, hypermetropia, long-sightedness** 원시 **astigmia, astigmatism** 난시 **scotoma** (망막상의) 암점증(暗點症) **double vision, diplopia** 복시(複視), 이중시(二重視) **blurry vision** 시각 흐림증 **lentitis, crystallitis, phakitis** 수정체염 **blepharitis, inflammation of the eyelid** 안검염 **cataract** 백내장 **glaucoma** 녹내장

5. 내과(internal medicine)
| **internal medicine** 내과(학) **internal diseases** 내과 질환 **physician** 내과의 **the internal department** (병원의) 내과 **medical ward** 내과 병동 **an authority on internal diseases** 내과 권위자 **the director of the internal department** 내과 과장 **the gastrointestinal tract** 위장 기관 **gastric** 위의
| **stomach** 위 **chronic digestive diseases** 만성 소화기 질병 **irritable bowel syndrome** 과민성 장(腸) 증후군 **enteritis** 장염 **ulcer** 궤양 **stomach ulcer** 위궤양 **ulcerative colitis** 궤양성 대장염 **gastroptosis** 위하수 **intestinal bleeding** 장출혈 **stop intestinal bleeding** 장출혈을 멈추게 하다 **carry out a colonoscopy** 대장(결장)경 검사를 하다 **indentify the sources of the bleeding** 출혈의 원인을 확인하다
| **gastroenteritis** 위장염 **diarrhea** 설사 **constipation** 변비 **dyspepsia, indigestion** 소화불량 **dysentery** 이질 **bowel obstruction** 장 장애 **pancreatitis** 췌장염 **colic** 복통 **enterocolitis** 소장 결장염 **gallstone** 담석(膽石) **peptic ulcer** 소화성 궤양 **mawworm, intestinal worm, roundworm** 회충 **tapeworm** 촌충 **whipworm** 편충 **appendicitis, cecitis, typhlitis** 맹장염 **appendectomy** 맹장 수술
| **heart** 심장 **the ventricle of the heart, the cardiac ventricle** 심실 **the right[left] ventricle** 우[좌]심실 **atrium** 심방 **the right[left] atrium** 우[좌]심방 **heart disease** 심장병 **heart attack** 심장마비 **heart failure** 심장마비, 심부전 **cardiology** 심장(병)학 **cardiologist** 심장병 학자, 심장병 전문가 **cardiovascular disease** 심장 혈관 질환 **arrhythmia** 부정맥(不整脈) **cardiovalvular disease** 심장판막증 **megalocardia** 심장 거대증 **cardiac hypertrophy; cardiomegaly** 심장 비대(증) **carditis** 심장염 **cardiosclerosis** 심경화증 **heart transplant** 심장 이식 **cardiotomy** 심장 절개(수)술 **pacemaker** 심장 박동기 **cardioscope** 심장경(鏡)
| **liver** 간 **hepatitis** 간염 **sclerosis of the liver** 간경화 **hepatic insufficiency** 간기능 부전 **hepatic abscess** 간농양(膿瘍) **liver fluke, flukeworm** 간디스토마 **distomatosis, liver rot** 간디스토마증 **hypertrophy of the liver, hepatomegaly** 간비대(증)
| **blood** 혈액 **artery** 동맥 **vein** 정맥 **arteriosclerosis** 동맥경화증 **arteritis** 동맥염 **aneurysm** 동맥류(動脈瘤) **multiple arteriosclerosis** 다발성 동맥경화증 **high blood pressure, hypertension** 고혈압

hypertensive 고혈압환자 **low blood pressure, hypotension** 저혈압 **hypotensive** 저혈압환자 **hyperglycemia** 고혈당 **diabetes** 당뇨병 **diabetic** 당뇨병 환자 **hypoglycemia** 저혈당 **bone marrow** 골수 **bone marrow transplant** 골수 이식 **leukemia** 백혈병 **myelogenous leukemia** 골수성 백혈병

▎**blood type** 혈액형 **have[be] type O blood** 혈액형이 O형이다 **a person with type AB blood** 혈액형이 AB인 사람 **What's your blood type?** 혈액형이 어떻게 됩니까? **Blood types should be matched before blood transfusions take place.** 수혈을 하기 전 혈액형이 일치해야 된다.

▎**anemia** 빈혈 **pernicious anemia** 악성 빈혈 **develop[have] anemia** 빈혈(증)이 생기다[있다] **undernourished, malnourished** 영양 부족의(실조의) **malnutrition** 영양 불량(실조, 장애) **suffer from deficiency in minerals** 미네랄 부족에 걸리다

6. 비뇨기과(urology)

▎**urology** 비뇨기과 **urologist** 비뇨기과 의사 **urinary diseases** 비뇨기병 **kidney** 신장 **urethra** 요도 **prostate** 전립선 **venereal disease** 성병

▎**kidney** 신장 **kidney disease[trouble], nephropathy** 신장병 **kidney failure** 신부전증 **nephritis, Bright's disease** 신장염 **kidney stone, nephrolith** 신장 결석 **artificial kidney, kidney machine** 인공 신장 **renal dialysis** 신장 투석

▎**urethra** 요도 **urethritis, inflammation of the urethra** 요도염 **stricture of the urethra** 요도 협착 **urethrotomy** 요도 절개술 **urethrectomy** 요도 절제(술) **urethroscopy** 요도 검사 **a urethroscope** 요도경 **the urethral canal** 요도관 **urinary incontinence** 요실금

▎**prostate** 전립선 **prostate gland** 전립선 **prostatitis** 전립선염 **prostatism** 전립선 비대증 **prostatectomy** 전립선 절제(수술) **testicles** 고환 **orchitis, testitis** 고환염 **epididymis** 부(副)고환 **epididymitis** 부고환염

▎**venereal disease** 성병 **sexually transmitted diseases (STDs)** 성병 **an STD clinic** 성병 전문 병원 **human immunodeficiency virus (HIV)** 인체 면역 결핍 바이러스, AIDS 바이러스 **acquired immune deficiency syndrome (AIDS)** 에이즈, 후천성 면역 결핍증 **herpes** 헤르페스 **chlamydia** 클라미디아 **gonorrhea** 임질 **syphilis** 매독 **pelvic inflammatory disease (PID)** 골반내 염증성 질환 **vaginitis** 질염 **molluscum** 연성(軟性) 종양 **nonspecific urethritis** 비임균성 요도염 **crab louse, public louse, crab, gal-loping dandruff** 사면발이 **the pubic region** 음부 **the pubic bone** 치골(恥骨) **the perineal region** 회음부

▎**penis** 음경, 성기 **the genital organ, genitals** 성기, 생식기 **penile** 성기의 **penis augmentation [enlargement]** 성기 확대 **glans, head of penis** 귀두 **glanular enhancement** 귀두 확대 **have penile lengthening and penile widening together** 성기 길이와 굵기 확대를 동시에 하다 **corpus spongiosum** 해면체 **phallus** 남근, (발기한) 음경 **public hair** 음모 **sperm** 정자 **sperm count** 정자수 **a low sperm count** 적은 정자수 **a normal sperm count** 보통의 정자수

▎**vagina** 질, (여성) 성기 **vulva** 음문(陰門); 외음부 **the labia minor** 소음순 **the labia majora** 대음순 **clitoris** 클리토리스 **prepuce** 포피(包皮) **cervix** 자궁경부 **uterus** 자궁 **ovary** 난소 **Fallopian tubes** 나팔관 **ovum, egg** 난자 **the pelvic bone** 치골 **perineum** 회음(부)

7. 정신과, 신경과(psychiatry, neurology)

▎**mental disease[trouble], psychosis, psychopathy** 정신병 **mentally deranged person, insane person, lunatic, psychopath, psycho** 정신병자 **psychiatry, psychopathy** 정신병학 **psychiatrist, psychiater, psychopathist, mental specialist, alienist** 정신병 의사(학자) **mental home[hospital, institution], a sanatorium for the insane, madhouse, lunatic[insane] asylum, bughouse, nut house** 정신병원

▎**mania** 조병(躁病) **depression** 우울증 **bipolar disorder, manic-depressive disorder** 쌍극성 장애(조(躁)와 울(鬱)의 기간이 교체하는) **anxiety disorder** 불안 장애 **dementia** 치매 **Alzheimer's, Alzheimer's disease** 알츠하이머 병 **schizophrenia** 정신분열증 **panic disorder** 공포(공황) 장애 **obsessive-compulsive disorder** 강박 신경증 **multiple sclerosis** 다발성 경화증

▎**anorexia** 거식증(식욕 부진) **anorexia nervosa** 신경성 식욕 부진증(거식증) **bulimia, hyperphagia** 다식증, 식욕 이상 항진 **binge eating disorder** 폭식 장애

▎**phobia** 공포증 **acrophobia, altophobia, hypsophobia** 고소 공포증 **aerophobia, aviophobia, aviatophobia** 비행(飛行) 공포증 **agoraphobia** 광장(공간) 공포증 **androphobia** 남성 공포증 **aquaphobia, hydrophobia** 물 공포(증) **arithmophobia** 숫자 공포증 **astraphobia, brontophobia, keraunophobia** 공뇌증(恐雷症), 번갯불 공포(증) **aphenphosmphobia, chiraptophobia, haphephobia, haptephobia autophobia** 고독 공포증 **cancerphobia** 암 공포증 **claustrophobia** 밀실(폐소) 공포증 **coprophobia** 공분증(恐糞症) **cyberphobia, computerphobia** 컴퓨터 공포증 **dipsophobia** 음주 공포증 **erotophobia** 색정 공포증 **erythrophobia** 적색 공포증 **fatophobia** 비만 공포(증) **gerontophobia** 노령(노화) 공포증 **glossophobia** 연설 공포증 **gymnophobia** 노출(나체) 공포증 **heterophobia** 이성 공포증 **homophobia** 동성 공포증 **hexakosioi, hexekonta, hexaphobia** 숫자 666 공포증 **noctiphobia** 어둠 공포증 **ochlophobia** 군중 공포증 **paraskavedekatriaphobia** 13일의 금요일 공포증 **phagophobia** 공식증(恐食症) **photophobia** 광선 공포증 **pyrophobia** 불 공포증 **radiophobia** 방사선 공포증 **sitophobia** 거식증(拒食症) **sociophobia** 사회 공포증 **thanatophobia** 사망 공포증 **technophobia** 기술 공포증 **theophobia** 신 공포증 **triskaidekaphobia** 13 공포증 **xenophobia** 외국인 공포(혐오)증 **xerophobia** 건조 공포증

▎**Afrophobia** 아프리카를 싫어함, 아프리카 공포증 **Anglophobia** 영국을 싫어함, 공영증 **Europhobia** 유럽을 싫어함, 유럽 공포증 **Francophobia, Gallophobia** 프랑스를 싫어함, 공불증(恐佛症) **Islamophobia** 회교를 싫어함, 공회증 **Japanophobia** 일본을 싫어함, 공일증 **Judeophobia** 유대인을 싫어함, 유대인 공포증 **Lusophobia** 포르투갈을 싫어함, 포르투갈 공포증 **Polonophobia** 폴란드를 싫어함, 폴란드 공포증 **Russophobia** 러시아를 싫어함, 러시아 공포증 **Sinophobia** 중국을 싫어함, 공중증

▎**zoophobia** 동물 공포증 **apiphobia, melissaphobia, melissophobia** 벌 공포증 **arachnophobia** 거미 공포증 **chiroptophobia** 박쥐 공포증 **cynophobia** 개 공포증 **entomophobia, insectophobia** 곤충 공포증 **equinophobia, herpetophobia** 파충류 공포증 **hippophobia** 말 공포증 **gatophobia** 고양이 공포증 **ichthyophobia** 물고기 공포증 **ophidiophobia** 뱀 공포증 **ornithophobia** 새 공포증 **scoleciphobia, vermiphobia** 벌레 공포증 **suriphobia** 쥐 공포증

▎**neurologist** 신경과 의사 **nervous disease[disorder], neurosis, neuropathy** 신경병 **polyneuropathy** 다발성 신경병 **neuropathist, nerve specialist, a psychiatrist** 신경병 전문가 **neuropath, neurotic** 신경병 환자 **neuralgia** 신경통 **intercostal neuralgia** 늑간(肋間) 신경통 **antineuralgic** 신경통약

8. 치과(dentistry)

▎**dental surgery, dentistry, odontology** 치과(의)학 **a dentist's, a dental office[clinic]** 치과 병원 **dentist, odontologist** 치과 의사 **pedodontics, pedodontia** 아동 치과 **orthodontics, orthodontia** 치과 교정학

▎**carious[decayed, bad] tooth, dental caries, tooth decay** 충치 **get a decayed tooth, have a tooth decay** 충치가 먹다, 충치가 있다 **cavity** (충치의) 구멍 **fill a cavity (in a tooth)** 충치의 구멍을 때우다 **molar** 어금니

▎**an artificial [a false] tooth** 의치 **denture** (한 벌의) 의치 **partial denture** 부분 의치 **complete[full] dentures** 전체[완전] 의치 **dental prosthesis, prosthetics** 의치술 **wear false teeth** 의치를 하고 있다

orthodontics, orthodontia 치열 교정술, 치과 교정학 **orthodontist** 치열 교정 의사 **malocculusion, misalignment of the teeth** (윗니와 아랫니의) 부정 교합 **dental braces** 치열 교정기 **retainer** 치아 보정기 **wear a retainer** 보정기를 하다

the gum, the gingiva, the teethridge, the alveolar ridge 잇몸 **gum disease** 잇몸병 **paradentitis** 치주염 **peridontal disease** 치주 질환

9. 피부과(dermatology)

dermatology 피부 과학, 피부병학 **the department of dermatology** (병원의) 피부과 **dermatologist, skin doctor** 피부과 의사 **dermatological** 피부과의

skin disease 피부병 **dermatosis** 피부병 **dermatitis, cutitis** 피부염 **atopic dermatitis** 아토피성 피부염 **cutaneous cancer, cancer of the skin** 피부암 **xeroderma** 피부 건조증 **scleroma, scleroderma** 피부 경화증 **dermatophyte** 피부 기생 진균 **alphodermia** 피부 색소 결핍증 **dermatoplasty, skin grafting** 피부 성형술 **skin grafting, skin transplant** 피부 이식

acne, pimple 여드름 **age spots** 검버섯 **angioma** 혈관종(血管腫) **athlete's foot** 무좀 **boil** 부스럼, 창(瘡), 종기 **carbuncle** 옹(癰), 정(疔), 부스럼, 여드름 **cys** 낭포, 낭종 **dandruff** 비듬 **furuncle** 종기, 부스럼 **dry skin, xerosis** 피부 건조증 **eczema** 습진 **erythema** 홍반 **folliculitis** 모낭염 **heat rash** 땀띠 **hives, urticaria** 발진, 두드러기 **hyperhidrosis** 다한(多汗)증 **ichthyosis** 어린선(魚鱗癬) **impetigo** 농가진(膿痂疹), **lentigines, sun spots, freckles** 기미, 주근깨 **melanoma** 흑(색)종(腫) **mole** 사마귀 **scabies** 옴, 개선(疥癬) **shingles** 대상 포진 **vitiligo** 백반 **wart** 사마귀 **xanthoma** 황색종

10. 산부인과(gynecology)

obstetrics 산과학 **gynecology** 부인과학 **gynecologist, obstetrician, ladies doctor** 산부인과 의사 **maternity[obstetrics] ward** 산과 병동, 분만실

pregnancy 임신 **morning sickness** 입덧 **childbirth** 출산 **be on one's period** 생리중이다 **get one's first (mestrual) period** 초경을 겪다 **miss one's period** 생리를 거르다 **menstruation** 월경 **menstrual** 월경의 **a menstrual cycle** 월경 주기 **menorrhagia** 월경 과다 **irregular menstruation** 월경 불순 **premenstrual syndrome** 월경전 증후군 **menopause** 폐경

breast cancer 유방암 **cervix cancer** 자궁경부암 **ovarian cancer** 난소암 **fibroid** 자궁근종 **osteoporosis** 골다공증 **thyroid deficiency** 갑상선 결핍 **endometriosis** 자궁내막(증식)증 **pelvic inflammatory disease** 골반내 염증성 질환 **lupus** 낭창(狼瘡), 루푸스(얼굴이나 목 따위의 결핵성 피부병) **thrush** 아구창 (젖먹이에게 많은 구내염)

11. 암, 기타 질병

orthopedics 정형외과 **orthopaedic hospital** 정형외과 **surgen, orthopedist** 정형외과 의사 **arthritis** 관절염 **rheumatism** 류머티즘

insomnia 불면증 **sleep apnea** 수면시 무호흡 **narcolepsy** 발작성 수면, 졸음병 **gout** 통풍 **frozen shoulder, adhesive capsulitis** 오십견 **chronic fatigue** 만성 피로 **autism** 자폐증 **autist** 자폐증 환자 **leprosy, Hansen's disease** 나병 **epilepsy** 간질

cancer 암 **oncology** 종양학, 암 연구 **oncologist** 종양학자 **oncogene** 발암 유전자 **oncogenesis** 종양 형성, 발암 **oncogenic** 종양 형성의, 발암의

adrenal[kidney] cancer 신장암 **anal cancer** 항문암 **bladder cancer** 방광암 **brain tumor** 뇌종양 **breast cancer** 유방암 **cervical cancer** 자궁경부암 **chronic lymphocytic leukemia** 만성 림프구성 백혈병 **chronic myelogenous leukemia** 만성 골수성 백혈병 **colorectal cancer** 대장암 **endometrial and uterine cancer** 자궁내막 및 자궁암 **esophageal cancer** 식도암 **fallopian tube cancer** 나팔관암

gallbladder cancer 담낭암 **gastric[stomach] cancer** 위암 **laryngeal cancer** 후두암 **acute lymphocytic leukemia** 급성 림프구성 백혈병 **acute myelogenous leukemia** 급성 골수성백혈병 **liver cancer** 간암 **lung cancer** 폐암 **oropharyngeal cancer** 인두암 **ovarian cancer** 난소암 **pancreatic cancer** 췌장암 **parathyroid cancer** 부갑상선암 **penile cancer** 음경암 **pituitary cancer** 뇌하수체암 **prostate cancer** 전립선암 **small intestine cancer** 소장암 **testicular cancer** 고환암 **thyroid cancer** 갑상선암 **urethral cancer** 요도암 **vaginal cancer** 질암 **vulvar cancer** 외음부암

1분회화

I will give him a taste of his own medicine.

그에게 똑같이 복수하리라.

좋은 약은 입에 쓰나 병에 좋다는 속담이 있지만 약은 언제나 쓴 법이다. **give someone a taste of someone's own medicine**이란 남이 나에게 쓴 약을 먹이면 나도 그에게 자신의 약이 얼마나 쓴지 맛보게 한다는 것으로 누군가 나에게 좋지 않은 일을 했을 때 내가 **당한 것과 같은 방법으로 보복을 한다**는 의미다.

A : I am so mad at him.	그 자식한테 화가 나 죽겠어.
He broke my computer again.	내 컴퓨터 또 고장 냈어.
B : Oh, no. Not again.	이런, 세상에. 또 고장을 내다니.
A : **Let's give him a taste of his own medicine.**	우리 그 자식에게 똑같이 복수하자.
B : You can say that again.	당연히 그래야지.

27 생명공학 | 복제 | 유전자변형체

주제어	관련어
bioengineering	**biotechnology, life science, genetic engineering, bioengineer, biodiversity, bioethcis, gene, genetic, geneticist, sequence**
clone	**cloned baby, cloner, human cloning, cloning research, cloning expert, stem cell**
GMO	**genetically modified organism, gene-altered, genetically engineered, biotech, transgenic, transgenic animal**

●●● While there is life, there is hope. 생명이 있는 한 희망이 있다.

2004년과 2005년에 잇따라 세계적인 권위를 자랑하는 과학 전문지 〈사이언스〉에 줄기세포(stem cell)에 관한 논문을 발표한 서울대의 한 교수. 언론은 그의 논문을 대대적으로 보도했고 불치병(terminal illness)을 치료할 수 있는 길을 열었다고 호들갑을 떨어 이러한 병을 앓고 있는 많은 이들에게 희망을 심어주었다. 그 교수는 일약 국민적인 영웅(national hero)으로 떠올랐고 정부에서는 그에게 '최고과학자' 칭호(top scientist title)를 주고 막대한 국민의 세금을 그의 연구에 지원했다.

그러나 2005년 말 한 방송사에서 그가 만들고 배양했다(cultivate)는 줄기세포의 존재 여부에 의문을 재기하는 프로를 방송하면서 그 교수는 내리막길을 걷기 시작했다. 방송사는 시사 프로그램을 통해 그의 연구에 대한 심층 보도와 연구원에 대한 인터뷰를 통해 그가 실제로 줄기세포를 만들지 않았으며 그의 연구가 조작되었다고 보도해 파문을 일으켰다. 처음에 그 교수는 말도 안 되는 소리라고 펄쩍 뛰다 나중에는 줄기세포를 만들었지만 배양 과정에서 오염이 되어 없어졌다고 한 발 물러섰다. 급기야 그가 재직하던 서울대학교가 조사위원회를 구성해 조사에 들어갔고 2006년 1월 초 조사 결과를 발표했다.

발표에 따르면 그 교수팀이 2005년 논문에서 주장했던 환자맞춤형(patient-specific) 줄기세포는 존재하지도 않았으며 2004년 사이언스 논문도 줄기세포주(stem cell line)의 DNA 지문분석(DNA fingerprinting) 결과가 조작되고 세포사진들도 조작되었다고 한다. 서울대는 논문 조작에 대한 책임을 지워 그 교수를 파면했고 정부는 그에게 내린 '최고과학자' 칭호를 철회했다. 일련의 이 논문 조작 사건은 우리 사회에 큰 파문을 일으켰고 아직도 그의 연구가 사실이라고 믿는 사람들은 그가 연구를 재개할 수 있도록 조치를 취할 것을 요구하고 있다.

bioengineering

생명공학, 생체공학
scientific alteration of the structure of genetic material in a living organism = biotechnology, genetic engineering, gene-splicing, life science

용례 **advance bioengineering** 생명공학을 발전시키다 **be at the cutting edge of bioengineering** 생명공학의 첨단에 있다
| **enhance bioengineering research and development** 생명공학 연구개발을 강화하다 **have interest in the field of bioengineering** 생명공학 분야에 관심이 있다 **a new approach to bioengineering** 생명공학에 대한 새로운 접근법 **take[receive, obtain] a doctorate in bioengineering** 생명공학 박사 학위를 따다
| **bioengineer, genetic engineer** 생명공학자
biodiversity 생물 다양성
| **reach an agreement on biodiversity** 생물 다양성 협약을 이루어내다 **sign a biodiversity pact** 생물 다양성 협약에 서명하다 **protect biodiversity** 생물 다양성을 보호하다 **high[rich, good] biodiversity** 높은[풍부한, 양질의] 생물 다양성
bioethics 생명윤리
| **enact a bioethics law** 생명윤리법을 제정하다 **a national bioethics commission** 국가 생명윤리 위원회 **promote bioethics** 생명윤리를 고양하다 **bioethicist** 생명윤리학자

---

gene 유전자

a segment of DNA that is involved in producing a polypeptide chain = cistron, factor
용례 **a dominant[recessive] gene** 우성[열성] 유전자 **transfer genes** 유전자를 전이하다 **transplant genes** 유전자를 이식하다
| **mutant gene** 돌연변이 유전자
| **repressor gene** 억제 유전자 **chromosome** 염색체 **gene recombination** 유전자 재조합 **gene therapy** 유전자 치료 **gene manipulation** 유전자 조작 **a gene pool** 유전자 풀 **deoxyribonucleic acid (DNA)** 데옥시리보핵산
human gene mapping 인간 유전자 지도
| **complete the first gene map of the human body** 최초의 인체 유전자 지도를 완성하다 **the location of a particular gene on a chromosome** 염색체 위에 있는 어떤 특정 유전자의 위치 **locate and isolate the gene that relates to eyesight** 시력 관련 유전자의 위치를 찾아 분리하다 **understand the chemistry of genes** 유전자의 화학적 특징을 이해하다 **mix the genes** 유전자를 교잡하다
genetic 유전자의
| **genetic code** 유전자 암호 **genetic copying** 유전자 복제 **genetic drift** 유전적 부동(浮動) **genetic farming** 유전자 양식 **genetic fingerprinting** (DNA에 의한) 유전자 지문법 **genetic surgery** 유전자 수술 **gene transfer** 유전자 도입 **gene transplantation** 유전자 이식
| **geneticist** 유전학자 **genetics** 유전학
| **genome** 게놈 (생물의 생활 기능을 유지하기 위한 최소한의 유전자군을 함유하는 염색체의 한 세트) **sequence** (유전자의) 배열 순서 **gene splicing** 유전자 접합

필수예문

1 **Bioengineering** is often synonymous with biomedical engineering, though in the strict sense the term can be applied more broadly to include food engineering and agricultural engineering. (생명공학은 종종 생물의학 공학과 같은 뜻으로 쓰이지만 엄밀한 의미에서 그 용어는 식품 및 농업공학을 포함하여 더 광범위하게 적용될 수 있다.)

Biotechnology also falls under the purview of the broad umbrella of bioengineering. (생물공학도 또한 포괄적인 생명공학의 범주에 속한다.)

2 There are exciting developments in the field of **bioengineering** from the design of artificial hearts to micro machines and robots. (인공 심장 설계에서부터 소형 기계와 로봇에 이르기까지 생명공학 분야에서 흥미로운 진전들이 있다.)

The institute deals with the risks to the environment, biodiversity, and human health, as well as the socioeconomic and ethical consequences of **genetic engineering**. (그 연구소는 유전공학의 사회경제적 그리고 윤리적 영향은 물론이고 환경, 생물다양성 그리고 인간 건강에의 위험들을 다루고 있다.)

3 The South Korean **bioengineer** has been named to the 2005 list of the world's 100 top young innovators. (그 한국의 생명공학자는 2005년 세계 100대 청년 혁신자에 포함되었다.)

The disgraced scientist says he will suspend his research until a new **bioethics law** comes into effect. (그 망신을 당한 과학자는 새 생명윤리법이 시행될 때까지 자신의 연구를 중단하겠다고 말한다.)

4 The park is known for its rich **biodiversity** and high level of species endemism. (그 공원은 풍부한 생물다양성과 높은 수준의 종 특이성으로 유명하다.)

The biological health and **biodiversity** of the ecosystem depends upon the quality and abundance of water that flows through the estuary. (생태계의 생물학적 건강과 생물다양성은 강 하구를 흐르는 물의 수질과 풍부함에 의존하고 있다.)

5 **Agricultural biodiversity** must be saved in order to guarantee global food security as the population grows and the planet warms up, plant geneticists say. (농업의 생물다양성은 인구가 증가하고 지구가 온난해짐에 따라 전세계 식량 안보를 확보하기 위해 보존되어야 한다고 식물 유전학자들은 말한다.)

6 Scientists believe that they can **transplant genes** from an animal into a plant in spite of several fundamental differences between plant and animal cells. (과학자들은 식물과 동물 세포의 여러 가지 근본적인 차이에도 불구하고 유전자를 동물에서 식물로 이식할 수 있다고 믿는다.)

7 Because humans have fewer genes, it should make it easier for scientists to **complete the human genome map**. (인간은 유전자의 숫자가 적기 때문에 과학자들이 인간 게놈 지도를 완성하는 것이 더 쉬울 것이다.)

The project aims to map the position of every human gene and to read and decipher every message encoded in the twisted double helix of our **DNA**. (이 연구사업의 목적은 모든 인간 유전자 위치의 지도를 그리고 인간 DNA의 이중나선 구조에 암호화된 모든 메시지를 읽고 해독하는

것이다.)

8 A team of South Korean scientists has successfully **sequenced the complete genome** of a virulent strain of pneumococcus, which may prove useful in combating this often-deadly bacterium that has grown resistant in recent years to antibiotics such as penicillin. (한국 과학자 연구팀이 한 악성 폐렴 쌍구균의 완전한 게놈의 배열 결정에 성공했는데 이는 최근 몇 년 동안에 페니실린과 같은 항생제에 내성을 보인 종종 치명적인 이 박테리아와 싸우는 데 유용할 수 있다.)

clone

복제하다; 복제물, 복제인간, 로봇
to make multiple identical copies of = copy, re-create

용례 **clone a sheep[pig]** 양[돼지]을 복제하다 **a cloned sheep** 복제 양 **a cloned human baby** 복제 아기

| **clone a human embryo** 인간 배아를 복제하다

| **cloned animal[mammal]** 복제 동물[포유류] **create[make] a human clone** 복제 인간을 만들다 **the first human clone** 최초의 복제 인간 **produce adult clones** 복제 성인을 만들다 **deliver a cloned human baby** 복제 아기를 출산하다

| **cloner** 복제자 **a mammal cloner** 포유류 복제자

cloning 복제

| **cloning of animals** 동물 복제 **human cloning** 인간 복제 **cloning research** 복제 연구

| **a cloning expert** 복제 전문가 **a cloning authority** 복제 권위자 **a cloning project** 복제 연구 사업 **proponent of cloning** 복제 찬성자 **opponent to cloning** 복제 반대자 **regulate the cloning process** 복제 과정을 규제하다

stem cell 줄기세포

| **clone human embryonic stem cells** 인간 배아 줄기세포를 복제하다

| **extract stem cells from a human clone** 복제 인간에게서 줄기 세포를 추출하다 **use[cultivate] human embryonic stem cells** 인간 배아 줄기세포를 이용하다[배양하다]

| **a stem-cell researcher** 줄기세포 연구가 **derive stem cells from chord blood** 제대혈에서 줄기세포를 얻다

유전자 변형체 genetically modified organism
an organism whose genetic material has been altered = gene-altered organism, biotech organism

용례 **create[produce] the first GMO** 최초의 유전자 변형체를 만들다 **genetically modified foods** 유전자 변형 식품 **genetically modified crops** 유전자 변형 곡물

| genetically engineered 유전자 조작의 = genetically manipulated, genetically altered, gene-altered, biotech

| produce[import] genetically engineered beans 유전자 변형 콩을 생산하다[수입하다] **ban the sale of genetically altered foods** 유전자 조작 식품의 판매를 금지하다 **commercialize biotech vegetables** 유전자 조작 채소를 상업화하다

| transgenic 이식 유전자의, 이식 유전자에 의한

| a transgenic animal 유전자 이식 동물 **a transgenic mice** 유전자 이식 쥐 **introduce transgenic plants into agriculture** 유전자 이식 식물을 농업에 도입하다 **ban the import of transgenic crops** 유전자 이식 농작물의 수입을 금지하다

필수예문

1 The leader of a religious sect claimed to have **created the first human clone,** calling it the first step toward human immortality through **cloning.** (한 종교단체의 지도자는 최초의 복제인간을 만들었다고 주장하고 그것을 복제를 통한 인간 영생의 첫 걸음이라고 불렀다.)

2 Despite concern that **cloned mammals** have had serious birth defects or developed health problems later, the scientist dismissed worries about health problems in **cloned animals.** (복제된 포유동물들이 심각한 선천적 결함을 가지고 태어나고 뒤에 건강상의 문제가 생겼다는 우려에도 불구하고 그 과학자는 복제 동물의 건강상의 문제에 대한 우려를 일축했다.)

3 Most South Koreans believe that **human cloning** is deeply concerning, and they strongly support legislation banning human cloning. (대부분의 한국인들은 인간 복제가 몹시 우려할 만한 것이라고 믿으며 그들은 인간 복제 금지법안을 강력하게 지지한다.)

A Catholic group has recommend a ban on **human cloning** and any type of **cloning research.** (한 가톨릭 단체는 인간 복제와 모든 복제 연구를 금지할 것을 제안했다.)

4 A fresh debate is heating up over the ethics of cloning and what legal ramifications, if any, will result, following a claim by a religious group that a newborn girl is a **clone.** (한 종교단체가 신생 여아가 복제인간이라고 주장한 이후 복제의 윤리와 만약에 있다면 어떤 법적 문제가 생기게 될 것인가에 대한 새로운 논란이 뜨거워지고 있다.)

5 Expressing dissent to human cloning, many mammal **cloners** and bioethicists are calling for immediate steps to prevent scientists from cloning humans. (인간 복제에 반대를 표명하면서 많은 포유류 복제자들과 생명윤리학자들은 과학자들이 인간을 복제하지 못하게 하는 즉각적인 조치를 취할 것을 요구하고 있다.)

6 **Stem cells** can produce many different cell types, raising hopes that they will be used to repair damaged tissue and treat disease. (줄기세포는 많은 다른 세포 형태를 만들어 낼 수 있으며 손상된 조직을 회복시키고 질병 치료에 사용될 수 있다는 희망을 불러일으키고 있다.)

The debate continues over the relative merits of using **embryonic and adult stem cells** for research. (배아 및 성인 줄기세포를 연구 목적에 사용하는 것의 상대적인 장점에 대한 논란이 계속되고 있다.)

7 Greenpeace stepped up its campaign against the release of **genetically**

engineered organisms by blocking the unloading of a US grain shipment believed to contain **genetically altered beans.** (그린피스는 유전자 조작 콩이 포함된 것으로 추정되는 미국산 곡물 선적품의 하역을 막음으로써 유전자 변형체 방출에 반대 운동을 강화했다.)

All food importers and food manufacturers should not buy soy beans from the United States until **gene-altered beans** are labeled and segregated from natural beans. (모든 식품 수입업체와 제조업체들은 유전자 조작 콩이 표시가 되어 자연산 콩들과 분리될 때까지 미국으로부터 대두를 사서는 안 된다.)

8 A poll shows that four out of five South Korean customers don't want **gene-altered foods** and won't buy them. (한 여론조사에 의하면 5명의 한국인 소비자 가운데 4명은 유전자 조작 식품을 원하지 않고 그것을 사지 않을 것이라고 한다.)

Transgenic plants, produced by adding one or more genes to a plant's genome, have been developed for a variety of reasons; longer shelf life, and disease and pest resistance. (하나 이상의 유전자를 식물의 게놈에 첨가하여 만들어지는 유전자 이식 식물은 더 긴 유통기한 그리고 병충해에 대한 내성 등과 같은 다양한 이유로 개발되어 왔다.)

심화학습

줄기세포 stem cell

줄기세포란 우리 몸을 구성하는 모든 세포나 조직의 근간이 되는 세포로 몇 번이나 반복하여 분열할 수 있는 자가 재생산(self-renewal)과 여러 조직으로 분화할 수 있는 다분화 능력을 가지고 있어 난치병이나 불치병 치료에 대한 가능성 때문에 주목 받고 있다.

Stem cells have two important characteristics that distinguish them from other types of cells. First, they are unspecialized cells that renew themselves for long periods through cell division. The second is that under certain physiologic or experimental conditions, they can be induced to become cells with special functions such as the beating cells of the heart muscle or the insulin-producing cells of the pancreas.

Scientists primarily work with two kinds of stem cells from animals and humans; **embryonic stem cells and adult stem cells**, which have different functions and characteristics. Scientists discovered ways to obtain or derive stem cells from early mouse embryos long ago.

Many years of detailed study of **mouse stem cells** led to the discovery, in 1998, of how to isolate stem cells from human embryos and grow the cells in the laboratory. These are called **human embryonic stem cells**. The embryos used in these studies were created for infertility purposes through in vitro fertilization procedures and when they were no longer needed for that purpose, they were donated for research with the consent of the donor.

줄기세포는 다른 형태의 세포들과는 구분되는 두 가지 중요한 특징을 갖고 있다. 첫째, 줄기세포는 세포 분열을 통해 오랜 기간 동안 스스로 재생산을 하는 미분화 세포다. 둘째로 일정한 생리학적 혹은 실험 상태에서 줄기세포는 심장 근육의 박동 세포나 췌장의 인슐린 생산 세포와 같은 특별한 기능을 가진 세포가 되도록 유도될 수 있다는 것이다.

과학자들은 주로 각기 다른 기능과 특성을 가진 **배아 줄기세포**와 **성체 줄기세포** 두 가지를 동물과 인간의 줄기세포로부터 연구한다. 과학자들은 오래 전에 쥐의 초기 배아에서 줄기세포를 얻는 방법을 발견했다.

쥐 줄기세포에 대한 몇 년 간에 걸친 상세한 연구로 인간 배아로부터 줄기세포를 분리하여 실험실에서 기르는 방법을 1998년에 발견하게 되었는데 이것들은 **인간 배아 줄기세포**라고 불린다. 이러한 연구에 사용된 배아들은 시험관 수정을 통해 불임 치료 목적으로 만들어졌으며 더 이상 그 목적에 필요 없게 되자 제공자의 동의를 받고 연구 목적으로 기증되었다.

| **characteristic** 특성 **distinguish A from B** A와 B를 구분하다 **unspecialized** 분화되지 않은 **renew oneself** 재생하다 **cell division** 세포분열 **physiologic** 생리학적인 **induce** 유도하다 **pancreas** 췌장 **embryonic** 배아의 *cf.* **embryo** 배아 **detailed** 자세한, 상세한 **infertility** 불임 **in vitro fertilization** 시험관(체외) 수정 **donate** 기증하다 **donor** 기증자, 제공자

1분회화

She gave me the cold shoulder.

그녀는 나를 쌀쌀맞게 대했다(냉대했다).

주변에 보면 왠지 마음에 들고 호감이 가는 사람이 있는가 하면 주는 것 없이 미운 사람이 있다. 서양에서는 초대하지 않은 불청객이 파티에 찾아오면 마음에 들지 않는 표시로 차갑게 식어버린 양의 어깨 고기를 내놓는다고 하는데 여기서 유래하여 **give[show, turn] the cold shoulder to someone**은 의도적으로 남에게 쌀쌀하게 대하다, 냉대하다라는 뜻이다.

A : I am so mad at Jane. 제인한테 너무 화가 나.
B : What's the matter? 무슨 일이야?
A : I tried to talk to her at the party, but she **gave me the cold shoulder**. 파티에서 말을 걸려고 했더니, 나를 아예 외면하잖아.
B : Don't give a damn. 신경 쓰지 마.

28 우주 | 화석 | 에너지

주제어	관련어
space	**universe, space flight, space shuttle, spaceship, spacecraft, astronaut, dock, asteroid, comet, meteor, orbit, launch, blastoff, liftoff**
fossil	**index fossil, fossil animal, fossilize, carbon dating, paleontology, archeology**
energy	**nuclear energy, solar power, tidal energy, wind power, wind farm, renewable energy, geothermal**

●●● The universe is infinite. 우주는 무한하다.

우주의 기원을 설명하는 여러 가지 이론 중에 현재까지 가장 설득력이 있는 것은 소위 빅뱅 이론(the Big Bang theory)이다. 빅뱅 이론이란 우주는 모든 물질이 한 점에 모여 일으킨 대폭발의 결과로 생겼고 현재의 우주는 처음에 대폭발을 일으켜 그 폭발의 여파로 팽창을 계속하는 단계에 있다는 이론으로 대폭발설이라고도 한다. 1929년 E. P. 허블이 팽창하는 우주를 발견했고, 1948년 G.가모프가 빅뱅에 의한 우주기원론을 제창했다.

1929년 미국의 천문학자 허블은 은하들을 연구하다가 놀라운 우주의 비밀을 알아냈는데 그것은 곧 모든 은하들이 우리에게서 멀어지고 있다는 사실이었다. 오늘날 천문학자들은 이러한 우주를 '팽창우주'라고 부른다. 따라서 과거로 시간을 거슬러 올라갈 경우, 이번에는 먼 은하일수록 더 빨리 우리에게 접근해 와서 어느 시점에 이르면 모든 은하가 한 곳에 모이게 되는데 바로 그 순간을 '태초'라고 부른다. 태초는 지금으로부터 약 150억 년 전에 있었던 것으로 알려져 있고 아인슈타인이 세운 중력 이론인 일반상대론의 기본 방정식에도 팽창우주를 기술하는 답이 포함되어 있다. 허블의 팽창우주에서 주의할 일은, 우리 은하가 우주의 중심이라는 뜻은 결코 아니라는 사실이다. 우주의 모든 물질이 한 점에 모여 있었던 태초의 우주는 밀도가 엄청나게 크고 이루 말할 수 없이 뜨거웠을 것이며 그 상태에서 대폭발을 일으켜 팽창우주가 됐다는 것이다.

빅뱅 우주론과 달리, 태초의 우주가 모든 면에서 지금과 마찬가지였다는 우주론이 한때 제시되기도 했다. 즉 우주가 과거로 거슬러 올라감에 따라 은하가 하나씩 없어지면 높은 밀도와 온도를 피할 수 있다는 줄거리를 갖는 우주론인데 이를 연속창생 우주론이라고 부른다. 빅뱅 우주론은 연속창생(continuous creation) 우주론에게 승리를 거둔 뒤에도 퀘이사라는 수수께끼 천체가 등장하면서 한때 진위를 의심받기도 했지만 이후 여러 가지 검증을 거쳐 정설로 자리잡았다.

space

우주; 우주의
the expanse in which the solar system, stars, and galaxies exist = universe

용례 **a journey into space** 우주 여행 **space travel** 우주 여행 **the space age** 우주시대 **space exploration** 우주 탐험

| **abort a space mission** 우주 비행 계획을 무산시키다

| **aliens from outer space** 우주로부터 온 외계인 **the exploration of outer space** 외계 탐사

| **launch[put, send] a spaceship into space** 우주로 우주선을 발사하다 **a space program** 우주 탐사 계획 **space research** 우주 탐구 **a space race** 우주 개발 경쟁 **a space scientist** 우주 과학자

space 우주의, 우주 탐사용의

| **a space weapon** 우주 무기 **space tools** 우주 탐사용 도구 **the first manned space flight** 최초의 유인 우주 비행 **a space station in orbit round the moon** 달 궤도 내의 우주 정거장 **a space rocket** 우주선 발사 로켓 **a space flight** 우주 비행

| **space shuttle** 우주 왕복선

| **a spaceship, a spacecraft, a space vessel** 우주선 **a manned spacecraft** 유인 우주선 **an unmanned spacecraft** 무인 우주선 **a space probe** 우주 탐사선 **a space capsule** 우주 캡슐 **send a new unmanned rover to** 새로운 무인 이동차를 ~에 보내다 **a lunar module** 달 착륙선 **mothership** 모선 **orbiter** 궤도 탐사선 **impactor** 충격 장치 **heat shield** 열 차단막

astronaut, cosmonaut 우주 비행사

| **train a group of astronauts** 일단의 우주 비행사들을 훈련시키다 **the first South Korean astronaut** 한국인 최초의 우주 비행사

| **dock** 도킹하다 **dock with the International Space Station** 국제 우주 정거장에 도킹하다 **dock with a Russian spacecraft** 러시아 우주선과 도킹하다 **spacewalking** 우주 유영 **spacewalker** 우주 유영자

| **the solar system** 태양계 **the Sun** 태양 **the Mercury** 수성 **the Venus** 금성 **the Earth** 지구 **the Mars** 화성 **the Jupiter** 목성 **the Saturn** 토성 **the Uranus** 천왕성 **the Neptune** 해왕성 **the Pluto** 명왕성 (최근 태양계 행성 지위를 박탈당하고 왜행성으로 전락했다.)

| **asteroid** (화성과 목성의 궤도 사이에 있는) 소행성 **comet** 혜성 **meteor, shooting star** 유성 **meteorite** 운석

orbit 궤도; 궤도를 돌다

| **send[put, launch] ~ into orbit** 궤도에 올리다, 발사하다 **go into orbit around the earth** 지구 궤도에 오르다

| **carry[deliver] humans into orbit** 인간을 궤도에 데려다주다 **a spacecraft orbiting the earth** 지구 궤도를 도는 우주선

| **launch** 발사하다 **launch a spaceship into orbit** 우주선을 발사하다 **launch, liftoff, blastoff** 발사 **count down from 10** 10초 카운트다운을 시작하다 **be launched atop a rocket from** 로켓 위에 태워져 ~에서 발사되다 **stop[postpone] the launch** 발사를 중단[연기]하다

| **land** 착륙하다 **return to the Earth** 지구에 귀환하다 **reenter the earth's atmosphere** 지구 대기권에 재진입하다 **reentry into the earth's atmosphere** 지구 대기권 재진입

unidentified flying object (UFO) 미확인 비행 물체

| **sight[spot, see] a UFO** 미확인 비행 물체를 목격하다 **report seeing a UFO** 미확인 비행 물체를 목격했다고

보고하다 **a UFO sighting[report]** 미확인 비행 물체 목격[보고] **a UFO picture[photograph]** 미확인 비행 물체 사진 **a deliberate hoax** 의도적인 조작 **a close encounter** 근접 조우

| **a flying saucer[disk]** 비행 접시 **an identified flying object (IFO)** 확인 비행 물체 **a strange apparition in the sky** 하늘의 이상한 물체 **airship, dirigible** 비행선 **mystery aircraft** 정체 불명의 비행기

| **come in all shapes and sizes** 모양과 크기가 아주 다양하다 **move slowly across the sky** 하늘을 가로질러 천천히 움직이다 **perform unbelievable maneuvers** 믿을 수 없는 비행을 하다

| **ufology** 미확인 비행 물체 연구 **ufologist, UFO researcher** 미확인 비행 물체 연구가 **occultism** 신비주의 **cryptozoology** 미확인 동물학 **parapsychology** 초심리학 (심령 현상의 과학적 연구 분야)

| **alien, extraterrestrial** 외계인 **alien abduction** 외계인에 의한 납치 **extraterrestrial life** 외계 생명체 **panspermia** 원자론(우주의 생명은 단일 배종(胚種)에서 유래했다는 설) **astrobiology, exobiology, xenobiology** 우주 생물학

| **crop circle, agroglyph** 미스터리 서클(특히 잉글랜드 남부 등에서 밭의 밀이 마치 원반이 내려앉았던 것처럼 원형으로 쓰러져 있는 현상) **cereology** 미스터리 서클 연구 **complex geometric patterns** 복잡한 기하학적 모양 **fractal** 차원 분열 도형, 프랙탈(산의 기복, 해안선 따위; 아무리 세분해도 똑같은 구조가 나타나는 도형)

필수예문

1 Once the country begins to **send astronauts into space**, it will then launch space labs to be manned by scientists. The next step would be the construction of a permanent space station. (그 나라가 일단 우주 비행사들을 우주에 보내기 시작하면 그 나음에는 과학사들이 탑승한 우주 실험실을 발사할 것이다. 그 다음 단계는 영구 우주 정거장 건설일 것이다.)

2 South Korea has announced it will **begin its manned space flights** when its rockets and space capsules are dependable, when safety can be amply ensured and when its pilots can take off and return. (한국은 로켓과 우주 캡슐이 믿을 만하게 되고 안전이 충분히 담보될 수 있고 우주 비행사들이 이륙과 귀환을 할 수 있게 될 때 유인 우주 비행을 시작할 것이라고 발표했다.)

3 China has launched its first manned spacecraft into orbit, making it only the third country ever to **send a human into space**. (중국은 최초의 유인 우주선을 발사해 인간을 우주에 보낸 세 번째 나라가 되었다.)

The **returning module** headed to the preset landing zone, while the **orbital module** would continue to orbit the Earth. (귀환선은 미리 정해진 착륙 지역으로 향했지만 궤도선은 계속 지구의 궤도를 돌게 될 것이다.)

4 An **unmanned Russian spaceship** carrying food and equipment has successfully **docked with** the International Space Station. (식량과 장비를 탑재한 무인 러시아 우주선이 국제 우주 정거장에 성공적으로 도킹했다.)

The **manned spaceship** was successfully **re-docked** to the module of the International Space Station. (그 유인 우주선은 국제 우주 정거장에 성공적으로 재도킹했다.)

5 Our **solar system** consists of the sun, the nine planets and their moons, asteroids and comets. (우리 태양계는 태양, 9개의 행성, 행성의 위성들, 소행성 그리고 혜성으로 이루어져 있다.)

Humans have been sending out spacecraft to explore the known planets of **the**

solar system for more than 40 years. (인간은 40년 이상이나 태양계의 알려진 행성 탐험을 위해 우주선을 보내왔다.)

6 Advances in materials, smart sensors and on-the-spot experiments are fostering an array of competitive ways to explore **the solar system** and beyond. (재료, 컴퓨터화한 감지 장치들 그리고 현장 실험의 발전은 태양계와 그 너머를 탐험하는 다양한 경쟁력 있는 방법들을 촉진시키고 있다.)

7 China **launched its second manned spaceship into orbit**, lifting a pair of astronauts into the sky for a voyage scheduled to last up to five days. (중국은 두 번째 유인 우주선을 발사해 5일 동안 계속될 예정인 여행을 위해 두 명의 우주 비행사를 우주로 보냈다.)

A computer glitch has **stopped the launch** of an American space shuttle one second before **liftoff**. (컴퓨터 고장으로 발사 1초 전에 미국 우주 왕복선의 발사가 중단되었다.)

Seven astronauts were aboard the Challenger when it exploded **during liftoff**. (챌린저호가 발사 도중 폭발했을 때 일곱 명의 우주 비행사가 타고 있었다.)

8 The Shenzhou III **returned to the Earth** after spending a week in orbit, **landing** as planned in northern China's Inner Mongolia Autonomous Region. (션저우 3호는 궤도에서 일주일을 보내고 지구에 귀환했는데 계획대로 북 중국의 내몽고 자치구에 착륙했다.)

The space shuttle exploded **during reentry**, killing the seven astronauts on board. (그 우주 왕복선은 지구 궤도 재진입 도중 폭발해 탑승하고 있던 7명의 우주 비행사들이 사망했다.)

fossil

화석

the remains of a plant or animal that existed in a past geological age and that has been excavated from the soil = deposit, eolith, impression, neolith, paleolith, petrifaction, reconstruction, relic, remains, skeleton, specimen, trace

용례 **form a fossil** 화석이 되다 **fossil fuel** 화석 연료 **a fossil leaf** 화석이 된 나뭇잎 **the fossil record** 화석 기록

| **an index [a guide] fossil** 표준 화석 **a fossil animal[plant]** 동물[식물]의 화석 **a living fossil** 살아 있는 화석 **study fossils** 화석을 연구하다 **estimate the age of a fossil** 화석의 연대를 추정하다

| **fossilize** 화석이 되게 하다, 화석이 되다 **fossilized bones** 화석화된 뼈 **fossilized droppings** 화석화된 배설물 **fossilized footprints of human beings** 인간의 화석화된 발자국 **fossilized bacteria** 화석화된 박테리아 **a fossilized human finger** 화석화된 인간의 손가락

carbon dating 방사성 탄소 연대 측정법

| **use carbon dating to pinpoint the time** 방사성 탄소 연대 측정법으로 시간을 정확히 알아내다

| **paleontology** 고생물학 **paleontologist** 고생물학자 **archeology** 고고학 **archeologist** 고고학자

energy

에너지(원)
a source of usable power, such as petroleum or coal = power

용례 **an energy crisis** 에너지 위기 **energy efficiency** 에너지 효율 **energy-saving measures** 에너지 절약 조치 **conserve energy** 에너지를 보존하다 **a source of energy** 에너지원

| **nuclear[electrical] energy** 핵[전기] 에너지

| **atomic energy** 원자력 에너지 **fusion energy** 융합 에너지

| **potential energy** 잠재 에너지

| **energy production[consumption]** 에너지 생산[소비] **thermal energy** 열 에너지 **mechanical energy** 기계적 에너지

renewable 재생 가능한

| **renewable energy** 재생 가능한 에너지 **renewable energy sources** 재생 가능한 에너지원

| **solar energy** 태양 에너지 **solar power** 태양력 **utilize solar power as a source of energy** 에너지원으로 태양력을 활용하다

| **tidal energy** 조력 에너지 **wave power** 조력 **extract energy from the waves** 파도에서 에너지를 추출하다

| **wind energy** 풍력 에너지 **wind power** 풍력 **windfarm** 풍력 발전 지대 **wind power station** 풍력 발전소

| **a geothermal power plant** 지열 발전소

| **a thermal power station** 화력 발전소 **a hydroelectric power station** 수력 발전소 **a nuclear power station** 원자력 발전소 **a cogeneration power plant** 열병합 발전소

필수예문

1 **Fossils** usually consist of traces left by the remains of an animal or plant itself. However, fossils may also consist of the marks left behind by the organism while it was alive, such as the footprint of a dinosaur or reptile. These types of fossils are called **trace fossils.** (화석은 보통 동물이나 식물 자체의 잔존물에 의해 남겨진 흔적으로 이루어진다. 하지만 화석은 또 살아 있었던 생물체에 의해 남겨진 공룡이나 파충류의 발자국과 같은 흔적들로 이루어지기도 한다. 이러한 종류의 화석들은 흔적 화석이라고 불린다.)

2 A **newly discovered fossil** might be the remains of one of the first stealth hunters, a swimming dinosaur that could use its long neck to sneak up on prey and strike without warning. (새로 발견된 화석은 긴 목을 이용해 먹잇감에 몰래 다가가 경고 없이 덮칠 수 있었던 최초의 스텔스 사냥꾼의 하나였던 헤엄치는 공룡의 화석일 수도 있다.)

3 The magazine announced the discovery of the **fossilized** remains of a new species of hominid (human ancestor), which provides important clues into the early history of human beings. (그 잡지는 인류 조상의 한 종의 화석화된 유물을 발견했다고 발표했는데 이는 인류 초기 역사를 밝히는 데 중요한 단서를 제공한다.)

4 **Fossilization** is actually a rare occurrence because natural materials tend to decompose. In order for an organism to be fossilized, the remains normally need to be covered by sediment as soon as possible. (자연 물질은 부패하는 경향이 있기 때문에 화석화는 실제로 좀처럼 일어나기 어렵다. 유기체가 화석화되기 위해서 보통은 유해가 가능한 한 빨리 침전물에 의해 덮여질 필요가 있다.)

5 A team of South Korean scientists discovered the **fossilized footprints** of human ancestors in Sudan, Africa. (한국의 과학자 팀이 아프리카 수단에서 인간 조상의 **발자국 화석**을 발견했다.)

Fossilized plant remains have led to the world's vast coal deposits and possibly the huge oil reserves. (화석화된 식물 잔존물로 인해 세계의 엄청난 석탄 매장량과 아마도 많은 석유 자원이 생기게 되었다.)

6 Many people are under the false impression that **carbon dating** proves that dinosaurs and other extinct animals lived millions of years ago. (방사성 탄소 연대 측정법이 공룡과 다른 멸종 동물들이 수백만 년 전에 살았다는 것을 증명한다고 많은 사람들이 잘못 생각하고 있다.)

Many people believe that **carbon dating** disproves the Biblical time scale of history. (많은 사람들이 방사성 탄소 연대 측정법이 성서에서 말하는 역사의 시간이 틀렸다는 것을 증명한다고 믿는다.)

7 The world is expected to **undergo an energy crisis** if oil-producing countries cut their oil output. (만약 산유국들이 석유 생산량을 감축하면 세계가 에너지 위기를 겪을 것으로 예상된다.)

The government has said it will step up efforts to **conserve energy** amid soaring oil prices. (정부는 유가가 치솟기 때문에 에너지를 절약하는 노력을 강화할 것이라고 밝혔다.)

8 Biomass fuel is **a renewable energy** source because we can always grow more trees and crops, and waste will always exist. (동식물의 배설물에서 발생하는 합성 연료는 재생 가능한 에너지원인데 이는 항상 더 많은 나무와 곡물을 재배할 수 있고 폐기물은 언제나 존재하기 때문이다.)

Renewable energy sources include solar energy, which comes from the sun and can be turned into electricity and heat. (재생 가능한 에너지원에는 태양에서 나오고 전기와 열로 전환될 수 있는 태양 에너지가 있다.)

심화학습

빅뱅 이론 Big Bang theory

우주의 생성에 관한 지금까지의 이론 중에 가장 설득력이 있는 것으로 빅뱅 이론이 있는데 이는 간단히 말해서 우주가 어떤 한 점에서부터 탄생한 후 지금까지 팽창하여 오늘의 우주에 이르렀다는 이론이다.

One of the most persistently asked questions has been: How was the universe created? Many once believed that the universe had no beginning or end and was truly infinite. Through the inception of the **Big Bang theory**, however, no longer could the universe be considered infinite. The universe was forced to take on the properties of a finite phenomenon, possessing a history and a beginning.

About 15 billion years ago, a tremendous explosion started the expansion of the universe. This explosion is known as the **Big Bang**. At the point of this event, all of the matter and energy of space was contained at one point. What existed prior to this event is completely unknown and is a matter of pure speculation.

Since the **Big Bang**, the universe has been continuously expanding and, thus, there has been more and more distance between clusters of galaxies. This phenomenon of galaxies moving farther away from each other is known as the red shift.

The **Big Bang theory** provides a viable solution to one of the most pressing questions of all time. It is important to understand, however, that the theory itself is constantly being revised. As more observations are made and more research conducted, the Big Bang theory becomes more complete and our knowledge of the origins of the universe more substantial.

지금까지 가장 끊임없이 던져진 질문 중에 하나는 우주가 어떻게 해서 창조되었는가 하는 것이다. 많은 사람들이 한때 우주는 시작도 끝도 없고 정말로 무한하다고 믿었다. 그러나 **빅뱅 이론**의 시작을 통해 우주는 더 이상 무한하다고 간주될 수 없다. 우주는 역사와 시작이 있는 유한한 현상의 특징을 가질 수밖에 없었다.

약 150억 년 전 거대한 폭발이 우주의 팽창을 일으켰는데 이 폭발이 **빅뱅(대폭발)**으로 알려져 있다. 이 폭발 당시 우주의 모든 물질과 에너지는 한 곳에 포함되어 있었다. 이 사건 이전에 존재했던 것은 철저히 알려져 있지 않으며 순전히 추측만 할 수 있을 뿐이다.

대폭발 이후 우주는 계속 팽창해 왔고 따라서 은하 성단간의 거리는 점점 멀어져왔다. 은하가 서로 멀어지는 이 현상은 적색 편위라고 알려져 있다.

빅뱅 이론은 고금을 통하여 가장 중요한 의문 중의 하나에 대한 실용적인 해답이다. 그러나 이론 자체가 끊임없이 수정되고 있다는 사실을 이해하는 것이 중요하다. 더 많은 관측이 이루어지고 연구가 행해짐에 따라 빅뱅 이론은 점점 완전해지고 우주 기원에 대한 우리의 지식도 보다 현실적이 된다.

persistently 끊임없이, 부단히 **infinite** 무한한 **inception** 시작, 발단 **take on the properties of** ~의 특징을 가지다 **tremendous** 엄청난, 거대한 **a matter of pure speculation** 순전히 추측할 수밖에 없는 문제 **cluster of galaxies** 은하 성단 **red shift** 적색 편위 **viable** 실용적인 **substantial** 현실적인, 견고한

29 컴퓨터 | 인터넷 | 검색엔진

주제어	관련어
computer	**boot, computer literate, computer illiterate, computer-savvy, computerize, mainframe, peripheral, laptop, software, spyware**
Internet	**Net, surf, Internet user, log onto, hook up to, digital divide, home page, Web site, dot-com, online, cyberspace, e-commerce**
search engine	**Web search engine, spider, bot, relevance**

●●● Don't count your chickens before they are hatched.

떡 줄 사람은 생각지도 않는데 김칫국부터 마신다.

컴퓨터(computer)의 등장은 인간의 생활을 크게 바꾸어놓았고 컴퓨터는 끊임없이 진화하여 앞으로 우리의 생활을 얼마나 더 편리하게 해줄지 가늠하기조차 쉽지 않다. 문서 작성의 예만 들더라고 타자기를 사용할 때는 오타가 나면 이를 지우거나 아예 다시 쳐야 했지만 컴퓨터의 등장으로 필요하면 언제든지 간단하게 수정할 수 있게 되었다. 컴퓨터는 또 기업들의 업무 추진 방식을 크게 바꾸어놓았고 그야말로 종이 없는(paperless) 업무 환경을 만들어가고 있다. 서류 결재를 받을 때 과거에는 종이로 출력하여 상사에게 최종 승인을 받았지만 이제는 전자결재가 보편화되어가고 있는 추세다.

컴퓨터를 서로 공유할 수 있는 망을 통해 연결해 놓은 인터넷(the Internet)의 등장은 컴퓨터보다 더한 혁명적인 변화를 우리의 일상생활에 가져다주었으며 이제는 인터넷 없으면 일상생활에 불편을 느낄 정도가 되었다. 아침에 일어나서 인터넷을 통해 뉴스를 보며 세상 돌아가는 사정을 알게 되고 백화점이나 시장에 갈 필요 없이 인터넷을 통해 필요한 제품을 살 수도 있게 되었다. 다양한 종류의 인터넷 쇼핑몰(online shopping mall)이 있어 주문만 하면 언제든지 배달해주니 이것보다 더 편리한 것도 없다고 하겠다.

또한 검색엔진(search engine)이라는 것이 있어 알고 싶은 것이 있을 때 언제든지 인터넷에 접속하여 원하는 정보를 얻을 수 있어 인터넷은 가히 정보의 바다라고 할 수 있다. 대한민국은 산업화(industrialization)에는 다른 선진국에 뒤졌지만 정보기술(information technology)분야에서는 세계 일류에 든다고 할 수 있으며 특히 인터넷이 가장 잘 보급된 나라의 하나로(one of the most wired nations in the world) 꼽힌다.

computer

컴퓨터
a machine for performing calculations automatically
= computing device, computing machine, data processor

computer의 동사형은 compute로 원래 '계산하다'는 뜻이지만 여기에서 파생되어 '어림하다, 추정하다' 란 뜻도 갖게 되었다.
compute one's loss at $10,000 손해를 만 달러로 추정하다
용례 **boot up a computer** 컴퓨터를 부팅하다 **reboot a computer** 컴퓨터를 리부팅하다 **computer game** 컴퓨터 게임 **computer facilities** 컴퓨터 시설
| **a computer company** 컴퓨터 제조회사 **a computer market** 컴퓨터 시장 **the computer industry** 컴퓨터 산업
| **a computer culture** 컴퓨터 문화 **a computer error[glitch]** 컴퓨터 에러[고장] **feed[enter] data into a computer** 컴퓨터에 자료를 입력하다 **computer science** 컴퓨터 공학 **a computer printer** 컴퓨터 프린터
| **computer jargon, computerspeak** 컴퓨터 전문용어 **compuword, computer language** 컴퓨터 언어 **computer technology** 컴퓨터 기술 **computer simulation** 컴퓨터 시뮬레이션 **computer [information] revolution** 컴퓨터[정보] 혁명
computer fluency 컴퓨터에 능함
| **computer-friendly** 컴퓨터에 밝은 **computer literate** 컴퓨터에 밝은 사람 **computer-literate** 컴퓨터에 밝은 **computerate, computer-savvy** 컴퓨터에 정통한(능한) **computer literacy** 컴퓨터에 밝음, 컴퓨터 조작 능력 **computer illiterate** 컴퓨터에 익숙지 않은 사람, 컴맹 **computer-illeterate** 컴퓨터에 어두운 **computer illiteracy** 컴퓨터에 어두움 **computerist, computerman** 컴퓨터 전문가 **computerphobe** 컴퓨터를 싫어하는 사람, 컴퓨터 공포증이 있는 사람 **computerphobia** 컴퓨터 공포증
| **computocracy** 컴퓨터 지배 사회(정치) **computopia** 컴퓨터에 의한 이상적인 사회 **computopolice** 컴퓨터(정보) 도시
| **computernik, computerholic** 컴퓨터 중독자 **a computer buff[nerd]** 컴퓨터 광 **a computer pal, an online buddy** 컴퓨터 통신으로 알게 된 친구
| **computerize** 컴퓨터로 처리하다, 전산화하다 **computerization** 컴퓨터화, 전산화 **computerlike** 컴퓨터 같은 **with computerlike precision** 컴퓨터처럼 정확하게
| **computerology** 컴퓨터학 **computer orphan** 단종된 컴퓨터
| **computer animation** 컴퓨터 애니메이션 **computer programming** 컴퓨터 프로그래밍 **computer programmer** 컴퓨터 프로그래머 **a specialist in computer-aided design** 컴퓨터 이용 디자인 전문가 **computer graphics** 컴퓨터 그래픽 **computer-aided manufacturing** 컴퓨터 이용 생산 **computer-based publishing, desktop publishing** 전자 출판 **computer-based learning** 컴퓨터 이용 학습
mainframe 본체
| **peripheral (device)** 주변 기기 **computer accessory** 컴퓨터 부속품 **central processing unit (CPU), central processor** 중앙 처리장치 **main memory** 주 기억장치 **operating system** 운영체계 **computer hardware** 하드웨어 **keyboard** 키보드 **console** (컴퓨터 등의) 조작(제어) 테이블
| **diskette** 디스켓 **floppy, floppy disk** 플로피 디스켓 **memory board** 메모리판 **monitor, monitoring device** 모니터 **mouse** 마우스

home computer 가정용 컴퓨터
| **briefcase computer** 서류가방 컴퓨터 **desktop computer** 탁상용 컴퓨터 **handheld computer** 휴대용 소형 컴퓨터 **laptop computer** 휴대용 컴퓨터 **notebook computer** 노트북 컴퓨터 **personal computer** 개인용 컴퓨터 **personal digital assistant** 개인 휴대 정보 단말기 **workstation** 범용 컴퓨터
| **portable computer** 휴대용 컴퓨터 **microcomputer, minicomputer** 소형 컴퓨터 **palmtop** 초소형 컴퓨터
| **server, host** 서버 **client, guest, node** (서버에 연결된) 컴퓨터 **backup** 여벌, 백업
| **save** 저장하다 **delete** 삭제하다

---

software 소프트웨어

written programs or procedures or rules and associated documentation pertaining to the operation of a computer system = operating system, software package, software system

용례 **write[publish] software** 소프트웨어를 만들다[출시하다] **download software** 소프트웨어를 전송(다운로드)받다 **pirate software** 소프트웨어를 불법 복제하다
| **a software company** 소프트웨어 회사 **the market for software** 소프트웨어 시장 **develop a software product** 소프트웨어를 개발하다
| **application software** 응용프로그램 소프트웨어 **a software engineer** 소프트웨어 엔지니어 **a software developer** 소프트웨어 개발(업)자 **run the software** 소프트웨어를 실행하다 **install software** 소프트웨어를 설치하다 **devise a new computer program** 새 컴퓨터 프로그램을 고안하다 **software package** 범용 소프트웨어 **file-sharing program** 파일 공유 프로그램
| **alpha software** 알파 소프트웨어(개발자들이 시험용으로 사용하는) **beta software** (정식 출시 이전의) 시험판 소프트웨어 **compatible software** 호환 가능 소프트웨어 **freeware** 프리웨어 (개발자의 승인 없이 자유로 무료 사용할 수 있는 소프트웨어) **groupware** 그룹웨어 (그룹으로 작업하는 사람들에게 효율적인 작업 환경을 제공하는 소프트웨어) **shareware** 셰어웨어 (저작권이 있는 소프트웨어로, 일정 기간 시험 사용 후 계속해서 사용하고 싶을 때에 요금을 지불하는 것) **spyware** 스파이웨어 (인터넷 사용자가 어느 사이트에 접속하는지 염탐하는 소프트웨어)
| **upgrade** 업그레이드, 성능 향상

필수예문

1 Among other things, **computers** have radically changed the way we learn and get an education, as well as the way we communicate. (무엇보다도 컴퓨터는 우리의 의사소통 방식은 물론 학습과 교육 방식을 근본적으로 바꾸어 놓았다.)

Students will explore how **computers** have changed our lives and culture. (학생들은 컴퓨터가 어떻게 우리의 삶과 문화를 바꾸어 놓았는지를 탐구하게 될 것이다.)

2 Children who become addicted to **computer games** may actually be more intelligent than the average and go on to university and higher-ranking jobs, according to a recent study. (최근의 한 연구에 따르면 컴퓨터 게임에 중독되는 어린이들이 실제로 평균적인 아이들보다 머리가 좋고 대학에 진학하며 더 높은 지위의 일자리를 잡을 수도 있다고 한다.)

3 The **computer industry** has undergone a technological revolution in the past two decades. (컴퓨터 산업은 지난 20년 동안 기술혁명을 겪었다.)

Computer industry firms are struggling to cope with the dearth of talent. (컴퓨터 업계 회사들은 인재 부족에 대처하기 위해 애쓰고 있다.)

4 A US Customs **computer system** used to process passengers arriving on international flights has shut down, leaving long lines of impatient travelers. (국제 노선을 이용해 도착하는 승객을 처리하기 위해 사용되는 미국 이민국 컴퓨터 시스템이 고장이 나 초조한 여행객들이 긴 줄을 서게 만들었다.)

5 At school and at home, today's children and teens are so **computer-savvy** and comfortable online that they've become technology pacesetters. (학교에서나 집에서나 오늘날의 어린이와 십대들은 컴퓨터에 대해 너무 잘 알고 인터넷을 편안하게 사용해 기술의 선두 주자가 되었다.)

The computer will understand ordinary everyday English, French, German or any major language. In such a world, there are no longer any technophobes or **computer illiterates** and everyone can use a computer. (컴퓨터는 일상 영어, 불어, 독일어 혹은 어떤 주요 언어라도 이해를 하게 될 것이다. 그러한 세계에서 기술 공포증을 가진 사람이나 컴맹은 더 이상 없으며 누구나 컴퓨터를 사용할 수 있다.)

6 The **personal computer market** underwent significant structural changes throughout the late 1970s and 1980s. (개인용 컴퓨터 시장은 1970년대 말과 1980년대를 통해 큰 구조적 변화를 겪었다.)

The **software** giant plans to introduce a **new operating system** with enhanced storage capabilities. (그 거대 소프트웨어 회사는 향상된 저장 기능을 갖춘 새 운영체계를 도입할 계획이다.)

The company said six versions of the **new operating system** will go on sale in the second half. (그 회사는 새 운영체계의 여섯 가지 버전이 하반기에 판매될 것이라고 밝혔다.)

7 South Korea's biggest **software company** has announced aggressive plans to expand its **online game business** after its successful launch of the country's first homemade online game last year. (한국 최대의 소프트웨어 회사는 지난해 국내 최초의 국산 온라인 게임을 성공적으로 출시한 뒤에 온라인 게임 사업을 확장하려는 공격적인 계획을 발표했다.)

8 **Spyware** programs have become especially pernicious, leaving computer companies scrambling to respond to customers who don't realize they have **downloaded**. (스파이웨어 프로그램들은 특히 치명적이 되었는데, 컴퓨터 회사들이 다운로드 받았다는 것을 모르는 고객들에게 급히 대응하게 만들었다.)

Internet

인터넷

the computer network which allows computer users to connect with computers all over the world, and which carries e-mail
= cyberspace, the Net

용례 **surf the Internet** 인터넷을 여기저기 돌아다니다 **join the Internet** 인터넷에 가입하다 **use the Internet** 인터넷을 사용하다 **Internet user, Netizen** 인터넷 사용자

I get on [log onto, hook up to, connect with] the Internet 인터넷에 접속하다 **have access to**

the Internet 인터넷에 접속하다(접하다)

| **search the Internet for** ~를 찾아 인터넷을 검색하다 **an Internet browser** 인터넷 브라우저 **Internet access[connection]** 인터넷 접속 **broadband Internet connection** 광대역 인터넷 접속

| **download** 다운로드 받다 **upload** (데이터나 프로그램을 소형 컴퓨터에서 대형 컴퓨터로) 전송하다

| **Internet traffic** 인터넷 통신량 **an Internet address** 인터넷 주소 **an Internet account** 인터넷 계정 **Internet service** 인터넷 서비스 **Internet service provider** 인터넷 서비스 회사 **mobile Internet service** 모바일 인터넷 서비스 **an Internet auction site** 인터넷 경매 사이트 **Internet banking** 인터넷 뱅킹 **communicate over the Internet in real time** 인터넷상에서 실시간으로 통신하다 **tune in to Internet radio** 인터넷 라디오를 청취하다 **Voice over Internet Protocol (VoIP), IP telephony, Internet telephony, digital phone** 인터넷 전화 **digital divide** 정보 격차 **bridge[close, reduce] the digital divide** 정보 격차를 줄이다

home page 홈페이지

| **set up[open, launch] a home page** 홈페이지를 개설하다 **Web site, Internet site** 인터넷 사이트 **portal site** 포털 사이트 **the default page of Yahoo.com** 야후의 초기화면 **the most visited Web site** 방문자가 가장 많은 사이트 **the most viewed Web site** 방문자가 가장 많은 사이트 **customize the home page to suit users' personal tastes** 홈페이지를 사용자 구미에 맞게 바꾸다

| **dot-com, Internet company** 인터넷 회사, 닷컴 **a dot-com bubble** 인터넷 기업 버블 **a dot-com collapse** 인터넷 사업의 붕괴

| **chat room** 대화방 **Internet cafe** 인터넷 카페 **a message board, an Internet discussion group** 인터넷 토론방

| **online** 온라인으로 **get[go] online** 온라인으로 연결하다 **shop online at Amazon.com** 아마존 닷컴을 통해 온라인 쇼핑하다 **an online shopping mall** 온라인 쇼핑몰

| **a pioneer in the field of selling things online** 온라인 판매의 선구자 **a brick-and-mortar bookselling giant** 오프라인 거래의(재래식) 대형 서적 판매 회사 **lag online competitors** 온라인 경쟁자들에 뒤처지다

| **wired** 인터넷으로 접속한, 인터넷으로 연결된 **the most wired nation** 인터넷 보급률이 가장 높은 국가

| **e-commerce, electronic commerce** 전자상거래 **business-to-business (B2B)** 기업간 전자상거래 **business-to-consumer (B2C)** 기업 대 소비자간 전자상거래

| **off-line** 오프라인의 **e-tailer, electronic retailer** 온라인 소매업자

| **cyber** 인터넷의 **cyberculture** 인터넷 문화 **cyberspace** 가상현실, 가상공간 **cybersport** 전자 게임 **cyberwar** 컴퓨터 전쟁 **virtual** 가상의 **virtual reality** 가상현실

| **intranet, local area network** 구내 인터넷 통신망

videoconference 화상회의

| **hold a videoconference with** ~와 화상회의를 열다 **hold a satellite videoconference** 위성 화상회의를 하다 **videoconferencing** 화상회의 개최 **install a videoconferencing unit** 화상회의 장치를 설치하다 **a Webcam** 인터넷용 카메라 **codec (coder-decoder)** 부호기(符號器)

| **teleconference** (인터넷, TV, 전화를 이용한) 원격지간 회의 **a conference call** 전화회의 **hold a conference call** 전화회의를 하다

| **telemedicine** (전화, TV 등에 의한) 원격 의료 **remote[distance] treatment** 원격 치료 **remote patient monitoring** 원격 환자 관찰

| **distance education, tele-education** 원격(원거리) 교육 **distrance learning** 원격 학습 **promote tele-education** 원격 교육을 장려하다 **study by distance education** 원격 교육으로 공부하다 **a distance**

education course 원격 교육 강좌
| **hyperlink** 하이퍼링크 (데이터 파일을 서로 연결시키는 것)
| **uniform resource locator (URL)** 인터넷 주소(인터넷의 서버가 있는 장소를 지시하는 방법)
| **hypertext** 하이퍼텍스트 (정보란을 마음대로 만들거나 연결시키고 정보를 검색할 수 있게 비순차적으로 기억된 데이터의 텍스트) **hypertext markup language (HTML)** 인터넷의 하이퍼텍스트를 표현하기 위한 언어

blog, webblog 블로그
| **photoblog** 사진 블로그 **mobblog, mobile blog** 모바일 블로그 **MP3 blog** MP3 블로그 **videoblogging** 비디오 블로그 제작 **audioblogging** 오디오 블로그 제작 **blog owner** 블로그 소유자, 운영자
| **post, entry** 게시물 **post date** 게시 날짜 **category** 분류 **title** 제목 **body** 본문 **trackback** 관련 블로그 목록 **comment, reply** 댓글 **permalink** 게시물 인터넷 주소(permanent link의 줄임말) **header** 헤더(각 데이터의 머리에 붙은 표제 정보) **footer** 푸터(문서 하단에 일괄적으로 쓰이는 표제, 날짜 따위)
| **wiki** 공유 홈페이지 **a flash mob** 번개군중, 플래시몹

informatiom 정보
| **an information society** 정보화 사회 **the information age** 정보화 시대 **information technology** 정보기술 **the information technology industry** 정보기술(IT) 산업
| **informational** 정보의; 지식을 주는 **informative** 정보(지식)를 주는; 유익한
| **informationalize** 정보화하다 **informationalize the world** 세계를 정보화하다 **informationalization** 정보화 **corporate informationalization** 기업 정보화 **the tendency of informationalization** 정보화 경향
| **knowledge-based** 지식 기반의 **a knowledge-based economy[society]** 지식 기반 경제[사회]

search engine

검색 엔진
A Web site whose primary function is providing a search engine for gathering and reporting information available on the Internet or a portion of the Internet

용례 **a Web search engine** 웹 검색 엔진 **the top search engine** 제1의 검색 엔진 **launch a new search engine** 새 검색 엔진을 시작하다 **develop a search engine** 검색 엔진을 개발하다
| **launch a travel search engine** 여행 검색 엔진을 출범시키다
| **unveil a new search technology** 새 검색 기술을 공개하다 **provide an Internet search service** 인터넷 검색 서비스를 제공하다 **launch a niche search product** 틈새 검색 상품을 출시하다
| **spider** 넷 자동 검색 프로그램 **bot** 자동처리 프로그램
| **relevance** 검색 능력

필수예문

1 **Internet users** have contributed their thoughts and their files to the online world, and many of them maintain their own Web sites. (인터넷 이용자들은 자신들의 생각과 파일을 사이버 공간에 제공해왔고 많은 이들은 자신들의 홈페이지를 운영하고 있다.)

The **Internet** is growing at an annualized rate of 18 percent and now has one billion users. (인터넷은 매년 18퍼센트의 성장률을 보이고 있으며 사용자가 현재 10억 명에 이른다.)

2 The program hides your identity when you **surf the Internet**, secures your data over a wireless connection, detects and removes spyware from your PC, deletes your cookies and browsing history, and improves your **PC** performance. (그 프로그램은 인터넷을 여기저기 돌아다닐 때 당신의 신분을 감추어주고 무선 접속으로 데이터를 보호하며 컴퓨터의 스파이웨어를 탐지하여 제거하고 개인 신상 파일과 브라우저 기록을 지워주며 PC의 성능을 향상시킨다.)

3 Some Internet users complain that they get an error message whenever they try to **log onto the Internet.** (일부 인터넷 이용자들은 인터넷에 접속하려고 할 때마다 에러 메시지가 뜬다고 불평한다.)

VoIP converts the voice signal from your telephone into a digital signal that travels over the Internet and then converts it back at the other end so you can speak to anyone with a regular phone number. (인터넷 전화는 전화기의 음성 신호를 인터넷을 통해 이동하는 디지털 신호로 변환하고 다시 일반 전화로 누구라도 통화할 수 있게 상대편 단말기에서 다시 음성 신호로 변환시킨다.)

4 The group is the Internet's largest community for educators, activists, policy makers and concerned citizens working to **bridge the digital divide.** (그 단체는 정보 격차를 줄이기 위해 일하는 교육자, 시민운동가, 정책 입안자 그리고 관심 있는 시민들을 위한 인터넷 최대의 커뮤니티이다.)

5 South Korea's top **Internet portal site** is launching new services aimed at expanding its local base of 20 million registered users and boosting its international audience. (한국의 인터넷 포털 1위 업체는 2천만에 달하는 국내 등록 이용자 수를 늘리고 국제 고객을 확대하기 위해 새로운 서비스를 시작할 예정이다.)

Experts say the **dot-com collapse** and a sense of "Internet fatigue" have not significantly altered use of the medium. (전문가들은 인터넷 회사들의 붕괴와 '인터넷 피로감'이 인터넷 사용을 크게 변화시키지 않았다고 말한다.)

6 **E-commerce** has emerged as a significant and rapidly growing component of US economic exchange. (전자상거래는 미국 경제 거래에서 중요하고 급속하게 성장하는 부문이 되었다.)

Business-to-consumer (B2C) electronic commerce is a form of electronic commerce in which products or services are sold from a firm to a consumer. (기업 대 고객 전자상거래는 제품과 용역이 회사에서 고객으로 판매되는 전자 거래의 한 형태다.)

7 The portal site is starting a **new search engine** in an effort to attract more customers. Users will be able to search through content from sites that are normally reserved for paying subscribers. (그 포털 사이트는 고객을 더 많이 끌어들이기 위해 새로운 검색 엔진을 시작할 것이다. 이용자는 보통 유료 고객 전용인 사이트의 내용을 검색할 수 있을 것이다.)

8 The creator of the popular online file-sharing program is preparing to launch a **Web-based search engine** that will comb the Internet for sites hosting files for downloading movies, music and other data. (그 인기 있는 인터넷 파일 공유 프로그램의 창시자는 인터넷을 철저히 검색해 영화, 음악 그리고 다른 데이터를 다운로드할 파일을 가지고 있는 사이트를 찾아줄 새로운 인터넷을 기초로 한 검색 엔진을 시작할 준비를 하고 있다.)

심화학습

스파이웨어 spyware

스파이웨어란 광고, 개인 정보 수집 또는 동의 없이 컴퓨터의 구성 변경 등과 같은 특정 활동을 수행하는 소프트웨어를 지칭하는 용어다.

Spyware is a broad category of malicious software designed to intercept or take partial control of a computer's operation without the consent of that machine's owner or legitimate user.

While the term taken literally suggests software that surreptitiously monitors the user, it has come to refer more broadly to software that subverts the computer's operation for the benefit of a third party.

Spyware differs from viruses and worms in that it does not usually self-replicate. Like many recent viruses, however, **spyware** is designed to exploit infected computers for commercial gain. Typical tactics furthering this goal include delivery of unsolicited pop-up advertisements; theft of personal information; monitoring of Web-browsing activity for marketing purposes; or routing of HTTP requests to advertising sites.

스파이웨어란 컴퓨터의 소유자나 합법적인 사용자의 동의 없이 컴퓨터 사용을 염탐하거나 부분적으로 통제하기 위한 광범위한 악의적인 소프트웨어를 말한다.

이 용어를 문자 그대로 해석하면 사용자를 몰래 감시하는 소프트웨어를 암시하지만 이것은 보다 광범위하게 제3자의 이익을 위해 컴퓨터의 운용을 파괴하는 소프트웨어를 지칭하게 되었다.

스파이웨어는 자기 복제를 하지 않는다는 점에서 바이러스나 웜과는 다르다. 그러나 최근의 많은 바이러스와 마찬가지로 **스파이웨어**는 상업적 이익을 위해 감염된 컴퓨터를 이용해 먹기 위한 것이다. 이 목적을 달성하기 위한 전형적인 수법으로는 원치 않는 팝업 광고 보내기, 개인 정보 도용, 마케팅 목적으로 인터넷 검색 감시하기나 인터넷 주소를 치면 광고 사이트로 보내는 것 등이 있다.

broad 광범위한 **category** 범주 **malicious** 악의적인 동기에서 나온, 고의적인 **designed to** ~할 목적의 **intercept** (무전 따위를) 도청하다, 엿듣다 **partial** 부분적인 **take control of** ~를 지배(장악)하다 **without the consent of** ~의 동의 없이 **legitimate** 합법적인 **be taken literally** 문자 그대로 해석되다 **surreptitiously** 비밀리에, 은밀하게 **refer to** 지칭하다 **subvert** 파괴하다 **for the benefit of** ~를 위해서 **third party** 제3자 **differ from** ~와 다르다 **self-replicate** 자동 재생하다, 자기 복제하다 **self-replication** 자기 복제 **exploit** ~를 이용해먹다 **infected** 감염된 **commercial** 상업적인 **typical** 전형적인 **tactic** 전술, 책략, 수법 **further** 촉진하다 **unsolicited** 원하지 않은 **pop-up advertisement** 팝업 광고 **browse** 검색하다 **route** ~를 (어떤 방향으로) 돌리다

30 해킹 | 바이러스 | 사이버범죄

주제어	관련어
hack	**crack, penetrate, hacking, break-in, breach, hacker, cyberpunk, cyberthief, cyber-attack, encrypt, encryption, decrypt, decode, cryptology**
virus	**malware, anti-virus, host, worm, stealth virus, vaccine, firewall, install a firewall, hop over a firewall**
cybercrime	**combat cybercrime, cybercriminal, computer fraud, cyber-attack, cyberterrorism, cyber intelligence**

●●● Set a thief to catch a thief. 도둑을 시켜 도둑을 잡다, 이독제독(以毒制毒).

인터넷을 통해 은행 거래를 가능하게 하는 인터넷뱅킹(Internet banking)의 이용이 늘어남에 따라 은행의 컴퓨터 시스템을 해킹해(hack into a computer system) 고객의 정보를 빼내가는 범죄에 대한 우려도 높아지고 있다. 2005년 5월 국내 한 은행의 인터넷뱅킹 시스템을 해킹해 피해자의 계좌에서 거액을 인출한 초유의 사태가 발생, 인터넷뱅킹 이용자들을 불안하게 만든 사건이 있었다. 계좌 비밀번호나 공인인증서 암호를 단순 도용한 사건은 과거에도 있었지만, 다중의 보안체계(security systems)를 갖춘 인터넷뱅킹을 해킹한 것은 국내 처음으로 언론에 크게 보도되었다.

국내 금융권 보안시스템은 ID와 비밀번호, 공인인증서, 보안카드 등 다중 인터넷뱅킹 보안체계를 갖추고 있어 세계 주요 선진 국가 금융권에 막대한 피해를 입혔던 신종 해킹기법인 '피싱(phishing)' 사고에도 안전했었기에 인터넷뱅킹 해킹 사고는 더욱 충격적이었다.

해킹과 더불어 컴퓨터를 사용하는 사람들을 괴롭히는 것은 바로 바이러스이다. 누구나 한 번쯤은 바이러스에 감염된(become infected with a computer virus) 경험이 있을텐데, 인터넷을 서핑하다가 혹은 무심코 열어본 이메일 때문에 바이러스에 감염되어 낭패를 당한다. 감기가 사람과 사람을 통해 급속히 번지듯이 이 컴퓨터 바이러스도 감염된 파일이나 컴퓨터(host)를 통해 다른 컴퓨터로 순식간에 퍼지는 습성을 갖고 있어 평소에 바이러스 검사를 철저히 할 필요가 있다. 바이러스에 감염되면 이를 치료하는 프로그램인 vaccine으로 제거해야 컴퓨터가 정상적으로 작동하게 된다.

hack

해킹하다
to gain access to (a computer file or network) illegally or without authorization
= break into, crack, infiltrate

동사 hack의 기본적인 뜻은 도끼 등으로 무엇을 '마구 자르다, 난도질하다'인데 여기에서 파생하여 컴퓨터 용어로 '컴퓨터 시스템에 침입하다'는 의미도 가지게 되었다.

hack off boughs 가지를 잘라내다

hack into a computer 컴퓨터에 침입하다

용례 **hack a computer system** 컴퓨터 시스템을 해킹하다 **be arrested for hacking the computer system of a bank** 은행 전산 시스템을 해킹한 혐의로 체포되다

| **hack into, break into, crack, crack into, get into, infiltrate, attack, penetrate, tap into, intrude into** ~에 침입하다

| **crack the company's computer system** 회사 컴퓨터에 침입하다 **attack a government site** 정부 사이트를 공격하다, 정부 사이트에 침입하다

| **computer hacking** 컴퓨터 해킹 **prevent computer hacking** 해킹을 방지하다

| **be open to frequent hacking** 잦은 해킹에 노출되다 **be prone to hacking** 해킹을 당하기 쉽다 **hacking programs[tools]** 해킹 프로그램들 **hacking techniques** 해킹 기술 **cope with hacking** 해킹에 대처하다

| **break-in, breach, cyber-attack** 해킹 **threat of cyber-attacks** 해킹의 위협 **launch a cyber-attack against** ~를 공격하다, ~에 침입하다

hacker, cyber-attacker, cyberthief, cyberpunk 컴퓨터 해커

| **launch a crackdown on hackers** 해커 단속을 시작하다

| **unauthorized user** 불법 사용자 **unauthorized access to a protected computer** 보안이 유지된 컴퓨터에의 불법 접속 **gain illegal access to** ~에 불법 접속하다 **access government computers** 정부 컴퓨터에 들어가다

| **shut down the system** 시스템을 다운시키다(고장 내다) **break[crack] passwords** 암호를 해독하다 **destroy data** 데이터를 파괴하다 **steal information on the budget** 예산 정보를 훔치다 **alter and erase[wipe out] records** 기록을 변경하고 지우다 **install a sniffer program** 탐지 프로그램을 설치하다

---

encrypt 암호화하다

to alter a file using a secret code so as to be unintelligible to unauthorized parties = cipher, code, cypher, encipher, encode, write in code

용례 **encrypt data** 자료를 암호화하다 **encrypt a document before sending** 보내기 전에 문서를 암호화하다 **encrypt a file[folder]** 파일[폴더]을 암호화하다

| **send an encrypted file** 암호화된 파일을 보내다

| **encryption** 암호화 **encryption system** 암호화 시스템 **encryption solution** 암호화 솔루션 **encryption protocols** 암호화 규약 **encryption standards** 암호화 표준

| **decrypt, decode** 암호를 해독하다 **decoding, decryption** 암호 해독

| **cryptology** 암호법 **cryptography** 암호 작성법 **cryptanalysis** 암호 해독법

| **unencrypted** 암호화하지 않은 **write the data unencrypted** 자료를 암호화하지 않고 쓰다

computer security 컴퓨터 보안

| **boost computer security** 컴퓨터 보안을 높이다 **set computer security guidelines** 컴퓨터 보안 기준을 마련하다 **cyber-defense** 컴퓨터 방어 **enhance computer defensive capabilities** 컴퓨터 방어 능력을 높이다 **security gap** 보안상의 허점 **security procedures** 보안 절차
| **a cybersecurity expert** 컴퓨터 보안 전문가 **computer security expertise** 컴퓨터 보안 전문지식

필수예문

1 Three South Korean men have pleaded guilty to charges that they conspired to **hack into** the computer system of the nation's top bank to steal credit card information. (세 명의 한국인 남자가 신용카드 정보를 빼내기 위해 국내 최대 은행의 전산망에 침입하기 위해 공모했다는 혐의를 인정했다.)

2 A computer system at a Seoul university is being upgraded after students **broke into** a password-protected server several times and stole second-term tests. (학생들이 암호로 보호되는 서버에 여러 번 침입하여 2학기 시험지를 훔친 뒤 서울 모 대학의 컴퓨터 시스템이 업그레이드되고 있다.)

3 It is unclear whether a staff password was stolen or guessed, or whether a more elaborate hacking method was used to **infiltrate** the computer. (직원용 패스워드가 도용되었는지 또는 추측되었는지 혹은 컴퓨터에 침입하기 위해 보다 정교한 해킹수법이 사용되었는지는 명확하지 않다.)

Despite all efforts, the threat of **cyber-attacks** persists. (모든 노력에도 불구하고 사이버 공격의 위협은 지속되고 있다.)

4 Many people who hack into computer systems without criminal intent proudly label themselves "**hackers**," and say they're the good guys and the bad guys should be called "crackers" or something else. (범죄를 저지를 의도가 없이 컴퓨터 시스템에 침입하는 많은 사람들은 자랑스럽게 자신들을 '해커'라고 부르면서 자신들은 좋은 사람들이고 나쁜 사람들은 '크래커나' 다른 것으로 불려야 된다고 말한다.)

Despite strenuous efforts to thwart **cybercriminals**, as many as 30 government computer systems fall prey to **hackers** each year. (사이버 범죄자들을 막기 위해 많은 노력을 기울임에도 불구하고 30개나 되는 정부 컴퓨터 시스템이 매년 해커들의 침입을 받는다.)

5 **Cyber-attackers** from within the United States and abroad struck the computer systems of more than 30 government agencies, some of which contained personal data and classified research materials. (미국 내의 그리고 해외 사이버 테러범들은 30개 이상의 정부 기관 컴퓨터를 공격했고 그 중 일부에는 개인 자료와 비밀 연구 자료가 들어있었다.)

6 When you **encrypt** a file or folder, you are converting it to a format that can't be read by other people. (파일이나 폴더의 암호화는 그것을 다른 사람이 읽을 수 없는 포맷으로 전환하는 것이다.)

A file **encryption** key is added to files or folders that you choose to encrypt. (암호화하려고 선택하는 파일이나 폴더에 파일 암호화 키가 추가된다.)

7 One of the most maligned government agencies as far as cyber-attacks are concerned has made several improvements to its **cyber-defenses** and reduced the rate of **cybercrime** against it. (사이버 공격과 관련하여 가장 큰 피해를 본 정부기관의 하나는 사이버 방어체

제를 여러 번 개선하여 그 기관에 대한 사이버 범죄율을 낮추었다.)

Over 90 percent of the **cyber assaults** succeeded due to known vulnerabilities, **security gaps** that could be easily patched, and poor security practices in general. (이미 알고 있는 취약성, 쉽게 변경될 수 있는 보안 결함과 부실한 전반적인 보안 관행 때문에 사이버 공격의 90퍼센트 이상이 성공했다.)

8 The government has ordered 15 state agencies to review their **security procedures** and to ensure that they are in accord with government standards. (정부는 15개 정부 기관에 보안 절차를 재검토하고 정부 기준에 부합하게 하도록 지시했다.)

However, few agencies have actually conducted security reviews and the law establishes a strict set of network **security guidelines** for them to follow. (그러나 실제로 보안 재검토를 한 기관의 거의 없고 그 법은 그들이 지켜야 할 엄격한 네트워크 보안 기준을 마련하고 있다.)

virus

컴퓨터 바이러스

a software program capable of reproducing itself and usually capable of causing great harm to files or other programs on the same computer
= malevolent program, malware, malicious software

용례 **virus detection** 바이러스 발견(탐지) **protect [safeguard] a computer from viruses** 컴퓨터를 바이러스로부터 보호하다 **an authority on computer viruses** 컴퓨터 바이러스 권위자 **anti-virus software** 바이러스 퇴치 소프트웨어

be infected with a virus 바이러스에 감염되다

| **virus infection** 바이러스 감염 **an infected file** 감염된 파일

| **have a virus** 바이러스에 걸려 있다 **send an e-mail virus** 이메일 바이러스를 보내다 **be scanned for viruses** 바이러스 감염 검사를 받다 **protect against a virus attack** 바이러스 감염을 막아주다 **run antivirus software** 바이러스 퇴치 프로그램을 작동하다 **spread a malicious code** 악성 코드를 퍼뜨리다

| **host** 감염된 파일 **worm** 컴퓨터 시스템 파괴 프로그램(네트워크를 통해 자신을 복제 전파할 수 있는 프로그램) **stealth virus** 스텔스 바이러스(탐지에 걸리지 않는) **Trojan horse, Trojan** 트로이 목마

| **vaccine** 바이러스 예방 프로그램 **write a computer vaccine** 컴퓨터 백신을 만들다 **download a vaccine from the Internet** 인터넷에서 백신을 다운로드 받다

| **have a firewall** 방화벽이 있다 **install a firewall** 방화벽을 설치하다 **hop over a firewall** 방화벽을 무너뜨리다

cybercrime

인터넷상에서의 컴퓨터 범죄

crime committed using a computer and the Internet = computer crime, crime by computer, computer-assisted crime, computer-related crime, computer abuse, computer misuse

용례 **combat [fight, tackle] cybercrime** 사이버 범죄와 싸우다 **the rising tide of cybercrime** 사이버 범죄의 증가 추세 **an international convention on cybercrime** 사이버 범죄에 관한 국제 협약

| **commit crimes in cyberspace** 사이버 범죄를 범하다

| **investigate[stop] cybercrime** 사이버 범죄를 조사하다[막다]
| **set up a cybercrime agency** 사이버 범죄 기구를 설립하다
cybercriminal, online criminal 사이버 범죄자
| **get tough on cybercriminals** 사이버 범죄자를 강력 단속하다
| **online fraud** 인터넷 사기 **computer fraud** 컴퓨터 사기 **phishing** 피싱 (남의 은행 정보를 빼내 돈을 훔치는 범죄) **phisher** 피싱 범죄자 **identity theft** 개인정보 도용 **identity thief** 개인정보 도용자 **steal identity** 개인정보를 훔치다
cyberterrorism, computer terrorism 컴퓨터 테러 (행위)
| **commit cyberterrorism** 사이버 테러를 범하다 **cyberterrorist** 사이버 테러자
| **carry out a cyber-attack on** ~에 사이버 공격을 하다 **launch a denial-of-access[-service] attack on** ~에 접근거부 공격을 하다 (접속 요청을 계속 보내 사이트를 다운시키는 공격)
| **deface a Web site** 웹 사이트를 훼손하다 **Web-site defacement** 홈페이지 훼손
| **information warfare** 정보 전쟁 **information warfare capabilities** 정보 전쟁 능력 **cyber intelligence** 인터넷 첩보

필수예문

1 **Viruses** are malicious software programs that have been designed by other computer users to cause destruction and havoc on a computer and spread themselves to other computers where they can repeat the process. (바이러스는 다른 컴퓨터 사용자들이 컴퓨터를 파괴하고 큰 피해를 입히며 다른 컴퓨터로 스스로 번져 같은 과정을 되풀이하는 악성 소프트웨어 프로그램이다.)

2 Some viruses that are more sophisticated, such as **worms**, can replicate and send themselves automatically to other computers by controlling other software programs, such as an e-mail sharing application. (웜과 같은 보다 정교한 일부 바이러스는 스스로 복제하고 이메일 공유 응용 프로그램과 같은 다른 소프트웨어 프로그램을 통제함으로써 자동적으로 다른 컴퓨터로 퍼진다.)

3 One of the biggest fears among new computer users is being **infected by a computer virus** or programs designed to destroy their personal data. (새로운 컴퓨터 사용자들 사이의 가장 큰 우려 중 하나는 개인 데이터를 파괴하도록 만들어진 프로그램인 컴퓨터 바이러스에 감염되는 것이다.)

With the increased popularity of the Internet, most computer viruses are **contracted** through e-mail and by downloading software over the Internet. (인터넷의 인기가 늘어남에 따라 대부분의 컴퓨터 바이러스는 이메일이나 인터넷상에서 소프트웨어를 다운로드 받음으로써 감염된다.)

4 **Stealth viruses** will first attach themselves to files in the computer and then attack the computer; this causes the virus to spread more rapidly. (스텔스 바이러스는 먼저 컴퓨터에 있는 파일에 붙어서 컴퓨터를 공격하는데 이것 때문에 바이러스가 훨씬 빨리 퍼진다.)

5 Companies with sensitive data need to go beyond basics of **antivirus and firewall protection** and get intrusion-detection systems and, perhaps, software that pinpoints the vulnerabilities of your system and recommends fixes. (불안정한 자료를 가진 기업들은 기본적으로 바이러스 퇴치와 방화벽으로 보호하는 것 외에 침투 감지 시스템과 시스템의 취약성을 정확하게 잡아내고 해결책을 추천하는 소프트웨어를 구입할 필요가 있다.)

6 The recommended method of detecting and cleaning the computer from any computer viruses or other malware is an **anti-virus protection program.** (컴퓨터 바이러스나 기타 악성 프로그램을 탐지하고 없애는 데 추천하는 방법은 바이러스 퇴치 보호 프로그램이다.)

Like the biological smallpox vaccine, the **computer vaccine** should confer lasting immunity against infection. (생물학적인 천연두 백신과 마찬가지로 컴퓨터 백신은 감염에 대한 영구적인 면역을 부여해야 한다.)

7 Countries that want to be able to tackle **cybercrime** need to pass wide-ranging laws and be prepared to openly cooperate with other countries. (사이버 범죄에 대처할 수 있기를 원하는 국가들은 광범위한 법을 통과시키고 다른 국가들과 공개적으로 협력할 준비를 할 필요가 있다.)

8 With the rapid development of information technology, **cybercrime** is becoming more rampant. (정보 기술의 급속한 발달과 더불어 사이버 범죄는 더욱 만연하고 있다.)

Cybercriminals are turning computer technology and the Internet into the hotbed for crimes and the channel to acquire and swap information. (사이버 범죄자들은 컴퓨터 기술과 인터넷을 범죄의 온상과 정보를 얻고 교환하는 수단으로 변화시키고 있다.)

심화학습

개인정보 도용 identity theft

인터넷이나 기타 수단을 통해 다른 사람의 정보를 입수해 이를 은행 계좌의 돈을 빼내거나 기타 범죄 목적에 이용하는 것을 개인정보 도용이라고 하며 최근 우리 사회에서도 심심찮게 발생하고 있다.

Identity theft refers to the deliberate assumption of another person's identity, usually to gain access to bank accounts or frame them for a crime. Less commonly, it is to enable illegal immigration, terrorism, espionage, or changing identity permanently.

Identity theft may also be a means of blackmail, especially if medical privacy or political privacy has been breached, and if revealing the activities undertaken by the thief under the name of the victim would have serious consequences like loss of job or marriage. Assuming a false identity with the knowledge and approval of the person being impersonated, such as for cheating on an exam, is not considered to be identity theft.

Techniques for obtaining identification information range from the crude stealing of personal information in computer databases to infiltration of organizations that store large amounts of personal information.

개인정보 도용은 은행 계좌를 이용하거나 범죄 누명을 씌우기 위해 의도적으로 타인의 행세를 하는 것을 말한다. 일반적인 것은 아니지만 불법 이민, 테러, 간첩행위 또는 신분의 영구적인 변경을 가능하게 한다.

개인정보 도용은 또한 공갈협박의 수단이 되기도 하는데, 특히 의료 혹은 정치적인 사생활이 침해되거나 피해자의 이름으로 도용자가 한 행동의 폭로가 실직이나 파경과 같은 심각한 결과를 가져올 때 그러하다. 시험에서의 커닝과 같이 사칭되는 사람이 알거나 승인 하에 가짜 행세를 하는 것은 개인정보 도용으로 간주되지 않는다.

신원 정보를 얻는 수법으로는 컴퓨터 데이터베이스에서 개인정보를 노골적으로 훔치는 것에서부터 많은 개인정보를 가지고 있는 기관에 침입하는 것까지 다양하다.

| **identity** 신원, 개인정보 **deliberate** 의도(고의)적인 **assume** ~인 체하다 **assumption** 사칭 **gain access to** ~에 접근하다, 이용하다 **frame** 누명을 씌우다 **commonly** 대개, 일반적으로 **illegal** 불법의 **immigration** 이민 **espionage** 스파이(첩보) 활동 **permanently** 영구적으로 **blackmail** 공갈협박 **breach** 침해하다 **reveal** 폭로하다 **undertake** 기도하다, 행하다 **consequence** 결과 **impersonate** 사칭하다 **range from A to B** A에서 B까지 여러 가지이다(다양하다) **crude** 노골적인 **infiltration** 침입, 침투

1분회화

It takes two to tango. 손뼉도 마주쳐야 소리가 난다. 고장난명(孤掌難鳴).

탱고는 남미 아르헨티나의 전통적인 춤으로 보통 남자와 여자가 둘이서 추는 춤이다. 탱고와 마찬가지로 싸움의 경우도 누가 먼저 시작하더라도(start the fight) 상대방이 맞장구를 치지 않으면 계속할(keep it going) 수가 없다. 싸움이나 갈등은 어느 한 사람의 잘못이 아니라(not the fault of just one person or the other) 보통은 **두 사람 다 잘못이 있다(both are to blame)**는 의미다. 같은 뜻의 표현으로 **It takes two to make a quarrel.**

A : Tom's wife is awful. 톰의 부인 지독해.
B : What do you mean? 무슨 말이야?
A : They fight all the time. 두 사람 허구한 날 싸우잖아.
B : **It takes two to tango.** 손뼉도 마주쳐야 소리가 나는 법이지.

31 휴대전화 | 이메일 | 메신저

주제어	관련어
cellular phone	**cellphone, clone, handset, hands-free, ringtone, ringback tone, vibration mode, number portability, wireless communication**
e-mail	**spam, spamming, junk e-mail, snail mail, sender, receiver, attachment, mailbox, inbox, outbox**
instant messaging	**instant messenger, buddy[contact] list, buddy icon, create a chat room, ping**

●●● Speak of the devil, and he will appear. 호랑이도 제 말하면 온다.

인터넷과 휴대전화(cellphone) 부문에서 이미 세계의 선진국으로 발돋움한 IT(information technology) 강국 대한민국. 이동통신기술의 발달과 국민 생활수준의 향상으로 우리나라의 휴대전화 보급률(mobile phone penetration)이 급속하게 증가하여 2005년 말 현재 이동전화 가입자 수가 약 3840만 명 정도라고 한다. 기술의 급속한 발달과 더불어 휴대전화는 단순히 음성통화뿐 아니라 문자메시지(text message) 및 영상전화 등의 통신 기능 외에도 카메라, MP3 플레이어, DMB 수신, 게임 등의 엔터테인먼트 기능을 비롯해 교통요금 결제에 이르기까지 다양한 기능을 제공한다. 휴대전화 단말기는 유비쿼터스 네트워크(ubiquitous network) 사회를 열어가는 퍼스널 단말기의 진정한 대표주자로 입지를 굳히고 있다.

휴대전화 보급은 급속히 늘어가는 데 비해 소비자들의 의식은 이를 따라가지 못해 전문가들은 성숙한 휴대전화 문화(a mobile culture)의 정착이 시급하다고 주장한다. 지하철에서 아직도 남을 전혀 의식하지 않고 휴대전화로 장시간 수다를 떠는 사람들을 심심찮게 볼 수 있으며 영화관이나 공연장에서도 요란한 휴대전화 벨소리(ringtone)나 진동음(vibration alert)을 듣게 되는 경우가 허다하다. 전문가들은 기술은 발달하였지만 그에 따른 문화의 수준이 뒤처지는 소위 문화지체 현상의 일종이라고 이를 설명한다.

휴대전화는 그 편리함만큼이나 부작용도 심각한 수준에 이르렀다. 휴대전화가 없으면 왠지 불안하고 초조해진다고 하는 사람이 많아지고, 휴대전화 업체들이 제공하는 부대 서비스를 얼마나 많이 이용했는지 한달 요금이 수백만 원이 나오자 고민을 하다 자살하는 학생들도 생겨나고 있다. 문명의 이기에 종속되는 것이 아니라 이를 슬기롭게 사용하는 지혜가 필요하다고 하겠다.

cellular phone

휴대전화

a mobile radiotelephone that uses a network of short-range transmitters located in overlapping cells = cell, cellphone, cellular phone[telephone], handphone, mobile, mobile phone, smartphone

cell은 '작은 방, 감방; 세포' 라는 뜻인데 무선통신에서는 '무선 전화의 통신 가능 범위' 를 말한다.

a condemned **cell** 사형수 감방

a **cell** site 기지국

용례 **use a cellular phone** 휴대전화를 이용하다 **buy a cellphone** 휴대전화를 사다 **own a cellphone** 휴대폰을 소유하다 **a mobile phone manufacturer** 휴대전화 제조업체

| **clone a cellphone** 휴대전화를 불법 복제하다 **mobile telephone penetration** 휴대전화 보급률 **use a cellphone to pay for goods** 휴대폰으로 물건을 사다

| **handset** 단말기 **a hands-free system** 핸즈프리 장치 **a camera phone** 카메라폰 **a folder-type cellphone** 폴더형 휴대전화 **a slide-type cellphone** 슬라이드형 휴대전화

mobile phone technology 휴대전화 기술

| **code division multiple access (CDMA)** 코드분할 다중접속 **global system for mobile communications (GSM)** GSM방식(유럽식)

| **speech recognition** 언어 인식 **voice dialing** 음성 다이얼링 **speakerphone** 스피커폰 **a translation function** 번역 기능 **a mobile-phone wallet** 휴대폰 지갑 **battery life** 배터리 수명 **color screen** 컬러 스크린 **OLED (organic light-emitting diode) display** 유기 발광 다이오드 디스플레이 **store contact information** 전화번호를 저장하다 **roaming** 로밍 (계약하지 않은 통신 회사의 통신 서비스도 받을 수 있는 것)

| **ringtone** 호출음(벨소리) **ringback tone** 통화연결음(컬러링) **a vibration alert** 진동음 **a vibration switch** 진동으로 바꿈 **switch to a vibration mode** 진동으로 바꾸다

| **short message service(SMS)** 문자 서비스 **send text messages** 문자 메시지를 보내다 **text messaging** 문자 교신 **make voice calls** 음성 메시지를 남기다 **personal organizer** 전자수첩 **built-in camera** 내장 카메라 **call register** 통화 도수계

| **electromagnetic radiation** 전자(기)파 **emit electromagnetic radiation** 전자(기)파를 내다

| **caller identification (caller ID)** 발신자 확인

| **provide a caller identification service** 발신자 확인 서비스를 제공하다 **use a caller ID service** 발신자 확인 서비스를 이용하다 **block[disable] caller ID** 발신자 확인을 차단하다 **unblock caller ID** 발신자 확인 차단을 해제하다

wireless 무선의, 휴대전화의

| **wireless communication** 무선통신 **a wireless license** 무선통신 면허 **a wireless service operator** 무선통신 서비스회사

| **carry a wireless equipment** 무선 장치가 되어있다 **wireless telephony** 무선전화 **wireless device** 무선기기 **wireless technology** 무선통신 기술

| **wireless number portability** 휴대전화 번호 이동성

| **telecom, telecommunication** 원거리 통신

| **fixed-line telephone** 유선전화 **fixed telephony** 유선전화 **cordless telephone** 무선전화

필수예문

1 **Mobile phones** now outnumber fixed-line telephones, with most adults and many children owning mobile phones. (현재 휴대전화가 일반 전화보다 수가 많으며 대부분의 성인과 많은 어린이들이 휴대폰을 가지고 있다.)

A **cellphone** enables people to talk to anyone on the planet from just about anywhere. (휴대전화를 통해 사람들은 거의 어느 곳에서나 지구상의 누구와도 통화를 할 수 있다.)

2 With high levels of **mobile telephone penetration**, a mobile culture has evolved, where the phone becomes a key social tool, and people rely on their mobile phone address book to keep in touch with their friends. (휴대전화 보급률이 높아짐에 따라 휴대전화 문화가 생겨났는데 휴대전화가 주요한 사회적 도구가 되고 사람들은 친구들과 연락을 하기 위해 휴대폰 주소록에 의존한다.)

3 All European nations and some Asian nations chose **GSM** as their sole standard, while in Japan and South Korea another standard, **CDMA**, was selected. (유럽의 모든 국가와 일부 아시아 국가들은 GSM을 유일한 표준으로 채택한 반면 일본과 한국에서는 다른 표준인 CDMA가 채택되었다.)

4 The market for **SMS** is rapidly growing, and many cellphones even offer instant messenger services to increase the simplicity and ease of **texting** on phones. (문자 서비스 시장은 빠르게 커지고 있으며 많은 휴대전화들은 전화상의 문자 교환의 단순성과 편이성을 높이기 위해 심지어 즉석 교신 서비스를 제공한다.)

5 According to several studies, motorists have a much higher risk of traffic accidents while talking on the mobile telephone simultaneously with driving, even when using **hands-free systems**. (여러 연구들에 따르면 핸즈프리 장치를 사용하더라도 운전을 하면서 휴대전화를 사용할 때 운전자들의 교통사고 위험이 훨씬 높다고 한다.)

6 The music channel has launched a new service which allows viewers to download **ringtones** of songs. (그 음악방송은 시청자들이 노래로 된 호출음을 다운로드 받을 수 있는 새 서비스를 시작했다.)

Ringback tones are basically customized audio clips that callers hear when they dial your number instead of the usual ringing sound. (통화연결음은 기본적으로 사용자의 필요에 맞춘 오디오 클립(노래의 일부)으로 전화를 걸 때 통상적인 연결음 대신에 듣게 된다.)

7 Some researchers are concerned about the health effects of **electromagnetic radiation from cellphones**, though there are no clear evidence. (일부 연구가들은 명확한 증거는 없지만 휴대전화에서 나오는 전자기파의 건강상의 영향에 대해 우려하고 있다.)

8 The market for the **wireless communications industry** continues to expand, with companies posting increasing revenues and employing more workers. (무선통신 산업 시장은 계속 커지고 있는데, 회사들의 매출이 증가하고 더 많은 노동자들을 고용하고 있다.)

e-mail

이메일, 전자우편
a message or messages sent or received by a computer network
= electronic mail, email

용례 **provide e-mail service** 이메일 서비스를 제공하다 **send[deliver] e-mail** 이메일을 보내다 **increase the popularity of e-mail** 이메일의 인기를 높이다 **e-mail transfer** 이메일 전송 **e-mail user** 이메일 사용자

e-mail address 이메일 주소

| **set up an e-mail address** 이메일 주소를 설정하다

| **sender, addresser** 발신자 **receiver, addressee, recipient** 수신자 **domain name** 도메인 이름 **attachment** 첨부 파일 **address book** 주소록 **e-mail account** 이메일 계정 **delivery confirmation** 배달 확인 **hit the "send" button** 발송 버튼을 누르다 **a signature block** 서명란 **a bounce message** 반송 메시지 **create an e-mail name** 이메일용 이름을 만들다

| **e-mail, email, netmail** 이메일을 보내다 **e-mail him a file** 그에게 파일을 이메일로 보내다

| **spam, junk[unwanted, unsolicited] e-mail** 스팸 (원치 않는 상업적 이메일) **reduce spam** 스팸을 줄이다 **spam filter** 스팸 필터 **spam filtering** 스팸 필터링 **spammer** 스팸 발송자 **spamming** 스팸 보내기 **bulk mailing** 대량으로 이메일 보내기 **send spam to the electronic dump[trash]** 스팸을 쓰레기통에 보내다

| **snail mail** 기존의 보통 우편

| **mailbox** 편지함 **inbox** 받은 편지함 **outbox** 보낸 편지함

instant messaging

즉석 교신
the act of instantly communicating between two or more people over a network such as the Internet

용례 **an instant messaging service** 즉석 교신 서비스 **an instant messaging program** 즉석 교신 프로그램

| **a standard for instant messaging** 즉석 교신 표준 **instant messaging on mobile phones** 휴대전화 즉석 교신 **provide a free instant messaging service** 무료 즉석 교신 서비스를 제공하다 **send instant messages** 즉석 메시지를 보내다 **receive a message** 메시지를 받다

| **an instant messenger** 메신저

| **a buddy[contact] list** 대화 상대 목록 **a buddy icon** 친구 아이콘

| **type in messages** 메시지를 치다

| **create a chat room** 대화방을 만들다

| **ping** 전달하다, 접속(접촉)하다 **ping cell phones** 휴대전화에 접속하다 **send emergency alerts to cell phones and Internet sites** 휴대전화와 인터넷 사이트에 비상 경보를 보내다

필수예문

1 **Electronic mail**, abbreviated e-mail or email, is a method of composing, sending, and receiving messages over electronic communication systems. (약어로 이메일로 부르는 전자우편은 전자 통신 수단을 통해 메시지를 작성, 발신 그리고 수신하는 방법이다.)

The popularity of **e-mail** has not eliminated interest in newer channels, but they remain largely outside the mainstream. (이메일의 인기가 새로운 매체에 대한 관심을 없앤 것은 아니지만 그것들은 주로 주류 밖에 머물고 있다.)

2 Despite common belief, **e-mail** actually predates the Internet; in fact, existing e-mail systems were a crucial tool in creating the Internet. (일반적인 믿음에도 불구하고 이메일은 실제로 인터넷보다 앞서는데 사실 기존의 이메일 시스템이 인터넷을 만드는 주요한 도구였다.)

3 Unlike legitimate commercial e-mail, **spam**, or unsolicited commercial e-mail, is generally sent without the explicit permission of the recipients, and frequently contains various tricks to bypass **e-mail filters**. (합법적인 상업 이메일과는 달리 원하지 않는 상업적 이메일인 스팸은 일반적으로 수신자의 명시적인 허락 없이 보내어지며 종종 이메일 필터를 피하기 위해 여러 가지 편법을 포함하고 있다.)

4 Because of the very low cost of sending e-mail, **spammers** can send hundreds of millions of e-mail messages each day over an inexpensive Internet connection. (이메일 발신의 아주 낮은 비용 탓에 스팸 발송자들은 값싼 인터넷 접속을 통해 매일 수억 통의 이메일 메시지를 보낼 수 있다.)

5 The only way to stop **spamming** is to remove spammers from the Internet. On the technical side, there are many solutions to the spamming problem that are being implemented and tested already. (스팸 발송을 막기 위한 유일한 방법은 스팸 발송자들을 인터넷에서 추방하는 것이다. 기술적인 측면에서 이미 시행되고 시험되고 있는 스패밍 문제의 해결책들이 많이 있다.)

6 Many Internet service providers (ISP) and e-mail programs provide **junk e-mail filters** that can serve as the first line of defense against spam. (많은 인터넷 업체들과 이메일 프로그램들은 스팸에 대한 제1 방어선 역할을 하는 정크 이메일 필터를 제공한다.)

Many people resort to e-mail for communication these days because it's much faster than **snail mail** and more convenient. (요즘 많은 사람들은 이메일에 의존해 통신을 하는데 이메일이 기존의 보통 우편보다 훨씬 빠르고 편리하기 때문이다.)

7 The rejected message remains in your **outbox** and you will be prevented from sending any further e-mail until you have deleted it. (거부된 메시지는 발신함에 남아 있고 그것을 삭제할 때까지 추가적인 다른 이메일을 보낼 수 없게 될 것이다.)

When you try to send an e-mail message, it may move to your **outbox**, stay there, and not be sent. (이메일 메시지를 보내려고 할 때 그것이 발신함으로 가서 거기에 남아 보내어지지 않을 수도 있다.)

8 A chat room allows a group of people to type in messages that are seen by everyone in the room, while **instant messaging** is basically a chat room for just two people. (대화방은 일단의 사람들이 방안에 있는 모든 사람들이 볼 수 있는 메시지를 칠 수 있게 하는 반면 즉석 교신은 기본적으로 두 사람만을 위한 대화방이다.)

심화학습

벨소리 ringtone

요즘 휴대전화의 벨소리(호출음, ringtone)는 정말로 다양하고 이것들을 쉽게 구할 수 있는 방법이 많아 사람마다 각양각색이다. 어떤 이는 최신 유행가요를 선호하기도 하고 고전만을 고집하는 사용자들도 있다.

A **ringtone**, or the sound made by a telephone to indicate an incoming call, is normally used to refer to the customizable sounds available on mobile phones. It was originally provided so that people would be able to determine when their phone was ringing when in the company of other mobile phone owners.

New phones use short pieces of music as **ringtones**, and the sale of these has become a major sector of the mobile music industry. Ringtone advertising campaigns have become hugely popular, though they have also attracted a great deal of criticism.

A phone rings only when a special "ring signal" is sent to it. For regular telephones, the ring signal is a 90-volt, 20-hertz AC (alternating current) wave generated from the switch that the telephone is connected to. For mobile phones, the ring signal is a specific radio-frequency signal. An alternative to a **ringtone** for mobile phones is a vibrating alert. It is especially useful in noisy environments, in places where ringtone noise would be disturbing and for the hearing impaired.

전화가 오는 것을 나타내기 위해 전화기에서 나는 소리인 **호출음**은 보통 휴대전화에서 얻을 수 있는 맞춤형 소리를 지칭하기 위해 사용된다. 원래는 다른 휴대전화 소지자들과 같이 있을 때 전화가 왔다는 것을 알 수 있게 하기 위해 제공되었다.

신형 전화들은 짧은 음악을 **호출음**으로 사용하고 이들의 판매는 모바일 음악 산업의 주요한 부분이 되었다. 호출음 광고 공세는 엄청난 인기를 끌었지만 또한 많은 비난을 받았다.

전화는 특수 호출 신호가 보내질 때만 울린다. 일반 전화의 경우 호출음 신호는 전화가 연결된 스위치에서 발생되는 90볼트, 20헤르츠 교류파이다. 휴대전화의 경우 호출음은 특수 무선 주파수 신호다. 휴대전화 **호출음**을 대신하는 것으로 진동이 있다. 진동은 시끄러운 환경이나 벨소리 소음이 방해가 될 수 있는 장소에서 그리고 청각장애인들에게 특히 유용하다.

indicate 나타내다, 표시하다 **incoming** 들어오는 **normally** 보통, 통상적으로 **customizable** 맞춤형의, 주문형의 **available** 입수할 수 있는 **originally** 원래 **so that** ~할 수 있도록 **in the company of** ~와 함께 있을 때 **sector** 분야, 부문 **advertising campaign** 광고 캠페인(공세) **hugely** 엄청나게 **attract** ~를 끌다, 불러일으키다 **criticism** 비난 **regular** 보통의, 일반의 **alternating current** 교류 *cf.* **DC (direct current)** 직류 **generate** 발생시키다 **specific** 특수한 **radio frequency** 무선 주파수 **alternative** 대체(물) **vibrating alert** 진동 신호 **disturbing** 어지럽히는, 방해가 되는 **the hearing impaired** 청각 장애자 *cf.* **the sight impaired** 시각 장애자 **the learning impaired** 학습 장애자

32 전자 | 반도체 | 로봇

주제어	관련어
electronics	home appliances, flat screen, liquid crystal display, plasma display panel, wall-hanging television, electronic, electricity-powered
semiconductor	chip, memory[non-memory] chip, wafer, integrated circuit, motherboard, nanotechnology, core technology
robot	industril robot, cleaning robot, robotics, automaton, humanoid, cyborg, artificial intelligence, cybernetics

●●● The chip doesn't fly far from the stump. 그 아버지에 그 아들.

현대인의 삶은 전자제품(consumer electronics)을 빼놓고는 생각할 수가 없다. 아침에 일어나면 TV를 켜거나 컴퓨터로 밤사이에 일어난 뉴스를 챙긴다. 전기밥솥(electric rice cooker)에서 맛있게 된 밥과 냉장고(refrigerator)에 싱싱하게 보관된 반찬들로 식사를 하고 전기로 움직이는 지하철(subway)을 타고 출근한다. 회사에 도착하면 사무직의 경우 거의 하루 종일 컴퓨터 앞에서 일하며 퇴근해서는 가족들과 TV를 보다 잠자리에 든다.

전자제품의 핵심 부품이 되는 반도체(semiconductor)는 전기가 반쯤 통하는 성질을 가진 물질로 제작자의 의도에 따라 도체도 될 수 있고 부도체도 될 수 있다. 반도체는 원하는 대로 저항의 크기를 조절하거나 빛을 내는 등 특별한 성능을 가질 수 있어, 전자 산업 발전의 핵심 역할을 하고 있는데 모든 전자제품에는 반도체로 만든 조그마한 부품들이 들어있으므로 우리는 반도체라는 물건에 둘러싸여 산다고 할 수 있다. 따라서 반도체를 마법의 돌, 전자 산업의 꽃, 산업의 쌀, 20세기 최대의 발명품 등으로 부르기도 한다.

반도체 종류에는 다이오드, 트랜지스터, IC(integrated circuit, 집적회로)등 여러 가지가 있는데 전자제품을 만드는 기본 요소가 된다고 해서 보통 반도체 소자라고 부른다. 트랜지스터나 다이오드를 개별소자라고 부르는 것에 비해 소자들을 모은 반도체를 집적회로라고 한다. 집적회로는 플래너(planar) 기술이 개발된 이래 눈부시게 발전했다. 플래너 기술이란 웨이퍼라고 하는 평평한 반도체판 표면에 트랜지스터 등의 소자를 새겨 넣는 것을 말한다. 집적회로의 중요한 역할은 정보의 저장 또는 기억(memory)과 연산이다. 기억용량이 핵심인 메모리 IC에는 램(RAM)과 롬(ROM)이 있다. 집적회로의 연산 작용을 가장 잘 발휘하는 것이 마이크로프로세서인데 컴퓨터의 두뇌인 중앙 처리장치에 사용된다.

electronics

전자제품

electronic devices and systems = consumer electronics, electronics products, home appliance, home electronics, home electronic products, home electronic appliances

electronic은 형용사일 때는 '전자의' 라는 뜻이지만 명사로 사용되면 '전자제품' 이라는 의미가 된다.

electronic piano 전자 피아노

produce consumer **electronics** 전자제품을 제조하다

용례 **export electronics** 전자제품을 수출하다 **import of Japanese electronics** 일본산 전자제품의 수입

| **a consumer electronics company[maker, manufacturer]** 전자제품 회사 **consumer electronics technology** 가전제품 기술

| **liquid crystal display (LCD)** LCD 화면 **thin film transistor (TFT)-liquid crystal display** 박막 트랜지스터 LCD **flat screen** 평판 화면 **plasma display panel (PDP)** 플라스마 디스플레이 패널

| **refrigerator, fridge** 냉장고 **freezer** 냉동기 **washing machine** 세탁기 **electric rice cooker** 전기밥솥 **water purifier** 정수기 **reverse osmosis water purifier** 역삼투압형 정수기 **coffee maker** 커피 끓이는 기구 **toaster** 토스터

| **fluorescent light[lamp]** 형광등 **incandescent electric lamp[light]** 백열등

| **TV** 텔레비전 **wall-hanging TV** 벽걸이 TV **high-definition (HD) TV** 고해상도 TV **VCR** 비디오카세트 녹화기 **DVD player** DVD 플레이어 **home theater (system)** 안방극장 장치 **vacuum cleaner** 진공청소기

electronic 전자의; 인터넷의, 인터넷을 이용한, 온라인의

| **electronic piano** 전자 피아노 **electronic banking** 전자 은행업무 **electronic calculator [keyboard]** 전자 계산기[키보드]

| **electricity-powered** 전기로 움직이는 **an electricity-powered car** 전기 자동차 **an electricity-powered engine** 전기 엔진 **an electricity-powered lawn mower** 전동 잔디 깎는 기계 **an electricity-powered screwdriver** 전동 드라이버

| **electric, electrical** 전기의 **an electric car** 전기 자동차

필수예문

1 South Korea's top **electronics maker** Samsung Electronics Co. said it will increase spending on research and development in an effort to maintain its competitive edge. (한국 최대의 전자회사인 삼성전자는 경쟁력을 유지하기 위한 노력의 일환으로 연구개발에 대한 투자를 늘릴 것이라고 밝혔다.)

2 In the average home, 40 percent of all electricity used to power **home electronics** is consumed while the products are turned off. (보통의 가정에서 가전제품 가동을 위해 사용되는 전체 전기의 40퍼센트는 제품들이 사용되지 않을 때 소모된다.)

Home electronic products use energy even when they're off to power features like clock displays and remote controls. (가전제품은 꺼져 있을 때도 시간 표시나 리모트 컨트롤과 같은 기능을 가동하기 위해 에너지를 사용한다.)

3 South Korea's **home electronics industry** has remained in the dumps for the past two years due to fierce competition from cheap Chinese imports and its currency's strength against the US dollar. (한국의 가전제품 산업은 값싼 중국산 수입품과의 치열한 경쟁과 달러화에 대한 원화의 강세 때문에 지난 2년간 침체에 빠져 있었다.)

4 The company is one of the world's top three **consumer electronics manufacturers**, which has a range of products based on its world-leading digital technology. (그 회사는 세계 3대 가전회사의 하나로 세계 첨단을 걷는 디지털 기술을 바탕으로 한 다양한 제품을 만들고 있다.)

5 The era of digitally networked homes will cause potentially devastating problems as well as golden opportunities for the **consumer electronics industry**, according to experts. (전문가들에 따르면 디지털로 네트워크화된 주택의 시대는 가전 산업에 황금의 기회는 물론이고 잠재적으로 엄청난 문제를 일으킬 것이라고 한다.)

6 Several leading electronics manufacturers have announced the development of **plasma display panels**, which are seen as the next generation of flat screens and offer several improvements over conventional **liquid crystal displays** (LCD). (여러 일류 전자업체들이 차세대 평판 디스플레이라고 여겨지고 재래의 LCD보다 여러 개선점을 보이는 플라스마 디스플레이 패널을 개발했다고 발표했다.)

7 The South Korean electronics giant has announced it will launch a **wall-hanging television set** featuring a plasma display panel next month. (그 한국의 대형 가전업체는 다음 달 플라스마 디스플레이 패널을 갖춘 벽걸이 텔레비전을 출시할 것이라고 발표했다.)

8 In the future, hydrogen may be used to run home appliances and other **electricity-powered machines**. (미래에는 수소를 사용해 가전제품과 기타 전기로 움직이는 기계를 가동할지도 모른다.)

If the electricity for **electricity-powered cars** is produced by coal-fired power plants, the eventual volume of emissions will be higher than for conventionally fueled cars. (전기 자동차에 사용되는 전기가 화력발전소에 의해 생산된다면 최종적인 배기 가스의 양은 재래식 연료를 쓰는 차량보다 더 많을 것이다.)

semiconductor

반도체

a substance whose electrical conductivity is intermediate between that of a metal and an insulator = semiconducting material

용례 **produce[manufacture] semiconductors** 반도체를 생산하다 **a semiconductor manufacturer** 반도체 생산업체 **a rise in semiconductor exports** 반도체 수출 증가

| **semiconductor research** 반도체 연구 **semiconductor production technology** 반도체 생산 기술 **semiconductor equipment manufacturer** 반도체 장비 제조업체

| **chip** 칩(집적회로를 붙이는 반도체 조각) **chipmaker** 반도체 회사 **chip foundry** 칩 제조공장

| **microchip** 마이크로칩 **silicon chip** 실리콘칩 **memory chip** 메모리칩 **non-memory chip** 비메모리칩 **RAM (random-access memory) chip** 램칩 **DRAM (dynamic random-access memory)**

chip DRAM칩 **flash memory chip** 플래시 메모리칩 **NAND flashy memory chip** 낸드 플래시 메모리칩
| **wafer** 반도체 기판
| **integrated circuit** 집적회로
| **motherboard** 주(主)회로 기판(基板) (개인용 컴퓨터의 심장부를 이루는 기본 기능을 집적시킨 것)
| **nanotechnology** 극소공학, 나노 기술 **core technology** 원천 기술
| **Moore's law** 무어의 법칙 (마이크로칩 기술의 발전 속도에 관한 것으로, 마이크로칩에 저장할 수 있는 데이터의 양이 매년 또는 적어도 매 18개월마다 두 배씩 증가한다는 법칙)
| **the book-to-bill ratio** 출하액에 대한 수주액의 비율(BB율이 1을 상회한다는 것은 반도체의 출하액보다 주문액이 많다는 것을, 1을 하회한다는 것은 그 반대를 의미) **bookings** 수주액 **billings** 출하액

robot

로봇, 인조인간
a machine which is programmed to move and perform certain tasks automatically = automaton, golem

용례 **an industrial robot** 산업용 로봇 **a cleaning robot** 청소용 로봇 **a domestic robot, a domobot** 가정용 로봇
| **a workman robot** 노동 로봇 **an entertainment[toy] robot** 오락용 로봇 **a walking[jogging, running] robot** 걷는[조깅하는, 달릴 수 있는] 로봇 **a humanoid robot** 인간을 닮은 로봇 **robot[automatic] pilot** (항공) 자동 조종 장치
| **robotics** 로봇 공학 **roboticist, robot engineer, robot scientist** 로봇 연구가(기술자)
| **robotic** 로봇의 **robotic movements** 로봇 같은 움직임 **a robotic arm** 로봇 팔 **robotic dancing** 로봇 댄싱
| **robotize** 로봇(자동)화하다 **robotization** 로봇화
| **robotism** 기계적 방식(행위, 성격) **robot-like** 기계적인
| **android, humanoid, mechanical man** 인조인간
| **artificial intelligence** 인공지능 **cybernetic** 인공두뇌학의 **cybernetics** 인공두뇌학 **cybernetician, cynerneticist, cybernetist** 인공두뇌학자 **cyborg** 사이보그, 인조인간, 개조인간
| **animatronics** 애니마트로닉스(영화 제작 등에서 동물, 사람의 로봇을 실제처럼 보이게 하는 전자공학 기술)

필수예문

1 South Korean **semiconductor exports** reached a monthly record in March, helping the country register a huge trade surplus. (한국의 3월 반도체 수출은 월간 최고에 이르러 큰 폭의 무역수지 흑자를 기록하는 데 보탬이 되었다.)

The total volume of worldwide **semiconductor production** is growing at 8.5 percent per year — fast enough to double every eight years. (전세계의 총 반도체 생산량은 연 8.5퍼센트 성장을 하고 있어 매 8년마다 두 배로 증가할 추세다.)

2 The semiconductor giant has announced a plan to increase its spending on **semiconductor research** as part of efforts to further hone its competitive edge.

(그 거대 반도체 기업은 자사의 경쟁력을 더욱 높이기 위한 노력의 일환으로 반도체 연구 투자비 확대 계획을 발표했다.)

3 Makers of **chip manufacturing equipment** are predicted to have a banner year in 2007 because semiconductor sales are expected to remain strong, which fuels demand for equipment. (반도체 제조 장비 업체들은 2007년 호황을 누릴 것으로 예상되는데 이는 반도체 매출의 활황세가 계속되어 장비 수요를 늘릴 것이기 때문이다.)

4 Samsung Electronics Co., the global leader in computer memory-chip manufacturing, has created the world's first 16 giga-bit **NAND flash memory chip**, which can store up to 8,000 digital music files and data equal to 2 centuries of a forty-page daily newspaper. (세계 최대 컴퓨터 메모리 칩 제조회사인 삼성전자는 세계 최초로 16기가 비트 낸드 플래시 메모리칩을 개발했는데 이는 8천개의 디지털 음악 파일과 4페이지 신문의 200년간 발행량과 맞먹는 데이터를 저장할 수 있다.)

5 The digitalization of nearly every device from TVs to audio devices, mobile phones and cameras holds electronics makers hostage to **Moore's law** — the idea proposed by Intel Corp.'s Gordon Moore that computer chip power doubles every 18 months or so. (TV에서부터 오디오, 휴대전화 그리고 카메라에 이르기까지 거의 모든 제품들이 디지털화됨에 따라 전자제품 회사들은 무어의 법칙의 지배를 받게 되는데 이는 인텔의 고든 무어가 제시한 것으로 컴퓨터 칩의 용량은 매 18개월마다 두 배씩 증가한다는 이론이다.)

6 Semiconductor orders for North American-based manufacturers rose to $1.3 billion in February. Growth in orders surpassed that of billings, leading the **book-to-bill ratio** to rise above parity for the first time since August 2004. (2월 북미 회사들의 반도체 주문은 13억 달러로 늘었다. 주문 증가는 매출 증가를 앞서 출하액 대비 수주액 비율을 2004년 8월 이래 처음으로 기준치를 상회하게 했다.)

7 **Robots** are typically used to do tasks that are too dull, dirty, or dangerous for humans. (로봇은 사람에게 너무 지겹거나 불결하거나 위험한 작업을 하기 위해 사용된다.)

Industrial robots used in manufacturing lines used to be the most common form of robots, but that has recently been replaced by **consumer robots** cleaning floors and mowing lawns. (생산 라인에 이용되는 산업용 로봇이 가장 흔한 형태의 로봇이었지만, 이는 마루를 청소하고 잔디를 깎는 소비자용 로봇으로 최근 대체되었다.)

8 The Japanese company plans to develop a **humanoid robot** with sound and motion sensors, which is designed to help factory workers and provide assistance in nursing care and rescue operations. (그 일본 회사는 음성과 동작 감지기를 갖춘 인조 인간형 로봇을 개발할 계획인데 이는 공장 노동자들을 돕고 병구완이나 구조 작업을 돕기 위한 것이다.)

심화학습

극소공학, 나노 기술 nanotechnology, nanotech

나노(nano)라는 단어는 '난쟁이'를 뜻하는 '나노스(nanos)'에서 유래되어 지금은 아주 미세한 물리학적 계량 단위로 쓰이고 있는데 나노는 10억분의 1이라는 단위로서, 나노세컨드(ns)는 10억 분의 1초, 나노미터(nm)는 10억 분의 1m를 가리킨다. 예를 들어 1nm는 머리카락 굵기의 10만분의 1에 해당된다. 눈으로는 볼

수 없는 세계, 전자 현미경을 통해야 접근 가능한 극미의 세계가 나노의 세계다.
나노 기술이란 한마디로 이러한 나노미터 크기의 물질(나노 물질)들이 갖는 독특한 성질과 현상을 찾아내, 나노물질을 정렬시키고 조합하여 매우 유용한 성질의 소재나 시스템을 생산하는 과학과 기술을 가리키는 말이다.

Nanotechnology refers to any technology which exploits phenomena and structures that can only occur at the nanometer scale, which is, the scale of single atoms and small molecules.

Like electricity or computers before it, **nanotech** will offer greatly improved efficiency in almost every facet of life. But as a general-purpose technology, it will be dual-use, meaning it will have many commercial uses and it also will have many military uses — making far more powerful weapons and tools of surveillance.

A key understanding of **nanotechnology** is that it offers not just better products, but a vastly improved manufacturing process. A computer can make copies of data files — essentially as many copies as you want at little or no cost. It may be only a matter of time until the building of products becomes as cheap as the copying of files. That's the real meaning of nanotechnology, and why it is sometimes seen as the next industrial revolution.

나노 기술은 하나의 원자나 작은 분자 크기인 나노미터 수준에서 일어날 수 있는 현상과 구조들을 이용하는 모든 기술을 지칭한다.

이전의 전기나 컴퓨터와 마찬가지로 **나노 기술**은 인간 삶의 거의 모든 부문에서 크게 향상된 효율성을 제공할 것이다. 하지만 범용 기술로서 나노 기술은 군민 양용이 될 것인데, 즉 상업적 목적과 함께 훨씬 강력한 무기와 정찰 도구들을 만드는 많은 군사적인 용도가 있을 것이라는 의미다.

나노 기술에 대한 주요한 일치된 의견은 그것이 더 좋은 제품을 제공할 뿐 아니라 제조 과정을 크게 향상시켜준다는 것이다. 컴퓨터는 데이터 파일을 복사할 수 있는데 본질적으로는 비용을 거의 들이지 않거나 전혀 들이지 않고 원하는 만큼 복사할 수 있다. 제품 제조가 파일 복사만큼이나 싸게 되는 것은 단지 시간문제일지도 모른다. 그것이 나노 기술이 가지는 진정한 의미이고 그래서 때로는 차세대 산업혁명으로 간주된다.

| **exploit** 이용(활용)하다 **phenomena** 현상들 **nanometer** 10억분의 1미터 **scale** 축척, 수준 **molecule** 분자 **efficiency** 효율성 **facet** (사물의) 면, 국면 **general-purpose** 범용의 = all-purpose **dual-use** 군민 양용의 **commercial** 상업적인, 민간용의 **surveillance** 정찰 **understanding** (의견의) 일치, 합의 **a matter of time** 시간 문제 **industrial revolution** 산업혁명

Part 3

스포츠
sports

33 승리 | 패배 | 무승부

주제어	관련어
beat	**defeat, edge, crush, demolish, trounce, blank, shut out, romp, cruise, breeze, humble, upset, stun, win, victory, winning streak, bye, wild card**
lose	**fall, go down, loss, defeat, shock defeat, losing streak, snap a losing run**
draw	**tie, standoff, end in a draw, earn a draw, play to a goalless draw, level the score**

●●● The best man wins. 강자가 이기게 마련이다.

독일에서 월드컵(World Cup)이 치러진 2006년의 6월은 4년 전 우리나라에서 대회가 열릴 당시를 방불케 했다. 태극전사들의 경기가 펼쳐지는 밤과 새벽에는 어김없이 수십만에 달하는 인파들이 서울광장, 광화문 그리고 전국 주요 도시의 거리로 몰려나와 이역만리에서 조국을 위해 싸우는 선수들에게 힘을 실어주기 위해 목이 터져라 응원했다. 그뿐 아니라 전국의 월드컵 경기장도 축구팬들로 꽉 메워졌고 군부대, 사찰 심지어 교도소에서도 뜨거운 응원의 열기가 이어져 4년 전의 4강신화 재연을 기원했다.

우리의 16강 도약의 제물이라고 여기고 있던 토고와의 예선 1차전. 온 국민의 시선이 TV에 고정된 가운데 드디어 킥오프가 되고 팬들의 가열찬 응원도 시작되었지만 전반에 먼저 한 골을 먹고 말았다. 하지만 대표선수들의 능력과 딕 아드보카트 감독의 전술을 믿었기에 온 국민은 낙담하지 않고 응원했다. 후반전에 들어서자 국민의 뜨거운 응원에 보답이라도 하듯 이천수가 페널티 에어리어 바로 앞에서 얻은 프리킥을 멋진 골로 연결시켰고, 얼마 지나지 않아 교체 투입된(be substituted) 안정환이 그의 전매특허인 돌아차기 슛으로 결승골을 넣어 월드컵 원정 첫승이라는 쾌거를 달성했다.

먼저 승점 3점을 챙긴 한국팀은 1차전에서 스위스와 0–0으로 비긴 프랑스와 2차전에서 격돌하게 되었다. '늙은 수탉'이라는 비아냥을 받았지만 아트 사커의 원조 프랑스의 실력은 역시 강해 앙리에게 먼저 한 골을 내주었다. 우리 선수들은 쉴새없이 공격을 퍼부어 후반 막판 박지성이 감각적인 탭슛으로 동점을 이루었고 승점 4점으로 조 선두로 나섰다. 16강 진출의 운명이 걸린 조 예선 마지막 경기인 스위스와의 일전. 전문가들은 스위스의 탄탄한 조직력 때문에 힘든 경기가 될 것이라고 예상했지만 양 팀은 대등한 경기를 펼쳤다. 그러나 결국 편파적인(?) 판정 때문에 2-0으로 패하고 말아 2회 연속 16강 진출이라는 꿈을 접어야만 했다.

beat

물리치다, 이기다

to win victory over = better, defeat, down, flog, lick, outplay, pip, stop, top, trim, triumph, whack, whop, win

용례 **defeat Japan 2-0** 일본을 2대0으로 이기다 **defeat Spain in a quarterfinal match** 8강전에서 스페인을 이기다 **defeat the opponent team in the first set** 첫 세트에서 상대팀을 이기다 **defeat decisively[roundly, resoundingly, soundly]** 확실히 이기다 **defeat narrowly** 간신히 이기다

| **beat ~ on penalties, beat ~ in a penalty shootout** ~를 승부차기 대결에서 물리치다

| **edge, nose** 근소한 차로 이기다, 신승하다 **squeeze past China 2-1** 중국을 2대1로 간신히 이기다

| **bust, clobber** ~를 완패시키다, ~에 대승하다 = cream, crush, demolish, drub, hammer, paste, rout, shellac, shellack, skin, smear, thrash, thump, trounce, wallop, whomp

| **blank, shut out, goose-egg, whitewash** (상대방을) 영패시키다

| **romp** 낙승, 일방적인 승리(경기) = blowout, runaway, shoo-in, walkaway, laugher

| **romp[cruise, breeze] past** ~에 낙승을 거두다 **romp past arch-rival Japan 3-0** 최대의 호적수 일본에 3대0 낙승을 거두다 **coast home** 낙승하다 **coast to one's sixth straight win** 쉽게 6연승하다

| **humble** ~에게 굴욕적인 패배를 안기다 **humble Brazil 3-1** 브라질에 3대1 패배를 안기다

upset 예상을 깨고 ~에 이기다

| **stun[shock] Brazil 3-1** 브라질에 충격적인 3대1 패배를 안기다

| **rally[come from behind] to beat** ~를 역전하여 이기다

| **scrape through 7-6 on aggregates** 총득점 7대6으로 진출하다 **win the first leg 1-0** 1차전을 1대0으로 이기다

| **outhit** 안타를 더 많이 때리다

| **outjump** 더 멀리(높이) 뛰다 **outrun** ~를 앞지르다 **overpower** 압도하다 **outthrow** ~보다 멀리 던지다

| **knock out, KO** 케이오우 시키다 **floor, send ~ to the canvass** (권투) 다운시키다, 때려눕히다

---

win 승리

achieving victory or finishing first in a competition = conquest, success, triumph, victory

용례 **a great[signal, landslide] win** 대승리 **a decisive victory** 결정적 승리 **a complete victory, a perfect triumph** 완전한 승리 **10 wins and no losses** 10승 무패 **achieve a much-need home[away] win** 절실한 홈[원정] 승리를 올리다

| **a glorious victory** 영광스런 승리

| **a hollow[narrow] victory** 무의미한[간신히 이긴] 승리 **rack up a 3-0 win over China** 중국에 3대0 승리를 올리다 **an easy win, a walkover** 손쉬운 승리

| **a 5-0 demolition[drubbing, thrashing] over** ~에 5대0 대승

| **win[clinch, gain, earn, secure] a victory over, earn[chalk up] a win over, score[achieve] a triumph over** ~에 승리하다

| **give ~ a win over** ~에 승리를 안기다 **lead[help, lift] ~ to a victory over** ~를 승리로 이끌다

| **go six games without a win, go winless in six games** 여섯 경기째 승리가 없다

| **cruise to a 3-0 win over Iran** 이란에 3대0의 손쉬운 승리를 거두다 **romp to a 4-0 win over Germany** 독일에 4대0 낙승을 올리다 **clinch[win, capture, garner, obtain] the title with a stylish 4-0 romp over Japan** 일본에 멋진 4대0 낙승을 거두고 우승하다 **enjoy a 5-0 romp over England** 영국에

5대0 낙승을 올리다

| score an upset win over ~에 예상 밖의 승리를 거두다 **gain a come-from-behind[comeback] victory over** ~에 역전승을 거두다

winning[unbeaten] streak[run] 연승 행진

| extend[stretch] one's winning streak to 10 games 연승 행진을 10게임으로 늘리다 **rack up six consecutive[straight, successive] wins** 6연승하다 **end[snap] a 10-game winning streak** 10연승 행진을 끊다

| end a three-month winless streak 3개월 무승 행진을 끝내다

bye, walkover 부전승

| draw a bye 부전승을 하다 **earn[receive] a bye in the first round** 1라운드에서 부전승을 하다 **draw[have] a first-round bye** 1라운드에서 부전승을 하다 **gain a bye into the second round** 부전승으로 2라운드에 진출하다 **receive a bye for the second round** 부전승으로 2라운드에 진출하다

wild card 와일드카드

| a wild card 와일드카드(규정된 선수나 팀 이외에 운영자의 의향으로 결승 토너먼트에 참가하는 특별 케이스의 선수나 팀) **receive a wild card** 와일드카드를 받다 **win a wild card, clinch[grab, earn, lock up] the wild-card title[spot, berth]** 와일드카드를 따내다 **win the National League wild card race** 내셔널 리그 와일드카드 경쟁에서 이기다 **go[advance] to the postseason as a wild card** 와일드카드 팀으로 포스트시즌에 진출하다

| a wild-card team[player] 와일드카드를 받은 팀[선수] **the National League wild-card winner** 내셔널리그 와일드카드 팀 **a wild-card hopeful** 와일드카드를 노리는 팀 **be atop the wild-card standings** 와일드카드 순위 1위다 **be tied for the wild-card lead with** ~와 와일드카드 순위 동률 1위다 **finish tied for the wild-card lead with** ~와 와일드카드 동률 1위로 시즌을 마치다 **play a one-game playoff** 단판 결정전을 치르다 **lose a wild-card playoff game** 와일드카드 결정전에서 지다 **pad the wild-card lead** 와일드카드 리드를 늘리다

| be decided by point differentials and coin flips 점수 차나 동전 던지기로 결정되다 **decide the home filed with a coin flip** 동전 던지기로 홈구장을 정하다 **determine match-ups and home fields by a drawing** 추첨에 의해 대진표와 홈구장을 정하다 **take home-field advantage** 홈 어드밴티지를 갖다

필수예문

1 South Korea **defeated Japan 2-1** in a World Cup qualifying match, the third straight win over its arch-rival. (한국은 월드컵 예선전에서 일본을 2대1로 물리쳐 최대 경쟁 팀에 3연속 승리를 기록했다.)

Mexico **came from behind to beat Japan 3-2** in Hanover and make a winning start to their FIFA Confederations Cup tournament. (멕시코는 하노버에서 일본에 3대2로 역전승해 FIFA 컨페더레이션컵 대회 서전을 승리로 장식했다.)

2 China **edged Japan 4-3** in a cliff-hanging friendly match in Tokyo Monday, notching up its first win over the Japanese in more than 10 years. (중국은 월요일 도쿄에서 벌어진 손에 땀을 쥐게 하는 친선 경기에서 일본에 4대3 신승을 거두어 10년 만에 처음으로 일본에 이겼다.)

The United States **edged Germany 2-1**, forcing the latter out of the Olympic women's soccer final. (미국은 독일에 2대1로 힘겨운 승리를 거두고 독일을 올림픽 여자 축구 결승에 오르지 못하게 했다.)

3 South Korea **crushed Germany 4-0** while Lithuania drew with Scotland 2-2 in the women's World Cup qualifying hockey tournament. (한국은 월드컵 여자 하키 예선전에서 독일에 4대0 대승을 거두었고 리투아니아는 스코틀랜드와 2대2로 비겼다.)

Russia became the first team to **shut out** a star-stacked Canadian club since full participation of NHLers began in 1998. (미국 프로 하키 선수들의 전면 출장이 1998년 시작된 이후 러시아는 처음으로 스타들이 즐비한 캐나다 팀을 영패시켰다.)

4 Chelsea **cruised past Everton 4-1**, moving into the fifth round of the British FA Cup. (첼시는 에버튼에 4대1로 낙승을 거두고 영국 FA컵 5라운드에 진출했다.)

Bahrain's bid to make the FIFA World Cup finals for the first time received an unexpected boost when they **upset North Korea 2-1** in their Asian qualifying match in Pyongyang. (바레인의 첫 월드컵 본선 진출 노력이 평양에서 열린 예선전에서 예상을 깨고 북한을 2대1로 물리침에 따라 뜻하지 않은 탄력을 받았다.)

5 Lee Dong-gook and Cho Jae-jin scored a goal apiece in the second half to **give South Korea a 3-1 win over Germany** in a soccer friendly match. (이동국과 조재진이 후반전에 각각 한 골씩을 넣어 축구 친선경기에서 한국이 독일에 3대1로 승리하게 했다.)

The victory was **sweet revenge** for the South Koreans, who were beaten 1-0 by the Germans during the World Cup semifinals in 2002. (이번 승리는 2002년 월드컵 준결승전에서 독일에 1대0으로 패한 데 대한 한국인들의 통쾌한 설욕이었다.)

6 A late own goal **earned South Korea a 2-1 home victory over Japan** in a World Cup qualifier to keep alive their dreams of reaching the World Cup finals for the sixth consecutive time. (월드컵 예선전에서 막판 자살골로 한국은 일본에 2대1로 승리를 거두어 6회 연속 월드컵 진출의 희망을 살려놓았다.)

An inspirational performance from the Argentinian teenage sensation **helped Barcelona to a 2-1 win over** ten-man Chelsea in a Champions League thriller. (아르헨티나 출신 십대 천재의 재치 있는 공격으로 챔피언스 리그 흥미 만점의 경기에서 바르셀로나는 10명이 뛴 첼시에 2대1 승리를 거두었다.)

7 South Korea produced a sparkling first-half performance, **romping to a 4-0 victory over Mexico** in a friendly. (한국은 멕시코와의 친선 경기에서 전반전에 멋진 경기를 펼쳐 4대0으로 낙승했다.)

Greece **produced the biggest upset** in European Championship history when they knocked out holders France with a 1-0 quarterfinal victory. (그리스는 유럽 선수권 대회 역사상 최대의 이변을 낳으며 지난 대회 챔피언 프랑스를 8강전에서 1대0으로 꺾었다.)

8 Chelsea beat Blackburn 3-1 in the Premier League to **extend its unbeaten streak to 40 matches**, while Arsenal rallied to tie 1-1 with cross-town rival Tottenham. (프리미어 리그에서 첼시는 블랙번을 3대 1로 물리치고 연승 행진을 40게임으로 늘렸으며 아스널은 같은 연고지 라이벌 토트햄에 뒤지다가 만회하여 1대1로 비겼다.)

The two star players scored a combined 45 points as Utah **snapped San Diego State's eight-game winning streak** with a 70-65 victory. (그 두 스타 선수들이 45득점을 합작하였고 유타는 70대 65의 승리를 거둬 샌디에고 스테이트의 8연승 행진을 깼다.)

The team has **received a bye** in the first round, which will give it time to recover and prepare to play in the second round. (그 팀은 1라운드에서 부전승을 거두어 회복을 하고 2라운드 플레이에 대비할 수 있는 시간을 벌게 되었다.)

The Boston Red Sox **clinched the AL wild-card berth** after its competitor suffered a 3-1 home loss. (보스턴 레드삭스는 경쟁팀이 홈에서 3대1로 패한 뒤 아메리칸리그 와일드카드를 확보했다.)

lose

지다, 패하다

to suffer loss = be defeated, drop, fall, go down, lose out, succumb, suffer defeat, yield

용례 **lose 3-2 to Japan** 일본에 3대2로 패하다 **fall 4-3 to Germany** 독일에 4대3으로 패하다 **go down 3-1 to France** 프랑스에 3대1로 패하다

| **loss, defeat** 패배

| **have 10 wins and two losses this season** 시즌 성적 10승 2패이다 **a humiliating loss[defeat]** 굴욕적인(치욕적인) 패배

| **suffer defeat** 패배를 당하다 **suffer a shock defeat at the hands of** ~에 충격적인 패배를 당하다 **a thumping[crushing] defeat** 대패 **the first defeat after 10 successive wins** 10연승 후 첫 패배

| **avenge the 2-0 World Cup final defeat against Brazil** 월드컵 결승에서 브라질에 당한 2대0 패배를 설욕하다

| **take[earn] the loss** (야구에서) 패전투수가 되다

| **be floored by a late sucker punch** 막판 불의의 공격에 무너지다

| **be outthought by** ~에게 전략에서 지다

losing streak[run, slide, skid] 연패

| **extend[stretch, push] one's losing streak to 10 games** 연패 기록을 10경기로 늘리다 **end[snap] a five-game losing run** 5연패의 사슬을 끊다

| **snap a 10-game losing streak to Japan dating back to May 1, 1999** 1999년 5월 1일부터의 대 일본전 10연패의 사슬을 끊다 **snap one's losing skid[slide] at 10 games** 연패를 10경기에서 끊다 **the longest losing streak in club history** 팀 역사상 최장 연패

draw

비기다; 무승부

to conclude a contest without either side winning = tie

용례 **draw 0-0 with Germany** 독일과 0대0으로 비기다 **draw with Japan 0-0** 일본과 0대0으로 비기다 **be held 0-0 by** ~와 0대0으로 비기다 **tie 2-2 against the United States** 미국과 2대2로 비기다

draw, standoff, tie 무승부

end in a draw 무승부로 끝나다

earn a 2-2 draw 2대2로 비기다 **play[fight] to a 0-0 draw with[against]** ~와 0대0으로 비기다 **play Brazil to a 1-1 draw** 브라질과 1대1로 비기다 **play out a 0-0 draw** 0대 0으로 비기다 **be held to a 1-1 home draw by** 홈에서 ~와 1대1로 비기다

have five wins, two losses and one draw 5승 2패 1무이다 **break the deadlock** 무승부를 깨다

settle for a 1-1 draw 1대1 무승부에 만족하다

grind[eke] out a 1-1 draw 간신히 1대1로 비기다

goalless 골이 나지 않은

end goalless 무득점으로 끝나다 **play[battle] to a goalless draw with[against]** ~와 무득점 무승부를 기록하다

tie[level, equalize, even] the score 동점을 만들다

필수예문

1 South Korea conceded a late goal to **lose 1-0** in its World Cup opener against European champion France. (한국은 막판 한 골을 허용해 유럽 챔피언 프랑스와의 월드컵 첫 경기에서 1대0으로 졌다.)

Despite a one-man advantage, China **fell 3-2 against Spain** after squandering numerous scoring chances. (수적으로 한 명 우세함에도 불구하고 중국은 수많은 득점 찬스를 놓치여 스페인에 3대2로 패했다.)

2 Japan had two players sent off as they **went down 1-0 to Brazil** in its World Cup knockout round tie. (일본은 두 명의 선수가 퇴장을 당해 월드컵 2회전 경기에서 브라질에 1대0으로 패했다.)

With **20 wins and two losses**, the team remains at the top of the Premier League table. (20승 2패를 거두고 있는 그 팀은 영국 프리미어 리그 순위에서 선두를 유지하고 있다.)

3 South Korea **suffered a humiliating 3-0 defeat at the hands of** soccer minnows Vietnam, greatly angering its fans. (한국은 약체 베트남에 치욕적인 3대0 패배를 당해 축구 팬들을 격분하게 만들었다.)

Japan moved to the top of the group after Brazil **suffered a shock 3-2 defeat** in a game with Australia. (브라질이 오스트레일리아와의 경기에서 충격적인 3대2 패배를 당한 뒤 일본이 조 선두로 올라섰다.)

4 The home team fell 3-1 to the visitors, **extending its losing streak to a franchise-worst 15 games.** (홈팀은 방문팀에 3대1로 패해 연패 기록을 구단 최악인 15경기로 늘렸다.)

The Kia Tigers **snapped its all-time record 12-game losing streak** after beating the visiting Lotte Giants 5-3 in the nightcap of the double header. (기아 타이거즈는 더블헤더 두 번째 경기에서 방문팀인 롯데 자이언츠를 5대3으로 물리치고 구단 기록인 12경기 연패의 사슬을 끊었다.)

5 North and South Korea **drew 0-0** in the East Asia soccer championship, their first encounter in 12 years, though both sides had one clear chance each during a closely fought match in a stadium in Seoul. (남북한은 서울의 경기장에서 벌어진 접전에서 각각 한 번씩 확실한 찬스가 있었지만 12년 만의 첫 대결인 동아시아컵 대회에서 0대0으로 무승부를 기록했다.)

6 South Korea **was held to a 1-1 draw at home by China**, remaining tied with Iran for the top spot in Group B in the final round of qualifying for the 2006 World Cup. (한국은 홈에서 중국과 1대1 무승부를 기록해 2006년 월드컵 최종예선 B조에서 이란과 동률 선두를 유지했다.)

The team **managed to come from a goal down to draw 2-2** with a superb solo effort by its marquee striker from Brazil. (그 팀은 브라질 출신의 간판 스트라이커가 혼자서 멋진 골을 넣어 한 골 뒤지다가 가까스로 2대2로 비겼다.)

7 A lackluster South Korea had to **settle for a 1-1 draw with** Japan after being outshone in a pre-World Cup friendly. (월드컵을 앞두고 벌어진 친선 경기에서 경기 내용에서 뒤진 활기 없는 한국팀은 일본과의 1대1 무승부에 만족해야 했다.)

A **draw** was a fine result for a side thrashed 5-0 by the Netherlands in the 1998 World Cup and a great start for the new Dutch coach. (무승부는 1998년 월드컵에서 네덜란드에 5대0으로 대패한 팀으로서는 훌륭한 결과였고 신임 네덜란드 출신 감독에게도 멋진 출발이었다.)

8 Japan **played to a goalless draw with** Saudi Arabia, but it managed to reach the World Cup finals on goal difference. (일본은 사우디아라비아와 무득점으로 비겼지만 골 득실차로 월드컵 본선에 진출할 수 있었다.)

Despite several scoring chances, the team was unable to **break the deadlock** due to spectacular saves by the goalkeeper of the visiting team. (여러 번의 득점 찬스에도 불구하고 그 팀은 방문팀 골키퍼의 멋진 선방으로 무득점 상태를 깰 수 없었다.)

심화학습

축구 표현 정리

❑ **goal** 골

| **a goal** 골 **the winner, the winning goal, the game winner** 결승골 **an own goal** 자살골 **an insurance goal** 쐐기골 **a consolation goal** 승패와 상관없이 위안이 되는 골 **an opening goal** 선제골 **an equalizer** 동점골 **a header** 헤딩골 **an early[a late, an injury-time] goal** 초반[막판, 추가시간]에 터진 골 **the only[lone] goal** 유일한 골 **a disallowed goal** 노골 **a penalty (kick)** 페널티킥 **a hat trick** 해트트릭 **a double** 두 골을 넣음

| **score the winning goal** 결승골을 넣다 **head the winner** 헤딩 결승골을 넣다

| **concede[let in] a late own goal** 막판 자살골을 허용하다 **score an own goal** 자살골을 넣다 **divert the ball into his own net** 공을 자신의 골대로 넣다 **head the ball into one's own net in an attempt to clear a deep pass** 깊은 패스를 걷어내려다 자신의 골문으로 헤딩 자살골을 넣다 **fire into one's own net** 자신의 골문으로 차 넣다

| **score[grab, net] an equalizer** 동점골을 기록하다 **equalize two minutes from time** 종료 2분을 남기

고 동점을 이루다 **score an injury-time goal** 추가시간에 골을 넣다
| allow[concede] a header 헤딩골을 허용하다
| score the only goal 유일한 골을 득점하다 **add the second goal** 두 번째 골을 추가하다
| open the scoring[score] 첫 골을 넣다, 득점에 시동을 걸다 **score the game opener** 첫 골을 넣다
| go ahead 1-0 on one's goal in the 10th minute 10분에 터진 ~의 골로 1대0으로 앞서 나가다 **go in the lead in the 20th minute on a goal by** ~의 골로 20분에 앞서 나가다
| lead 3-0 at halftime 전반전을 마치고 3대0으로 리드하다 **take the lead just five minutes into the game** 경기 시작 5분 만에 리드하다 **take an early lead with a goal from** ~의 골로 일찌감치 리드하다 **take a 4-0 lead at the break** 전반전을 마치고 4대0으로 리드하다 **put ~ ahead in the 20th minute** 20분에 ~가 앞서 나가게 하다
| trail 2-1 at the break 전반전을 마치고 2대1로 뒤지다 **pull a goal back for** ~에 만회골을 넣다
| disallow[call back] a goal because of a foul 파울 때문에 노골을 선언하다 **have a goal disallowed for offside** 오프사이드로 노골이 선언되다 **have a perfect goal disallowed[ruled out]** 완벽한 골을 노골 선언을 당하다 **allow the goal** 골을 인정하다
| win a penalty, be awarded[handed] a penalty 페널티킥을 얻다 **earn a penalty in a goalmouth melee[scramble]** 골문 혼전 중에 페널티킥을 얻다 **convert[tuck away] a penalty** 페널티킥을 성공시키다 **miss a penalty** 페널티킥을 실축하다
| score from the follow-up 골키퍼가 막은 공을 차 넣다 **crash one's spot kick against the post** 페널티킥을 골대에 맞추다 **win a penalty shootout 4-2** 승부차기에서 4대2로 이기다 **save twice [stop two shots] in the shootout** 승부차기에서 두 개를 막다 **slot the winning penalty** 승리를 하는 페널티킥을 성공시키다
| head home a free kick 프리킥을 헤딩으로 넣다 **nod in a cross** 센터링을 헤딩으로 넣다
| be almost gifted a second goal 두 번째 골을 거의 거저 줍다
| goal-scoring touch 득점 감각 **find one's goal-scoring touch [scoring boots]** 득점 감각을 찾다 **recover[rediscover] one's goal-scoring touch** 득점 감각을 되찾다 **lose one's goal-scoring touch** 득점 감각을 잃다
| nearly score a goal 골을 넣을 뻔하다 **come close to scoring (a goal)** 득점할 뻔하다
| set up a goal 골을 어시스트하다
| The goal was awarded to Beckam. 베컴의 골로 인정되었다. **give the goal** 골로 인정하다
| be voted the greatest goal in World Cup history 월드컵 역사상 최고의 골로 투표를 통해 선정되다

❑ shot 슛

| a powerful shot 강력한 슛 **a diagonal shot** 대각선 슛 **an angled shot** 각도 있는 슛 **a long shot** 장거리 슛 **a right-footed[left-footed] shot** 오른발[왼발] 슛 **a volley** 발리슛 **a shot on goal** 유효 슈팅
| hammer[blast, fire, rocket] a right-footed shot 강력한 오른발 슛을 날리다 **rifle a power shot into goal** 강력한 슛을 성공시키다
| fire a wide shot 골대를 멀리 벗어나는 슛을 하다 **fire from the right at point-blank range** 골문 바로 가까이 오른쪽에서 강슛을 날리다
| shoot from close range 가까운 거리에서 슛하다 **fire over from close range** 가까운 거리에서 골대를 넘어가는 슛을 날리다 **blast a point-blank shot** 정면에서 강슛을 날리다
| pull a brilliant back-heel for the opening goal 멋진 힐킥으로 첫 골을 넣다 **volley powerfully into a goal** 강력한 발리슛을 성공시키다
| register no shot on goal until injury time 추가시간까지 유효 슛을 기록하지 못하다

outshot ~ 5-2 in the first half 전반전에 ~보다 5-2로 슈팅에서 앞서다
chip[lob, loft] the ball over the goalkeeper 골키퍼 키를 넘기다 **scoop over the onrushing goalkeeper** 달려 나오는 골키퍼 키를 넘기다 **curl a free kick past the goalkeeper** 프리킥을 감아서 넣다 **hook the ball over the defense** 수비진 위로 공을 감아 넘기다
tap[slot, flick] the ball into the open goal 빈 골문으로 살짝 넣다 **score into the open goal** 골문이 빈 상태에서 득점하다 **push the ball into the empty net** 텅 빈 골문에 밀어 넣다 **drill[poke] the ball in from close range** 가까운 거리에서 찔러 넣다 **stab[jab] the ball home from close range** 가까운 거리에서 찔러 넣다
toe-poke home from close range 골문 바로 앞에서 발끝으로 콕 찍어 넣다
chip the ball into the net 공을 찍어 차올려 넣다 **try a delicate chip** 절묘한 찍어 올리기를 시도하다
nudge a loose ball past the goalkeeper 흘러나온 공을 골키퍼를 제치고 살짝 밀어 넣다
score directly from a corner kick 코너킥을 직접 골로 성공시키다 **lace a cross from** ~의 센터링을 때려 넣다 **side-foot home from close range** 골문 바로 앞에서 인사이드로 골을 넣다 **leap high to head home a cross** 높이 점프하여 센터링을 헤딩골로 넣다 **pounce on a rebound off a save by** ~가 막아 튀어나온 공을 낚아채다 **deflect off one's hip into the net** ~의 엉덩이를 맞고 골인되다
score a goal with a superb overhead[bicycle] kick 멋진 오버헤드킥으로 골을 넣다
shoot straight at the goalkeeper 골키퍼 정면에 슛을 날리다 **fire a shot at the goalkeeper** 골키퍼 정면에 강슛을 날리다 **send the ball through the legs of the goalkeeper** 골키퍼 다리 사이로 넣다
be denied by the woodwork 골대를 맞다 **hit the woodwork twice** 골대를 두 번 맞추다 **strike[hit] the post** 골대에 맞다 **rattle[shake, hit] the cross bar** 크로스바를 맞추다 **strike the base of the post** 골대 밑 부분을 맞추다 **hit the side[top] netting** 옆[윗] 그물을 맞추다 **strike the upright** 골대를 맞다 **hit the base of the near post** 가까운 골대 밑동에 맞다 **hit the side of the net** 옆 그물을 때리다
go in off the post[crossbar] 포스트[크로스바]를 맞고 들어가다 **go in off the underside of the crossbar** 크로스바의 아래쪽을 맞고 들어가다 **spin in off the far post** 반대편 골대를 맞고 빠르게 회전하여 들어가다 **go in off a defender** 수비수를 맞고 들어가다
bounce on the goaline 골라인에 맞고 튀다 **hit the underside of the crossbar** 크로스바의 아래쪽에 맞다 **cross the line before bouncing back into play** 튀어나와 인플레이가 되기 전에 골라인을 지나다
hack[clear, manage] the ball off the line 골라인에서 공을 걷어내다 **hack the ball clear** 공을 걷어내다 **The whole ball was behind the line.** 공의 전체가 골라인을 넘었다. **The whole of the ball crossed the whole of the line.** 공 전체가 완전히 골라인을 넘었다.
flash a near-post header just wide 가까운 쪽 골대 근처에서 헤딩슛을 했지만 살짝 벗어나다 **shoot just wide of the mark** 슛이 살짝 빗나가다 **go narrowly wide** 살짝 벗어나다 **kick a free kick wide** 프리킥을 골문 훨씬 밖으로 차다
fire high over the bar 크로스바 훨씬 위로 슛을 날리다
skim just over the bar 골대를 살짝 넘어가다 **glance off [shave, clip] the bar** 크로스바를 스치고 넘어가다 **glance in off the crossbar** 크로스바를 살짝 스치고 들어가다
head over the bar 크로스바 위로 넘어가는 헤딩을 하다 **send the shot over the bar** 크로스바 위로 슛을 날리다 **send one's volley[half volley] over the bar** 발리슛[하프 발리슛]이 골대 위로 넘어가다
sail over a line of defenders 수비벽 위로 넘어가다 **mishit the rebound** 리바운드 된 공을 헛발질하다

❏ attack 공격

midfield 미드필드(허리) **right[left, center] midfielder** 오른쪽[왼쪽, 중앙] 미드필더 **attacking midfielder** 공격형 미드필더 **center forward, striker** 중앙 공격수 **right winger** 오른쪽 윙 **left winger** 왼쪽 윙

wingback 윙백 **finisher, lethal striker, formidable scorer** 킬러 **playmaker** 플레이메이커

| **play attacking football[soccer]** 공격 축구를 하다 **a defensive style** 수비형 축구 **possession** 공 점유율

| **pick an attacking side** 공격 위주로 팀을 구성하다 **mount a quick counterattack** 빠른 역습을 전개하다 **score[tally] on a quick counterattack** 빠른 역습을 통해 득점하다

| **burst down the right flank** 오른쪽 측면을 치고 올라가다 **dribble down the left** 왼쪽 측면으로 드리블하다 **dribble through the defense to score** 수비를 뚫고 치고 들어가 득점하다

| **adopt a 3-5-2 system[formation]** 3-5-2 시스템을 채택하다

| **fire the ball into the net on a breakaway** 단독으로 돌진하여 강슛을 성공시키다

| **a solo effort** 단독 플레이 **score a goal with a great solo effort** 멋진 단독 플레이로 득점하다 **open up the scoring with a splendid solo effort** 멋진 단독 플레이로 득점의 포문을 열다

| **outhustle the visitors** 방문팀보다 더 거친 플레이를 하다 **get physical** 거친 플레이를 하다 **a more aggressive style of play** 보다 공격적인 플레이 **play aggressively and physically** 공격적으로 거칠게 경기를 하다

| **poor finishing** 결정력 부재 **a clinical finish** 침착한 마무리 **continue piling balls forward with no reward** 의미 없이 계속 공을 앞으로 차내다 **carve out a number of chances** 많은 찬스를 만들어내다

| **match fitness** 실전 감각 **find[rediscover, lose] one's match fitness** 실전 감각을 찾다[되찾다, 잃다] **be short of match practice and match fitness** 실전 훈련과 감각이 떨어지다 **lack the match fitness** 실전 감각이 부족하다 **one's lack of match fitness** 실전 감각 부족 **work on one's match fitness** 실전 감각을 익히다 **get ~ into match fitness** 실전 감각을 익히게 하다

| **break loose from one's marker** 마크맨을 따돌리다 **round three defenders** 3명의 수비수를 제치다 **wriggle past three defenders to score from outside the area** 수비수 세 명 사이를 따돌리고 페널티 지역 바깥에서 득점하다

| **chest the ball down** 가슴으로 공을 떨어뜨리다 **chest in a cross** 센터링을 가슴으로 받아 넣다 **steal the ball from** ~에게서 공을 빼앗다 **fight for the ball** 공을 빼앗으려고 다투다

| **be full of attacking verve early on** 초반에 세차게 몰아붙이다 **mount a late offensive** 막판에 공세를 취하다

| **rest one's first-choice attack** 1진 공격수를 쉬게 하다 **field one's second-string attack** 2진 공격수를 출전시키다

| **enjoy more possession, have the better possession, have more of the ball** 공 점유율에서 앞서다 **dominate from the beginning** 시작부터 경기를 지배하다 **control[dominate] the first half** 전반전에 우세한 경기를 펼치다

| **a precise pass** 정확한 패스 **a through pass** 찔러주는 패스 **a deep pass** 깊은 패스 **a cross** 센터링 **a low[high] cross** 낮은[높은] 센터링 **set piece** 계획된 플레이 (프리킥이나 코너킥 상황)

| **supply[feed] a precise pass** 정확한 패스를 하다 **slide a pass for** ~에게 패스를 밀어 넣어주다 **kick in a low cross** 낮은 센터링을 올리다 **send in a cross from the left side** 왼쪽에서 센터링을 올리다

| **score on a perfect feed by the mercurial midfielder** 재치 있는 미드필더의 완벽한 패스로 득점하다

| **collect an offside-busting lob by** ~의 오프사이드를 깨는 로빙 패스를 받다 **take a pass from A and score with one's left foot** A의 패스를 받아 왼발로 득점하다

| **become a cult hero with one's incisive passing and deadly strikes** 날카로운 패스와 아주 위협적인 공격으로 영웅이 되다

| **pounce[capitalize] on a sloppy pass by** ~의 어설픈 패스를 낚아채다[이용하다] **take the ball off the grounded goalkeeper** 땅에 넘어진 골키퍼에게서 공을 빼앗다

| **change the course of a match** 경기의 흐름을 바꾸다

play as an attacking and defensive midfielder 공격형 그리고 수비형 미드필더로 뛰다

a versatile all-round player 다재다능한 만능 선수 **run the entire 90 minutes without flagging** 줄기차게 90분을 다 뛰다 **a player with solid skill, good vision and an instinct for goal** 탄탄한 기술, 좋은 시야 그리고 타고난 골 감각을 가진 선수 **be good in the air** 공중 볼에도 강하다 **a defender with outstanding man-marking, tackling and aerial power** 뛰어난 대인 방어, 태클 능력 그리고 제공권을 가진 수비수

❑ defense 수비

defender 수비수 **right fullback** 오른쪽 수비수 **left fullback** 왼쪽 수비수 **center fullback** 중앙 수비수 **sweeper** 최종 수비수 **stopper** (상대팀의 공격수를 막는) 스토퍼 **goalkeeper, goalie, keeper** 수문장, 골키퍼 **defensive[holding] midfielder** 수비형 미드필더 **defense formation** 수비 형태 **man-on-man defense** 대인 방어

the team's defensive fulcrum 팀 수비의 핵

catch the defence off guard, take the home defense by surprise 수비의 허를 찌르다 **outmaneuver the defense** 수비를 따돌리다, 수비의 의표를 찌르다

find oneself alone[unmarked, free] in front of the goalmouth 골대 앞에서 노마크가 되다 **be left unmarked** 노마크 상태가 되다

man-mark the dangerous Zinedine Zidane 위협적인 지단을 밀착 수비하다

be unable to beat the club's tightly packed defense 팀의 밀집 수비를 뚫지 못하다

retreat to a defensive shell 수비로 돌아서다 **stack one's defense** 수비를 두텁게 하다

be stymied by the solid defence 견고한 수비 때문에 좌절되다

defend the right flank 오른쪽 수비를 맡다 **block his effort** 그의 공격을 막아내다

outmuscle opponents for the ball 힘으로 상대를 압도해 공을 차지하다

clear a long ball into the area 롱 패스를 페널티 지역으로 걷어내다 **clear an apparent goal** 명백한 골을 걷어내다 **clear a loose ball** 흘러나온 공을 걷어내다 **clear the ball out of danger** 공을 위험 지역 바깥으로 걷어내다

make a superb save 멋진 선방을 하다 **make a decisive save** 결정적으로 막아내다 **dive to save a volley from** 다이빙을 해 ~의 발리슛을 막아내다 **make a standout[reflect] save** 멋지게[반사적으로] 막아내다 **be denied by a sterling reflex save from** ~의 멋진 반사적인 방어에 막히다

punch the ball clear 펀칭을 해서 걷어내다 **parry[punch] away a power shot** 강력한 슛을 펀칭해내다 **fist away** 주먹으로 쳐내다 **palm (away) a shot** 손바닥으로 슛을 막아내다 **tip a shot from ~ over the bar** ~의 슛을 손끝으로 쳐 골대 위로 넘기다

fumble a shot from ~의 슛을 놓치다 **fail to clear a high ball** 높은 공을 걷어내지 못하다 **let the ball slip[slide] one's legs** 다리 사이로 빠뜨리다, 알까다

whiz through the hands of the goalkeeper 골키퍼의 손 사이로 통과하다 **grab the ball behind the line** 골라인 뒤에서 공을 잡다

preserve the shutout 무실점을 지켜내다 **head the ball past the helpless goalkeeper** 골키퍼를 꼼짝 못하게 하는 헤딩골을 넣다

knock away what appeared to be a sure goal 확실한 골처럼 보인 것을 쳐내다

❑ foul 반칙

foul 반칙 **an intentional foul** 고의 반칙 **the handball** 핸들링 **handle the ball** 핸들링을 범하다 **an offside offence[infraction]** 오프사이드 **a hard tackle** 거친 태클 **a tackle from behind** 백태클 **a**

two-footed tackle 양발로 하는 태클 **tripping** 발 걸기 **a high kick** 높은 발차기
| **a direct [an indirect] free kick** 직접[간접] 프리킥 **deliver a free kick** 프리킥을 차다 **free-kick specialist[expert]** 프리킥 전담 선수
| **be fouled by** ~로부터 파울을 당하다 **be fouled inside the area** 페널티 지역에서 파울을 당하다 **be fouled from behind** 뒤에서 파울을 당하다
| **make a last-man foul** 혼자 남은 상태에서 파울을 하다 **take down [fell] ~ on a breakaway** 단독 돌진하는 ~를 넘어뜨리다
| **handle the ball from the goal line** 골라인에서 핸들링을 범하다 **handle in the box** 페널티 박스에서 핸들링을 하다
| **be ruled offside, be ruled out for offside** 오프사이드 판정을 받다 **time one's run to beat the offside trap** 시간에 맞추어 뛰어 오프사이드 함정을 피하다
| **concede an indirect free kick inside the area** 페널티 지역 안에서 간접 프리킥을 허용하다
| **be brought down[flattened, knocked down, tripped] by** ~에 걸려 넘어지다
| **elbow a defender** 수비를 팔꿈치로 치다
| **be sent off for a violent tackle** 거친 태클로 퇴장 당하다 **be ejected after a dangerous sliding tackle** 위험한 슬라이딩 태클 뒤에 퇴장 당하다 **be expelled for a hard foul on** ~에 거친 파울을 해 퇴장 당하다
| **be ejected for insulting the referee** 심판을 모욕했다고 퇴장 당하다 **be sent off for complaining with the referee** 심판에 불만을 표시했다고 퇴장 당하다 **be ejected for protesting the call** 판정에 항의하다 퇴장 당하다
| **take an early shower for a professional foul** 고의적인 파울로 퇴장을 당하다 **be booked for rough play** 거친 플레이로 경고를 받다
| **go for a 50-50 ball with** ~와 드롭 볼을 하다
| **play-acting, simulation, theatrics, antics, cheating, gamesmanship** 할리우드 액션 **be caught play-acting** 시뮬레이션을 하다 적발되다 **simulate a foul** 파울을 당한 척하다 **fake an injury** 부상을 당한 척하다 **fool the referee by clutching his face** 얼굴을 감싸 심판을 속이다
| **head-butt each other** 서로 머리를 받다(머리가 부딪히다) **butt ~ in the chest** ~의 가슴에 박치기하다
| **have a fantastic free-kick[dead-ball] expert** 훌륭한 프리킥 전담 키커가 있다

❏ **time** 시간

| **kickoff** 시작 **regulation[full] time** 정규 경기 시간 **injury[added, additional] time** 추가 시간 **extra time** 연장 **the first half (period)** 전반전 **the second half (period)** 후반전 **halftime, break, interval** 중간 휴식시간
| **Before kickoff, a minute's silence was observed to honor the late president.** 경기 시작 전 고인이 된 대통령을 기려 1분간 묵념을 행했다.
| **score a goal in the 10th minute of the first half** 전반 10분에 골을 넣다
| **seven minutes into the first period of extra time** 연장 전반 7분에
| **in the opening minute, in the beginning of the game** 경기 초반에
| **in the final[closing] minutes** 경기 막판에
| **just before the half hour [halftime, the break, the interval]** 중간 휴식 직전에
| **lead 1-0 at halftime** 전반전에 1대0으로 앞서다 **trail 2-0 at halftime** 전반전에 2대0으로 뒤지다 **take a 2-0 lead at[into] halftime** 전반전에 2대0으로 앞서다 **be scoreless at halftime** 전반전에 0대0으로 비기다
| **leave at the break with a leg injury** 다리 부상으로 전반을 마치고 빠지다
| **draw 0-0 in regulation** 정규 시간에 0대0으로 비기다
| **in injury[stoppage] time** 추가 시간에 **midway through the first half** 전반전 중반에 **just before**

the final whistle 종료 휘슬이 울리기 직전에 **score 10 minutes from the end [the final whistle]** 종료 10분 전에 득점을 하다
| **on the hour** 경기 바로 끝날 무렵에 **on the stroke of halftime** 전반 바로 끝날 무렵에 **right on the halftime whistle** 바로 전반 종료 휘슬이 울릴 때
| **one down at the break** 전반이 끝나고 한 골 뒤진

❑ **captain, coach, field, referee** 주장, 감독, 경기장, 주심
| **the team's captain** 팀의 주장 **the candidate for the team captain** 주장 후보 **coach, manager** 감독 **interim coach** 임시 감독 **pitch, field** 경기장 **artificial turf[surface]** 인조 잔디 **referee** 주심 **linesman** 선심
| **captain[lead] the Korean team** 한국팀의 주장을 맡다 **wear the captain's armband** 주장 완장을 차다 **select the team's captain** 팀의 주장을 선정하다 **take over one's mantle** ~를 이어 주장을 맡다
| **be named coach of** ~의 감독으로 임명되다 **resign as coach of** ~의 감독직을 사임하다 **be named the manager of the year** 올해의 감독으로 선정되다 **be fired after a string of losses** 일련의 패배 뒤 해임되다 **coach[manage] South Korea** 한국팀의 감독을 하다 **a caretaker[interim] coach** 임시 감독, 감독 대행 **be in temporary charge of the team** 임시로 팀을 맡다 **be on the touchline** 감독을 맡다
| **guide[lead, steer, shepherd] the team to the World Cup finals** 팀을 월드컵 본선에 진출시키다 **climb one spot to fourth place under the guidance of** ~의 지휘봉 아래 한 단계 올라 4위가 되다
| **come on to the pitch[field]** 경기장에 나오다 **limp off the pitch** 경기장을 절뚝거리며 걸어 나오다
| **artificial turf, synthetic turf, artificial playing surface, artificial surface** 인조 잔디 **lay [install] artificial turf** 인조 잔디를 깔다 **play on artificial turf** 인조 잔디에서 경기를 하다 **an artificial turf field[pitch]** 인조 잔디 구장 **cause more injuries to players** 선수들에게 더 많은 부상을 당하게 하다 **switch surfaces to prevent games being called off because of bad weather** 악천후로 경기가 취소되는 것을 방지하기 위해 잔디를 바꾸다
| **raise the flag** 깃발을 들다 **raise one's flag for offside, raise one's flag to signal[indicate] offside** 기를 올려 오프사이드 판정을 하다 **belatedly raise one's flag** 늦게 기를 들다 **The linesman had raised his flag and the goal did not stand.** 선심이 기를 들었고 골은 인정되지 않았다. **be relieved to see a linesman's raised flag** 선심이 기를 올린 것을 보고 안도하다 **immediately drop one's raised flag** 올렸던 깃발을 즉시 내리다 **keep one's flag raised** 기를 계속 들고 있다
| **point to the spot** 페널티킥을 선언하다 **rule the ball crossed the line** 공이 골라인을 넘었다고 판정하다 **be played behind closed doors** (경기가) 비공개로 치러지다 **play a match without spectators** 관중 없이 경기를 하다
| **an away game[match]** 원정경기 **win one's first away game** 원정경기에서 첫 승리를 하다 **lose another away game** 원정경기에서 또 패배하다 **have the best away game record** 최고의 원정경기 기록을 갖고 있다 **the away goals rule** 원정 골 규정 **win on the away goals rule** 원정 골 규정에 따라 이기다 **beat ~ on the away goals rule** 원정 골 규정에 따라 ~를 물리치다 **exit the Champions League on the away goals rule** 원정 골 규정에 따라 챔피언스 리그에서 탈락하다
| **first leg** 1차전 **beat ~ 1-0 in the first leg of the Champions League final** 챔피언스 리그 결승 1차전에서 ~를 1대0으로 이기다 **must win the second[return] leg** 2차전에서 반드시 이겨야 하다 **lose the second-leg match** 2차전에서 지다
| **win 4-3 on aggregate** 1, 2차전 합계 4대3으로 이기다 **beat Arsenal 4-3 for a 7-4 aggregate win** 아스날을 4대3으로 물리치고 합계 7대4 승리를 하다 **end in a 6-2 aggregate score** 합계 점수 6대2가 되다 **must win by at least two goals to advance on aggregate scoring** 점수 합계로 진출하기 위해 최소 2골 차로 이겨야 하다 **advance to the final by a 3-2 aggregate score** 합계 점수 3대2로 결승에 진출하다

▌**a training camp[location, base]** 훈련장, 훈련지 **practice secretly** 비공개 훈련을 하다 **a closed-door training session** 비공개 훈련
▌**attend a training session** 훈련을 관람하다 **keep the public from attending training sessions** 일반인의 훈련 관람을 금하다 **interrupt[interfere with] training** 훈련을 방해하다 **have players distracted** 선수들의 집중력을 잃게 하다

The ball is in your court. (The ball is with you.)

이번에는 당신 차례야. 당신이 결정할 차례야.

테니스는 기본적으로 두 사람이 볼을 주고받는 게임이다(goes back and forth between two players). 내가 볼을 쳐서 상대방의 코트에 넘기면 상대방은 그 볼을 맞받아 넘겨야 한다(hit the ball when it is in your court). 대화나 협상 등에서도 마찬가지로 상대방이 행동을 하거나 말을 하면 거기에 대응해야 된다는 의미로 **당신이 결정을 해야 할 차례**라는 뜻이다.

A : He popped the question last night. 그이가 어젯밤 청혼을 했어.
B : Oh, congratulations! What did you say? 그래, 축하해! 넌 뭐라고 했어?
A : I didn't say anything. 아무 말도 안했지.
B : Now **the ball is in your court.** 이제 네가 결정을 할 차례구나.

34 우승 | 진출 | 탈락

주제어	관련어
win	**triumph, come first, come in first, take first place, sweep to victory, scrape home, easy win, walkover, champion, winner, favorite, fancied**
advance	**make, move, qualify, reach, progress, qualification, appearance, berth, spot, place, ticket**
crash	**oust, eliminate, exit, be knocked out of, elimination, suffer a shock exit, relegate, promote**

●●● The winner takes it all. 승자가 모든 것을 차지한다.

모든 운동선수들의 소망은 대회에 나가서 우승하는 것(win a tournament)이라 할 수 있다. 그래서 평소에 절제된 생활과 고된 훈련을 통해 우승이라는 목표를 향해 절치부심 하게 된다. 수많은 경쟁자(contender)들을 물리치고 당당히 1위를 하는(come first) 것은 그만큼 어려운 일이고 그렇기 때문에 그 목표를 달성한 선수에게는 영광과 보상이 주어지는 것이다.

우승하는 과정에서 상대방이 호락호락하지 않아 힘들게 승리하는(scrape home) 경우도 있지만 때로는 의외로 손쉬운 승리(easy win, walkover)를 거두는 행운이 따를 때도 있다. 대회에서 우승하게 되면 그 사람에게는 우승자(champion, winner)라는 칭호가 주어지고 우승 트로피를 받게 된다(lift the trophy). 대회가 시작되기 전에 이미 누가 우승할 것인지를 예전의 기록과 현재의 컨디션 등을 통해 대략 점칠 수 있는데 우승이 예상되는 선수나 팀을 favorite이라고 하고 확실하게 우승이 예상되면 clear favorite이라고 한다.

틀림없이 우승하리라고 예상되던 팀이 의외로 부진하여 예선을 통과하지 못하고 탈락하게(go out) 되는 예가 가끔 있는데 2006년 월드컵에서 브라질의 경우가 그렇다. 영원한 우승 후보로 여겨지는 브라질 대표팀이라 독일 대회에서도 우승 확률이 가장 높은 팀이었다. 호나우두, 호나우디뉴, 카카, 아드리아누, 카를로스 등 스타들이 즐비했지만 8강전(quarterfinal)에서 그들의 특기인 현란한 개인기를 바탕으로 한 기술 축구를 제대로 펼치지 못하고 프랑스의 벽에 부딪혀 패배의 고배를 마시고 짐을 싸야 했다.

win

우승하다, 일등하다
to achieve victory or finish first in a competition = be first, be victorious, beat, gain victory, triumph

win은 '~에서 우승하다' 는 의미를 가지며 명사로 쓰이면 '승리' 라는 뜻으로 victory, triumph와 같은 의미가 된다.
win the US Open US오픈에서 우승하다
score **an easy win** over Japan 일본에 손쉬운 승리를 거두다
용례 **win a championship[tournament]** 선수권(대회)에서 우승하다 **win a beauty contest** 미인 콘테스트에서 우승하다 **win a race** 경주에서 우승하다
| **win a prize** 상금을 타다 **win[lift, hoist, loft, capture, claim] the trophy** 우승하다 **win the title [crown]** 우승하다 **win a gold[silver, bronze] medal** 금[은, 동]메달을 따다 **have one winners' medal to one's name** 한번 우승한 경험이 있다
| **come[rank, finish, place] first, come in first** 1위를 하다 **come first in the marathon** 마라톤에서 1위를 하다 **cross the finish line first** 결승선을 1위로 통과하다
| **come second[third], come in second[third]** 2위[3위]를 하다
| **first place** 1위 **take first place in the race** 경주에서 1위를 하다 **finish in first place in, win first place in** ~에서 1위를 하다
| **take the cake** (부정적인 의미로, 비꼬아) 일등을 하다
| **win easily** 쉽게 승리하다 **win hands down** 아주 쉽게 승리하다
sweep to victory 압도적으로 승리하다
| **sweep into power[office]** (정당이) 선거에서 낙승하다 **sweep everything[all, the world] before one** 파죽지세로 나아가다, 압승(낙승)하다 **sweep the board[deck, table]** 전종목의 경기에서 이기다 **win ~ by a landslide** ~에서 압도적으로 승리하다
| **win by a narrow[razor-thin] margin** 근소한 차이로 이기다 **scrape home** 간신히 이기다 **nose out** 근소한 차로 이기다
| **win** 승리, 1위, 일등 **an easy win** 손쉬운 승리 **a walkover** 낙승, 독주, 경쟁 없는 승리 **have a walkover** 낙승하다 **a landslide, a landslide victory** 압승 **a lopsided victory** 일방적 승리
| **win the tournament as a player and a manager** 선수와 감독으로서 대회에 우승하다

---

champion 우승자, 선수권 보유자

someone who has won first place in a competition = champ, conqueror, defender, hero, holder, title-holder, winner, victor
용례 **a swimming champion** 수영 우승자 **a reigning champion** 현 챔피언 **a defending champion** 선수권 방어자 **a national champion** 국내(전국) 우승자 **a three-time champion** 3회 우승자
| **a new champion** 새로운 우승자
| **the former world champion** 전 세계챔피언 **the heavyweight (boxing) champion of the world** (권투) 헤비급 세계챔피언 **world champion** 세계우승자 **a chess champion** 체스 우승자 **the world indoor 200-meter champion** 실내 200미터 세계챔피언 **the undisputed champion** 통합 챔피언
| **runner-up** 2위 입상자 **second runner-up** 3위 입상자
| **championship** 선수권 **win the world championship** 세계 선수권전에서 우승하다 **hold a**

championship 선수권을 보유하다 **win a championship** 선수권을 따다(획득하다)
| **winning** 우승의, 승리자의 **a winning team** 우승팀 **a winning player** 우승 선수 **a winning horse** 우승마 **winning number** (복권의) 당첨 번호
| **victorious** 승리를 한 **a victorious team** 승리한 팀 **a victorious player** 승리를 거둔 선수
favorite 우승 후보
| **the favorite for the 100-meter sprint** 100미터 우승 후보 **the favorite to win the tournament** 선수권 우승 후보 **(the) clear favorite to win the race** 확실한 우승 후보 **be fancied to win the title** 우승할 것으로 예상되다 **a favorite[fancied] team** 우승 후보팀 **an unfancied side** 우승 가망이 없는 팀
| **be odds on to win** ~에서 우승할 것으로 예상되다 **be on course[pace, track] to win the title** 우승을 향하여 나아가고 있다 **be in[out of] the running** 이길 승산이 있다[없다] **be in the running for** ~를 탈(얻을) 승산이 있다 **a strong contender** 승산이 있는 경쟁자
| **winnings** 상금 **jackpot** 최고 상금, 적립 상금 **hit the jackpot** 상금을 타다, 노다지를 캐다, 대성공하다 **prize** 상, 상금 **prize money** 상금 **win a prize for** ~로 상을 타다 **take first prize** 1등상을 타다 **take home $1 million in prize money** 상금 백만 달러를 타다
| **trophy** 트로피 **award[give, present] a trophy** 트로피를 수여하다 **get[receive, win] a trophy** 트로피를 수상하다 **cup** 우승컵 **win several cups** 여러 번 우승하다 **win the FA Cup** FA컵을 우승하다
| **a marquee player** 간판 선수 **have the caliber to shine among the stars of the tournament** 대회의 스타가 될 능력이 있다

필수예문

1 Denmark downed South Korea 3-1 to **win an international friendly** soccer tournament, spoiling the chances for Dick Advocaat's men of achieving two consecutive tournament wins. (덴마크가 한국을 3대1로 누르고 국제 친선 축구 대회에서 우승하여 딕 아드보카트호의 2연속 타이틀 우승의 가능성을 수포로 돌아가게 만들었다.)

South Korean women archers are strongly tipped to **win the World Archery Championship** in Seoul in May. (한국의 여자 양궁선수들은 5월 서울에서 열리는 세계양궁선수권대회에서 우승할 것으로 강력히 예상되고 있다.)

2 Seongnam's goalkeeper rebounded from a nightmare blunder to help the club **win the first trophy** in its 20-year history with a 2-1 win over Suwon in the FA Cup final. (성남의 골키퍼는 악몽 같은 실수에서 회복하여 팀이 FA컵 결승에서 수원을 2대1로 누르고 팀의 20년 역사상 첫 우승을 하는 데 보탬이 되었다.)

The star goalie saved two penalties as Egypt beat Ivory Coast 4-2 on penalties for **their first African Nations title.** (그 유명 골키퍼가 두 개의 페널티킥을 막아내서 이집트는 페널티 대결에서 아이보리코스트를 4대2로 누르고 첫 아프리카 네이션스컵 타이틀을 차지했다.)

3 The current 1,500-meter and 3,000-meter world record holder could become the first short track skater to **win four gold medals** at a single competition. (현 1500미터 및 3000미터 세계기록 보유자는 단일 대회에서 네 개의 금메달을 따는 첫 쇼트트랙 선수가 될 수 있다.)

An unknown amateur runner **came first in** the prestigious marathon, outrunning top-class world stars. (무명의 한 아마추어 선수가 세계 톱클래스 선수들을 누르고 그 전통 있는 마라톤대회에서

1위를 했다.)

Who do you think will **come first**? (누가 1위를 할 것이라고 생각하는가?)

4 A group of 10 South Korean high school students **took first place in** an international computer science competition in Washington. (열 명의 한국 고등학생들이 워싱턴에서 열린 국제컴퓨터과학대회에서 1위를 차지했다.)

Coming up with an impressive performance, the Indians crushed the Dutchmen 4-1, while Spain **scored a lopsided 7-0 victory over** Mexico. (인상적인 경기를 펼치며 인도는 네덜란드를 4대1로 격파했고 스페인은 멕시코에 일방적인 7대0 승리를 거두었다.)

5 Coming into the final quarter, it looked as though the visitors would **win by a narrow margin**, but the hosts began to fight back. (마지막 쿼터에 들어서면서 방문팀이 근소한 차이로 이길 것처럼 보였지만 홈팀이 반격을 가하기 시작했다.)

His late goal helped Brazil **scrape home against** Uruguay. (그의 막판 골 덕택에 브라질은 우루과이에 가까스로 이겼다.)

6 Stylish attacking football from the **reigning world champions** Brazil and tactical astuteness from Uruguay tipped the balance in their favor. (현 챔피언 브라질의 멋진 공격 축구와 우루과이의 전술적 기민함이 승부의 추를 그들에게 기울게 했다.)

The **three-time Olympic champion and six-time Olympic medalist** will lead the South Korean women's team. (올림픽에서 세 번 우승하고 여섯 차례 메달을 딴 그 선수가 한국 여자팀의 주축을 이룰 것이다.)

7 The former **world champion** began to play chess at the age of four. In his autobiography, he wrote that he learned chess by watching his father play. (전 세계 챔피언은 네 살에 체스를 두기 시작했다. 그는 자서전에서 아버지가 두는 것을 보면서 체스를 배웠다고 썼다.)

Holyfield became the **undisputed heavyweight champion** of the world after he knocked Douglas out in three rounds. (홀리필드는 더글러스를 3라운드 만에 케이오로 누르고 세계 헤비급 통합 챔피언이 되었다.)

8 **Defending champion** Brazil is the clear favorite with 3-1 odds to win the 2006 World Cup, followed by their South American arch rivals Argentina at 13-2. (지난 대회 우승팀인 브라질이 2006년 월드컵 우승 확률 3대1로 확실한 우승 후보이고 남아메리카의 최대 경쟁팀인 아르헨티나가 확률 13대2로 그 뒤를 따르고 있다.)

The German player is only **third favorite to win the 2006 world championship**. (그 독일 선수는 2006년 세계대회 세 번째 우승 후보일 뿐이다.)

advance

진출하다

to move forward or onward = go, join, make, make it to, move on to [into], qualify, reach

용례 **advance to the second round** 2라운드에 진출하다 **advance to the quarterfinals** 8강에 진출하다 **advance to the semifinals** 4강에 진출하다 **advance to the final** 결승에 진출하다

| **move on to the second round[knockout stage, knockout phase] of the World Cup** 월드컵 16강에 들다

| **advance past the opening round** 예선을 통과하다

| **make[go to] the second round** 2회전에 진출하다 **make it to the semifinals** 4강에 진출하다 **reach the final** 결승에 진출하다 **join the final four of the tournament** 대회 4강에 들다

| **qualify for the World Cup finals** 월드컵 본선에 진출하다 **automatically qualify for the World Cup finals** 월드컵 본선에 자동진출하다 **need a win to qualify for the World Cup finals** 월드컵 본선에 진출하기 위해 1승이 필요하다

| **progress, qualification** 진출 **South Korea's progress to the last four of the World Cup** 한국의 월드컵 4강 진출 **South Korea's qualification for the last 16** 한국의 16강 진출

| **cruise to the second round** 순조롭게 2라운드에 진출하다 **sweep through** 거뜬히 진출하다 **squeak by [through]** 겨우(간신히) 진출하다 **make a good first step** 첫 단추를 잘 꿰다

goal difference[differential] 골득실차

| **advance to the second round on goal difference[differential]** 골득실차로 2회전에 진출하다 **go through on a better[superior, greater] goal difference than** ~보다 골득실에서 앞서 진출하다 **a five-goal difference[differential]** 5골의 득실차 **be unable to be separated on points, goal difference, or goals** 점수, 골득실 혹은 득점으로도 우열을 가릴 수 없다 **The advancing team will be decided on goal difference.** 진출팀은 골득실차로 결정될 것이다. **edge ~ on goal difference** ~를 골득실차로 간신히 이기다 **earn a bye with a better goal differential** 골득실차에 앞서 부전승을 얻다 **trail ~ on goal difference** ~에 골득실로 뒤지다

| **have a better head-to-head record against** ~에게 상대전적에서 앞서다 **establish a superior head-to-head record against** ~에게 상대전적에서 앞서다 **advance because of [by virtue of, courtesy of] one's superior head-to-head record against** ~에 상대전적에서 앞서 진출하다 **advance due to an advantage in head-to-head meetings** 상대전적에서 우세해 진출하다 **have an inferior head-to-head record against** ~에 상대전적에서 뒤지다

appearance 출전

| **secure one's first appearance at the World Cup finals** 월드컵 본선 첫 출전을 확보하다 **make one's third appearance at the World Cup finals** 월드컵 본선에 세 번째 출전하다 **one's debut appearance in the World Cup** 월드컵 처녀 출전

| **berth** 자리, 자격, 출전권 = place, spot, ticket

| **book[clinch, capture, gain, obtain, secure, win] a berth in the World Cup finals** 월드컵 본선 출전권을 따다 **capture a spot in the final four** 4강에 진출하다 **secure a place in the semifinals** 4강전에 진출하다 **book a ticket[trip] to the final** 결승행 티켓을 따다

| **finalist** 결승전 진출 선수[팀] **semifinalist** 준결승 진출 선수[팀] **quaterfinalist** 준준결승 진출 선수[팀]

draw, drawing 조 추첨

| **announce the final draw** 최종 조 추첨 결과를 발표하다 **hold a drawing to select teams for the elimination matches** 예선 조 추첨을 하다 **be the MC at a World Cup final drawing** 월드컵 조 추첨의 사회를 보다 **watch the draw** 추첨을 시청하다

| **be grouped in** ~조에 속하다 **be in Group A with** ~와 A조에 속하다 **be drawn alongside** ~와 같은 조에 속하다 **be pooled with ~ in Group G of the World Cup [World Cup Group G]** ~와 함께 월드컵

G조에 속하다 **be drawn with, be in the same group as** ~와 같은 조에 속하다 **be drawn in Group G** G조에 속하다

| **the group of death** 죽음의 조 **the toughest group of all** 가장 힘든 조

| **play against, play, face, meet, take on, square off with** ~와 대결하다

crash

탈락하다, 탈락시키다

to fail to advance to the next stage of a tournament = bounce, eliminate, exit, knock out, oust, remove

용례 **crash out of the World Cup finals** 월드컵에서 예선 탈락하다 **be crashed out of the tournament** 대회에서 예선 탈락하다 **be sent crashing out of the World Cup** 월드컵에서 예선 탈락하다

| **exit the World Cup** 월드컵 예선에서 탈락하다

| **be knocked[crashed, bounced] out of the competition, be eliminated[removed, ousted] from the World Cup finals** 월드컵 1차전에서 탈락하다

| **eliminate[remove, oust] Japan** 일본을 탈락시키다

| **be removed at the group stage [the first round, the elimination round]** 예선에서 탈락하다 **fail to get past the first round** 1라운드를 통과하지 못하다 **be knocked out in the first round [the group stage]** 예선 탈락하다 **fall at the first hurdle** 첫 관문에서 무너지다 **try to save one's tournament** 탈락하지 않기 위해 노력하다

exit, elimination 탈락

| **elimination at the first round [the second round, the quarterfinals, the semifinals]** 예선[2회전, 8강, 4강] 탈락

| **France's humiliating elimination[exit] from the World Cup** 프랑스의 굴욕적인 월드컵 예선 탈락 **suffer a shock exit[elimination]** 충격적인 탈락을 하다

| **be on the brink of elimination** 탈락 직전에 있다 **put[leave] ~ on the brink of elimination** ~를 탈락 직전에 몰아넣다

relegate, demote (2부 리그로) 강등시키다

| **be relegated to the second-tier league** 2부 리그로 강등되다 **be demoted to the second division** 2부 리그로 탈락하다 **get demoted** 강등되다

| **relegation, demotion, drop** 강등, 탈락 **be on the brink of relegation** 탈락 위기에 놓이다

| **pull clear of [move out of, climb out of, leave, escape] the relegation[drop] zone** 강등권에서 벗어나다 **the relegation scrap** 탈락 경쟁(싸움)

| **promote** (1부 리그로) 승격시키다 **be promoted to the top division[first division, first tier, top tier, top class]** 1부 리그로 승격하다 **get promoted** 승격되다

| **promotion** 승격 **gain promotion to the top division** 1부 리그로 승격하다 **win promotion back to the Premier League** 프리미어 리그로 다시 승격하다

필수예문

1 Jubilant South Koreans poured into the streets as their national football team **advanced to the second round** of the 2002 World Cup after beating Portugal 1-0. (한국 축구대표팀이 포르투갈을 1대0으로 꺾고 2002년 월드컵 16강에 진출하자 기쁨에 찬 한국인들이 거리로 쏟아져 나왔다.)

2 Norway **moved into the second round** of the World Cup by stunning Brazil 2-1. (노르웨이는 브라질에 충격적인 2대1 패배를 안기며 월드컵 16강에 진출했다.)

South Korea needed a draw to avoid the indignity of becoming the first host to fail to **reach the knockout stage** of the World Cup. (한국은 월드컵 16강에 진출하지 못하는 최초의 주최국이 되는 오명을 피하기 위해 무승부가 필요했다.)

3 The South Korean judoist came out strong, winning his first three matches by Ippon to **make it to the semifinals.** (그 한국의 유도선수는 강하게 나와 첫 세 경기를 한판으로 이기고 4강에 진출했다.)

South Korea's Lee Hyung-tack **cruised past** the Japanese opponent **into the final** of the US Open. (한국의 이형택 선수는 일본인 상대를 손쉽게 물리치고 US오픈 결승에 진출했다.)

4 South Korea will set a record for Asia when they make their sixth World Cup finals appearance this summer, while China failed to **book their second trip to** the quadrennial soccer tournament. (한국은 이번 여름 월드컵 본선에 6번째 나가면 아시아 신기록을 세우게 되는 반면 중국은 4년마다 열리는 축구대회 두 번째 출전권을 따지 못했다.)

If South Korea prevails, it will **clinch a spot in** the 2006 World Cup in Germany, gaining a sixth consecutive finals berth. (한국이 이기면 2006년 월드컵 진출권을 획득하여 본선에 6연속 진출하게 될 것이다.)

5 France could become the first World Cup holders to **crash out of the competition** in the first round since Brazil in 1966 if they fail to defeat Denmark by two goals. (프랑스는 덴마크를 2골 차이로 이기지 못하면 1966년의 브라질 이래 예선전에서 탈락하는 최초의 월드컵 우승팀이 될 것이다.)

Argentina was **knocked out of the World Cup** when they drew 1-1 with Sweden in their group F decider. (아르헨티나는 F조 결정전에서 스웨덴과 1대1로 비겨 월드컵에서 탈락했다.)

6 France's shock **first-round elimination** from the 2002 World Cup has deprived Brazil of the chance to avenge their 3-0 defeat in the final of the 1998 tournament. (프랑스의 충격적인 2002년 월드컵 예선전 탈락으로 브라질은 1998년 결승전에서의 3대0 패배를 설욕할 기회를 빼앗겼다.)

7 The three teams that finish at the bottom of the first division are **relegated to the second division** and replaced by the teams which finish 1st, 2nd, and win the 3rd-6th place play-off winners. (1부 리그 하위 세 팀은 2부 리그로 탈락되어 2부 리그 1, 2위 팀과 3~6위 결정전 우승팀에 의해 교체된다.)

After their latest victory, the club climbed one place to 16th, a healthy eight points clear of **the drop zone.** (가장 최근의 승리로 그 팀은 한 계단 올라 16위가 되었고 승점 8점 차이로 강등권에서 벗어나 있다.)

8 The club was **promoted to** Italy's first-division soccer after earning an all-important victory over their cross-town rivals. (그 팀은 연고지 라이벌 팀에게 중요한 승리를 올려 이탈리아의 1부 리그로 승격되었다.)

Sunderland **won promotion back to** the Premier League after they beat Leicester City 2-1 and promotion rivals Ipswich Town were held to a 1-1 draw at Leeds United on Saturday. (선덜랜드는 라이세스터를 2대1로 격파하고 승격 경쟁 팀인 입스이치 타운이 토요일 리즈 유나이티드와 1대1로 비김에 따라 다시 프리미어 리그로 승격했다.)

심화학습

야구 표현 정리

1970년대는 고등학교 야구가 폭발적인 인기를 누렸었고 80년대에 프로야구가 탄생하면서 야구는 명실상부한 국민 스포츠로 부상하였다. 최근에는 미국 메이저리그(the Major League)에서 박찬호를 비롯한 여러 한국 선수들이 활약하면서 더욱 큰 관심을 끌고 있다.

❑ **hit** 안타

a base hit 안타 **a multiple-base hit** 다루타 **a single** 단타 **a double** 2루타 **a triple** 3루타 **a grounder, a chopper** 땅볼 **a comebacker** 투수 앞 땅볼 **go 3-for-4** 4타수 3안타를 치다 **batting average** 타율 **bunt** 번트를 대다 **run** 득점 **RBI (runs batted in)** 타점 **winning run** 승리득점(타점) **go-ahead run** 앞서가는(리드하는) 점수 **game-tying run** 동점 점수 **tie-breaking run** 역전 점수 **batter, hitter, bopper** 타자 **switch hitter** 스위치 히터, 좌우 겸용 타자 **pinch-hitter** 대타 **designated hitter** 지명타자 **slugger** 강타자

hit a single[double, triple] 안타[2루타, 3루타를] 치다 **belt[smack] a double to left** 좌익수 쪽에 2루타를 날리다 **hit for the cycle** 사이클링히트를 치다 **complete the cycle with a triple** 3루타로 사이클링히트를 마무리하다 **hit a clutch two-run double** 중요한 순간에 2타점 2루타를 치다 **go[be] 4-for-5 with a grand slam** 만루 홈런에 5타수 4안타를 치다 **have a perfect day at the plate, going 5-for-5** 타격에서 완벽한 모습을 보이며 5타수 5안타를 기록하다

hit[bat] .350 타율이 3할5푼이다 **bat .250 after 20 at bats** 20타수에 타율이 2할5푼이다 **hit 411 bases in 476 at-bats** 476타수에 411루타를 치다 **on-base percentage** 출루율

batting average 타율 **hold the record for highest career batting average** 통산 최고 타율 기록을 보유하다 **raise[boost, increase] one's batting average to .401** 타율을 4할1리로 올리다 **win the batting title** 타격왕을 차지하다 **the batting champ** 타격왕 **win one's third batting title** 세 번째 타격왕을 차지하다

bat fourth 4번 타자다 **bat[be] in the fourth slot in the lineup** 4번 타자다 **bat first[leadoff]** 1번을 치다 **the leadoff hitter** 1번 타자 **the second (No. 2) hitter** 2번 타자 **the cleanup trio** 팀의 3, 4, 5번 타자 **a clutch hitter** 찬스에 강한 타자 **drop ~ from the fourth spot to the seventh** ~를 4번에서 7번으로 내리다 **move from ninth to second in the batting order** 7번 타자에서 2번 타자로 옮기다 **the batting order** 타격 순서 **shuffle the batting order** 타순을 바꾸다 **make a minor change to the batting lineup[order]** 타순을 약간 바꾸다

hitting streak 연속 경기 안타 기록 **a 45-game hitting streak** 45경기 연속 안타 기록 **extend one's**

hitting streak to 38 games 연속 경기 안타 기록을 38경기로 늘리다 **end[snap] a 40-game hitting streak** 연속 경기 안타 기록을 40에서 멈추다

| slugging percentage, slugging average 장타율 **His slugging percentage is .846.** 그의 장타율이 8할4푼6리다. **slug .920** 장타율이 9할2푼이다 **OPS(on-base plus slugging)** 출루율과 장타율을 합한 것

| hit a comebacker to the mound 투수 앞 땅볼을 치다 **hit a grounder** 땅볼을 때리다 **hit a one-hopper** 원바운드 땅볼을 치다 **hit a high chopper to third baseman** 3루수 앞에 높이 뜨는 땅볼을 치다 **hit a weak dribbler** 약한 땅볼을 치다

| hit into a double play 병살타를 치다 **ground into a game-ending double play** 게임 종료 병살타를 치다 **single to center to open the sixth** 6회 선두타자로 나와 중견수 앞 안타를 치다 **lead off the sixth with a base hit** 6회 선두타자로 나와 안타를 치다 **ground to[into] short** 유격수 앞 땅볼을 치다 **hit a bloop[blooper] to left** 좌익수 쪽 텍사스 안타를 치다 **bloop a double to right** 우익수 쪽으로 텍사스성 2루타를 치다 **hit a bad-hop single** 불규칙 바운드 안타를 치다

| lead the league with 45 doubles 2루타 45개로 리그 선두다 **line a single to right** 우익수 앞 직선안타를 치다 **hit a ground-rule double** 구장 규칙에 따른 2루타를 치다 **bat around on ~ in the first inning** ~를 상대로 1회에 타자일순하다 **send 12 batters to the plate** 12명의 타자가 타석에 들어서다 **Every batter had a hit.** 전원 안타를 기록하다

| outhit the Giants 10-5 안타 수에서 자이언츠에 10대5로 앞서다 **pinch-hit** 대타로 나오다 **hit a pinch-hit homer** 대타 홈런을 치다 **make a sacrifice bunt** 희생번트를 대다 **bunt ~ to second** 번트를 대어 ~를 2루로 진루시키다 **hit a sacrifice fly to right to score Tom** 우익수 쪽에 희생타를 쳐 톰을 득점시키다

| hit a pop fly[popup] to third 3루 쪽에 높이 뜨는 공을 치다 **hit a shallow popup to center** 중견수 쪽에 얕은 플라이를 치다 **send a broken-bat blooper into left field** 배트가 부러지면서 빗맞은 타구를 레프트로 보내다 **fly out to end the inning** 플라이 아웃을 당해 이닝을 끝내다

| hit a foul popup to first 1루 쪽에 높이 뜨는 파울볼을 치다 **hit a line drive foul ball into the stands along the first base line** 1루 라인 선상 스탠드로 직선 파울볼을 치다 **be hit and injured by a foul ball** 파울볼에 맞아 다치다 **be struck in the face** 얼굴에 맞다 **die from being hit by a foul ball** 파울볼에 맞아 죽다 **sit in an unscreened area** 그물이 쳐지지 않은 지역에 앉다 **be seated in a special unscreened area of the box seats** 특등석의 특별히 그물이 안 쳐진 지역에 앉다 **make a great catch of a foul ball** 파울볼을 멋지게 잡다

| take batting practice 타격 연습을 하다 **a batting cage** 배팅케이지(이동식 백네트) **drive in the first run of the game with a sacrifice fly to right field** 우익수 쪽 희생플라이로 첫 타점을 올리다 **drive in five runs** 5타점을 올리다 **double in two runs** 2루타로 2점을 올리다 **triple home a run** 3루타로 1점을 올리다 **single home the winning run** 안타를 쳐 승리타점을 올리다

| clear the bases with a triple to left 좌익수 쪽에 주자 일소 3루타를 치다 **score the runner from second** 2루 주자를 득점시키다 **tie the game with a single** 안타를 쳐 동점을 만들다 **slide in under the catcher to score a disputed run** 투수 밑으로 슬라이딩하여 논란이 되는 점수를 올리다 **get on the scoreboard** 점수를 내다 **beat the throw home** 홈 송구에 걸리지 않다 **score a game-tying[tie-breaking] run** 동점[역전] 타점을 올리다 **drive in the winning run** 승리 타점을 올리다 **win the RBI title** 타점왕 타이틀을 차지하다 **score from second base** 2루에서 득점하다

| runners in scoring position (RISP) 득점권 주자 **one's batting average with runners in scoring position** 득점권 타율 **hit well with runners in scoring position** 득점권에 주자가 있을 때 잘 치다

| runners left on base 잔루 **strand[leave] a total of nine runners on base** 총 9개의 잔루를 기록하다 **leave 11 runners stranded** 잔루 11개를 기록하다

| playing (consecutive games) streak 연속 경기 출장 기록 **a 970-consecutive game playing streak** 970경기 연속 출장 **hold the longest playing streak in club history** 팀 연속 경기 출장 기록을 보유

하다 **extend one's playing streak to 1,000 game** 연속 출장 기록을 1000경기로 늘리다 **His consecutive games streak ended at 500.** 연속 경기 출장 기록에 500에서 끝나다. **play in 1,300 consecutive[straight] games with the Yankees** 양키스에서 1300 경기에 연속 출장하다

❏ **home run** 홈런

❙ **a solo home run[homer]** 솔로 홈런 **a two-run homer** 2점 홈런 **a three-run homer** 3점 홈런 **a grand slam** 만루 홈런 **an inside the park homer** 그라운드 홈런 **a walk-off homer** 끝내기 홈런 **a leadoff homer** 선두타자 홈런 **a back-to-back[consecutive] homer** 연속타자(랑데부) 홈런 **a long ball** 홈런

❙ **a home run hitter** 홈런 타자, 홈런을 잘 치는 선수 **hit[connect for] a solo[two-run, three-run] home run** 솔로[투런, 스리런] 홈런을 치다 **slam a solo[two-run, three-run] homer off** ~를 상대로 솔로[투런, 스리런] 홈런을 때리다 **hit a tie-breaking[game-tying, game-winning] homer** 역전[동점, 결승] 홈런을 치다

❙ **crack[slam, smack, belt, pound] a grand slam** 만루 홈런을 때리다 **belt a back-to-back homer** 랑데부 홈런을 치다 **homer for the third straight game** 세 게임 연속 홈런을 치다 **hit one's third homer of the season** 시즌 3호 홈런을 치다 **hit one's 400th career homer** 통산 400호 홈런을 치다 **belt a home run against one's former team** 친정팀을 상대로 홈런을 작렬시키다

❙ **hit a leadoff homer to left on a 1-2 pitch** 볼카운트 투 스트라이커 원 볼에서 선두타자 홈런을 치다 **hit a 1-2 pitch from into the left-field bleachers** 볼카운트 투 스트라이크 원 볼에서 제4구를 왼쪽 스탠드로 홈런을 날리다 **hit Benson's next pitch over the left field wall for his 16th homer** 벤슨의 다음 투구를 왼쪽 담장을 넘겨 16호 홈런을 치다 **clear the wall in right field** 우익수 담장을 넘기다

❙ **belt a pinch-hit, three-run home run** 대타로 나와 3점 홈런을 치다 **hit an inside-the-park homer to score three runs** 그라운드 홈런을 쳐 3타점을 올리다 **add a two-run home run in the seventh inning** 7회에 투런 홈런을 추가하다 **hit a walk-off home run with two outs in the bottom of the ninth inning** 9회말 투 아웃에서 끝내기 홈런을 치다 **homer from both sides of the plate** 좌우 양쪽 타석에서 홈런을 치다

❙ **become the home run king** 홈런왕이 되다 **become the all-time home run king** 통산 홈런왕이 되다 **win the All-Star home run derby** 올스타 게임 홈런 더비에서 우승하다 **tie the record for the second most homers in baseball history** 야구 역사상 통산 최다 홈런 2위와 동률을 이루다 **the holder of the single-season home-run record with 73** 단일 시즌 최다인 73개 홈런 보유자 **hold the career home-run record of[with] 755** 통산 755개의 최다 홈런 기록을 보유하다

❏ **pitcher** 투수

❙ **starter** 선발투수 **reliever, relief pitcher, fireman** 구원투수 **set-up man** 중간 계투 **closer, finisher** 마무리 투수 **right-hand pitcher, right-handed hurler, right-hander, righty** 우완 투수 **left-hand pitcher, left-handed pitcher, left-hander, lefty, southpaw** 좌완 투수 **submariner** 잠수함(언더핸드) 투수 **finesse pitcher** 기교파 투수 **fill-in starter** 임시(대리) 선발 **commit a balk** 보크를 범하다 **make a pickoff throw** 견제구를 던지다 **earned run average(ERA)** 방어율 **opponent batting average** 피안타율 **shutout** 완봉승 (경기) **complete game** 완투 (경기)

❙ **pitch[toss, throw] seven shutout innings** 무실점(완봉) 7이닝을 던지다 **pitch eight innings of five-hit ball for his third straight win** 8이닝을 던져 5안타를 허용하고 3연승을 올리다 **allow[concede] one run on five hits in 6 1-3 innings** 6과 1/3 이닝을 던져 5안타 1실점하다 **toss a three-hitter over eight innings** 3안타를 허용하며 8이닝을 던지다 **pitch a complete game two-hit shutout** 2안타 완투 완봉을 하다 **pitch shutout ball against** ~를 상대로 완봉투를 하다 **go the distance** 완투하다

❙ **straight ball** 직구 **fastball** 속구(速球) **rising[four-seam] fastball** 떠오르는 직구 **two-seam**

fastball 투심 직구 **cutter** 커터 **splitter** 스플리터 **forkball** 포크 볼 **curve[breaking] ball** 커브 볼 **hanging curve** 각도가 밋밋한 커브 볼 **off-speed pitch** 속도를 떨어뜨린 투구 **sinker** 싱커 **knuckle ball** 너클 볼 **slurve** 슬러브 **slider** 슬라이더 **screwball** 역회전 볼 **palmball** 팜 볼 **changeup** 체인지업(구속에 변화를 주는 것) **circle change** 서클 체인지

❙ **pitchout** 피치아웃(투수가 도루를 예상하고 타자에게 치지 못하게 공을 빗던지기) **make a pitchout** 피치아웃을 하다 **step off the rubber** 투수판에서 발을 빼다

❙ **take a perfect game into the seventh inning** 7회까지 퍼펙트를 기록하다 **come within one out of a complete game** 원 아웃만 잡으면 완투다 **strike out 10 in his best outing of the season** 10개의 삼진을 잡아내며 시즌 최고의 피칭을 하다 **fan four batters in two innings** 2이닝 동안 네 타자를 삼진으로 잡다

❙ **a swinging strikeout, a whiff** 헛스윙 삼진 **a looking strikeout** 루킹 삼진(멍하니 쳐다보고 당하는) **a check swing** 체크 스윙(배트가 나가다 중간에 멈추는 스윙)

❙ **handcuff the Mets with an array of off-speed stuff** 다양한 체인지업으로 메츠 타선을 꽁꽁 묶다 **get ~ on a flyout[strikeout, groundout]** ~를 뜬 공[삼진, 땅볼 아웃]으로 잡다 **get[induce] ~ to hit into a double play** ~에 병살타를 유도하다 **retire 12 consecutive[straight] batters** 12타자를 연속 범타로 처리하다 **face the minimum 12 batters through four innings** 4이닝 동안 최소인 12명의 타자를 상대하다

❙ **take[earn] the win** 승리투수가 되다 **win one's third consecutive start** 3연속 선발승을 올리다 **take [earn] the loss** 패전투수가 되다 **lose one's third straight start** 3연속 선발패를 기록하다 **notch one's first win of the season** 시즌 첫 승을 기록하다 **win one's fifth straight decision** 5연속 선발승을 거두다 **have a quality start** 퀄러티스타트(6회 이상 3실점 이하)를 기록하다

❙ **pitch a perfect ninth for one's 10th save** 9회를 완벽하게 마무리해 10세이브째를 올리다 **work a scoreless ninth to preserve the shutout** 9회를 무득점으로 던져 완봉 경기를 지키다 **work a perfect [shaky] ninth** 9회를 완벽하게[불안하게] 던지다 **convert nine saves in 10 opportunities** 열 번 등판하여 9세이브를 성공하다 **pitch a perfect ninth for one's 10th save in 10 opportunities** 9회를 완벽하게 던져 열 번 등판하여 10세이브를 올리다 **earn a save** 세이브를 따다 **blow a save, fail to convert a save opportunity** 세이브를 날리다 **have 5 blown saves** 5번의 세이브를 날리다

❙ **stop one's motion for a balk** 보크를 범하다 **win a matchup of unbeaten pitchers** 무패 투수끼리의 대결에서 이기다 **His starting rotation has been in shambles because of injuries.** 그의 선발 로테이션은 부상으로 완전히 무너져버렸다. **remain in the bullpen** 구원 투수진에 남아있다

❙ **spark on the mound[hill]** 눈부신 피칭을 하다 **outpitch former teammate ~** 전 팀동료 ~와의 피칭 대결에서 이기다 **extend his shutout string to 21 innings** 무실점 기록을 21이닝으로 늘리다 **get close to the 100-pitch mark** 투구 수 100개에 가까워지다

❙ **combine on a two-hitter** 2안타 경기를 합작하다 **turn the ball over to** ~에게 마운드를 넘겨주다 **enter the game with a two-run lead** 2점 앞선 상황에서 등판하다 **be moved from starter to closer** 선발에서 마무리로 보직 변경하다

❙ **be called up as a replacement for injured ace ~** 부상 당한 에이스 ~ 대신에 올라오다 **be called a ball[strike]** 볼[스트라이크] 판정을 받다

❙ **have a 1.15 ERA** 방어율이 1.15이다 **Chicago starters are 20-5 with a 3.15 ERA.** 시카고 선발진은 방어율 3.15에 20승 5패를 기록하고 있다. **win the ERA title** 방어율 타이틀을 차지하다 **become a 20-game winner** 20승 투수가 되다 **have a .909 winning percentage** 승률 9할9리를 기록하고 있다 **have a .218 opponent batting average** 피안타율이 2할1푼8리이다

❙ **be hurt by a lack of run support** 득점 지원 부족에 시달리다 **the least supported pitcher** 득점 지원을 가장 적게 받는 투수 **average 2.1 runs while he was in the game** 그가 등판한 날 평균 득점이 2.1점이다 **provide run support during his outing** 그가 등판할 때 득점 지원을 하다

❙ **walk ~ on four pitches** 4연속 볼로 볼넷을 주다 **issue a leadoff walk to** 선두타자인 ~에게 볼넷을 주다

force in a third run with a walk to ~에 볼넷을 허용해 밀어내기로 3점째를 주다 **load the bases** 베이스를 채우다, 만루가 되게 하다 **walk ~ with bases loaded to push across the tiebreaking run** 만루 상황에서 ~를 볼넷으로 내보내 역전 점수를 허용하다

| order an intentional walk 고의 사구를 지시하다 **intentionally walk a batter** 타자를 고의로 걸어나가게 하다 **draw a bases-loaded walk** 만루에서 볼넷을 얻다 **draw a bases-loaded walk to force home ~** 만루에서 볼넷으로 ~를 홈으로 불러들이다 **drive in a run on a bases-loaded walk** 밀어내기로 점수를 내다 **score a winning run on a bases-loaded walk** 밀어내기로 결승점을 얻다

❑ **fielding, ballpark** 수비, 구장

| field 수비하다, 공을 처리하다 **fielding percentage** 수비율 **reach first base** 1루에 진루하다 **on-base percentage** 출루율 **steal** 훔치다 **a pickoff throw** 견제구 **lead, advantage** 점수의 리드 **gap, deficit** 점수 차이, 뒤진 점수 **a baseball stadium[park], ballpark** 야구장

| field the ball 볼을 처리하다 **barehand the ball** 볼을 맨손으로 잡다 **flub[fumble, bobble] a grounder** 땅볼을 실수하다 **lose the ball in the sun [in the lights]** 햇볕[조명] 때문에 공을 놓치다

| ground into a double play 땅볼 병살타를 치다 **beat out a potential inning-ending double-play grounder by half a step** 반발 차이로 이닝을 끝낼 수 있는 더블플레이 땅볼을 치고 세이프 되다 **pull (off) a triple play** 삼중살을 시키다

| make a leaping catch against the center-field wall 센터 담장에 점프를 해서 잡다 **break one's left wrist trying for a diving catch** 다이빙 캐치를 하려다 왼쪽 손목이 부러지다

| reach on an infield single 내야안타로 진루하다 **advance to second on a groundout** 땅볼 아웃 때 2루로 가다 **reach on a fielder's choice** 야수선택으로 진루하다 **move to second on his sacrifice bunt** 그의 희생번트로 2루에 가다

| steal second base 2루를 훔치다 **be caught stealing** 도루하다 잡히다 **get caught in a run-down** 협살에 걸리다 **be picked off at first base** 1루에서 견제사하다 **be caught off first base on a pickoff throw [a pitchout]** 견제구[피치아웃]에 걸려 1루에서 잡히다 **evade the tag** 태그를 피하다 **dive back to first** 슬라이딩해 1루에 귀루하다

| throw the runner out 송구해서 주자를 잡다 **bobble the throw** 송구를 잡지 못하다 **make a bad pickoff throw to third** 3루로 견제 악송구를 하다 **make a wild throw to first** 1루에 악송구하다 **score on a bad pickoff throw** 견제 악송구로 득점을 하다

| be gunned down by a strong one-hop throw 강력한 원 바운드 송구에 아웃되다 **sprint home** 홈으로 질주하다 **make an ill-advised throw to the plate** 경솔하게 홈으로 송구하다 **fail to step on the bag** 베이스를 밟지 않다 **bonehead play** 졸렬한(멍청한) 실책

| lead by 12 games over ~에 12경기 앞서다 **earn a split of the doubleheader** 더블헤더 경기를 1승씩 나눠 갖다 **be tied for last place with** ~와 공동 꼴찌다

| double one's lead[advantage] 점수차를 배로 늘리다 **narrow the gap[deficit] to one** 점수를 1점 차로 줄이다 **rally from a four-run deficit** 4점 뒤진 상태에서 만회하다

| be 10 games above .500 승률 5할에 10게임이 넘다 **move a season-high five games above .500** 승률 5할에 시즌 최고인 5게임이 넘다 **be eight games under .500** 승률 5할에 8게임이 모자라다 **drop 10 games under .500** 승률 5할에 10게임이 모자라다

| sweep a three-game series with ~와의 3연전에 전승을 하다 **complete a three-game series sweep over** ~에 3연승을 하다 **sweep a three-game home stand** 홈 3연전에서 전승을 거두다 **suffer a three-game sweep** 3연패하다

| The game was called after seven innings under the 10-run mercy rule. 10점차 규정에 의해 경기가 7회를 마치고 중지되었다.

I The score was tied 3-3 when the game was called in the bottom of the seventh inning due to rain. 경기가 7회 말에 강우로 중단되었을 때 점수는 3대3 동점이었다.

I The game was called after five innings and went down in the books as a 0-0 tie. 시합은 5회를 마치고 중단되었고 0대0 무승부 경기로 인정되었다.

I The second game of the double-header is a makeup for a June rainout. 더블헤더 두 번째 경기는 6월에 우천으로 순연된 경기를 치르는 것이다.

I a ballpark[park, baseball stadium, baseball field] 야구장

a dome (stadium), a domed stadium 돔구장 **build a dome stadium** 돔구장을 짓다 **a conventional stadium** 재래식 구장

I a pitcher-friendly[defense-friendly] park 투수에게 유리한 구장 **the most pitcher-friendly park** 투수에게 가장 유리한 야구장 **a hitter-friendly[offense-friendly] park** 타자에게 유리한 구장

I a retractable[convertible, movable] roof 개폐식 지붕 **a retractable dome, a retractable-roof stadium, a dome with a retractable roof, a dome with a roof that opens and closes** 개폐식 지붕의 돔구장 **a fixed dome** 고정식 돔구장 **an open-air stadium** 지붕이 없는 구장

I mound, pitcher's mound, hill 투수 마운드 **pitcher's plate** 투수판 **home plate** 홈플레이트 **catcher's box** 포수석 **batter's box** 타석 **on-deck circle** 대기타자석 **coach's box** 코치석 **infield** 내야 **outfield** 외야 **foul line** 파울선 **the bleachers** 외야석 **the upper box** 내야 상단 **the lower box** 내야 하단 **the upper deck** 외야 상단 **the lower deck** 외야 하단 **the (spectator) stands** 스탠드 **the box seats** 특등석 **an unscreened spectator area** (스탠드의) 그물이 안 쳐진 지역 **dugout** 선수 대기소, 더그아웃 **bullpen** 투수 연습장, 불펜 **foul territory** 파울 지역 **fair territory** 페어 지역

I be played under floodlights 야간경기로 치러지다 **nightcap** 더블헤더의 제2경기

I a road game 원정경기 **win one's first road game** 첫 원정경기에서 승리하다 **play one's final road game against** ~와 마지막 원정경기를 하다 **begin one's road trip** 원정경기를 시작하다

play ~ on the road ~와 원정경기를 하다 **win a game on the road** 원정경기에서 승리하다 **remain winless on the road** 원정에서 승리가 없다

I a home game 홈경기 **win one's first home game against** ~에게 첫 홈경기 승리를 하다 **win at home against** ~와의 홈경기에서 승리하다

I a home stand 홈 시리즈 **close out a five-game home stand with a 2-0 victory over** 5경기 홈 시리즈를 ~에 2대0 승리로 마무리하다

I idle 경기가 없는 **the idle Yankees** 경기가 없는 양키즈 **be idle Monday night** 월요일 저녁 경기가 없다 **fall four games behind idle Atlanta** 경기가 없는 애틀랜타에 네 게임 뒤지다

35 득점 | 경고·퇴장 | 출장정지

주제어	관련어
score	**grab, get, make, net, notch, rack up, tally, scoring, top scorer, goal drought, snap a goal drought, equalize, level the score, equalizer, leveler**
caution	**book, yellow card, be yellow-carded, red card, be red-carded, eject, expel, send off, take an early shower**
suspend	**suspension, ban, be given a two-game ban, impose a three-game ban on, return from a suspension**

●●● Death pays all scores. 죽으면 모든 셈이 끝난다.

운동 경기를 볼 때 내용을 꼼꼼히 따지며 그것을 즐기는 이들도 있지만 뭐니뭐니 해도 득점하는(score) 순간이 스릴이 넘치고 가장 재미있다. 축구에서 관중(crowd)들을 지루하지 않게 하고 경기에 집중하게 만드는 점수를 '펠레 스코어'라 하는데 이는 3-2를 말한다. 펠레 스코어는 축구스타 펠레가 "축구는 1골차 승부가 가장 재미있다"며 "그중 3-2 스코어는 가장 이상적"이라고 말한 데서 유래한 것으로 알려져 있다. 역대 명승부들도 이를 말해주고 있는데 1986년 멕시코월드컵 결승전이 펠레 스코어의 백미로 꼽힌다. 당시 마라도나가 이끈 아르헨티나가 독일(당시 서독)을 3-2로 꺾고 우승했다.

한국도 역대 월드컵에서 두 차례의 펠레 스코어를 기록한 바 있지만 공교롭게 모두 패했다. 우리나라는 1986년 멕시코 대회 1라운드 이탈리아 전에서 2-3으로 패했고 1994년 미국 대회 1라운드 독일 전에서도 3골을 먼저 내준 뒤 막판 2골을 몰아치며 추격했지만 역시 2-3으로 패했다. 뒤지고 있는 팀이 후반에 힘을 내어 쫓아가는 것은 관중에게 재미있는 것임에는 틀림없지만 실제로 그 경기를 하는 선수들에게는 정말로 힘든 일이라고 한다.

축구에 펠레 스코어가 있다면 미국의 국민 스포츠(national pastime)라고 일컬어지는 야구에는 '케네디 스코어'가 있는데 이는 점수가 8-7로 끝나는 경기를 말한다. 미국의 35대 대통령 존 F. 케네디가 상원의원 시절이던 1960년 1월 대통령출마를 공식선언하고 민주당 대통령후보 경선에 나섰다. 유세 중 TV정책토론회에서 한 기자가 케네디에게 질문을 던졌다. "당신은 야구경기에서 어떤 스코어가 가장 재미있다고 생각하십니까?" 그러자 케네디는 8-7이라고 대답했고 이때부터 야구에서 가장 재미있는 스코어는 8-7로 여겨지고 있다.

score

득점하다; 득점

to get points in a game or sports = connect, grab, get, have, make, net, notch, rack up, snatch, strike, tally

용례 **score a goal** 골을 넣다 **score the first goal** 선취골을 넣다 **score the opening goal** 첫 골을 넣다 **score a game-tying goal** 동점골을 넣다 **score an unassisted tie-breaking goal** 혼자서 역전골을 넣다 **score the game-winning goal** 결승골을 넣다 **score a run** (야구) 득점하다 **find the back of the net** (축구) 득점하다

| **score many points, make a good score** 대량 득점하다 **score a lot of runs** (야구) 대량 득점하다

| **connect for[on] a game-tying goal** 동점골을 성공시키다 **grab a late goal** 막판 골을 넣다 **net a winning goal** 결승골을 넣다 **snatch a golden goal** 겨우 (운 좋게, 뜻밖에) 골든골을 기록하다

| **score 31 points** (농구) 31 득점하다 **have a season-high 19 points** 시즌 최고인 19득점을 하다 **chip in 15 points** 15득점하다 **pour in 40 points** 무려 40득점을 올리다

| **set up a goal** 1골 도움을 기록하다 **have an assist** 어시스트를 기록하다 **score on an assist from** ~의 도움으로 득점하다

| **head in [nod in] a goal, head home the ball** 헤딩골을 넣다

scoring 득점

| **open the scoring** 득점의 포문을 열다 **get on the scoring board** 득점하다 **scoring position** (야구) 득점권

| **rediscover one's goal-scoring touch** 득점 감각을 되찾다

| **scorer, goal-scorer, goal-getter** 득점자

| **a prolific scorer** 골을 많이 넣는 선수 **the top scorer, the leading goal-getter** 득점왕 **become the top scorer, win the scoring title, win the Golden Boot[Shoe]** 득점왕에 오르다

| **goal[scoreless] drought** 골 가뭄 **a prolonged[lengthy] goal drought** 오랜 골 가뭄 **end[break, crack, snap] a 10-game goal drought** 10경기 골 가뭄을 끝내다 **snap[break] out of one's scoring drought[slump]** 골 가뭄에서 벗어나다 **be mired in a goal-scoring slump** 골 가뭄에 빠져 있다

---

equalize 동점골을 넣다

to score make the number of points equal = even, level

용례 **equalize in the dying minutes** 경기 막판에 동점골을 넣다 **equalize after 10 minutes** 10분 뒤에 동점골을 넣다 **equalize on the stroke of halftime** 전반 종료와 더불어 동점을 이루다 **have a chance to equalize** 동점 찬스를 맞다

| **level[tie, even] the score** 동점을 만들다

| **equalizer, leveler, game-tying goal** 동점골 **score[net, grab] the equalizer** 동점골을 넣다 **manage to score the equalizer** 용케 동점골을 넣다

| **grab the opportunity to score the equalizer** 동점골을 넣을 기회를 잡다 **go all out to score the equalizer** 동점골을 넣으려고 전력을 다하다

| **have enough time to score the equalizer** 동점골을 넣을 시간이 충분하다

| **fail to use the remaining time to score an equalizer** 남은 시간을 이용해 동점골을 넣지 못하다

필수예문

1 South Korea **scored a fluke goal** off a bad clearing pass just before the final whistle, earning a 1-1 draw with Japan and keeping alive their dreams of reaching the World Cup finals. (한국은 종료 휘슬이 울리기 직전 걷어내기 패스 실수를 이용해 행운의 골을 넣어 일본과 1대1로 비기고 월드컵 본선 진출의 꿈을 살려놓았다.)

2 FC Barcelona **scored a vital away goal** late in the first half, but Real Madrid fought back to **grab a late equalizer** as the teams played to a 1-1 draw. (FC 바르셀로나는 전반 막판에 중요한 원정 골을 넣었지만 레알 마드리는 반격을 가해 막판 동점골을 넣어 양 팀은 1대1 무승부를 기록했다.)

3 The two teams had to battle hard for victory and the hosts **snatched the winning goal** late in the game. (양 팀은 이기기 위해 격전을 치렀고 홈팀이 경기 막판에 운 좋게 결승골을 넣었다.)

The rebounding ball was fired back at the keeper and saved once more before a cross found the striker with plenty of room and time to **head home the winning goal.** (리바운드된 공은 다시 골키퍼를 향해 강슛이 되었고 다시 한번 선방이 되었지만 센터링한 볼이 스트라이커에게 충분한 공간과 시간을 주어 헤딩으로 결승골을 넣었다.)

4 Choi Hee-sop belted his fourth home run of the season to **open the scoring**. (최희섭은 시즌 네 번째 홈런을 뿜어 득점의 포문을 열었다.)

Michael Jordan hit a jumper to **open the scoring** in overtime and the Chicago Bulls led the rest of the way. (마이클 조던은 점프슛을 성공시켜 연장 득점의 포문을 열었고 시카고 불스는 죽 앞서 나갔다.)

5 He was a **prolific scorer** and rebounder, leading the attack of the basketball team in the late 1990s and becoming the team's first All-American basketball player. (그는 득점을 많이 하는 그리고 리바운드도 많이 얻어내는 선수여서 1990년대 말 그 농구팀의 공격을 주도하고 팀의 첫 미국 대표선수가 되었다.)

Despite missing all of training camp and the first three games in a contract dispute, the clinical finisher surged past Thierry Henry to become the Premier League's **top scorer**. (계약 문제로 스프링캠프에 불참하고 첫 세 경기에 빠졌음에도 불구하고 그 침착한 킬러는 티에리 앙리를 제치고 프리미어 리그 득점왕을 차지했다.)

6 Brazilian striker and defending 2002 Golden Boot Trophy winner Ronaldo is currently listed at 9-1 to **win the Golden Boot** in 2006. (브라질 스트라이커이자 2002년 월드컵 득점왕인 호나우두가 2006년에 득점왕을 차지할 확률은 현재 9대1이다.)

The out-of-sorts striker, **mired in a 10-game goal drought**, is hoping to rediscover his goal-scoring touch in Sunday's crunch clash against Japan. (10경기 골 가뭄에 허덕이고 컨디션 난조인 그 스트라이커는 일요일 일본과의 중요한 대결에서 자신의 득점 감각을 되찾기를 바라고 있다.)

7 Although South Korea seemed to have the edge, China pressed hard in the last fifteen minutes and scored a spectacular goal to **equalize** in the closing minutes. (한국이 우세한 것처럼 보였지만 중국이 마지막 15분 동안 강하게 몰아붙였고 경기 막판에 멋진 골을 넣어 동점을 만들었다.)

The out-of-form striker wasted an excellent chance to **equalize** when he side-footed wide. (그 컨디션이 안 좋은 스트라이커는 인사이드로 골대를 멀리 벗어나는 슛을 해 절호의 동점골 기회를 날려버렸다.)

8 Both teams got physical in the game's final 20 minutes as the visitors struggled to **score the equalizer**. (방문팀이 동점골을 넣으려고 기를 쓰면서 양 팀은 경기 마지막 20분 동안 거친 플레이를 했다.)

With time running out, South Korea made an all-out effort to **score the equalizer** and succeeded four minutes from the final whistle when an attack from the right gave them a lucky goal. (시간이 다 되어감에 따라 한국은 동점골을 넣기 위해 전력을 기울였고 오른쪽 공격을 통해 행운의 골을 얻으면서 종료 휘슬이 울리기 4분 전에 성공했다.)

caution

경고하다

to warn players about possible disciplinary action because of flagrant fouls = book, yellow-card

용례 **be cautioned for a hard foul on** ~에 심한 반칙을 해 경고 받다 **be cautioned for rough play** 거친 플레이로 경고 받다 **be cautioned for dissent** 이의를 제기해 경고 받다

| **be cautioned for elbowing ~ on a high ball** 공중볼을 다투다 ~를 팔꿈치로 쳐 경고를 받다

| **be cautioned for elbowing ~ in the head[face]** ~의 머리[얼굴]를 팔꿈치로 쳐 경고를 받다 **be cautioned for a tackle from behind** 백태클을 했다고 경고를 받다 **be cautioned for an intentional handball** 고의로 핸들링을 했다고 경고 받다

| **yellow card** 반칙 경고 카드 **caution** 경고 **issue a yellow card to** ~에 경고를 주다 **get[receive, pick up] a yellow card** 옐로카드를 받다 **be issued[given, handed, shown] a yellow card for a foul on** ~에 파울을 해 옐로카드를 받다

| **yellow-card** 반칙 경고를 주다 **yellow-card the player and award a penalty** 그 선수에게 옐로카드를 주고 페널티킥을 선언하다 **be yellow-carded for spitting at Beckam** 베컴에게 침을 뱉었다고 옐로카드를 받다 **be yellow-carded for wasting time** 시간을 끌었다고 옐로카드를 받다 **get yellow-carded** 옐로카드를 받다

---

eject 퇴장시키다

to force a player or coach to leave the playing area for the remainder of a game = expel, red-card, send off, take an early shower

용례 **get ejected** 퇴장 당하다 **be ejected for swearing at the referee** 심판에게 욕설을 해 퇴장 당하다 **be ejected for a deliberate handball** 고의로 핸들링을 해 퇴장 당하다

| **ejection** 퇴장 **an early ejection from the game** 조기 퇴장 **not play most of the game due to an early ejection** 조기 퇴장으로 경기 대부분을 뛰지 못하다

| **an automatic ejection** 자동 퇴장 **be subject to ejection from the game** 퇴장을 받게 되다 **run the risk of ejection from the game** 퇴장 당할 위험이 있다

| **red card** 퇴장 명령 카드 **receive[get] a red card** 퇴장 당하다 **be issued[given, handed] a red card for making an insulting gesture to fans** 팬들에게 모욕적인 제스처를 해 퇴장 당하다

| red-card, send off 퇴장시키다 **be red-carded for hitting a defender in the face with one's elbow** 팔꿈치로 수비수의 얼굴을 때려 퇴장 당하다 **be sent off for a second bookable offence** 두 번째 경고로 퇴장 당하다

| be shown two yellow cards in five minutes 5분간에 옐로카드 두 장을 받다 **take an early shower** 퇴장을 당하다

suspend

출전(출장) 정지시키다
to bar a player from games for a period as a punishment
= ban, bar, disqualify

용례 **suspend ~ for five games** ~를 5경기 출전 정지시키다 **be suspended for 10 games without pay** 봉급을 받지 못하고 10경기 출장 정지를 당하다

| be suspended for fighting during the game 경기 도중 싸워 출전 정지를 당하다

| be suspended for pushing a defender to the ground 수비수를 밀어 넘어뜨려 출장 정지를 당하다 **be suspended for kicking him in the groin** 그의 사타구니를 걷어차 출장 정지를 당하다

| suspension, ban 출전(출장) 정지 **be given[handed] a two-game suspension[ban]** 2경기 출장 정지를 당하다 **receive[get] a five-game suspension** 5경기 출장 정지를 받다 **receive an automatic two-game suspension** 자동으로 2경기 출장 정지를 받다

| impose a three-game suspension on ~에게 3경기 출장 정지 처분을 내리다 **serve a five-game suspension for shoving the referee** 심판을 밀쳐 5경기 출정 정지 중이다 **complete a two-game suspension** 2경기 출장 정지를 마치다

| return from a suspension, be reinstated to active duty 출장 정지에서 복귀하다

필수예문

1 The defender was **cautioned for** a tackle from behind on Henry, reducing South Korea to nine men because another defender took an early shower for unsporting behavior. (그 수비수는 앙리에게 백태클을 해 경고를 받았고 또 다른 수비수 한 명이 비신사적인 행위로 퇴장을 당했기 때문에 한국 선수의 숫자는 9명이 되었다.)

2 He received **a second caution for** unsportsmanlike behavior and was sent off having already been cautioned for dissent in the 30th minute. (그는 비신사적인 행위로 두 번째 경고를 받았고 30분에 심판에 항의해 이미 경고를 받아 퇴장을 당했다.)

The Japanese sweeper was **cautioned for an intentional handball**. (일본의 최종 수비수는 고의적인 핸들링으로 경고를 받았다.)

3 A player is **shown the yellow card** as a warning for a serious foul or an offense such as persistent fouling, dissent or unsportsmanlike behavior. (선수는 계속되는 파울, 항의나 비신사적인 행위와 같은 심각한 파울이나 반칙에 대한 경고로 옐로카드를 받게 된다.)

4 The German striker was **yellow-carded for** a hard foul on a Brazilian defender on the stroke of halftime. (그 독일 스트라이커는 전반 종료 순간에 브라질 수비수에 대한 거친 파울로 옐로카드를 받았다.)

The midfielder was **yellow-carded for** wasting time when he took a long time to make a throw-in. (그 미드필더는 스로인을 하는 데 지체를 하다 시간을 끌었다고 경고를 받았다.)

5 Park was **ejected for** elbowing a Swiss defender in the face in the 70th minute, and Lee received his second yellow card with 10 minutes left. (박은 70분에 스위스 수비수의 얼굴을 팔꿈치로 쳤다고 퇴장을 당했고 이는 종료 10분을 남기고 두 번째 옐로카드를 받았다.)

Any cursing or physical threats directed toward the referee results in **an automatic ejection** from the game. (주심에 대한 어떠한 욕이나 신체적 위협은 자동 퇴장으로 이어진다.)

6 He was given a yellow card for dissent in the 87th minute, but then immediately **handed a red card and sent off for** applauding the referee's decision in a sarcastic matter. (그는 87분에 항의를 했다고 옐로카드를 받았으나 심판의 결정을 냉소적으로 칭찬했다고 곧바로 레드카드를 받고 퇴장을 당했다.)

The defender was **sent off** after picking up his second caution of the match with a hard foul on the Japanese striker just outside the penalty box. (그 수비수는 페널티 에어리어 바로 바깥에서 일본 스트라이커에 거친 파울을 해 두 번째 경고를 받고 퇴장을 당했다.)

7 The South Korean defender was **suspended for five games for** kicking a Chinese striker in the groin. (그 한국의 수비수는 중국 스트라이커의 사타구니를 걷어차 5경기 출장 정지를 당했다.)

The two players were **suspended for three games for** fighting during Saturday's match. (그 두 선수는 토요일 경기 도중 싸움을 해 3경기 출장 정지를 당했다.)

8 The player was **handed a two-game ban** and fined an undisclosed amount for the post-game abuse of the referee. (그 선수는 경기 후 주심에게 욕설을 해 2경기 출장 정지를 당하고 비공개 액수의 벌금을 받았다.)

The playmaker **returned from a two-game suspension**, helping his team to a 3-0 victory over the visitors. (그 플레이메이커는 2경기 출장 정지에서 복귀하여 팀이 방문팀에 3대0으로 승리하는 것을 도왔다.)

심화학습

골프 표현 정리

골프는 일부 있는 자들의 경기로 인식되어 왔으나 최근 박세리를 비롯한 태극 낭자들이 메이저 대회에서 잇달아 승리하면서 일반인들의 골프에 대한 관심도 높아졌다.

❑ **tee, hole** 티, 홀

| **tee** 티(첫 타구 때 공을 얹어 놓고 치는 자리) **tee off** 공을 티에서 치다, 경기를 시작하다 **hole** 홀(티에서 홀까지의 코스) **the front nine** 전반 9홀 **the back nine** 후반 9홀 **fairway** 페어웨이(티와 그린 사이의 잔디밭) **rough** 러프(풀을 깎지 않은 곳) **green** (퍼팅) 그린 **bunker, sand trap** 벙커(코스 안에 장애물로서 만들어진 모래땅) **shoot, fire,**

card ~타를 치다(기록하다) **leaderboard** 리더보드(선두권 선수 명단)

❙ **tee off tomorrow morning, have a tee time tomorrow morning** 내일 오전 경기를 시작하다 **tee off in the same group** 같은 조에서 티오프를 하다 **tee off against men in a battle of the sexes** 성대결에서 남자들과 티오프하다

make a birdie on the 10th hole 10홀에서 버디를 치다

❙ **sink a 40-foot putt on the par-4, 415-yard second hole** 기준 4타 415야드 2번 홀에서 40피트짜리 퍼트를 성공시키다 **have five birdies on the front nine** 전반 9홀에서 다섯 개의 버디를 기록하다 **have four bogeys on the back nine** 후반 9홀에서 보기 네 개를 범하다 **card three more birdies before the turn** 전반 9홀이 끝나기 전에 버디 3개를 더 치다

❙ **make the fair way** 페어웨이에 치다 **keep one's tee shot in the fairway** 티샷을 페어웨이 안에 넣다 **make the green on the second shot** 두 번째 샷에서 그린에 올리다 **send the ball onto the green** 공을 그린 위에 올리다 **drop into the bunker** 벙커에 빠지다 **hit one's shot into a bunker on the left side of the green** 공을 그린 왼쪽에 있는 벙커에 쳐 넣다 **put the ball in the heart of the cup** 볼을 홀컵 정중앙에 넣다

❏ **par** 기준 타수

❙ **par** 파(기준 타수) **birdie** 버디(한 홀에서 파보다 1타 적은 타수) **eagle** 이글(규정 타수보다 2타 적은 타수) **bogey** 보기(기준 타수보다 하나 많은 타수) **double bogey** 더블 보기 (한 홀에서 기준 타수보다 2타 많은 스코어) **hole in one** 홀인원(한번 쳐서 공이 홀에 들어가기) **shot, stroke** 타 **playoff** (무승부, 동점일 때의) 결승 시합

❙ **fire[card, shoot] a 6-under 66** 6언더파 66타를 치다 **shoot a 3-under 69 after the first round of the championship** 대회 첫날 3언더파 69타를 치다 **open with a 4-under 68** 첫날 4언더파 68타를 치다 **close[finish] with a 4-under 68** 4언더파 68타로 라운드를 마감하다

❙ **make a par on the first hole** 첫 홀에서 파를 치다 **par the first hole of a playoff** 연장 첫 홀에서 파를 치다 **make a par putt** 파를 기록하는 퍼팅을 하다 **birdie the final hole** 마지막 홀에서 버디를 치다 **birdie the third hole of a second playoff** 2차 연장전 세 번째 홀에서 버디를 치다 **make a birdie on the par-5 second hole** 파5인 두 번째 홀에서 버디를 치다 **eagle the ninth hole** 9홀에서 이글을 치다 **make an eagle on the final hole** 마지막 홀에서 이글을 치다 **fire three eagles on the back nine** 후반 9홀에서 세 개의 이글을 치다 **bogey the first hole of a playoff** 연장 첫 홀에서 보기를 치다 **skid to five consecutive bogeys** 5연속 보기를 치다 **make[card, shoot] a double bogey** 더블 보기를 치다 **make a hole in one [hole-in-one] on the 10th hole** 10홀에서 홀인원을 기록하다

❙ **be high on the opening-day leaderboard** 첫날 순위에서 상위에 랭크되다 **move to the top of the leaderboard at 5 under** 5언더파로 선두에 오르다 **trail leader Park by one stroke[shot]** 선두 박을 1타 차로 쫓다 **share the lead with** ~와 공동 선두이다 **be tied for 10th with** ~와 공동 10위다

❙ **be one shot[stoke] ahead of** ~보다 1타 앞서다 **be[stand] three shots behind leader Wie** 선두 위보다 3타 뒤져 있다 **be three shots out of the lead** 선두에 3타 뒤져 있다 **rally from four shots behind to overtake Woods** 4타 뒤진 상태에서 추격하여 우즈를 따라잡다 **finish three shots behind winner Woods** 우승한 우즈에 3타 뒤진 채로 마치다 **trail leaders by three strokes** 선두에 3타 뒤져 있다 **be five shots behind co-leaders Annika Sorenstam and Rosie Jones** 공동 선두인 안니카 소렌스탐과 로지 존스에 5타 뒤져 있다

❏ **win, prize, ranking** 우승, 상금, 랭킹

❙ **win[take, clinch, capture] the US Open** US오픈에서 우승하다 **winner's paycheck** 우승 상금 **the money list** 상금 순위 **world rankings** 세계 순위 **make[miss] the cut** 컷오프를 통과하다[통과하지 못하다] **win the tournament with a final 68** 마지막 날 68타를 쳐 대회 우승을 하다

❙ **shoot a bogey-free 67 for one's first win** 보기 없이 67타를 쳐 생애 첫 우승을 하다 **take the US Open with a record total of 275** 합계 275타를 쳐 US오픈에서 우승하다 **win the event with a 5-under total of 211** 5언더파 합계 211타를 쳐 대회에서 우승하다

❙ **win by three shots** 세 타 차이로 우승하다 **win one's third US Open in five years** 5년 동안 세 번째 US오픈 우승을 차지하다 **win one's first US Open title** 자신의 첫 US오픈 타이틀을 차지하다 **become the first native to win the US Open** US오픈에 우승한 최초의 미국인이 되다 **defeat[beat] ~ in a playoff for one's second career US Open win** ~를 연장에서 물리치고 두 번째 US오픈 우승을 하다

❙ **win a playoff over** 연장에서 ~를 이기다 **miss a two-foot putt to win the US Open** 2피트짜리 퍼팅을 실수해 US오픈 우승을 놓치다 **receive the US Open golf trophy for a second time** 두 번째로 US오픈에서 우승하다 **go back to the US Open** US오픈에 다시 참가하다 **consider playing at the Memorial** 미모리얼 대회 참가를 고려하다 **take home the winner's paycheck of $500,000** 우승상금 50만 달러를 받다

❙ **take home the winner's prize of $100,000** 우승 상금 10만 달러를 받다 **pip Woods for the $1.2 million winner's paycheck** 우즈를 물리치고 우승 상금 120만 달러를 받다

❙ **cash a check in five tournaments** 5개 대회에서 상금을 타다 **top the US PGA tour money list** 미국 PGA 투어 상금 순위 선두다 **leap to third on the money list** 상금 순위 3위로 껑충 뛰다

❙ **top the world rankings** 세계 1위다 **jump to a ranking of No. 10** 랭킹 10위로 뛰다

❙ **be in contention to make the cut** 컷 통과를 다투다

Don't beat around the bush.

말 돌리지 마.

원래 beat around the bush는 사냥을 할 때 사냥감을 직접 찾아 총을 쏘는 것이 아니라 숲 언저리를 두들겨 사냥감을 몰아내 이것이 숲 밖으로 나오면 그때 잡는 것을 의미하는 것이다. 여기에서 말을 할 때 핵심을 말하지 않고 빙빙 돌려서 말하는 것을 나타내며 **돌려서 말하다, 변죽을 울리다, 요점을 피하다**라는 뜻이다.

A : Can I ask you something? 뭐 하나 물어봐도 돼?
B : Sure, go ahead. 그럼, 말해.
A : Well, it's rather an awful thing to say. 글쎄, 말하기가 좀 뭐해서.
B : Come on. If you want to ask me, just ask. **Don't beat around the bush.** 왜 그래. 나한테 묻고 싶은 게 있으면 그냥 물어. 돌려서 말하지 말고.

36 순위 | 신기록 | 메달획득

주제어	관련어
standings	chart, ranking, table, medal standings, top the league table, place first, runner-up, atop the league, ahead of, adrift of, trail, even
set	make, set a world record, clock, break[smash, shatter] a world record, wipe
win	take, capture, claim, garner, get, seal, seize, earn, win (the, a) gold medal, gold medalist

●●● It takes two to make a quarrel. 두 손뼉이 마주쳐야 소리가 난다.

우리나라만큼 등수를 따지는 민족도 아마 세계에서 없을 것이다. 올림픽(the Olympics)이나 세계 선수권대회(world championship)에 참가하는 외국 선수들을 보면 동메달만 따더라도(win the bronze medal) 기뻐 어쩔 줄 모르는데 시상대에 올라 있는 대한민국의 은메달리스트나 동메달리스트의 표정은 시무룩하다 못해 애처로워 보일 지경이다. 오직 일등만이 대접 받는 사회 풍토 때문일 것이다.

60억 명이 넘는 전세계 인구 중에서 3위 안에 든다는 것은 보통 사람으로는 상상할 수 없을 만큼 뛰어난 업적(achievement)임에도 불구하고 단지 1위를 못했다는 이유만으로 실망하는 대한민국 선수들을 보고 외국인들은 얼른 이해하지 못한다고 한다. 성적 지상주의에 매몰된 대한민국인들에게는 메달의 색깔이 황금에만 의미가 있으며 은, 동은 메달 취급도 받지 못한다. 이는 메달의 색깔에 따라 선수에게 수여되는 상금과 각종 혜택에 크게 차이가 나고 그 선수의 장래에도 커다란 영향을 미치기 때문일 것이다.

순위는 선수들이 올린 기록에 의해 정해지며 흔히 '기록은 깨어지기 위해 존재한다'고들 한다. 운동 선수들은 새로운 기록을 끊임없이 세우고(set a new record) 경쟁과 노력을 통해 뒤에 등장하는 선수들은 이러한 세계 기록을 깨기(break a world record) 위해 부단히 노력한다. 신기록 중에서 세인들의 가장 큰 관심을 받는 기록은 아마 100미터 달리기일 것이다. 2006년 5월 카타르 도하에서 열린 국제육상연맹 수퍼투어 대회에서 미국의 저스틴 게이틀린(Justin Gatlin)은 남자 육상 100미터에서 9초76으로 세계 신기록을 세웠는데 종전 기록을 0.01초 앞당긴 것이었다.

standings

순위, 순위표

a listing of individual competitors or of teams in a league according to their record of performance = chart, ranking, table

standing은 단수로 쓰이면 '지위, 신분'이라는 의미이지만 복수일 때는 '순위'라는 뜻이 된다.

a scientist of **high standing** 명성 높은 과학자

top the **medal standings** 메달 순위에서 선두를 차지하다

용례 **medal standings** 메달 순위 **top the standings** 순위에서 1위를 하다 **stay on top of the standings** 1위를 유지하다 **the standings from the qualification rounds** 예선전 순위

| **be third in the medal standings behind China and Japan** 중국과 일본에 뒤이어 메달 순위에서 3위다 **finish seventh in the medal standings** 메달 순위에서 7위를 하다

| **top the medals chart** 메달 순위에서 1위를 하다 **take first place in the final medal tally** 최종 메달 순위에서 1위를 하다 **remain atop the rankings** 여전히 1위다

| **climb to 10th in the 20-team table with 40 points from 35 matches** 35경기에서 승점 40점으로 20개 팀 순위에서 10위로 상승하다 **drop to fourth in the league table** 리그 순위에서 4위로 떨어지다

| **top FIFA's world rankings** FIFA 순위에서 1위를 하다 **come first in the end-of-year FIFA world rankings** 연말 FIFA 순위에서 1위를 하다 **the lowest-ranked team** 최하위 팀 **the Premiership bottom dwellers** 프리미어리그 꼴찌팀

| **come[place] first in the tournament, be ranked first in the tournament** 대회 1위를 하다 **place second[third]** 2위[3위]를 하다

| **first-place winner** 1위 선수 **second-place winner, runner-up** 2위 선수 **third-place winner** 3위 선수 **runners-up** 상위 입상자, 입선자

---

top 수위를 차지하다

to be at the head of = go atop, lead

용례 **top the league table** 리그 선두에 있다 **top one's class** 반에서 일등이다

| **take sole possession of first place, move into sole possession of first place** 단독 1위를 차지하다

| **regain the lead** 수위를 탈환하다

| **be top of the league, be at the top of the league, be atop the league** 리그 선두다

| **end the day atop the men's table** 남자 순위에서 1위로 마치다

| **sink to fourth place from an earlier perch atop the group** 이전의 조 수위에서 4위로 떨어지다

ahead of, clear of ~에 앞선

| **be 10 points ahead of** ~에 10점 앞선 **be 10 points in front** 10점 앞선 **stay eight points ahead of** ~에 10점 앞선 상태다 **be 10 points clear of** ~에 10점 앞서 있다 **move five points clear of** ~에 5점 앞서다

| **finish 44 points clear of their nearest rivals in the rankings** 순위에서 차점 경쟁자에 44점 앞서다 **go[move] nine points clear** 9점 앞서다 **be two points more than** ~보다 2점 앞서다

| **open up a two-point lead over** 승점 차이를 2점으로 벌리다 **extend Chelsea's lead at the top over Manchester United to 15 points** 맨체스터 유나이티드에 대한 선두 첼시의 승점 차를 15로 벌려놓다

| **leapfrog Arsenal into fifth place on 43 points** 승점 43점으로 아스널을 뛰어넘어 5위로 올라서다

trail 뒤지다

| **trail Germany by two points** 독일에 2점 뒤지다 **still trail Chelsea by 11 points** 아직 첼시에 11점 뒤져 있다

| **adrift, back, behind** 뒤진 **be 10 points adrift of league leaders Barcelona** 리그 선두 바르셀로나에 10점 뒤져 있다 **remain 15 points adrift of the leaders** 선두에 여전히 15점 뒤져 있다 **be eight points back on 46** 승점 46으로 8점 뒤져 있다 **remain 10 points behind** ~에 10점 뒤져 있다

| **be even with ~ at 10 points** 승점 10점으로 ~와 동점이다 **pull the team even on points with second-place** 팀을 2위 ~와 승점에서 동점이 되게 하다

필수예문

1 China **topped the medal standings** with 50 golds, 35 silvers, 23 bronzes after hauling in 25 golds on the fifth day of the competition. Japan remained second with a 21-23-28 record with South Korea third with 19-10-7. (중국은 대회 5일째 금메달 25개를 획득하여 금메달 50개, 은메달 35개, 동메달 23개로 메달 순위에서 선두였다. 일본이 금 21, 은 23, 동 28개의 기록으로 2위를 유지했고 한국은 금 19, 은 10, 동 7개로 3위를 차지했다.)

2 Germany once again **topped the medals chart** in the Turin Olympics, but the Winter Games were the share-the-wealth competition, with more countries winning medals. (독일이 토리노 올림픽에서 다시 한번 메달 순위에서 수위를 차지했지만 이번 동계 올림픽은 평준화가 된 대회로 보다 많은 국가들이 메달을 땄다.)

3 The win has moved Manchester United into second place in **the English Premier League standings** — 12 points behind Chelsea but with a game in hand. (이번 승리로 맨체스터 유나이티드는 영국 프리미어 리그 순위에서 2위로 올라섰는데 첼시에 승점 12점 뒤져 있지만 한 경기를 덜 치렀다.)

4 World champions Brazil have **topped the end-of-year FIFA world rankings** for the fourth year in a row. The Czech Republic are ranked second and the Netherlands third. (월드컵 우승팀인 브라질은 4년 연속 FIFA의 연말 순위에서 1위를 차지했다. 체코가 2위고 네덜란드가 3위다.)

He won his first major title in the 1998 US PGA championship and his second at the 2000 US Masters, beating **runner-up** Ernie Els by three shots. (그는 1998년도 미국 PGA대회에서 첫 메이저 대회 우승을 차지하였고 2000년 US 마스터즈대회에서 2위를 차지한 어니 엘스를 3타 차이로 물리치며 두 번째 우승을 했다.)

5 With their 2-1 cliff-hanging victory, the Yankees have **taken sole possession of first place** in the American League East, now a half-game ahead of the Boston Red Sox. (2대1로 아슬아슬한 승리를 거두고 양키스는 아메리칸 리그 동부지구 단독 1위를 차지하여 현재 보스턴 레드삭스에 반 게임 앞서 있다.)

6 Chelsea have **remained top of the English Premier League** since the start of the season. (첼시는 시즌 시작부터 영국 프리미어 리그 선두를 유지해왔다.)

The Los Angeles Dodgers **remain atop the rankings** for a third consecutive week thanks to a franchise record 13-game winning streak. (구단 기록인 13연승 덕분에 로스앤젤레스 다저스는 3주 연속 선두를 유지하고 있다.)

7 Barcelona are **10 points ahead[clear] of** second-place Real Madrid, though they have played a game less. (바르셀로나는 한 경기를 덜 치렀지만 2위 레알 마드리드에 승점 10점 앞서 있다.)

The Yankees remained **two games behind** the Red Sox in the American League East with 15 games remaining. (양키스는 15경기를 남겨두고 아메리칸리그 동부지구에서 레드 삭스에 2경기 뒤져 있었다.)

The weekend tie is a must-win game for the Galacticos who are **10 points adrift of** league leaders Barcelona. (주말 시합은 리그 선두인 바르셀로나에 승점 10점 뒤져 있는 갈락티코로서는 꼭 이겨야 하는 경기다.)

8 Arsenal currently **trail Chelsea by 10 points**, with Manchester United a further point back. (아스날은 현재 첼시에 승점 10점 차이로 뒤져 있고 맨체스터 유나이티드는 1점 더 뒤져 있다.)

Juventus now **trail AC Milan by 10 points** having played a game more. (유벤투스는 현재 한 경기 더 치른 상황에서 AC 밀란에 승점 10점 뒤져 있다.)

The victory has **pulled** the team **even on points with** second-place Manchester United. (이번 승리로 그 팀은 2위 맨체스터 유나이티드와 승점 동점이 되었다.)

set

(기록을) 세우다, 수립하다

to establish as the highest level of performance = establish, make, hit

용례 **set a new record** 신기록을 세우다 **set a new world record** 세계신기록을 세우다 **set a new indoor high jump world record** 실내 높이뛰기 세계신기록을 세우다
| **set[make, establish] a new men's 100-meter record of 9.77 seconds** 9초 77로 세계 남자 100미터 신기록을 세우다
| **set a world record of 53.42 seconds for the women's 100-meter freestyle** 여자 자유형 100미터에서 53.42초로 세계신기록을 세우다
| **set a new world record in the 100-meter breaststroke** 평영 100미터에서 세계신기록을 세우다
clock 9.77 seconds 9.77초를 기록하다
| **clock a time of 9.84 seconds** 9.84초를 기록하다 **be timed in** ~를 기록하다 **The new world record time is 59.30 seconds.** 세계신기록은 59.30초이다. **the winning record[time]** 우승 기록
| **wipe[slash, cut] 2 seconds off the previous world mark** 종전 세계신기록에서 2초를 단축하다
| **hold the world record for the marathon** 마라톤 세계기록을 보유하다 **the current world record holder in the 100-meter backstroke** 배영 100미터 현 세계신기록 보유자 **a co-holder of the world record** 세계기록 공동 보유자
| **break[beat, shatter, smash] the world marathon record** 마라톤 세계기록을 깨다 **smash one's own 200-meter record mark by more than a second** 자신의 기록을 1초 이상으로 깨다

| **better[renew] one's own record** 자신의 기록을 경신하다

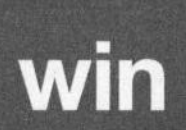

win

획득하다, 따다
to acquire by one's efforts or actions
= capture, earn garner, get, seal, seize, take

용례 **win the gold [a gold, gold] at the Olympic marathon** 올림픽 마라톤에서 금메달을 따다 **win silver[bronze] in the 100-meter race** 100미터 달리기에서 은메달[동메달]을 따다
| **take[capture, claim, garner, get, seal, seize] the gold medal, take a gold, take the gold, take gold** 금메달을 따다
| **earn a gold in tennis** 테니스에서 금메달을 따다 **earn a silver for her native Argentina** 그녀의 조국 아르헨티나에 은메달을 안기다
gold medalist 금메달 수상자
| **silver medalist** 은메달 수상자 **bronze medalist** 동메달 수상자
| **multi-medal winner, multi-medalist** 다관왕
| **double gold medalist, two-gold winner, winner of two golds** 2관왕
| **triple gold medalist, three-gold winner, winner of three golds** 3관왕

필수예문

1 Jamaican Asafa Powell **set a new men's 100-meter record of 9.77 seconds** at the Athens Olympic Stadium, beating Tim Montgomery's previous best of 9.78 set in Paris three years ago. (자메이카의 아사파 포웰은 아테네 올림픽 스타디움에서 9.77초로 남자 100미터 신기록을 세워 3년 전 파리에서 팀 몽고메리가 세운 이전 최고 기록 9.78초를 깼다.)

2 The South Korean athlete **set a new women's indoor high jump world record** with a leap of 2.10 meters, breaking the previous mark of 2.08 meters that had stood for 14 years. (그 한국 육상선수는 2미터 10센티를 뛰어 여자 실내 높이뛰기 세계신기록을 세워 14년 동안 유지되었던 이전 기록인 2미터 8센티를 깼다.)

3 The US long-distance runner **holds the world half-marathon record** of 59:17. (그 미국의 장거리 육상선수는 59분 17초의 하프마라톤 세계기록을 보유하고 있다.)

South Korea's Lee Bong-ju **shattered the men's world record** in the Seoul Marathon, recording a time of 2 hours, 4 minutes, 55 seconds. (한국의 이봉주 선수는 서울 마라톤대회에서 2시간 4분 55초를 기록하며 남자 마라톤 세계기록을 깼다.)

4 The American sprinter clocked 9.89 seconds to **wipe 0.02 off the previous record** established by Canadian Ben Johnson. (그 미국 단거리선수는 9.89초에 뛰어 캐나다의 벤 존슨이 수립한 종전 기록을 0.02초 단축했다.)

Olympic and world champion Yelena Isinbayeva **broke her own world record** in the women's pole vault, raising her previous best by a centimeter to 4.91

meters. (올림픽과 세계 선수권자인 옐레나 이신바예바는 여자 장대높이뛰기에서 자신의 세계기록을 깨고 자신의 종전 최고 기록을 깨고 1센티 늘려 4미터 91센티로 올렸다.)

5 Her gold gave her a full set of medals in Athens after she **won silver in** the 100-meter backstroke and **bronze in** the 200-meter individual freestyle. (100미터 배영에서 은메달을 따고 200미터 개인 자유형에서 동메달을 딴 뒤라 그녀는 금메달로 인해 금, 은, 동 메달을 다 획득했다.)

6 The US swimmer **won the gold medal in** the 200-meter butterfly at Barcelona after **taking a gold in** the 400-meter medley relay and a bronze in the 800-meter relay. (그 미국 수영선수는 바르셀로나에서 열린 400미터 혼계영과 800미터 계영에서 금메달을 딴 뒤에 200미터 접영에서 금메달을 땄다.)

7 Iranian weightlifter Hossein Rezazadeh broke two world records to **take gold in** the men's Olympic superheavy weight division and bring Russia's four-decade domination of the event to an end. (이란 역도선수 후세인 레자자데는 두 개의 세계신기록을 갱신하여 남자 올림픽 슈퍼헤비급에서 금메달을 땄고 러시아의 이 종목 40년 독주에 종지부를 찍었다.)

8 The top **multi-medalist** was the Chinese swimmer with 7 golds, two silvers and three bronzes. South Korean short track skater Ahn Hyun-soo claimed a gold in the men's 5,000-meter relay to become the nation's first male **triple gold medalist.** (최고의 다관왕 선수는 중국의 수영선수로 7개의 금메달, 두 개의 은메달 그리고 세 개의 동메달을 땄다. 한국의 쇼트트랙 선수인 안현수는 남자 5000미터 계주에서 금메달을 획득하여 한국 최초의 남자 3관왕이 되었다.)

심화학습

테니스·농구 표현 정리

신체적인 조건 때문에 우리나라 선수들이 테니스 프로 대회에서 두각을 나타내지는 못하지만 외신들은 많이 취급한다. 그리고 본고장인 미국에 비하면 아직 실력이 뒤지긴 해도 농구도 프로 리그가 출범하면서 인기를 더해가고 있다.

❑ **tennis** 테니스

| **South Korea's Lee Hyung-taek defeated American Andre Agassi 6-2, 6-3, 6-2 to win the French Open and become the lowest ranked player (No. 76) to capture a Grand Slam title.** 한국의 이형택은 미국의 안드레이 아가시를 세트 스코어 6대2, 6대3, 6대2로 물리치고 프랑스 오픈에서 우승하여 그랜드슬램 대회 타이틀을 획득한 세계 랭킹이 가장 낮은 선수(76위)가 되었다.

| **win the men's singles[doubles]** 남자 단식[복식]을 우승하다 **win the women's singles[doubles]** 여자 단식[복식]을 우승하다 **win the mixed doubles** 혼합복식에서 우승하다

| **top seed [top-seed, top-seeded] player** 톱시드를 배정 받은 선수 **No. 8-seeded [No. 8 seed] Lee** 8번 시드를 받은 이 **an unseeded player** 시드를 배정 받지 못한 선수

| **have three aces** 에이스(상대방이 못 받는 서브) 세 개를 올리다 **miss an easy shot at 30-all** 30:30에서 쉬운 샷을 놓치다 **net a backhand approach shot on the final point** 백핸드 어프로치 샷으로 마지막 점수를 올리다 **send the ball deep down the baseline** 베이스라인 깊숙이 공을 보내다 **break serve** 상대방 서브 게임을 이기다 **lose one's own serve only once** 자신의 서브 게임을 딱 한번 잃다 **hold serve to open the second set** 2세트를 시작하며 자신의 서브 게임에서 이기다 **hit a perfect cross-court shot** 완벽한 대각선 샷을

날리다

❙ **take the game back to deuce** 게임을 다시 동점으로 만들다 **serve[have, commit] five double faults** 더블 폴트 5개를 범하다 **attempt a drop shot** 드롭샷을 시도하다 **hit a perfect drop shot** 완벽한 드롭샷을 치다 **hit a forehand shot[stroke]** 포어핸드로 치다

❙ **get a much more powerful stroke** 더 강력한 스트로크를 받다 **succumb to a final powerful stroke** 마지막 강력한 스토로크에 굴복하다 **make a spectacular half-volley counter-attack** 멋진 하프발리로 역습을 하다

❙ **hit two lets in a row** 두 개 연속 렛(서브한 공이 네트에 맞고 상대방 서비스 코트 안에 들어간 경우)을 치다 **hit a perfect lob** 완벽한 로브(높이 띄워 올린 공)를 치다 **play a perfect lob to set up a breakpoint** 완벽한 로브를 받아 넘겨 브레이크 포인트(상대편 서비스 게임을 이기는 점수) 상황을 만들다

❙ **have a close match against Nadal** 나달을 상대로 접전을 벌이다 **set up a match point** 매치 포인트(시합을 결정하는 1점)를 만들다 **have a match point at 7-6 in the tie-break** 연장 7대6에서 매치 포인트 상황을 맞다

❙ **get two nets in a row** 네트에 맞는 공을 두 개 연속 얻다 **hit a passing shot down the line** 옆선을 따라 패싱샷을 날리다 **end a long rally with a deft forehand drop shot** 재치 있는 포핸드 드롭샷으로 긴 랠리를 끝내다 **return a lobbed ball** 높이 뜬공을 받아 넘기다 **win the first set 6-3** 첫 세트를 6대3으로 이기다 **net a backhand on a set point** 세트 포인트(세트의 승패를 정하는 1점) 상황에서 백핸드를 네트에 맞히다 **slice the ball** 공을 깎아 치다 **unleash a powerful smash** 강력한 스매시를 날리다

❙ **win the first three games of the third set** 3세트의 세 게임을 이기다 **win a first-round match in straight sets** 1라운드 시합을 한 세트도 내주지 않고 승리하다 **down ~ in straight sets** ~를 한 세트도 안 내주고 이기다 **lead 3-1 in the second-set tie-breaker** 2세트 동점 결승전(게임 스코어가 6대6일 때 세트 승리자를 정하기 위해 추가로 벌이는 경기로 먼저 2점 차이로 7점을 따는 선수가 승리)에서 3대1로 리드하다

❙ **hit a top spin shot** 톱스핀(전진 회전) 샷을 날리다 **fail to return a powerful volley** 강력한 발리 샷을 받아 넘기지 못하다 **ease into the third round of the French Open** 프랑스오픈 3라운드에 쉽게 진출하다 **labor to a 3-6, 6-2, 6-2 win over** ~에 3대6, 6대2, 6대2로 힘겨운 승리를 거두다

❙ **not advance past a quarterfinal in any Grand Slam event** 그랜드슬램 어떤 대회에서도 8강의 벽을 넘지 못하다 **lose five straight finals** 5연속 결승에서 패배하다 **beaten twice on clay by Rafael Nadal** 라파엘 나달에게 클레이 코트에서 두 번 패배한

❙ **play a virtually flawless match** 사실상 흠잡을 데 없는 경기를 펼치다 **lose 8-6 in the final set** 마지막 세트에서 8대6으로 지다 **squander a two-set lead and two match points** 두 세트 리드와 두 번의 매치 포인트를 놓치다 **commit 50 unforced errors** 50개의 자발적 범실을 범하다

❏ basketball 농구

❙ **Seo Jang-hoon had 30 points and 10 assists to lift the Samsung Thunders to a 92-83 victory over the SK Knights.** 서장훈은 30득점을 올리고 10개의 어시스트를 기록해 삼성 썬더스의 SK나이츠에 대한 92대83의 승리를 이끌었다.

❙ **be called for an 8-second violation** 8초 룰(공격하는 팀이 공을 잡으면 8초 이내에 center line을 넘어야 하는 규정) 위반 판정을 받다 **shoot an airball** 골과는 거리가 먼 어림없는 슛을 쏘다 **have 10 assists** 10개의 어시스트를 기록하다 **post a career-high 12 assists** 생애 최고인 12개의 어시스트를 기록하다

❙ **have three blocks** 슛 세 개를 막다 **make a spectacular dunk shot** 멋진 덩크슛을 성공시키다 **score 20 points from the free-throw line** 프리 스로로 20득점을 하다 **have a season-high 35 points** 시즌 최고 35득점을 하다 **hit 6 of 9 from the free throw line** 프리 스로 9개를 던져 6개를 성공시키다 **be 7-for-7 from the free throw line** 프리 스로 7개를 모두 성공시키다 **shoot a hook shot** 훅 슛을 하다

❙ **be called for an intentional foul** 고의 파울 선언을 받다 **be ejected after five fouls** 5반칙 퇴장을 당하다

| **make a jumper** 점프슛을 성공시키다 **hit a layup** 레이업 슛을 성공시키다 **make a layup with the right hand** 오른손 레이업슛을 성공시키다 **have five rebounds** 5개의 리바운드를 기록하다 **add five rebounds** 5개의 리바운드를 추가하다 **grab 12 rebounds** 12개의 리바운드를 잡아내다 **be outrebounded** 리바운드에서 열세를 보이다

| **commit a technical foul** 테크니컬 파울을 범하다 **have 10 steals** 10개의 가로채기를 하다 **have 5 turnovers** 5개의 턴오버(실수로 상대방에게 공격권이 넘어가는 것)를 기록하다

| **make[drill, hit, net, nail] a three-pointer** 3점 슛을 성공시키다 **shoot a three-pointer** 3점 슛을 하다 **make one's first three-pointer of the match** 첫 3점 슛을 성공시키다 **miss a three-pointer** 3점 슛을 놓치다 **sink one's fifth three-pointer** 다섯 번째 3점 슛을 성공시키다 **be 8-for-11 from the three-point line[range, territory]** 3점 슛 11개를 던져 8개를 성공시키다

| **shoot 8-of-10 from the field** 2점 슛 10개를 던져 8개를 성공시키다 **shoot 7-for-21** 슛 21개를 던져 7개를 성공시키다 **shoot 57 percent from the floor[field]** 야투 성공률 57퍼센트를 기록하다 **finish at 30 percent** 야투 성공률 30퍼센트로 마치다 **shoot from the top of the key** 자유투 지역 시작 지점에서 슛하다

| **have one's 10th game of 40 or more points this season** 올 시즌 10번째 40점 이상을 득점하다 **have one's second consecutive double-double** 2연속 더블-더블을 기록하다

| **bounce off the rim** 바스켓 테두리를 맞고 튀어나오다

| **average 35.5 points per game** 게임당 평균 35.5점을 득점하다 **make[hit, nail] a buzzer beater** 경기 종료 순간에 득점하다 **hit a buzzer-beating jumper from the right baseline** 오른쪽 베이스라인에서 경기 종료 순간에 점프슛을 성공시키다 **make a buzzer-beating three-pointer** 경기 종료 순간에 3점 슛을 성공시키다 **hit a game-winning buzzer beater** 경기 종료 순간에 결승골을 넣다 **hit a 3-pointer at the buzzer** 게임 종료 순간에 3점 슛을 넣다

| **lead ~ with 40 points** 40득점을 해 ~의 승리를 이끌다 **be held to 15 points** 15득점에 그치다 **hand ~ its fifth straight loss** ~에 5연패를 안기다 **win[lose] five straight** 5연승[5연패]하다 **beat ~ for the 10th straight time** ~를 10연패시키다 **be 10-0 against** ~를 상대로 10승 무패다 **lose a season-worst 10 in a row** 시즌 최악인 10연패를 하다

| **lose one's 10th straight on the road** 원정 10연패를 하다 **fall to 6-23 away from home** 원정 기록 6승 23패로 떨어지다

| **blow a late lead** 막판 리드를 날리다 **blow a six-point advantage in the final 34 seconds of overtime** 연장 마지막 34초에 6점 리드를 날려버리다

37 데뷔 | 은퇴 | 복귀

주제어	관련어
debut	come out, make one's debut in the Premier League, make a spectacular debut in, debut goal, debutant, maiden flight, maiden appearance
retire	retire from football, retire from international football, hang up one's boots, hang up one's gloves
return	return to international duty, comeback

●●● First come, first served. 먼저 온 사람이 우선이다 (선착순).

한국계로 미국에서 13세 때부터 '골프 천재 소녀(golf sensation)'로 세계 언론의 주목을 받아왔던 위성미. 미국프로골프(PGA) 투어 대회에서 세계 정상급 남자 선수들과 당당히 겨루고 미국여자프로골프(LPGA) 빅 이벤트에서 상위권에 입상하면서 프로 무대에서도 통할 수 있다는 검증을 받은 위성미의 프로 전향(turn pro)에 골프 팬들의 관심이 쏠렸다. 그러던 그녀가 마침내 2005년 10월 16일 국내외 언론의 지대한 관심 속에 프로 전향을 선언하였다.

프로 전향 그 자체도 엄청난 뉴스였지만 그녀가 나이키와 소니로부터 1천만 달러의 후원금을 받는 것으로 알려져 세상을 다시 한 번 놀라게 했다. 또 미국 남부 해안지역을 강타한 허리케인 카트리나(Hurricane Katrina) 피해자 돕기 성금 50만 달러를 선뜻 내놓아 '스포츠 재벌 소녀'의 탄생을 알리며 사람들의 관심을 끌었다. 그러나 열흘 뒤 가진 프로 데뷔전에서 그녀는 호된 신고식을 치러야 했다. 4라운드 합계 8언더파 280타로 4위에 입상했지만 3라운드 때 규정을 어긴 사실이 뒤늦게 밝혀져 실격을 당했다.

데뷔를 통해 새로 얼굴을 알리는 선수들이 있는가 하면 전성기를 지나 후배들에게 자리를 물려주고 은퇴하는 선수들도 있다. 2006년 독일 월드컵을 끝으로 은퇴한 선수 중에 프랑스의 아트 사커가 낳은 중원의 마술사 지단(Zinedine Zidane)이 있었다. 본선 진출권을 조국 프랑스에 안기기 위해 국가대표팀 은퇴를 번복하고 다시 복귀한 지단은 34살이라는 나이에도 불구하고 자신의 명성에 걸맞은 활약을 선보이며 프랑스를 결승에 진출시켰지만 결승전에서 이탈리아 수비수 마테라치에게 그 유명한 박치기를 날려 퇴장의 불명예를 당하고 패배의 빌미를 제공했다. 하지만 그는 독일월드컵 최우수 선수로 뽑혔다.

debut

데뷔하다; 데뷔
to play or present for the first time to the public = appear, come out, make one's debut

debut 역시 '처음으로 출전하다'는 동사로 쓰임과 동시에 '첫 출연, 첫 출전'이라는 명사로도 쓰인다.
debut in the Premier League 프리미어 리그에 데뷔하다
make one's major league **debut** 메이저리그에 데뷔를 하다

용례 **debut in an eye-catching game** 관심을 끄는 경기에서 데뷔하다 **score in one's Premier League debut for Manchester United** 맨체스터 유나이티드팀 소속으로 프리미어 리그 데뷔전에서 골을 넣다
| **debut in the major league** 메이저 리그에 데뷔하다
| **debut in the Premier League** 프리미어 리그에 데뷔하다
| **make one's debut in** ~에 데뷔하다 **make a spectacular[dazzling] debut in the major league** 메이저 리그에 화려하게 데뷔하다 **make one's Premier League debut** 프리미어 리그 데뷔를 하다 **make one's team debut for** ~를 위해 첫 출전을 하다 **make one's home debut for** ~의 홈에서 데뷔하다 **give a Premier League debut to** ~를 프리미어 리그에 데뷔시키다 **await his debut in the big leagues** 그의 메이저 리그 데뷔를 기다리다
| **a debut goal** 데뷔 골 **score one's debut goal for Manchester United** 맨체스터 유나이티드에 와서 데뷔 골을 넣다 **one's debut season** ~의 데뷔 시즌
| **debutant, debutante** 첫 출전한 선수 **a major league debutant** 메이저 리그에 첫 출전하는 선수 **a Premier League debutant** 프리미어 리그 데뷔 선수 **a World Series debutant** 처음으로 월드시리즈 무대를 밟는 선수

---

maiden 처음의, 첫 무대의, 처녀 ~

to be first ever = first, inaugural, initial, new, original, pioneer, prime, unbroached, untapped, untried, unused, virgin

용례 **a maiden flight** 처녀 비행 **a maiden work** 처녀작 **a maiden voyage** 처녀 항해 **a maiden speech** 첫 연설
| **make one's maiden appearance in the World Cup** 월드컵에 처녀 출전하다 **qualify for one's maiden World Cup appearance** 월드컵에 처녀 출전 자격을 얻다 **score a goal in one's maiden appearance for South Korea** 한국 대표로 처녀 출전해서 골을 넣다
| **a virgin peak** 처녀봉 **virgin snow** 처녀설 **a virgin voyage** 처녀 항해 **virgin forest** 처녀림 **virgin land[soil]** 처녀지

필수예문

1 After two years of a successful stint at PSV Eindhoven, Park Ji-sung **debuted with Manchester United** in a match against Everton on Aug. 13, but failed to score a goal. (PSV 아인트호벤에서 성공적인 2년을 보낸 뒤 박지성은 8월 13일 에버튼과의 경기에 맨체스터 유나이티드 선수로 데뷔했지만 골을 기록하지는 못했다.)

2 Choi Hee-seop **debuted as a major league baseball** player with the Chicago

Cubs in 2004, hitting 17 doubles and seven home runs and averaging .260 at the plate. (최희섭은 2004년 시카고 컵스 선수로 메이저 리그에 데뷔해 17개의 2루타와 7개의 홈런을 치고 2할6푼의 타율을 기록했다.)

3 The mercurial midfielder, signed from Tottenham in January, is likely to **make his debut for Fulham** on Saturday. (1월 토트햄에서 데려온 그 재치 있는 미드필더는 토요일 풀햄 선수로 데뷔할 것 같다.)

The club will **give a Premier League debut to** the third-choice goalkeeper in a crucial match against Chelsea. (그 팀은 첼시와의 중요한 일전에서 팀의 제3 골키퍼에게 프리미어 리그 데뷔전을 치르게 할 것이다.)

New signing Lee Young-pyo is expected to **make his delayed debut for** Tottenham against Arsenal on Sunday. (새로 영입한 선수인 이영표는 토요일 아스날 전에서 토튼햄 선수로 뒤늦은 첫 출전을 할 것으로 예상되고 있다.)

4 The World Baseball Classic, a 16-nation tournament starring US major league talents, **made its debut** amid plans to make it a major sporting spectacle. (미국 메이저 리그의 재능 있는 선수들이 출전하는 16개국 대회인 월드 베이스볼 클래식이 대회를 주요한 스포츠 볼거리로 만들려는 계획 속에 출범했다.)

The New York Yankees will see a **major league debutant** on the mound in a match against the Chicago White Sox. (뉴욕 양키스는 시카고 화이트삭스와의 경기에 메이저 리그에 데뷔하는 선수를 마운드에 세울 것이다.)

5 A **debut goal** from Park Ji-sung gave Manchester United a 1-0 victory over Arsenal in a League Cup semifinal first leg. (박지성의 데뷔 골로 맨체스터 유나이티드는 리그컵 4강 1차전에서 아스날에 1대0 승리를 거뒀다.)

The lead lasted 30 minutes until the **debutant striker** slotted home a penalty. (경기의 리드는 첫 출전하는 스트라이커가 페널티킥을 성공시킬 때까지 30분간 계속되었다.)

6 The racer achieved his first victory in his **debut season**, winning the Italian Grand Prix much to the surprise of all fans. (그 레이서는 데뷔 시즌에 첫 승리를 올렸는데 이탈리아 그랑프리 대회에서 우승하여 모든 팬들을 깜짝 놀라게 했다.)

Park Ju-yung **made his international debut** in a friendly against Scotland, scoring a spectacular leveler. (박주영은 스코틀랜드와의 친선경기에 국가대표로 데뷔하여 멋진 동점골을 넣었다.)

7 Ireland, which reached the quarterfinals on its **maiden trip** to the World Cup in 1990, faces an uphill struggle to book a ticket to Germany. (1990년 월드컵 처녀 출전에서 4강에 올랐던 아일랜드는 독일 월드컵 출전권을 따기 위한 난관을 맞고 있다.)

8 After a 1-1 draw in the first half, the visitors launched a non-stop attack on their rivals' goal and the South Korean midfielder took advantage of an opportunity nine minutes after halftime to **score his maiden goal in the league**. (전반전에서 1대1로 비긴 뒤 방문팀은 상대방 골문에 쉴 새 없이 공격을 퍼부었고 한국 출신의 미드필더는 후반 9분에 기회를 살려 리그 데뷔 골을 넣었다.)

retire

은퇴하다

to withdraw from one's occupation, business, or office = abandon, give up, leave, quit, relinquish, resign, step down, withdraw

용례 **retire from soccer** 축구를 그만두다, 은퇴하다 **retire from politics** 정계에서 은퇴하다 **retire from active service** 현역에서 물러나다

| **retire from football, hang up one's boots, quit football, quit[retire from] the game** 축구를 그만두다 **bring the curtain down on one's playing career** 선수생활의 막을 내리다

| **retire from international football, retire from the national team, end one's career with the national team** 축구 국가대표에서 은퇴하다(물러나다) **reach the highest point in one's career as a player** 선수로서 절정기에 이르다 **the pinnacle of one's soccer career** 축구 인생의 절정기

| **retire from boxing, hang up one's gloves** 복싱을 그만두다

| **leave baseball** 야구를 그만두다 **quit basketball** 농구를 그만두다

retirement 은퇴

| **consider[mull] retirement** 은퇴를 고려하다 **reconsider one's retirement** 은퇴를 재고하다

| **announce one's immediate retirement from football** 즉각적인 축구 은퇴를 선언하다 **announce one's retirement from international football, announce one's retirement from the South Korean national team, announce one's retirement from the international scene** 축구 국가대표 은퇴를 선언하다

| **announce one's retirement as manager** 감독 은퇴를 선언하다

| **retire one's jersey** ~의 백넘버를 영구 결번으로 하다 **retire one's No. 10 jersey** ~의 배번 10번을 영구 결번으로 하다 **retire one's number 33 in a ceremony** ~의 등번호 33을 영구 결번으로 하는 행사를 갖다 **retire one's jersey number, retire one's number** ~의 배번을 영구 결번으로 하다 **have one's No. 11 jersey retired** ~의 백넘버 11번이 영구 결번으로 되다

return

복귀하다

to come back to a previous activity = come back, re-enter, reappear

용례 **return to football** 축구 현역으로 복귀하다 **return to boxing** 복싱 현역에 복귀하다

| **return to international football[duty]** 축구대표팀에 복귀하다

| **come back for South Korea** 한국 대표팀에 복귀하다 **resume playing for South Korea** 대표팀에 복귀하다

| **come out of international retirement** 국가대표 은퇴를 번복하다 **return[emerge] from retirement** 은퇴에서 복귀하다

| **return, comeback** 복귀 **announce one's return to the national team** 대표팀 복귀를 선언하다

| **copy one's international U-turn** ~의 대표팀 복귀를 따라하다

| **confirm one's comeback to the South Korean squad** 한국 대표팀 복귀를 확인하다 **make one's comeback in a match against Japan** 일본전에서 복귀하다

필수예문

1 Real Madrid midfielder Zinedine Zidane has categorically denied reports that he will **retire from soccer** after the World Cup finals, which starts in Germany on June 9. (레알 마드리드의 미드필더 지네딘 지단은 6월 9일 독일에서 시작되는 월드컵 본선이 끝난 뒤 축구에서 은퇴할 것이라는 보도를 강력히 부인했다.)

2 The South Korean defender has revealed that he is ready to **bring the curtain down on his playing career** if he is unable to secure a new contract at the end of the current season. (그 한국 수비수는 이번 시즌 말에 새 계약을 할 수 없으면 현역 생활을 마감할 준비가 되어 있다고 밝혔다.)

3 The football club said its top-choice goalkeeper, who has been plagued by a knee injury for the past two seasons and has only played three times this season, is to **retire from the game** soon. (그 축구팀은 지난 두 시즌 동안 무릎 부상에 시달려왔고 올 시즌 세 번밖에 출전하지 못한 팀의 제1 골키퍼가 곧 축구에서 은퇴할 것이라고 밝혔다.)

4 Yoo Sang-chul, who has earned 122 caps and scored 18 goals for South Korea, said he will **hang up his boots** later this month and step into the job of coach for his team. (한국 대표선수로 122차례 출장해 18골을 넣은 유상철은 이번 달 말에 은퇴를 하고 팀의 코치직을 맡게 될 것이라고 밝혔다.)

If Mike Tyson **hangs up his gloves**, he is tipped to be a shoo-in for the Hall of Fame. (마이크 타이슨이 은퇴를 하면 그는 명예의 전당에 확실하게 헌액될 것으로 예상된다.)

5 The lethal striker for South Korea has **announced his retirement from the international scene** ahead of the beginning of the World Cup qualifiers, casting a cloud over its bid to make a six straight appearance in the quadrennial soccer tournament. (한국팀의 킬러인 그 선수는 월드컵 예선전이 시작되기 전에 국가대표 은퇴를 선언해 4년마다 열리는 국제 축구대회에 6연속 출전하려는 한국의 시도에 암운을 드리웠다.)

6 The Real Madrid midfielder said he has changed his mind and decided to **come out of international retirement** after the coach persuaded him to **reconsider his retirement.** (레알 마드리드의 그 미드필더는 감독이 은퇴를 재고하라고 설득한 후 마음을 바꿔 대표팀 은퇴를 번복하게 되었다고 밝혔다.)

7 After more than a year of **retirement from the national team**, Zinedine Zidane says **his return** is designed to recapture the form that guided France to the top of international soccer. (국가 대표팀에서 은퇴한 지 일년 이상이 지난 뒤 지네딘 지단은 자신의 복귀는 프랑스를 국제 축구의 정상에 올려놓았던 팀의 컨디션을 다시 찾기 위한 것이라고 말한다.)

He will wear the captain's armband when he **returns to international duty** for South Korea in a friendly against Scotland. (그는 스코틀랜드와의 친선 경기에서 한국 대표팀으로 복귀할 때 팀의 주장 완장을 찰 것이다.)

8 Park is expected to **make his comeback in** a friendly match against Japan on Oct. 17 — exactly 11 years after marking his South Korea debut with two goals against China. (박은 중국과의 일전에서 두 골을 넣으며 한국 대표팀에 데뷔한 지 정확하게 11년 뒤인 10월 17일 일본과의 친선 경기에서 복귀할 것이다.)

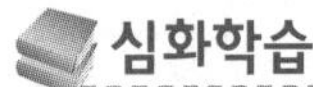

심화학습

배구 · 핸드볼 · 탁구 · 배드민턴 표현 정리

우리나라에도 프로배구가 시작되어 농구와 더불어 겨울철의 인기 있는 스포츠로 발돋움하고 있으나 핸드볼, 탁구, 배드민턴은 여전히 올림픽이나 아시안게임에서나 스포트라이트를 받는 비인기 종목으로 남아 있다.

❑ **volleyball** 배구

❙ **South Korea won the Asian volleyball championship, beating China 25-23, 22-25, 25-21, 19-25, 15-10 in the final to clinch its sixth continental title. After China won the fourth set to force a decider, the South Koreans sealed the final on a finesse play by Kim Se-jin.** 한국은 아시아 배구선수권대회에서 우승했는데 결승전에서 중국을 25-23, 22-25, 25-21, 19-25, 15-10으로 물리쳐 대회에서 6번째 우승을 하였다. 중국이 4세트를 이겨 마지막 5세트를 하게 된 뒤 한국은 김세진의 멋진 플레이로 마무리를 했다.

❙ **dominate the offense** 공격을 주도하다 **On the attacking side, Park stood out with 16 kills.** 공격에서는 박이 16개의 스파이크로 뛰어난 활약을 했다. **lead the defense for the team** 팀의 수비를 주도하다

❙ **Standing out on defense was Kim with 18 digs.** 수비에서 뛰어난 활약을 보인 선수는 김으로 18개의 걷어올리기를 기록했다. **lead the attack with 10 kills, three aces and two digs** 스파이크 10개, 세 개의 서브 에이스 그리고 걷어올리기 두 개로 공격을 이끌다 **pound down [blast, slam down] one's career high of 20 kills** 생애 최고인 20개의 스파이크를 성공시키다

❙ **smash a kill to raise the lead 18-7** 강 스파이크를 성공시켜 18대7로 앞서 나가게 하다 **lead his team with 125 kills for the season** 올 시즌 125개의 스파이크로 팀내 최고다 **put down a tip** 연타를 성공시키다 **finish the year with a .785 hitting percent** 올해 공격 성공률이 78.5 퍼센트다 **post a .342 team attacking percent** 34.2퍼센트의 팀 공격 성공률을 기록하다

❙ **have zero errors out of 20 attacking attempts** 20번 공격을 시도해 하나도 실패가 없다 **make unforced errors** 자발적 실책을 범하다 **have[grab, snatch, nab] 15 points** 15점을 올리다 **lead[top] the team with 21 points** 팀 내 최고 21득점을 올리다 **average 10 points per game** 경기당 10득점을 올리다

❙ **notch[tally] three blocks** 블로킹 세 개를 기록하다 **the team's top blocker** 팀 내 최고의 블로커 **score four service[serving] aces, score four ace serves** 서브 에이스 네 개를 올리다 **slam in four aces** 서브 에이스 네 개를 꽂아 넣다

❙ **fail to return the ball after three hits** 오버타임 하다 **record a double-double for the match with 12 kills and 10 blocks** 스파이크 12개와 블로킹 10개로 더블-더블을 기록하다

❙ **Every team is allowed three hits[contacts] to get the ball over the net to the other half.** 각 팀은 공을 세 번 맞추어 상대편 네트로 넘겨야 한다.

❙ **The libero is restricted to perform as a back-row player, and is not allowed to complete an attack from anywhere if the ball is entirely above the height of the net.** 리베로는 후미 선수로만 활동할 수 있으며 공이 네트보다 위에 있으면 어떤 위치에서도 공격을 마무리 할 수 없다.

❑ **handball** 핸드볼

❙ **Lee Jae-woo scored 11 points to lift South Korea to a 29-22 victory over world champion Spain in the men's World Handball Championship final on Saturday.** 토요일 벌어진 남자 세계 핸드볼선수권 결승전에서 이재우가 11골을 넣어 한국이 세계 챔피언 스페인에 29대22 승리를 하는 데 견인차 역할을 했다.

❙ **score six straight points** 6연속 득점을 하다 **score on a seven-meter penalty throw** 7미터 페널티 스로를 성공시키다

❙ **lead the first half 20-5** 전반전을 20대5로 앞서다 **lead 15-12 at the half** 전반전에 15대12로 앞서다

| lead the first 20 minutes of the match 경기 시작 20분간 리드를 하다 **take a 10-5 lead at 9:50** 9분 50초에 10대5로 앞서다
| never allow China to come closer than four goals 중국이 4점 이내로 추격하는 것을 허용하지 않다 **extend one's advantage to seven goals shortly after the break** 후반 시작 직후 점수 차를 7점으로 벌리다
| fall 0-2 behind in the opening minute 경기 초반 2대0으로 뒤지다
| play short-handed for much of the second period 후반전의 대부분을 수적 열세에서 경기를 하다
| close the gap in the final minutes 경기 막판에 점수 차를 좁히다
| confirm one's status as a handball superpower 핸드볼 강국의 면모를 확인하다
| play an inspired first half 전반전에 훌륭한 경기를 펼치다 **torment the Chinese defense with fine individual work by playmaker ~** 플레이 메이커 ~의 멋진 개인기로 중국 수비진을 괴롭히다 **find one's scoring touch** 득점 감각을 찾다 **withstand the Japanese comeback** 일본의 반격을 물리치다
| be issued a warning[yellow card] 경고를 받다 **be given a 2-minute suspension from the game** 2분간 퇴장 당하다 **serve the two-minute penalty** 2분 벌칙을 받다
| be awarded a penalty throw 페널티 스로를 얻다 **take a penalty throw** 페널티 스로를 하다 **take a free throw** 프리 스로를 하다

❑ table tennis 탁구

| Ryu Seung-min defeated China's Wang Hao 3-2, becoming the first South Korean to win the men's table tennis gold medal and ending China's long run of men's singles titles. 유승민은 중국의 왕 하오를 세트 스코어 3대2로 꺾어 한국인 최초로 남자 탁구 금메달을 따며 중국의 오랜 남자 단식 타이틀 독주에 종지부를 찍었다.
| win the men's[women's] singles gold 남자[여자] 단식 금메달을 따다 **take the gold in men's[women's] doubles** 남자[여자] 복식에서 우승하다 **take gold in doubles with** ~와 복식을 이루어 금메달을 따다 **pair with ~ to win the men's doubles event** ~와 한 조가 되어 남자 복식을 우승하다 **win the men's team event** 남자 단체전에서 우승하다 **claim the mixed doubles title** 혼합복식에서 우승하다 **pocket the men's team, men's singles and mixed doubles gold medals** 남자 단체, 남자 단식 그리고 혼합복식 금메달을 따다
| a table tennis player, a paddler 탁구선수
| give ~ a clean sweep of all four gold medals ~이 금 넷 모두를 휩쓸게 하다 **chop and slice one's way to a 11-8, 11-7, 11-5 victory over** 백스핀과 슬라이스를 구사해 ~에 11대8, 11대7, 11대5 승리를 거두다 **take a straight 3-0 victory** 세트 스코어 3대0 승리를 거두다
| an attacker 공격형 선수 **a defensive specialist, a defender** 수비 전문 선수
| hit a counterdrive to the forehand 포어핸드로 반격하다 **hit a perfect drop shot** 완벽한 드롭샷을 치다 **hit a backhand smash** 백핸드 스매시를 치다 **forehand[backhand] the ball** 포핸드[백핸드]로 넘기다 **cash in on errors from one's opponent** 상대편 실책을 이용하다
| play an excellent top-spin game 뛰어난 톱스핀 위주의 경기를 하다 **play smart to move ~ around the table** 영리한 경기를 펼쳐 ~를 탁구대 전후좌우로 움직이게 하다 **twice net the ball** 서브를 두 번 네트에 맞히다 **kiss the net** 네트에 살짝 맞다 **call a timeout** 타임아웃을 부르다
| score three straight points to tie on 7-all 3연속 득점하여 7대7이 되다 **level the score on 8-8** 점수를 8대8 동점으로 만들다 **cut the deficit to 6-4** 점수 차를 6대4로 줄이다

❑ **badminton** 배드민턴

▌**South Korea's Bang Soo-hyun cruised past Mia Audina of Indonesia 11-6, 11-7 to win the women's singles of Olympic badminton.** 한국의 방수현은 인도네시아의 미아 아우디나를 11대6, 11대7로 물리치고 올림픽 배드민턴 여자 단식에서 우승했다.

▌**a badminton player, a shuttler** 배드민턴 선수 **shuttlecock** 깃털공, 셔틀콕 **win the men's singles[doubles]** 남자 단식[복식]을 우승하다 **bag the women's singles[doubles] title** 여자 단식[복식]을 우승하다

▌**a doubles specialist** 복식 전문 선수 **win the mixed doubles** 혼합복식에서 우승하다 **one's mixed doubles partner** 혼합복식 파트너 **beat the world's top-ranked pair** 세계 최강의 복식조를 물리치다

▌**score three points with overhead shots** 머리 위로 날아가는 샷으로 3점을 얻다 **regain service** 서비스를 되찾다 **tie the score with an overhead line drive** 머리 위로 날아가는 직선타로 동점을 만들다

▌**finish the match in 40 minites** 40분 만에 경기를 끝내다 **nudge drop shots over the net** 드롭 샷을 네트 위로 살짝 넘기다 **rain down fierce smashes** 강력한 스매싱을 내리꽂다

▌**throw one's racket into the air** 라켓을 공중으로 던지다 **catch the net after a short rally** 짧은 랠리 뒤에 네트에 걸리다

▌**recovery[rally] from 4-0 down in the first game** 첫 게임에서 4대0으로 뒤진 상태에서 반격을 하다 **fight back from 2-9 down** 2대9로 뒤진 상태에서 반격하다

▌**make it even at 10-10** 10대10 동점을 만들다 **pull ahead 11-10** 11대10으로 앞서 나가다 **put it 14-10** 14대10으로 만들다

▌**fight back a late surge from** ~의 막판 추격을 뿌리치다 **score just one point in a 10-minute opening game** 10분 만에 끝난 첫 게임에서 단 1점만 얻다 **take the first game barely breaking sweat** 첫 게임을 너무 쉽게 이기다

▌**win the women's doubles in the all-South Korean final** 한국 선수들끼리 맞붙은 결승에서 여자 복식 우승을 하다 **defeat world number one ~ in straight sets 15-6, 17-16** 세계 1위 ~를 15대6, 17대16으로 물리치다 **edge out title holder ~ in a three-game thriller in the mixed doubles final** 혼합복식 결승에서 마지막 세 번째 게임까지 가는 접전에서 전 대회 우승자 ~에 신승을 거두다 **overpower[maul] ~ 15-3, 15-2 in an one-sided match** 일방적인 경기에서 ~에 15대3, 15대2로 압승을 거두다

38 영입 | 선발 | 소집

주제어	관련어
acquire	**new acquisition, sign, new signing, signing bonus, transfer, trade, transfer fee, transfer window, deal, release, sell, loan, on loan from**
draft	**top draft pick, grab the No.1 draft choice, roster, name a 23-man roster, select side**
recall	**be recalled from, call up, make the squad, be dropped from the squad**

●●● Two of a trade never agree. 같은 장사끼리는 서로 화합이 안 된다.

프로 스포츠 구단의 목표는 리그에서 우승하는 것이며 이를 위해서 각 구단(club, franchise)들은 스카우터들을 동원해 끊임없이 좋은 선수들을 영입한다(acquire). 우리나라는 외국에 비해 프로 스포츠의 역사가 짧고 덜 활성화되어 있어 선수 이적(transfer)에 드는 비용이 그렇게 크지 않지만 외국의 경우 일류 선수들을 데려오는 경우 천문학적인 이적료(transfer fee)를 지급하는 경우를 종종 보게 된다. 또 다른 구단과 접촉해 팀에서 크게 필요하지 않은 선수들을 교환하는 트레이드(trade)를 단행해 팀의 면모를 일신하기도 하며 팀이 필요로 하지 않는 선수들은 방출하기도(deal) 한다. 구단끼리 이해관계가 맞아떨어질 경우 선수를 일정 기간 임대해주는(loan) 경우도 볼 수 있다.

프로 구단들은 해마다 신인 선수들을 선발하여 전력을 보충하게 되는데 이를 draft라고 한다. 드래프트에서는 보통 전년도 시즌의 역순으로 신인들을 선택할 수 있는 우선권이 주어지게 되며 최하위 팀이 전체 1순위 선수(the top overall pick)를 지명할 수 있는 권리를 받게 된다. 드래프트를 거치지 않고 직접 구단과 협상하여 입단할 수도 있는데 현재 메이저리그에서 활약하고 있는 박찬호를 비롯한 투수들과 최희섭 같은 경우가 이에 해당된다. 가능성이 있고 전도가 유망하다고 생각되는 선수들을 천문학적인 계약금과 연봉을 주고 영입하게 된다.

이렇게 프로 구단에 영입되어 활약하고 있는 선수들을 올림픽이나 월드컵 등의 국제대회를 위해 국가에서 차출하여 대표팀(the national team)에 소집할(call up) 수 있다. 개인에게는 무한한 영광이지만 자칫 부상을 당하기라도 하면 구단 차원에서는 큰 손해이므로 대표팀 소집 문제로 구단과 협회 사이에 갈등이 빚어지기도 한다. 대표적인 예로 2005년 서울의 박주영 선수의 국가대표 축구팀 소집을 두고 프로축구 구단인 FC 서울과 축구협회의 이해관계가 맞지 않아 한동안 갈등을 빚어 관계가 틀어졌던 적이 있었다.

acquire

영입하다, 얻다
to gain possession of = bring in, buy, get, grab, obtain, pick up, receive, sign

다른 구단에서 선수를 '영입해 오다, 데려 오다'는 뜻의 타동사 acquire는 전치사 from을 수반하고 '다른 팀에 트레이드하다'는 동사 trade, transfer 뒤에는 to가 붙는다.

acquire the closer **from** the Texas Rangers 텍사스 레인저스에서 마무리 투수를 데려오다

be **traded to** Chelsea 첼시로 트레이드 되다

반의어 **lose, relinquish, sell, surrender**

용례 **acquire the veteran striker from Chelsea** 노련한 스트라이커를 첼시에서 영입하다 **be acquired from** ~로부터 영입되다

| **acquire a closer in exchange for** ~를 내주고 마무리 투수를 영입하다 **acquire a left-handed pitcher in a trade with the New York Mets** 뉴욕 메츠와의 트레이드를 통해 왼손 투수를 영입하다

| **make a $30 million swoop for French star Zinedine Zidane** 프랑스 스타 지네딘 지단을 3천만 달러에 영입하다

| **acquisition** 영입 **a newly acquired player** 새로 영입한 선수 **new acquisition Ronaldo** 새로 영입한 호나우두 **an ideal recruit** 이상적인 신인

sign 계약하다, 계약을 맺다

| **sign a midfielder from Arsenal for $10 million** 아스날의 미드필더와 천만 달러에 계약하다 **sign a five-year contract with** ~와 5년 계약을 맺다 **sign ~ on a three-year contract** ~와 3년 계약하다 **sign ~ on loan** ~와 임대 계약을 맺다 **re-sign the striker** 스트라이커와 재계약하다

| **signing** 계약 **new signing Zidane** 새로 영입한 지단 **receive a $10 million signing bonus** 계약금 천만 달러를 받다

transfer, trade 트레이드 시키다; 트레이드, 이적

| **be transferred[traded, moved] to** ~로 트레이드 되다 **receive a $10 million transfer fee** 이적료 천만 달러를 받다 **ahead of the closing of the transfer window** 이적 마감시한 전에

| **complete a move from PSV Eindhoven** PSV 아인트호벤으로부터 이적을 완료하다 **leave the Boston Red Sox** 보스턴 레드삭스를 떠나다

| **join Real Madrid from AS Roma** AS 로마로부터 레알 마드리드에 합류하다 **join Bolton at the beginning of the season on loan from** 시즌 초에 ~로부터 임대로 볼턴에 합류하다

| **a four-team swap** 네 팀간의 트레이드

deal, release 방출하다

| **be dealt[released] to** ~로 방출되다

| **place ~ on waivers** ~를 웨이버 공시하다 (선수에 대한 권리 포기로 48시간 내에 다른 팀이 이의를 제기하지 않으면 방출 또는 트레이드할 수 있다) **clear waivers** 웨이버 공시를 통과하다

| **be designated for assignment** 방출 대기되다

| **sell the closer to the Mets** 마무리 투수를 메츠에 팔다

loan (선수를) 임대하다; 임대

| **loan the midfielder to Hamburg SV** 미드필더를 함부르크 SV에 임대하다 **be on loan from** ~에서 임대된

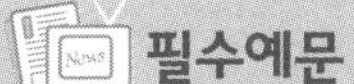

필수예문

1 The New York Yankees announced it will **acquire** South Korean pitcher Park **from** the San Diego Padres in exchange for the Japanese left fielder. (뉴욕 양키스는 그 일본인 좌익수를 주고 샌디에고 파드리스로부터 한국인 투수 박을 영입할 것이라고 발표했다.)

New acquisition Ronaldinho sported flashes of good play but failed to find the back of the net. (새로 영입한 호나우디뉴는 멋진 플레이를 뽐냈지만 골을 넣지는 못했다.)

2 Manchester United's **new signing** Park Ji-sung opened his Premier League career in a match against Arsenal, but didn't impress manager Alex Ferguson and its fans. (맨체스터 유나이티드에 새로 영입된 박지성은 아스날과의 경기에 출장하여 프리미어 리그 생활을 시작했지만 알렉스 퍼거슨 감독과 팬들에 깊은 인상을 심어주지 못했다.)

3 Real Madrid has **signed Brazilian star striker Ronaldo** from Inter Milan, but the Spanish club did not give any further details. Ronaldo will wear the number 11 shirt because Fernando Morientes has Ronaldo's customary number nine jersey. (레알 마드리드는 인터 밀란의 브라질 출신 스타 공격수 호나우두와 계약을 했지만 자세한 내용은 밝히지 않았다. 호나우두는 백넘버 11번을 달게 될 것인데 페르난도 모리엔테스가 호나우두의 등번호 9번을 가지고 있기 때문이다.)

4 Chelsea will pay $35 million for the **transfer of** Ronaldo, one of the world's leading strikers. (첼시는 세계의 톱 스트라이커 중 한 명인 호나우두의 이적료로 3500만 달러를 지불할 것이다.)

Newcastle United has agreed to a **record transfer fee** with Real Madrid for striker Michael Owen. (뉴캐슬 유나이티드는 스트라이커 마이클 오웬를 영입하는 데 레알 마드리드와 기록적인 이적료에 합의했다.)

5 Argentine striker Hernan Crespo has been **transferred to** Inter Milan from Lazio to replace the Brazilian star. (아르헨티나 출신 스타 에르난 크레스포는 브라질 출신 스타를 대신하기 위해 라지오에서 인터 밀란으로 트레이드 되었다.)

The right-handed pitcher was **transferred to** the New York Yankees at the end of last season. (그 오른손 투수는 지난 시즌이 끝나고 뉴욕 양키스로 트레이드 되었다.)

6 After starting his major-league career with the Texas Rangers in 1989, the slugger was **traded to** the Chicago White Sox and then **dealt to** the Chicago Cubs. (1989년 텍사스 레인저스에서 메이저 리그 선수 생활을 시작한 뒤 그 강타자는 시카고 화이트삭스로 트레이드 되었다가 시카고 컵스로 방출되었다.)

7 The Boston Red Sox put Manny Ramirez up for grabs, **placing** the All-Star outfielder **on waivers**. That means any team can grab him if it is willing to pay his salary. (보스턴 레드삭스는 매니 라미레스를 트레이드 시장에 내놓고 올스타 출신 외야수를 웨이버 공시했다. 이는 그의 연봉을 줄 수만 있다면 어떤 팀이라도 그를 잡을 수 있다는 것을 의미한다.)

8 The Senegal midfielder, who joined Chelsea at the beginning of the season **on loan from** French club Lens, has signed a three-year deal with the English Premiership club. (프랑스 팀 랑에서 시즌 초 임대를 통해 첼시에 합류한 그 세네갈 출신 미드필더는 그 영국 프리미어 리그 팀과 3년 계약을 맺었다.)

draft

드래프트제, 프로 신인 선수 선발
a system in which the exclusive rights to new players are distributed among professional teams = allotment, lottery, selection

용례 **the first overall pick in the 2006 NFL draft** 2006년 NFL 드래프트 전체 1순위 **a 2006 second-round draft pick** 2006년 2차 드래프트 지명자 **the draft class** 드래프트 대상 선수들
| **win the MLB draft lottery** 메이저 리그 베이스볼 드래프트 추첨에서 1위를 하다
| **land[grab, net, clinch] the top[first] overall pick[selection, choice] in the 2006 draft** 2006년 드래프트에서 전체 1순위 선수를 뽑다 **snag the No. 1 pick** 뜻하지 않게 전체 1순위를 뽑다
roster 등록(출전) 선수 명단
| **announce a World Cup roster** 월드컵 출전 선수 명단을 발표하다 **release one's roster for the World Cup** 월드컵 출전 선수 명단을 발효하다 **be on the roster** 출전 선수 명단에 들어 있다
| **name a 23-national soccer squad** 국가대표 축구선수 23명을 뽑다 **be included in the national squad** 대표팀에 포함되다 **be in the national squad** 대표팀에 들어 있다 **be put on stand-by for England's World Cup squad** 영국 월드컵 대표팀의 후보선수가 되다 **be named as a reserve** 후보선수로 선발되다
| **get one's entire World Cup squad assembled** 월드컵 대표팀 전원을 소집하다 **convene at a training center** 훈련장에 모이다 **reconvene at one's World Cup base** 월드컵 베이스캠프에 다시 모이다
| **uncapped** 대표팀에 발탁된 적이 없는, 처음으로 대표팀에 발탁된 **the most capped player** 대표 경력이 가장 많은 선수 **the current crop of players** 선수들의 현재 실력[질]
| **make one's international debut** 대표팀에 데뷔하다 **win 50 caps[appearances] for South Korea** 한국 대표로 50경기를 뛰다
| **be dropped out of the national squad** 대표팀에서 빠지다 **missing from the national squad** 대표팀에서 빠진
| **resume one's international duty** 대표팀 활동을 재개하다
| **select** 뽑다 **a select side** 선발팀 **a pro select side** 프로 선발팀
| **under-strength, depleted** 주전이 빠진

recall

소집하다, 불러올리다
to ask or order to return = call up

용례 **recall foreign-based players for a friendly** 친선경기를 위해 해외파들을 소집하다 **call up a closer from a minor-league club** 마이너리그 팀에서 마무리 투수를 불러올리다
| **be recalled from TripleA Tacoma** 트리플 A팀인 타코마에서 올라오다
| **recall Park to replace the injured closer** 부상당한 마무리를 대신하기 위해 박을 불러올리다 **recall ~ after a lengthy layoff** 오랫동안 쉰 뒤에 불러올리다
| **be called up to the national squad** 대표팀의 부름을 받다 **make the squad** 팀에 포함되다(들다) **be left off[dropped from, scratched from] the World Cup squad** 월드컵 대표팀에서 빠지다

call-up, recall 소집, 발탁

| **receive one's first international call-up** 대표팀에 처음으로 발탁되다

| **a dispute over his call-up to international duty** 그의 대표팀 발탁을 둘러싼 논란

| **provide players for the national team** 대표팀에 선수를 제공하다 **refuse to release the striker for a friendly** 친선경기를 위해 스트라이커를 내어주기를 거부하다

필수예문

1 **Landing the top draft pick** has been a long time coming for the club. (그 팀은 오랜만에 드래프트 전체 1순위 선수를 잡게 되었다.)

Along with the No. 1 choice, the club has also **netted the No. 7 overall selection.** (전체 1순위와 함께 그 팀은 또한 전체 7순위 선수를 잡았다.)

2 Baseball talent runs in the Park family as his brother, also a shortstop, was selected by the Kia Tigers with **the second overall pick** in the 2002 draft. (야구의 재능은 박 선수의 집안 내력인데 역시 유격수인 그의 동생은 2002년 신인 드래프트에서 기아 타이거즈에 의해 전체 2순위로 지명을 받았다.)

3 The baseball club had the league's second-worst record last year, but it **wound up with the No. 6 pick**. Its other top selections were seventh, 14th, sixth and 11th overall. (그 야구팀은 지난해 리그 전체에서 꼴찌에서 두 번째 성적을 냈지만 드래프트에서 6순위 선수를 지명하는데 그쳤다. 다른 지명 순위는 전체에서 7번째, 14번째, 6번째와 11번째였다.)

4 The **draft class** is loaded with star strikers. All of those players are dynamic and prolific scorers — a perfect fit for a team dogged by poor finishing last season. (드래프트 대상자들 중에 스타 스트라이커들이 많다. 모든 선수들이 역동적이고 골을 많이 넣는 선수들로서 지난 시즌 결정력 부족에 시달린 팀에게는 금상첨화다.)

5 After months of training and several warm-ups, South Korea's head coach Dick Advocaat **named a 23-man national soccer squad** for the 2006 World Cup, saying it was unlikely to change before the tournament in Germany. (몇 달 간의 훈련과 여러 차례 평가전을 치른 후 딕 아드보카트 한국 감독은 2006년 월드컵에 출전할 23명의 대표 선수를 임명했고 독일에서 대회가 시작되기 전에 변화가 없을 것 같다고 밝혔다.)

6 Advocaat **selected** young strikers, including Park Ju-yung, to spearhead the offense. (아드보카트는 박주영을 비롯한 젊은 스트라이커들을 선발해 공격을 주도하게 했다.)

For midfield, he **picked** Park Ji-sung, playing for England's Manchester United, while Choi Jin-chul will lead the defense. (미드필더에는 영국 맨체스터 유나이티드 소속의 박지성을 선택했고 최진철이 수비를 이끌 것이다.)

7 Real Madrid striker Ronaldo has been **recalled** for Wednesday's Champions League match against Arsenal after being dropped against Atletico Madrid at the weekend. He has come under fire for failing to live up to his billing in recent matches. (레알 마드리드 스트라이커 호나우두는 주말 아틀레티코 마드리드와의 경기에서 빠진 뒤 수요일에 있을 아스날과의 챔피언스 리그 경기에 출전 통보를 받았다. 그는 최근 경기에서 이름값을 못해 비난을 받아왔다.)

8 A dispute over Park Ju-yung's **call-up** to international duty has underlined conflict between club and country in South Korean football. (박주영의 대표팀 소집을 둘러싼 논란은 한국 축구에서 구단과 대표팀 간의 갈등을 잘 보여주었다.)

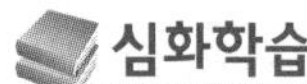

심화학습

육상 · 수영 표현 정리

육상과 수영은 우리나라 국민들에게 별로 인기가 없는 종목이고 서양 선수들에 신체적으로 열세인 우리 선수들이 좋은 성적을 내지 못하고 있다. 하지만 외국에서는 상당한 인기를 누리고 있어 관련 기사들이 외신에 자주 등장한다.

❑ **athletics** 육상

Justin Gatlin won the 100 meters in 9.89 seconds at the meet, the first race between the world's top two sprinters since Powell lowered the record to 9.77 seconds in Athens, Greece, last month. 저스틴 게이틀린은 지난 달 그리스 아테네에서 포웰이 9.77초로 기록을 낮춘 후 세계 최고의 두 단거리 선수간에 벌어진 첫 경주인 그 대회에서 9.89초로 100미터에서 우승했다.

트랙 종목 track events

sprint 단거리 경주(100m, 200m, 400m) **middle-distance running** 중거리 경주(800m and 1500m) **long-distance running** 장거리 경주(5000m and 10,000m) **hurdling** 허들 경주(100m and 400m for women, 110m and 400m for men) **relay** 계주(4 x 100m and 4 x 400m) **the men's 3,000m steeplechase** 남자 3000미터 장애물 달리기

a sprinter 단거리 선수 **a long-distance runner** 장거리 선수

dominate sprinting 단거리 육상을 압도하다 **clock the fastest 100-meter time** 100미터 최단 기록을 내다 **finish second in a career-best 9.94** 자신의 최고인 9.94초로 2위를 하다 **take third in a season's best 10.00** 시즌 최고인 10초로 3위를 하다 **run a wind-aided 9.84** 바람의 도움을 받아 9.84초에 주파하다 **win one's quarterfinal heat easily in 10.02** 8강 예선에서 10.02초로 쉽게 1위를 하다 **win in 9.88 seconds, two-hundredths of a second ahead of** ~보다 100분의 2초 빠른 9.88초로 우승하다

edge a standout field 뛰어난 선수들을 간발의 차이로 이기다 **win the 100-meter dash in a photo finish** 사진 판독 결과 100미터에서 우승하다 **edge out ~ in a photo finish** 사진 판독 결과 ~에 간신히 이기다 **win in a photo finish against** ~에게 사진 판독 결과 이기다 **wait for the photo-finish result** 사진 판독 결과를 기다리다

a runner at one's best on the biggest stage 큰 무대에 강한 선수 **finish a disappointing fourth in the women's 100m event** 여자 100미터에서 실망스러운 4위를 하다 **run one's best race of the season** 시즌 최고의 경기를 하다

make a false start 부정 출발을 하다 **be disqualified after two false starts** 부정 출발을 두 번 범하여 실격되다 **be sent off after a second fake start** 두 번째 부정 출발 뒤 실격을 당하다

step into the blocks 출발선에 서다 **burst out with a better-than-usual start** 평소보다 좋은 출발로 박차고 나가다 **lead from the start** 출발부터 선두에 나서다 **lean across the line just ahead of** 몸을 숙이며 결승 라인을 넘어 ~보다 약간 앞서다 **outrun his arch-rival** 최대 라이벌보다 더 빨리 달리다 **be the best qualifier at 9.87 seconds** 9.87초로 예선 최고의 성적을 거두다

pull up with a groin injury 사타구니 부상으로 중도 포기하다 **stop about 20 meters out of the**

blocks 출발선에서 약 20미터 지점에서 멈추다 **drop to the track in pain** 고통스러워하며 트랙에 쓰러지다
| **win the men's 400 meters with a time of 44.75 seconds** 44.75초로 남자 400미터를 우승하다 **win the women's 100-meter hurdles in a career-best 12.59 seconds** 자신의 최고 기록인 12.59초로 여자 100미터 허들에서 우승하다
| **fall over a hurdle** 허들에 걸려 넘어지다 **clip the last two hurdles** 마지막 두 개의 허들에 발이 걸리다 **run one leg on the South Korean 4x100m relay team** 한국 남자 400미터 계주팀에서 한 바퀴를 뛰다 **be disqualified after a poor handoff** 배턴 터치를 잘못해 실격 당하다 **win the steeplechase** 3000미터 장애물 달리기에서 우승하다

도로 종목 road events

| **marathon** 마라톤 **half marathon** 하프 마라톤 **marathoner** 마라톤 선수 **the men's 20km walk** 남자 20킬로 경보 **the women's 10km walk** 여자 10킬로 경보
| **win the 25th Rotterdam Marathon** 제25회 로테르담 마라톤에서 우승하다 **finish in 2 hours, 9 minutes, 49 seconds** 2시간 9분 49초에 골인하다 **run one's first official marathon** 첫 공식 마라톤을 하다 **run 10 marathons** 마라톤을 열 번 완주하다
| **break away after 35 kilometers** 35킬로를 지나서 앞서 나가다 **run away from his rivals** 경쟁자들을 따돌리다 **increase the pace about 1 hour, 50 minutes into the race** 경기가 시작되고 1시간 50여분이 지나서 페이스를 올리다 **run one's own race** 자신의 페이스대로 뛰다
| **A leading group of 10 reached the 20-kilometer mark in under an hour.** 10명의 선두 그룹은 채 한 시간이 못 걸려 20킬로 지점에 도달했다.
| **be in the lead pack** 선두 그룹에 있다 **stay with the lead pack [the leaders]** 선두 그룹에 있다 **lose one's lead to** 선두를 ~에 내주다 **be in the second pack** 2위 그룹에 있다
| **catch** ~를 따라잡다 **run neck and neck for several miles** 수 마일을 앞서거니 뒤서거니 하다 **run ahead of the pack midway through the race** 반환점을 돌 무렵 선두에서 앞서 달리다 **be second midway through** 반환점을 돌 무렵 2위다 **halfway through the race** 레이스 반이 지났을 때, 반환점에서 **drop out before the halfway point[mark]** 반환점을 지나기 전에 뒤처지다 **run the first half of the race in 1:13:31** 반환점까지 1시간 13분 31초에 뛰다
| **hang on to a 40-second lead for much of the second falf of the race** 반환점을 돌고 나서 대부분을 40초 선두를 고수하다 **cast glances over one's shoulder** 어깨너머로 힐끔힐끔 쳐다보다
| **cross the finish line** 결승선에 골인하다 **run the Boston Marathon twice** 보스턴 마라톤을 두 번 뛰다 **run a half-marathon** 하프 마라톤을 완주하다 **be an hour into the race** 뛰기 시작한 지 한 시간이 되다 **collapse and die during a marathon** 마라톤 도중 쓰러져 숨지다
| **A spectator grabbed the marathon race leader with five kilometers left.** 5킬로 남은 상태에서 관중이 선두주자를 붙잡았다.
| **A man ran into the race lane, grabbed the runner and pulled him into the crowd.** 한 남자가 마라톤 코스에 뛰어들어 선수를 붙잡아 관중 속으로 끌어들였다.
| **come back onto the course** 코스에 다시 복귀하다
| **The conditions were harsh on the runners, with the temperature at the start of the race reaching 30 degrees and feeling like 39 degrees with the humidity.** 조건은 선수들에게 힘들었고 출발 때 온도가 섭씨 30도에 달했지만 습기로 인해 39도 정도로 느껴졌다.
| **The mix of hilly regions and long stretches of straight roads began to wear on the athletes.** 가파른 구간과 긴 도로 직선 구간이 섞여 있어 선수들은 지치기 시작했다.
| **a walker** 경보 선수 **a 20-km walker** 20킬로 경보 선수 **win the men's 20km walk** 남자 20킬로 경보에서 우승하다 **cover the 20km in a personal-best time of 1:19:40** 20킬로를 개인 최고 기록인 1시간 19분 40초

에 주파하다

join the lead pack 선두 그룹에 합류하다 **be met with the sounds of the cheering crowd** 관중들의 환호를 받다

필드 종목 field events

the long jump 멀리뛰기 **the triple jump** 삼단뛰기 **the high jump** 높이뛰기 **the pole vault** 장대높이뛰기 **the shot put** 투포환 **the discus (throw)** 투원반 **the javelin (throw)** 투창 **the hammer throw** 투해머

a long jumper 멀리뛰기 선수

win the women's long jump at the Asian Games 아시안 게임 여자 멀리뛰기에서 우승하다 **win a gold with a distance[jump, leap] of 6.54 meters** 6.54미터로 금을 따다 **jump[leap] to a distance of 6.53 meters** 6.53미터를 뛰다 **record[post, tally, notch] a mark of 6.74 meter** 6.74미터를 뛰다 **register a jump of 7.58 meters** 7.58미터를 뛰다 **clear 7 meters in practice sessions** 연습에서 7미터를 뛰다 **cross the seven-meter mark** 7미터의 벽을 넘다 **foul three out of one's six jumps** 여섯 번 시기에서 세 번 파울을 범하다

a triple jumper 삼단뛰기 선수

take gold in the men's triple jump 남자 삼단뛰기 금메달을 따다 **produce a season-best leap of 17.57 meters on one's third attempt** 3차 시기에서 시즌 최고인 17.57미터를 뛰다 **earn the triple jump gold with a measure of 17.60 meters** 17.6미터의 기록으로 삼단뛰기 금메달을 따다
leap one's way to triple jump gold 삼단뛰기 금을 따다

a high jumper 높이뛰기 선수

bag a gold medal at the Olympics with a height[leap] of 2.20 meters 2.2미터를 뛰어 올림픽에서 금메달을 따다 **win the women's high jump with a leap of 2.09 meters** 2미터 9센티를 뛰어 여자 높이뛰기 우승을 하다 **clear[jump] 2.10 meters** 2미터 10센티를 넘다 **produce a leap of 2.05 meters** 2미터 5센티를 넘다 **beat the qualifying mark of 2.10 meters** 예선통과 기준인 2.1미터를 넘다 **finish in a tie for fifth at a disappointing 2.20 meters** 실망스러운 2.2미터를 뛰어 공동 5위를 하다 **start from the 2.20 meters and clear the 2.34 meters on one's third attempt** 2미터 20에서 시작하여 세 번째 시기에 2미터 34를 넘다

a pole vaulter 장대높이뛰기 선수

win the gold medal with a vault of 6.03 meters 6.03미터를 넘어 금메달을 따다 **miss out on the medals on a countback** 카운트백 방식(동점인 경우 후반 성적이 좋은 쪽을 승자로 하는 평점 방식) 때문에 메달을 놓치다 **clear the magical 5-meter barrier** 마의 5미터 벽을 넘다 **jump[vault] 5 meters** 5미터를 넘다 **raise the bar to 5 meters** 바를 5미터로 올리다 **clear it with ease on one's first attempt** 1차 시기에서 가뿐히 넘다 **fail at 6.10 meters** 6.1 미터에서 실패하다 **clip the bar** 바에 걸리다 **make it through qualifying** 예선을 통과하다

a shot putter 투포환 선수

win the shot put title with a throw[toss] of 20 meters 20미터를 던져 투포환에서 우승하다 **unleash a career best of 21.06 meters** 생애 최고 21.06미터를 던지다 **take the lead in the first round with 20.41 meters** 1라운드에서 20.41미터를 던져 1위를 차지하다 **throw[toss] 22 meters** 22미터를 던지다 **fall out of the ring** 원을 벗어나다 **be called for a slight foul** 경미한 반칙을 선언 받다 **be eliminated in round one** 1라운드에서 탈락하다

a discus thrower 투원반 선수

throw[toss] 67.02 meters to win the women's discus gold medal 67.02미터를 던져 여자 투원반 금메달을 따다 **win the women's discus gold medal with a throw of 67.02 meters** 67.02미터를 던져 여자 투원반 금메달을 따다 **win the men's discus with an Olympic record of 70.93 meters** 올림픽 신

기록 70.93미터로 남자 투원반 금메달을 따다 **lead the opening round with a 64.78 heave** 첫 라운드에서 64.78미터를 던져 1위를 하다 **produce one's longest throw** 자신의 최고 기록을 던지다 **find one's longest fling in the fifth round** 5라운드에서 가장 멀리 던지다

❙ a javelin thrower 투창 선수

get the gold with an effort[a throw] of 75.27 meters 75.27미터를 던져 금메달을 따다 **unleash an 86.50-meter throw in his second attempt for a personal best** 2차 시기에서 86.50미터를 던져 개인 최고 기록을 세우다 **blast a massive 97.17 meters to win the men's javelin gold medal** 무려 97.17 미터를 던져 남자 투창 금메달을 따다 **have a best throw of 86.18 meters** 최고 86.18미터를 던지다 **win the gold medal in the men's wheelchair javelin throw competition at the IAAF World Championships** 국제육상연맹 세계선수권대회 남자 장애 투창에서 금메달을 따다

❙ a hammer thrower 투해머 선수

win the men's hammer gold with a throw of 85 meters 85미터를 던져 남자 투해머 금메달을 따다 **throw[land] 84 meters** 84미터를 던지다 **send one's third-round throw 75.02 meters** 3라운드에서 75.02미터를 던지다 **foul one's first two attempts** 첫 두 번의 시기에서 파울을 범하다

종합 종목 combined events

❙ the heptathlon for women 여자 7종 경기(100미터 허들, 높이뛰기, 투포환, 200미터 달리기, 멀리뛰기, 투창, 800미터 달리기) **the decathlon for men** 남자 10종 경기(100미터, 멀리뛰기, 포환던지기, 높이뛰기, 400미터, 110미터 허들, 원반던지기, 장대높이뛰기, 창던지기, 1500미터)

❙ a heptathlete 여자 7종경기 선수

win gold in women's heptathlon 여자 7종경기에서 금메달을 따다 **take the gold in the grueling seven-event discipline with 5,500 points** 힘든 7종목 경기에서 5500점으로 금메달을 따다 **win the Olympic heptathlon with a massive winning margin** 큰 점수 차로 올림픽 여자 7종경기를 우승하다 **go ahead from the second event of the competition** 2번째 종목에서부터 앞서 나가다 **virtually secure the gold with a strong performance in the penultimate event, the javelin** 마지막에서 두 번째 종목인 투창에서 훌륭한 성적을 내어 금메달을 사실상 확보하다 **The event-closing 800 meters was a mere procession.** 마지막 800미터 달리기는 재미없는 경주가 되어버렸다. **drop out of the competition with two events remaining** 2종목을 남겨두고 기권하다

❙ a decathlete 10종경기 선수

win the gold medal in the decathlon with 8,733 points 8733점으로 10종경기 금메달을 따다 **compile 8,800 points** 총점 8800점을 기록하다 **hold the world record in the decathlon** 10종경기 세계기록을 보유하다 **keep the world decathlon title in American hands** 10종경기 타이틀을 미국이 계속 갖게 하다 **break the 9,000-point barrier** 9000점의 벽을 깨다 **win by a 210-point margin over** ~에 210점 차이로 이기다 **hold a 200-point lead going into the ninth event** 9번째 종목에 들어가면서 200점 앞서 있다

❏ swimming 수영

❙ Kim Mi-na won the Olympic 100-meter freestyle gold medal with a time of 57.80 seconds, becoming the first South Korean woman to claim the title. 김미나는 57.80초로 올림픽 100미터 자유형에서 금메달을 따 한국인 최초로 그 종목에서 우승했다.

❙ win gold in the 100-meter freestyle 100미터 자유형에서 금메달을 따다 **take gold in 48.09 seconds** 48.09초로 금메달을 따다 **power to the wall in 53.84 seconds** 53.84초로 힘차게 골인하다

❙ beat ~ by 0.20 seconds ~를 0.2초 차이로 물리치다

❙ clock 53.52 seconds 53.52초를 기록하다 **clock a time of 28.63 seconds** 28.63초를 기록하다

❙ finish[come] second in 28.69 seconds 28.69초로 2위를 하다

slash 0.15 seconds off one's previous record 자신의 종전 기록을 0.15초 단축하다

| swim from lane eight 8레인에서 레이스를 펼치다 **be fifth at the turn** 50미터를 돌 때 5위다 **put down the accelerator in the final lap** 마지막 50미터에서 속도를 내다 **finish almost a body length ahead of the field in the heat** 예선전에서 다른 선수들보다 몸 하나 차이로 앞서 골인하다
| lead from the start 출발부터 앞서 나가다 **be never challenged** 전혀 위협을 받지 않다
| win the 100-meter butterfly 100미터 접영에서 우승하다 **take gold in the 100-meter breaststroke** 100미터 평영에서 금메달을 따다 **earn the gold medal in the 100-meter backstroke** 100미터 배영에서 금메달을 따다 **swim the 200-meter individual medley** 200미터 개인 혼영에 출전하다 **anchor the 4x100m freestyle relay** 400미터 자유형 계주에서 마지막 선수로 출전하다 **win gold in the 400-meter medley relay** 400미터 혼계영에서 금메달을 따다
| the opening swimmer 첫 선수 **clock a time of 53.45 seconds in the backstroke leg** 배영 구간에서 53.45초를 기록하다
| a synchro[synchronized] swimmer 싱크로나이즈 선수
win an Olympic gold medal in synchronized swimming 싱크로나이즈에서 올림픽 금메달을 따다 **collect five perfect 10s from the five judges for artistic impression and two for technical merit to amass 99.501 points** 5명의 심판으로부터 5개의 예술 점수 만점을 받고 2개의 기술 점수 만점을 받아 총점 99.501점을 기록하다 **receive perfect 10s across the board in artistic impression** 예술 점수에서 만점을 받다 **finish first in the routine** 규정 종목에서 1위를 하다 **perform one's routine to the theme of** 규정 종목을 ~에 맞춰 연기하다

| a diver 다이빙 선수
diving 다이빙 **win gold in the men's 3-meter springboard** 남자 3미터 스프링보드 금메달을 따다 **clinch the gold medal in the women's 10-meter platform** 여자 10미터 플랫폼에서 금메달을 따다 **win the platform gold** 플랫폼 금메달을 따다
| the degree of difficulty 난이도 **a reverse 1.5 somersault with 3.5 twists** 한 바퀴 반 공중회전에 몸을 세 번 반 비틀기 **approach, take-off and entry into the water** 접근, 도약 및 입수
| lead all the way till the final round 마지막 라운드까지 리드하다 **total 708.72 points in the final** 결승전에서 총점 708.72점을 기록하다 **garner 81.60 points from one's final dive** 마지막 다이빙에서 81.60점을 얻다 **collect only 65.10 points** 겨우 65.10점을 얻다 **finish a disappointing third at 703.20 points** 703.20점으로 실망스러운 3위를 하다

39 부상 | 결장 | 약물복용

주제어	관련어
injure	**injury, sustain an injury, sprain, pull, strain, tear, twist, break, dislocate, injury-hit[-plagued, -prone], disabled list, paralyze, rehabilitation**
sideline	**miss, out of action, ruled out of, absence, scratch, doubtful, a doubt, rest, bench, reactivate**
doping	**anti-doping drive, doping scandal, dope offense, dope cheat, drug test, banned substance**

●●● Old soldiers never die, they just fade away.

노병은 죽지 않는다, 다만 사라져갈 뿐이다.

한국 출신의 대표적인 메이저리거 박찬호. 빠른 공 하나를 무기로 삼아 태평양을 건너 Los Angeles Dodgers에 입단한 박찬호는 승승장구하여 2000년 시즌에 18승 10패 방어율 3.27, 삼진 217개를 기록하며 최고의 성적을 올렸다. 이듬해인 2001년 15승 11패의 시즌 성적과 함께 자유계약 신분을 얻어 5년 계약에 6500만 달러의 조건으로 텍사스 레인저스에 새 둥지를 틀었다. 그러나 바로 이후 허리부상에 시달리며 몇 년 동안 제대로 성적을 내지 못하여 '먹튀'라는 오명을 받다가 San Diego Padres로 이적, 예전의 빠른 직구는 뿌리지 못하고 있지만 다양한 커브와 체인지업 그리고 노련한 경기운영 능력을 선보이며 부활의 조짐을 보이고 있다.

선수들은 때로는 부상에도 불구하고 경기를 뛰어야 한다. 2004년 10월 25일 미 프로야구 보스턴 레드삭스의 홈구장인 Fenway Park. 7전 3선승제 월드시리즈 1차전에서 난타전 끝에 힘겹게 승리한 보스턴이 그 해 메이저리그 최고의 승률을 자랑하며 내셔널리그 챔피언으로 월드시리즈에 오른 St. Louis Cardinals를 상대로 2차선에서 맞붙었다. 아메리칸리그 챔피언십에서 New York Yankees에 3연패 뒤 4연승을 거두며 승승장구하던 보스턴의 선발은 Curt Schilling. 그는 발목 건염(tendinitis)이라는 부상을 입고 몇 바늘을 꿰맨 상태임에도 마운드에 올랐다.

38세의 노장임에도 불구하고 쉴링은 팀 승리를 위해 아픔을 무릅쓰고 혼신을 다해 역투했고 TV 화면에 피에 젖은 그의 양말이 비쳐지면서 시청자들에게 신선한 충격을 주었다. 6이닝 동안 1실점하며 팀이 월드시리즈 우승을 하는 데 견인차 역할을 한 그의 부상 투혼은 언론에 대서특필되었으며 인구에 오랫동안 회자되었다.

injure

부상을 입히다, 다치게 하다
to cause physical harm to someone, for example in an incident or fight = do in, hurt, damage

사고나 싸움(fight) 때문에 몸을 다치게 되는 경우 injure를 쓴다. hurt는 '다치게 하다'는 같은 뜻이 있지만 정도가 심하지 않을 때 사용한다. 동의어인 wound는 칼(knife)이나 총(gun)과 같은 무기(weapon)로 사람에게 상처(cuts)를 입히거나 출혈(bleeding)을 하게 하는 것을 의미한다.

유의어 **bruise** 타박상을 입히다 **sprain** (관절을) 삐다 **pull** (근육을) 삐다 **strain** 접질리다, 삐다 **tear** 파열시키다 **twist** (발목 등을) 접질리다, 삐다 **break** 부러뜨리다 **dislocate** 탈구(골절)시키다 **dislocation** 탈구 **fracture** 골절시키다; 골절

용례 **injure one's left foot** 왼쪽 발목 부상을 당하다 **injure one's right ankle** 오른쪽 발목을 다치다
| **injure one's right[left] shoulder** 오른쪽[왼쪽] 어깨 부상을 당하다
| **injure one's right knee** 오른쪽 무릎을 다치다 **injure one's thigh[calf]** 허벅지[종아리] 부상을 당하다
injury 부상
| **sustain[suffer, pick up] an injury** 부상을 당하다 **be troubled by an injury** 부상으로 고생하다 **injury-plagued** 부상에 시달리는 **injury-hit, injury-laden** 부상으로 타격을 입은, 부상 선수가 많은 **injury-depleted** 부상으로 주전들이 빠진
| **suffer a recurrence of an ankle injury** 발목 부상이 재발하다 **be on the mend from an ankle problem** 발목 고장에서 회복중이다 **have a bad back** 허리가 안 좋다 **play through the pain of the injury** 부상의 고통을 견디고 경기를 하다 **fully recover from a foot injury** 발 부상에서 완전히 회복하다
| **an injury-prone player** 부상을 잘 당하는 선수 **start carrying a slight injury** 약간의 부상을 안고 선발 출장하다
| **limp[hobble] off the pitch** 경기장을 절뚝거리며 나오다
| **The extent of one's injury was not immediately known.** 부상의 정도는 즉각 알려지지 않았다. **undergo tests to determine the full extent of one's injury** 확실한 부상 정도를 알기 위해 검사를 받다
| **be stretchered off the pitch, be taken off the pitch on a stretcher** 들것에 실려 나오다 **be carried off the field** 경기장 밖으로 실려 나오다 **be carted off the field** 소형운반차에 실려 경기장 밖으로 나오다 **be helped off the field** 도움을 받아 경기장 밖으로 나오다
disabled list 부상자 명단
| **go on the 15-day[day-to-day] disabled list** 15일자[일일] 부상자 명단에 오르다 **be put[placed] on the 15-day disabled list** 15일자 부상자 명단에 올려지다
| **come off the disabled list** 부상자 명단에서 빠지다 **start the season on the disabled list** 부상자 명단에 오른 채 시즌을 시작하다
| **withdraw from[pull out of] a match with a thigh injury** 허벅지 부상으로 시합을 중도 포기하다 **drop out of the competition** 대회를 중도에 포기하다
| **paralyze** 마비시키다 **paralyze one's entire body** 전신을 마비시키다 **suffer from general paralysis** 전신마비에 걸려 있다
| **be paralyzed from the waist down** 하반신이 마비되다 **be paralyzed from the neck down** 목 아래 부분이 마비되다 **be paralyzed on one's right** 우반신(몸의 오른쪽)이 마비되다

rehab 재활시키다; 재활; 재활의

to restore to a state of good condition or operation = rehabilitate, convalesce, recuperate

용례 **rehab a player** 선수를 재활시키다 **a rehab player** 재활중인 선수

| **undergo a rehab program[scheme]** 재활 치료를 하다

| **complete a long and rigorous rehabilitation program** 길고 힘든 재활 치료를 완료하다 **enter a rehab program** 재활 치료를 시작하다 **undergo a rehab program for one's torn hamstring** 파열된 슬건 재활 치료를 받다

| **continue one's rehab for another week** 일주일 더 재활을 계속하다 **resume rehab work on one's right knee** 오른쪽 무릎 재활을 재개하다

| **opt for surgery** 수술을 선택하다 **undergo a second operation on the torn ligament in one's right knee** 파열된 오른 무릎에 대한 2차 수술을 받다

| **have one's sore right elbow examined** 아픈 오른쪽 팔꿈치 검사를 받다

필수예문

1 In a crucial match against Japan, the South Korean striker **injured his right thigh** after he was brought down by a hard-tackling defender. (일본과의 중요한 일전에서 그 한국 스트라이커는 강한 태클을 하는 수비수에 걸려 넘어진 뒤에 오른쪽 허벅지 부상을 당했다.)

2 David Beckham **suffered a new injury** to the ankle he hurt last weekend and is a doubt for Real Madrid's resumption of the Champions League next week. (데이비드 베컴은 지난 주말에 다친 발목에 새로 부상을 당해 다음주에 재개되는 레알 마드리드의 챔피언스 리그 경기에 출전이 불투명하다.)

3 The midfielder was bothered late in the season by a **right knee sprain** and **re-injured his knee** during practice. (그 미더필더는 시즌 막판에 오른쪽 무릎 염좌로 고생을 했고 연습 도중 무릎에 다시 부상을 입었다.)

The slugger had to be helped off the field after he **pulled his hamstring** while rounding third base. (그 강타자는 3루를 돌다 슬건을 삔 뒤에 도움을 받아 경기장을 빠져나와야 했다.)

4 A lunge from a Chelsea player left Park Ji-sung down, and he had to **limp off the pitch** clutching his right knee. (첼시 선수가 돌진해 박지성이 넘어졌고 그는 오른쪽 무릎을 감싸고 절뚝거리며 경기장을 나와야 했다.)

The defender was **stretchered off the pitch** after colliding with the post trying to keep out Ronaldo's goal. (그 수비수는 호나우두의 골을 막으려다 골포스트와 충돌한 뒤 들것에 실려 경기장 밖으로 나왔다.)

5 The southpaw is expected to **go on the 15-day disabled list** for the shoulder pain that plagued him during his Sunday start against the Lotte Giants. (그 왼손 투수는 일요일 롯데 자이언츠와의 선발 출장 때 그를 괴롭혔던 어깨 통증 때문에 15일자 부상자 명단에 오를 것으로 예상되고 있다.)

If his hamstring remains sore, he might be **placed on the 15-day disabled list**. (만약 그의 슬건이 계속 아프면 그는 15일자 부상자 명단에 오를지도 모른다.)

6 The pitcher's strained hamstring is still sore, and his condition will be **re-**

evaluated. He missed his third consecutive start last night and is getting heat and ice treatments four times a day. (그 투수의 염좌가 있는 슬건은 아직도 아프며 그의 상태는 재검사 받게 될 것이다. 그는 어젯밤 세 번 연속 선발 출장을 하지 않았으며 하루 네 번 열과 얼음 치료를 받고 있다.)

7 The slugger, out with a dislocated shoulder, is taking fielding and batting practice, and will likely be sent to New York **for rehabilitation** before he is reactivated.
(어깨 탈구로 출장을 하지 않고 있는 그 강타자는 수비와 타격 연습을 하고 있고 경기에 복귀하기 전에 재활을 위해 뉴욕에 보내질 것 같다.)

8 The closer will **have his sore right elbow examined** by team doctors, and the manager says he may have to **undergo a lengthy rehab program**. (그 마무리 투수는 아픈 오른쪽 팔꿈치를 팀 의사들에게 검사받을 것이며 감독은 그가 긴 재활 치료를 받아야 할지도 모른다고 말한다.)

sideline

(부상, 병 등이 선수를) 출장 못하게 하다, 결장시키다
to remove or keep from active participation = incapacitate, injure, make ~ doubtful

용례 **be sidelined for a month** 한 달간 결장하다 **be sidelined for a week with a minor knee injury** 가벼운 무릎 부상으로 일주일간 결장하다
| **be put on the sidelines** 결장하다
| **keep ~ on the sidelines** 계속 출장 못하게 하다 **remain on the sidelines** 계속 출장을 못하고 있다
| **miss** 결장하다, 빠지다, 뛰지 못하다 **miss the World Cup** 월드컵에 결장하다
| **be out of action** 결장하다, 빠지다 **be out with an injury** 부상으로 빠지다
| **be ruled out of** ~에서 제외되다 **not play the match** 결장하다 **absence** 결장
scratch ~를 출전선수 명단에서 제외하다
| **be scratched from the starting lineup** 선발 명단에서 빠지다 **be omitted from the lineup** 출전선수 명단에서 빠지다 **be inadvertently omitted from the lineup** 부주의로 출전선수 명단에서 빠지다 **be left out of [absent from, missing from] the roster** 출전선수 명단에서 빠진 **make the roster** 출전선수 명단에 포함되다
| **finalize[unveil, announce] the roster** 선수명단을 마무리하다[발표하다] **be included on[in] the roster** 선수명단에 포함되다
| **be in doubt[doubtful] for** ~에 출장이 의문시되는 **be a doubt for** ~에 출장이 의문시되는 선수
| **rest** 쉬게 하다, 빼다 **rest the veteran striker in a crucial match** 중요한 시합에서 노련한 스트라이커를 쉬게 하다 **rest Ronaldo from World Cup qualifiers against** ~와의 월드컵 예선전에서 호나우두를 빼다
| **bench** 선수석; 보결 선수, 후보 선수 **be[sit] on the bench** 벤치에 있다, 출장 대기 중이다 **warm[polish] the bench** 후보 선수로 벤치를 지키다, 시합에 나가지 않다 **benchwarmer** 후보(보결) 선수
come back, return 복귀하다 **reactivate** 복귀시키다
| **return from an ankle injury** 발목 부상에서 복귀하다
| **return to action** 복귀하다 **be back** 복귀하다 **be restored to the starting lineup** 선발진에 복귀되다
| **be recalled after recovering from injury** 부상에서 회복한 뒤 부름을 받다(소집되다)

| **fit** 출장 준비가 된 **fit to play** 출장 준비가 된 **be declared fit for the match** 시합에 출장할 준비가 되었다는 판정을 받다

doping

약물 사용(복용)
the use of a drug or blood product to improve athletic performance
= drug use

용례 **a doping scandal** 약물 사용 스캔들 **an anti-doping drive** 약물 사용 반대 운동 **an anti-doping room** 약물 검사실
| **be rocked by a doping scandal** 도핑 사건으로 들썩이다
| **be stripped of one's gold medal for a dope offense[violation]** 약물 사용 위반으로 금메달을 박탈당하다
| **declare a zero-tolerance policy to dope cheats** 약물 사용 부정행위자에 대한 무관용 정책을 발표하다
| **fail[pass] a drug [drugs] test** 약물 검사를 통과하지 못하다[통과하다]
| **test positive for a banned substance** 금지 물질에 양성 반응을 보이다
| **take a banned substance** 금지 약물을 복용하다
| **test all entrants for banned substances** 모든 참가자들에 대해 금지 약물 검사를 하다

필수예문

1 South Korean striker Park Ju-yung tore the calf muscle in his left leg and will likely be **sidelined for one week.** (한국 스트라이커 박주영은 왼쪽 다리 종아리 근육이 찢어져 일주일 동안 결장할 것 같다.)

The defender has been **sidelined for a week** with a minor knee injury sustained during his team's 3-0 victory over Barcelona. (그 수비수는 팀이 바르셀로나에 3대0으로 이길 때 당한 가벼운 무릎 부상으로 일주일째 결장했다.)

2 Milan, **missing** a key midfielder, went ahead with a fine header by the Argentine teenager. (주전 미드필더가 빠진 밀란은 아르헨티나 출신 십대 선수의 멋진 헤딩골로 앞서기 시작했다.)

He is expected to **miss both legs** of Barcelona's quarterfinal against as yet unknown opponents as well as Spanish league games. (그는 스페인 리그 경기는 물론 아직 상대가 정해지지 않은 바로셀로나의 8강 두 경기에 뛰지 못할 것으로 예상된다.)

3 The striker will be **out of action for a month** after injuring his right thigh during Tuesday's Champions League match with Chelsea. (그 스트라이커는 화요일 첼시와의 챔피언스 리그 경기에서 오른쪽 무릎을 다친 후 한달 동안 결장할 것이다.)

4 The pitcher was **scratched from the starting lineup** due to a knee injury he suffered in practice. (그 투수는 연습 도중 당한 무릎 부상 때문에 선발 라인업에서 빠졌다.)

The Japanese batter was **scratched from the starting lineup** for personal reasons, but he did enter the game. (그 일본인 타자는 개인적인 이유로 선발 라인업에서 빠졌지만 경기에는 출전했다.)

5 Ronaldo **remains doubtful for** Real Madrid's league match against Barcelona after injuring a thigh muscle in a World Cup qualifier. (호나우두는 월드컵 예선전에서 허벅지 근육을 다쳐 레알 마드리드의 바로셀로나와의 리그 경기에 출장이 여전히 의문시된다.)

The key midfielder **remains a doubt for** a crucial match with Arsenal and his absence would severely undermine the club's midfield where David Beckham has the ability to dominate. (그 핵심 미드필더는 아스날과의 중요한 경기에 여전히 출장이 불투명하고 그의 결장은 데이비드 베컴이 장악할 능력이 있는 팀의 미드필드 진을 크게 약화시킬 것이다.)

6 In the seven games immediately following his **return from the ankle injury,** Lee went 6-for-32 with only two RBIs. (발목 부상에서 복귀한 뒤 일곱 경기에서 이는 32타수 6안타에 타점 두 점만을 올렸다.)

The manager says the striker, who suffered a thigh injury, has passed a fitness test and will be **fit for** the team's clash with its nemesis at the weekend. (감독은 허벅지 부상을 당한 그 스트라이커가 건강 검진을 통과했고 주말 숙적과의 대결에 출장할 수 있을 것이라고 말한다.)

7 The French striker, **restored to the starting lineup** after being dropped for the club's 2-1 win over Fulham, had the best chance to score in the first half. (풀햄에 팀이 2대0으로 승리할 때 빠진 후 선발 라인업에 복귀한 그 프랑스 스트라이커는 전반전에 절호의 득점 기회를 맞았다.)

8 The sprinter was stripped of his gold medal at the world indoor championships **for a doping violation** and was given a two-year ban that kept him out of the 2000 Sydney Olympics. (그 단거리 선수는 약물 사용 위반으로 세계 실내 선수권대회에서 딴 금메달을 박탈당했고 2년 출장 정지를 받아 2000년 시드니 올림픽에 참가하지 못했다.)

심화학습

체조 · 복싱 · 사격 · 역도 표현 정리

우리나라의 체조 실력은 아직 세계 수준에 비하면 다소 뒤처져 올림픽에서 메달을 따는 경우는 흔치 않지만 간혹 뜻밖의 낭보를 전해주고 있으며, 복싱, 역도, 사격 등에서도 종종 좋은 성적을 내곤 한다.

❑ **gymnastics** 체조

South Korea gymnast Kim performed a stunning routine on the balance beam and turned in a perfect floor exercise to become the first South Korean to win the women's all-around Olympic gymnastics title. 한국의 체조선수 김은 평균대에서 규정 종목을 멋지게 소화하고 완벽한 마루운동을 펼쳐 올림픽 체조 여자 종합에서 한국인 최초로 금메달을 땄다.

평균대 the balance beam

win the balance beam event 평균대에서 우승하다 **win an individual gold medal on the balance beam** 평균대에서 개인 금메달을 따다 **receive 9.612 points for her performance on the beam** 평균대 연기로 9.612점을 받다 **qualify for the beam final with the highest score** 최고의 점수로 평

균대 결승에 진출하다 **fall off the beam[apparatus] twice** 평균대에서 두 번 떨어지다 **wobble during one's beam routine** 규정 종목 연기 중 떨어질 뻔하다

마루운동 the floor exercise

❙ **win gold in the floor exercise** 마루운동에서 금메달을 따다 **take first place in the floor exercise** 마루운동에서 1위를 하다 **score 9.450 points in floor performance** 마루 연기에서 9.45점을 기록하다 **clinch the floor exercise title with a 9.612** 9.612점으로 마루운동 타이틀을 거머쥐다 **pull off a near flawless display of acrobatics and tumbling** 거의 완벽한 기술과 텀블링을 해내다

철봉 the horizontal[high] bar

❙ **win the men's high bar with a 9.35** 9.35점으로 남자 철봉에서 우승하다 **need a 9.825 on the high bar to defeat** ~에 이기기 위해 철봉에서 9.825점을 얻어야 하다 **pull off the best performance of one's life on the high bar** 생애 최고의 철봉 연기를 펼치다 **score 9.837 on one's final high bar routine** 마지막 철봉 규정 종목에서 9.837점을 얻다 **complete an almost flawless high-bar performance** 거의 흠잡을 데 없는 철봉 연기를 해내다

개인 종합 the individual all-around

❙ **take gold in the men's individual all-around** 남자 개인 종합에서 금메달을 따다 **win the men's all-around by 0.012 of a point over** 개인 종합에서 ~에 0.012점 차이로 우승하다 **collect a total 56.925 points in six apparatus** 6개 종목에서 총 56.925점을 얻다 **qualify for the all-around final** 종합 결승에 오르다 **a two-time all-around world champion** 개인 종합 2회 세계 우승자

평행봉 the parallel bars

❙ **claim bronze in the parallel bars** 평행봉에서 동메달을 따다 **compete for medals on the parallel bars** 평행봉에서 메달을 다투다 **score a 9.837 on the parallel bars** 평행봉에서 9.837점을 얻다 **close with a 9.837 on the parallel bars** 평행봉에서 9.837로 마감하다 **miss one's dismount** 내리기에서 실패하다 **admit a judgment error on the parallel bars event** 평행봉 종목에서 판정 실수를 인정하다

안마 the pommel horse

❙ **capture the gold in the pommel horse with a perfect score of 10** 안마에서 10점 만점으로 금메달을 따다 **win a gold in the men's pommel horse** 남자 안마에서 금메달을 따다 **score a 9.7 on the pommel horse** 안마에서 9.7점을 얻다 **take a tumble on the pommel horse** 안마에서 떨어지다 **have a fall on the pommel horse** 안마에서 떨어지다 **win gold in the vault [the rings, the team competition, the uneven bars, rhythmic gymnastics, the trampoline]** 뜀틀[링, 단체, 2단 평행봉, 리듬체조, 트램폴린]에서 금메달을 따다

링 the rings

❙ **win the rings with 16.425 points** 16.425점으로 링에서 우승하다 **clinch the gold in[on] the rings** 링에서 금메달을 따다 **come first in the rings final with a score of 15.825 points** 15.825점으로 링에서 1위를 하다

❏ **boxing** 복싱

❙ **South Korea's Choi retained his IBF flyweight title with a technical knockout of the American challenger at the 2:32 mark of the eighth round. The Japanese boxer successfully defended his WBA strawweight title for the fourth time, winning a unanimous decision over the Colombian challenger.** 한국의 최는 8회 2분 32초에 미국 도전자를 TKO로 물리치고 IBF 플라이급 타이틀을 방어했다. 그 일본인 복서는 콜롬비아 도전자에 심판 전원일치 판정승을 거두고 WBA 스트로급 타이

틀 4차 방어에 성공했다.

승, 전적

❙ a knockout victory KO승 **finish the fight with a knockout** 시합을 KO로 끝내다 **knock out ~ in the fifth round** 5라운드에 KO시키다

❙ stop ~ in the second round 2라운드에 ~를 TKO시키다 **stop ~ 30 seconds into the fourth round** 4라운드 30초에 TKO시키다 **stop challenger ~ 49 seconds into the eighth round** 도전자 ~를 8라운드 49초에 TKO시키다 **dismantle[stop] ~ in an eighth-round TKO** ~를 8회에 TKO시키다

❙ send someone to the canvas, floor someone ~를 다운시키다 **knock ~ down in the final round** ~를 마지막 회에 다운시키다 **put ~ down for a count of four** ~를 다운시켜 카운트 넷을 세게 하다 **drop ~ in the eighth round with a thunderous left** 강력한 레프트로 ~를 다운시키다 **be knocked down twice in the third round** 3회에 두 번 다운당하다 **knock ~ down in a neutral corner with a left hook** 왼손 훅으로 ~를 중립코너에서 다운시키다

❙ get up[make it to one's feet] before the 10-count 열을 세기 전에 일어서다 **stand along the ropes** 로프에 기대어 서다 **wilt under a barrage of body shots** 몸에 연타를 맞고 쓰러지다 **quit at the 2:39 mark of the fifth round** 5회 2분 39초에 시합을 포기하다

❙ have a 45-3 record, with 35 knockouts 45승 3패에 35KO를 기록하고 있다 **be 35-0 with 24 knockouts** 35승 무패에 24KO의 전적이다 **improve to 42-4 with 36 knockouts** 42승 4패 36KO로 전적이 좋아지다 **drop[slip] to 36-2-1, with 19 knockouts** 36승 2패 1무 19 KO로 전적이 떨어지다

판정, 패배, 무승부

❙ unanimously outpoint Mike Tyson 마이크 타이슨에 심판 전원일치 판정승을 거두다 **win a unanimous decision over** ~에 심판 전원일치 판정승을 거두다 **win[earn, score] a decision[victory] over** ~에 판정승을 거두다 **gain a split decision over** ~에 불일치 판정승을 거두다

❙ Two judges scored the bout 119-107 while another scored it 119-105. 두 명의 심판은 199대 107의 점수를 주었고 또 다른 심판은 199대 105를 주었다. **score the fight[bout] 116-110, 117-111, 116-112 in favor of Tyson** 116대 110, 117대 111, 116대 112로 타이슨에게 높은 점수를 주다 **score it 119-105** 119대 105로 점수를 매기다 **have it 119-107** 119대 107로 채점하다 **score the match in favor of ~ 116-113, favor ~ 116-113** 116대 113으로 ~에게 높은 점수를 주다

❙ win on all three cards 120-107, 120-107, 120-106 120대 107, 120대 107, 120대 106으로 판정승하다 **be ahead on all three judges' cards** 세 명 심판 모두의 점수에서 앞서 나가다 **His accuracy kept him well ahead on the judge's cards.** 그는 정확한 펀치로 심판들의 채점에서 훨씬 앞서 나갔다.

❙ have a point deducted in the sixth for a low blow 로 블로(벨트 아래를 치는 범칙)로 6회 1점 감점을 당하다 **be penalized a point twice for low blows** 로 블로로 2번 1점 감점을 당하다 **order points deducted** 감점을 지시하다 **warn ~ four times before taking away points** 감점을 하기 전에 ~에게 네 번 경고를 주다

❙ lose twice to ~에 두 번 지다 **suffer a loss to** ~에 패하다 **be outboxed by** ~에게 지다 **surrender the title in a first-round knockout to** ~에 1회 KO로 타이틀을 내주다

❙ fight to a draw 무승부가 되다

❙ make a successful comeback 재기에 성공하다

타이틀 획득 · 방어, 체중 검사, 대전료

❙ capture the WBA heavyweight title WBA 헤비급 타이틀을 획득하다 **claim the IBF super middleweight title with a unanimous decision** 심판 전원일치 판정승으로 IBF 슈퍼미들급 타이틀을 획득하다 **win the crown with a knockout of** ~를 KO시키고 타이틀을 따다 **claim the title with a fifth-round knockout of** ~를 5회 KO로 꺾고 타이틀을 따다

| a bout for the vacant WBC welterweight title 공석인 WBC 웰터급 타이틀 결정전 **try for one's fourth title in different weight classes** 다른 체급에서 네 번째 타이틀을 노리다 **a two-division champion** 두 체급 챔피언 **hold the WBA strap** WBA 타이틀을 보유하다

| host a title bout 타이틀전을 주최하다 **want a shot at a bigger match** 더 큰 시합을 하고 싶어하다 **want a rematch** 리턴매치를 원하다

| defend[retain] the WBO welterweight title WBO 웰터급 타이틀을 방어하다 **defend one's title for the fifth time** 타이틀 5차 방어에 성공하다 **hold on to one's title for the 18th time** 타이틀을 18차례 방어하다 **defend one's title four times** 타이틀을 네 차례 방어하다 **defend one's title with a unanimous decision over** ~에 심판 전원일치 판정승을 거두고 타이틀을 방어하다

| score a knockout in three of one's four title defenses 네 차례 타이틀 방어에서 3번 KO를 기록하다

| the weigh-in 체중 검사, 계체 **weigh in at 103 kg** 계체량에서 103킬로를 기록하다

| His purse was $5 million, $1 million more than the opponent got. 그의 대전료는 5백만 달러였는데 상대보다 백만 달러가 많았다.

| the undercard 주 경기에 앞선 경기 **His next bout will be on the undercard of the WBA heavyweight title fight.** 그의 다음 시합은 WBA 헤비급 타이틀전에 앞서 열리게 된다. **the main event** 주 경기 **the co-main event** 또 다른 주 경기

경기 내용, 은퇴

| have a left-handed stance 왼손 스타일이다(사우스포이다) **take control of the fight in the third round** 3라운드에 주도권을 잡다 **dominate the fight** 우세한 경기를 펼치다

| hit ~ with a flurry of powerful right hands ~에 강력한 오른손 주먹을 퍼붓다 **land several shots to the head** 머리에 여러 차례 펀치를 성공시키다 **land shots to one's body** ~에 보디 블로를 날리다 **land left jabs and hooks to the face at will** 마음대로 얼굴에 레프트 잽과 훅을 날리다 **throw left uppercuts and hooks** 왼손 어퍼컷과 훅을 날리다 **throw wild punches** 마구 펀치를 날리다 **penetrate one's defensive stance** ~의 커버를 뚫다 **punch ~ below the belt** ~에게 로 블로를 치다 **land a left-right combination to the chin** 턱에 좌우 연타를 작렬시키다

| complain about low blows and headbutts 로 블로와 버팅에 대해 불평하다 **throw his arms up to claim he won the opening round** 자신이 1회전을 이겼다고 양손을 번쩍 들다

| the aggressor throughout the fight 경기 내내 공격을 주도한 선수

| step backward into the ropes 뒷걸음질 쳐 로프에 기대다

| have a long track record of victories against top-level fighters 강자들과 싸워 이긴 전적이 많이 있다

| close out one's career with the May 6 bout against ~상대로 한 5월 6일 경기를 끝으로 복싱을 그만두다

| not make it to the post-fight news conference 경기 후 기자회견에 불참하다

부상, 사고

| By the seventh, his left eye was swollen shut. 7라운드쯤에 그의 왼쪽 눈이 부어서 감겨져 버렸다. **The right side of his jaw was puffed and slightly bleeding.** 오른쪽 턱이 붓고 피가 약간 나오고 있었다. **continue with blood streaming down one's face** 얼굴에 피가 줄줄 흐르는데도 경기를 계속하다 **cut ~ around both eyes** ~의 양쪽 눈 주위를 찢어지게 하다

| need stitches to both cuts above his eyes 양쪽 눈 위에 찢어진 데를 여러 바늘 꿰매야 한다 **be visited by the ringside doctor after the ninth** 9회가 끝나고 링사이드 의사의 검사를 받다 **injure one's right hand on an uppercut punch** 어퍼컷을 때리다 오른손을 다치다 **sustain permanent brain damage in a 2000 bout against** ~와의 2000년 시합에서 영구 뇌 손상을 입다 **be left with brain injuries from a 2001 fight against** 2001년 ~와의 시합에서 뇌 부상을 입다

| slip into a coma 혼수상태에 빠지다 **have a stroke during post-fight surgery** 시합 후 수술중 뇌일혈을

당하다 **be paralyzed on one' s left side and use a wheelchair** 좌반신 마비로 휠체어를 사용하다
| **His cornermen had to work hard on his eyes between rounds.** 그의 세컨드들은 라운드 사이에 그의 눈을 열심히 치료해야 했다.

❏ **weightlifting** 역도
| **The Olympic champion Hossein won his third successive 105-plus kilogram title on the final day of the world weightlifting championships. He totaled 461 kilograms from a 210-kilogram snatch and 251-kilogram clean and jerk.** 그 올림픽 챔피언은 세계 역도대회 마지막 날 무제한급에서 3연속 우승을 했다. 그는 인상 210킬로 용상 251킬로를 들어 합계 461킬로를 기록했다.
| **lift 120 kilograms in the snatch** 인상에서 120킬로를 들어올리다 **snatch 185 kilograms** 인상에서 185킬로를 들어올리다 **hoist 210 kilograms in the clean and jerk** 용상에서 210킬로를 들어올리다 **fail to clean 215 kilograms** 용상에서 215킬로를 들어올리는 데 실패하다 **clear 107 kilogram in the snatch and 133 kilograms in the clean and jerk for a 240-kilogram total** 인상 107킬로 용상 133킬로로 합계 240킬로를 들어올리다 **total 419 kilograms with[from] a 192-kilogram snatch and 227-kilogram clean and jerk** 인상 192킬로 용상 227킬로로 합계 419킬로를 들어올리다
| **win the men's over 105-kilogram class[category, division] with a total of 350 kilograms** 남자 105킬로 이상 체급에서 합계 350킬로로 우승하다 **evenly split the four weightlifting gold medals** 네 개의 역도 금메달을 똑같이 나눠 가지다 **take the silver in a combined 367.5 kilograms for his body weight was little heavier than Kim** 김보다 체중이 많이 나가 합계 367.5킬로를 들고 은메달을 따다
| **set a world record of 212.5kg in the snatch** 인상에서 212.5킬로의 세계기록을 세우다 **set world records in the snatch, clean and jerk and overall** 인상, 용상, 그리고 합계에서 세계기록을 세우다
| **break the snatch[clean and jerk] record of** 인상[용상] 기록 ~를 깨다 **smash one's total lift record of** 합계 기록 ~을 깨다 **equal one's world record of 263 kilograms** ~의 세계신기록 263킬로와 타이를 이루다
| **the world title holder in the 63-kilogram category** 63킬로급 세계 챔피언 **the three-time world champion** 세계대회 3회 우승자 **the best weightlifter of the world** 세계 최고의 역도선수
| **miss one's last lift** 마지막 시기에서 실패하다 **miss all three lifts in the snatch** 인상 3번의 시기에서 실패하다 **barely get the bar to one's waist before dropping it** 겨우 허리까지 바를 들어올리고 떨어뜨리다 **drop the bar in mid-lift** 바를 중간 정도 올리다 떨어뜨리다
| **never lift such a weight** 그 무게를 들어본 적이 없다
| **outlift the world's strongest man** 세계에서 가장 힘센 사나이보다 더 들어올리다
| **skip one's last lift** 마지막 시기를 하지 않다
| **rub one's ear lobes between lifts for encouragement** 시기 사이에 기운을 내라고 ~의 귓불을 주무르다

❏ **shooting** 사격
| **South Korea's Lee Sang-hak won the gold medal in the men's 25m rapid fire pistol with a total score of 677.8, pipping China's Ji Haiping (671.6) and Liu Guohui (670.7) who took silver and bronze each.** 한국의 이상학은 총점 677.8로 남자 25미터 속사권총에서 금메달을 따 각각 은, 동을 차지한 중국의 지하이핑(671.6점)과 리우궈후이(670.7점)를 물리쳤다.
| **the 10m air pistol** 10m 공기권총 **the 25m pistol** 25m 권총 **the 25m rapid fire pistol** 25m 속사권총 **the 50m pistol** 50m 권총
| **the 10m air rifle** 10m 공기총 **the 50m rifle 3 positions** 50m 소총 3자세 (서서 · 무릎에 대고 · 엎드려서 하는 사격) **the 50m rifle prone** 50m 소총 복사 **the trap** 트랩 **the double trap** 더블트랩 **the skeet** 스키트
| **win the gold medal in the women's 10-meter air pistol [the 50-meter 3-position rifle**

event, the prone competition] 여자 10미터 공기권총 [50미터 소총 3자세, 복사 경기]에서 금메달을 따다 **claim the gold medal with a final score [a total, an overall score] of 1,264.5** 합계 1264.5점으로 금메달을 따다

| **take gold in the men's trap competition** 남자 트랩에서 금을 따다 **be tied with 485 points after the final round** 마지막 라운드를 마친 뒤 485점으로 동률을 이루다 **defeat ~ in a shoot-off in the final** 결승 연장에서 ~를 물리치다 **win 10.3 to 9.6 in the shoot-off** 연장에서 10.3점대 9.6점으로 이기다

| **shoot a 10.4** 10.4점을 쏘다 **have a perfect final round** 마지막 라운드에서 만점을 쏘다 **hit[make] the bull's-eye** 10점을 쏘다, 과녁의 정중앙을 맞히다 **end with an overall score of 149 to tie the Olympic record** 총점 149점으로 올림픽 기록과 동률을 이루다 **come in two points behind** ~에 두 점 뒤지다

| **be in first place until the ninth shot** 9발 쏠 때까지 1위다 **shoot the highest score of 105 during the final round** 마지막 라운드에서 최고인 105점을 쏘다 **finish on 588 from a possible 600** 600점 만점에 588점으로 마치다

| **miss two shots due to the wind** 바람 때문에 두 발을 놓치다 **fire at the wrong target** 다른 선수의 타깃에 쏘다 **shoot from lane two** 2레인에서 사격을 하다 **mistakenly fire into the lane three target of** 실수로 ~의 3레인에 쏘다 **end up with a zero on one's shot** 영점 처리되다 **award ~ a score of zero** ~에게 영점을 주다

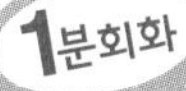

Let's not beat a dead horse.

다 끝난 얘기 그만하자.

'죽은 자식 불알 만지기'라는 속담이 있는데 이미 죽어서 싸늘한 자식의 불알을 아무리 만져도 살아날 가망이 없으므로 '소용 없다'는 얘기다. 죽은 말도 아무리 때려봤자 헛수고이며 이미 끝나버린 상황이기 때문에 **다 끝난 문제를 논하다, 변할 수 없는 상황에 대해서 계속 이야기하다**라는 의미로 발전했다. beat 대신에 flog(채찍질하다)가 쓰이기도 한다.

A : Are you free now? 지금 시간 있어?
B : Yeah, what's the matter? 그래, 무슨 일이야?
A : I'd like to talk with you again about the plan. 그 계획에 대해 다시 얘기하고 싶은데.
B : Oh, come on. **Let's not beat a dead horse.** 아이, 그만해. 그거 다 끝난 얘기잖아.

40 판정 | 승부조작 | 관중난동

주제어	관련어
call	**call ~ out[safe], rule, controversial call, make the safe call, question the call, ruling, argue the decision, overrule a decision, reverse a call**
fix	**manipulate, rig, match-fixing, match-fixing scandal, throw, tank, take a dive**
hooligan	**violent fan, hooliganism, fan violence, go on a rampage, streak across the pitch**

●●● There is no rule without some exceptions. 예외 없는 규칙은 없다.

2006년 독일 월드컵 대회는 심판의 판정이 도마에 오른 적이 그 어느 대회보다 많았는데, 다른 국가들간의 경기에서도 여러 차례 오심이 있었지만 특히 한국 축구팬들을 화나게 한 것은 스위의와의 예선 마지막 경기에서 나왔다. 후반 중반이 지날 즈음 스위스의 한 선수가 우리측 페널티 에어리어 앞에서 앞으로 패스를 찔러 넣었고 공격수가 그것을 받는 순간 선심은 오프사이드 기를 들고 있었다. 하지만 이 선수는 그것을 무시하고 골키퍼 이운재를 제치고 골을 성공시켰고 주심은 이를 골로 인정해 한국팬들의 분노와 항의를 샀다.

야구에서도 이런 오심이 자주 일어난다. 야구의 종주국이라고 자처하는 미국이 야구의 세계화를 주창하며 2006년 3월에 개최한 세계야구선수권대회(the World Baseball Classic)에서 세계 최강이라고 자타가 공인하는 미국은 편파 판정시비에 휘말리며 자신의 명성에 큰 오점을 남기게 되었다. 문제가 된 시합은 본선리그 1차전 일본과의 일전. 7회까지 3-3으로 팽팽하게 진행되는 경기는 일본이 희생 플라이로 3루에 있던 주자를 불러들이면서 4-3으로 앞서 나갔다. 그러나 미국 감독이 즉시 뛰어 나와 주심에게 항의했고 이에 판정을 번복하여 3루 주자가 미국 외야수가 뜬공을 잡기 전에 3루 베이스를 일찍 출발했다고 하여 아웃을 선언했다.

오 사다하루 일본 감독은 심판에게 맹렬히 항의했지만 받아들여지지 않았다. TV 리플레이 장면은 3루 주자가 볼을 잡은 뒤에 뛰었다는 것을 분명하게 보여주었고 미국 언론들조차 미국이 승리를 빼앗았다며 미국 팀을 비난했다. 9회말 공격에서 미국은 알렉스 로드리게스의 극적인 끝내기 안타로 4대3으로 승리를 거둬 겨우 체면을 유지했지만 심판의 판정이 경기 결과에 미치는 영향을 극명하게 보여준 사건이었다. 이런 오심에도 불구하고 미국은 결승에 오르지 못했고 예선에서 우리에게 두 번이나 졌던 일본이 결승에서 쿠바를 꺾고 우승을 차지했다.

call

판정을 내리다; 판정

to declare in the capacity of an umpire or referee = declare, rule

'판정하다' 는 뜻의 call은 5형식으로 쓰이며 목적 보어로 형용사와 명사가 온다.

call the runner safe 주자를 세이프라고 판정하다

be **called** a strike 스트라이크로 선언되다, 스트라이크 판정을 받다

용례 **call someone safe[out]** 세이프라고[아웃으로] 판정하다 **be called a ball** 볼 판정을 받다

a controversial[disputed] call 논란이 되는 판정

| **call a runner out** 주자를 아웃이라고 판정하다

| **call a penalty for** ~때문에 페널티를 선언하다 **call balls and strikes** 볼과 스트라이크 판정을 하다

| **be called out for leaving the third base early** 3루를 빨리 출발했다고 아웃을 선언당하다 **the plate umpire's call** 주심이 해야 할 판정 **make the safe call** 세이프 판정을 하다 **a controversial offside call** 논란이 되는 오프사이드 판정

rule safe 세이프 판정을 하다

| **rule the run counted[good]** 득점을 인정하다 **negate the go-ahead run** 역전(선제) 점수를 무효화하다

ruling 판정

| **question the call** 판정에 이의를 제기하다 **appeal the play** 판정에 이의를 제기하다 **complain to home plate umpire ~** 주심 ~에게 항의하다 **argue the decision** 판정에 항의하다 **argue to no avail** 항의를 했지만 소용이 없다 **defend a person's decision** ~의 판정을 옹호하다

overrule the call 판정을 번복하다

| **get overruled** 번복되다 **overrule the judgment** 판정을 번복하다

| **a controversial overruling** 석연치 않은 판정 번복 **reverse[uphold] a call** 판정을 번복하다[지지하다]

필수예문

1 If you **called a strike a ball**, you can't call the next pitch a strike in order to even it up. (스트라이크를 볼로 판정했다고 해서 형평을 기하느라고 다음 투구를 스트라이크로 판정할 수는 없다.)

The catcher tagged the runner but the plate umpire **called him safe**, prompting the manager to **argue the decision**. (포수는 주자를 터치했지만 주심은 세이프 선언을 하여 감독이 판정에 항의하게 했다.)

2 If the runner goes beyond this line before the ball is hit, the umpire can **call the runner out**. (볼을 때리기 전에 주자가 이 선을 넘어가면 심판은 주자의 아웃을 선언할 수 있다.)

The runner was **called out for** leaving third base before the catch was made. (주자는 볼이 잡히기 전에 3루를 출발했다고 아웃 선언을 당했다.)

3 A goal wiped out by an **official's call** helped hand South Korea its first loss of Asian qualifying, a major setback in its quest for the seventh consecutive appearance in the World Cup. (심판 판정으로 무효가 된 골 때문에 한국은 아시아 예선에서 첫 패배를 당했고 이는 월드컵에 7회 연속 출전을 노리는 한국에 큰 걸림돌이 되었다.)

4 Park Ju-yung has **had a goal ruled out for offside** after eight minutes in a World Cup qualifier against China. (박주영은 중국과의 월드컵 예선전에서 전반 8분이 지나 넣은 골이 오프사이드로 노골 판정을 받았다.)

His powerful shot was deflected past the goalkeeper but the linesman controversially **adjudged Lee Chun-soo to be offside.** (그의 강력한 슛이 굴절이 되어 골인이 되었지만 선심은 석연치 않게 이천수에게 오프사이드 판정을 내렸다.)

5 The Japanese player was ejected for **arguing an out call** on a steal attempt. (그 일본 선수는 도루를 시도하다 받은 아웃 판정에 항의하다 퇴장을 당했다.)

The designated hitter chucked a paper cup over his shoulder after being ejected for **arguing a call** at the plate during a game against the New York Mets. (그 지명타자는 뉴욕 메츠와의 경기 도중 주심의 판정에 항의하다 퇴장을 당한 뒤 종이컵을 어깨 너머로 던졌다.)

6 The second-base umpire **ruled the run good** but the US manager raced from the dugout to appeal to the home-plate umpire, who **overruled the second-base umpire** and called the Japanese runner out for leaving third base early. (2루심은 득점을 인정했지만 미국 감독은 더그아웃에서 달려 나와 주심에게 항의했고 주심은 2루심 판정을 뒤집으며 일본 주자가 3루를 빨리 출발했다고 아웃을 선언했다.)

7 Japanese manager Sadaharu Oh and star Ichiro Suzuki were angry at a **controversial overruling** that denied Japan a run in a 4-3 loss to the United States at the World Baseball Classic. (오 사다하루 일본 감독과 스타 선수인 스즈키 이치로는 월드베이스볼클래식 대회에서 미국에 4대3으로 패배할 때 일본에 점수를 인정하지 않았던 논란이 되고 있는 판정 번복에 화를 냈다.)

8 The third-base umpire ruled it a homer, but the Washington manager jogged to the outfield to argue the call, and the home-plate umpire eventually **reversed it.** (3루심은 홈런 판정을 내렸지만 워싱턴 감독은 외야로 뛰어가 판정에 항의했고 주심이 결국 판정을 뒤집었다.)

fix

(승부를) 조작하다, 담합하다

to influence the outcome or actions of by improper or unlawful means

= manipulate, rig

용례 **fix a game[match]** (매수 따위로) 시합을 담합하다 **fix a prizefight** 프로 권투시합을 조작하다

| **be accused of fixing matches** 승부조작 혐의를 받고 있다

| **admit to fixing matches** 승부조작을 시인하다

match-fixing, game-fixing 승부조작

| **find evidence of match-fixing** 승부조작의 증거를 발견하다 **be charged with match-fixing** 승부조작 혐의를 받다

| **manipulate the outcome of a match** 시합 결과를 조작하다

| **be arrested on match-fixing charges** 승부조작 혐의로 체포되다 **a match-fixing scandal** 승부조작 파문 **a match-fixing scheme** 승부조작 음모 **launch a probe into match-fixing** 승부조작에 대한 조사를 시작하다

| replay a match 재시합을 하다
throw[tank] a game 시합을 고의로 져주다
| a thrown game 일부러 져준 시합 **tank against** ~에 일부러 져주다
| accept bribes to lose a game 뇌물을 받고 시합을 져주다 **accept money to throw matches** 돈을 받고 시합을 일부러 져주다
| take a dive (복싱) 승부 담합 시합에서 KO되다

hooligan

(축구 등의) 난폭 관중, 난동 팬
a violent soccer fan = a rowdy fan, a violent spectator

용례 **crack down on hooligans** 난폭 관중을 단속하다 **ban soccer hooligans from games** 난폭 축구팬의 경기 입장을 금하다 **anti-hooligan regulations** 반훌리건 규제 조치
| hard-core hooligan 골수 폭력 관중 **known or suspected hooligans** 이미 알려져 있거나 의심되는 훌리건들 **compile a database of hooligans** 훌리건 데이터베이스를 작성하다
| be cataloged in the police database 경찰 데이터베이스에 올리다 **be registered as violent-prone** 폭력 성향이 있는 자로 등록되다
| hooliganism 관중 난동, 폭력 행위 **soccer hooliganism** 축구 관중 폭력 행위 **combat hooliganism** 관중 폭력과 싸우다
fan violence 관중 폭력
| a violent fan[spectator] 폭력 관중
| rioting fans 난동을 부리는 관중들 **go on a rampage** 난동을 부리다
| throw a lit firecracker onto the pitch 경기장으로 불이 붙은 폭죽을 던지다 **throw cans and plastic bottles onto the pitch** 경기장으로 캔과 플라스틱 병을 던지다 **set fire to seats** 의자에 불을 지르다 **be injured by a firecracker thrown from the crowd** 관중석에서 날아온 폭죽에 부상을 당하다
| rush[run] onto the pitch 경기장에 뛰어들다 **streak across the pitch** 경기장에서 알몸으로 질주하다 **do a topless streak across the pitch, make a topless dash across the field** 웃통을 벗고 경기장을 질주하다

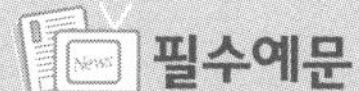

1 **Match-fixing** in sports occurs when a match is played to a completely or partially pre-determined result. Where the sporting competition in question is a race, the incident will be referred to as race-fixing. (스포츠에서 승부조작은 시합이 완전히 혹은 부분적으로 미리 결정된 결과에 맞추어 치러질 때 생긴다. 문제의 경기가 경주일 경우 이것은 경주조작이라고 불린다.)

2 The German Football Association and German prosecutors launched separate probes into charges that a referee bet on and **fixed several matches** that he worked in return for money from gamblers. (독일축구협회와 검사들은 한 주심이 도박꾼들로부터 돈을 받은 대가로 자신이 심판을 본 여러 경기에 배팅을 하고 승부를 조작한 혐의에 대해 별도의 조사를 시작했다.)

3 Many soccer clubs hastily juggled their schedules to **replay games** officiated by a referee who took payoffs to **fix soccer matches**. The referee confessed that he had favored certain clubs in exchange for money from gamblers. (많은 축구 클럽들은 축구 경기 승부를 조작하라고 뇌물을 받은 심판이 진행한 경기의 재시합 일정을 황급히 짜 맞추었다. 그 심판은 도박꾼들로부터 돈을 받은 대가로 일부 팀에게 유리한 판정을 하였다고 자백했다.)

4 Teams near the bottom of the standings have been accused of **throwing games** at the end of the season to finish with the worst record in the league — thereby gaining the first draft pick. (하위권 팀들은 리그 최악의 성적으로 마쳐 드래프트 1순위 지명자를 얻기 위해 시즌 막판에 일부러 시합을 져준다는 혐의를 받아왔다.)

5 Match-fixing does not necessarily involve **deliberately losing a match**. Occasionally, teams deliberately play to a draw if it ensures some mutual benefit. (승부조작은 반드시 고의적으로 경기를 져주는 것에만 관계되는 것이 아니다. 때로 팀들은 서로에게 혜택이 있을 경우 고의적으로 비기기도 한다.)

6 China will use face-recognition technology to scan stadium crowds for known **hooligans** in an effort to protect the 2008 Summer Olympics from **fan violence**. (2008년 하계 올림픽을 관중 폭력으로부터 보호하기 위한 노력의 일환으로 중국은 관중 속에서 알려진 훌리건들을 색출해 내기 위해 얼굴 인식 기술을 사용할 것이다.)

German police broke up a massive fight involving about 200 local and French soccer **hooligans** in a park at the city. (독일 경찰은 시내 한 공원에서 벌어진 약 200명의 그 지역 및 프랑스 훌리건들이 포함된 집단 싸움을 해산시켰다.)

7 Chinese soccer matches have been marred by a rash of **fan violence** directed mostly at league officials and referees who are suspected of incompetence and corruption. (중국의 축구 시합은 주로 무능하고 부패한 혐의를 받고 있는 리그 관계자들과 심판들을 대상한 급증하는 관중 폭력으로 망쳐져왔다.)

8 The game was stopped for 30 minutes in the second half after a linesman was hit by **a lit firecracker thrown from the crowd**. (선심 한 명이 관중석에서 날아온 불이 붙은 폭죽에 맞은 뒤 후반전에 30분 동안 중단되었다.)

A model who **streaked across the pitch** has been banned from all football grounds in the country. (축구 경기장을 알몸으로 질주한 한 모델은 그 나라의 모든 축구 경기장 출입이 금지되었다.)

심화학습

기타 스포츠 표현 정리

우리나라 양궁은 세계 최고로 올림픽 금메달의 효자 종목 중 하나이며 동계 올림픽(the Winter Olympics) 스케이팅 중 쇼트트랙도 우리나라의 금메달 밭이다.

❑ **archery** 양궁

On his last three arrows, Hong Gil-dong erased a three-point deficit for South Korea,

which went on to beat China 266-263 and win the gold medal in the men's team event. 마지막 세 발에서 홍길동 선수는 한국이 3점 뒤진 것을 만회했고 한국은 계속해서 중국을 266대263으로 물리치고 남자 단체전에서 금메달을 땄다.

| **an archer** 양궁선수 **an individual event** 개인전 **a team event** 단체전 **win gold in the men's individual event [team competition]** 남자 개인전[단체전]에서 금메달을 따다 **win the Olympic women's archery team gold medal** 올림픽 양궁 여자 단체전 금메달을 따다 **win three of the four archery gold medals** 양궁의 네 개 금메달 중 세 개를 따다

| **hit two 10s and a 9 on one's last round** 마지막 라운드에서 10점 2개와 9점 하나를 쏘다 **hit the bull's-eye three straight times** 세 번 연속 10점을 쏘다 **have five straight 10s** 5번 연속 10점을 쏘다 **have three straight arrows for 10 points** 3연속 10점을 쏘다

| **have an opening 10, have a 10 on one's opening shot** 첫발에 10점을 쏘다 **hit dead center on the target** 과녁의 정중앙에 맞다

| **tie the match at 196 with six arrows remaining** 6발 남겨두고 196점으로 동점이 되다
make a fatal error, a 6 6점을 쏘는 치명적인 실수를 하다 **shoot a 1, the outermost ring on the target** 과녁의 제일 바깥쪽인 1점을 쏘다

| **tie an Olympic team scoring record for a 27-arrow match** 27발 경기의 올림픽 단체전 타이기록을 세우다 **outshoot ~ 29-23 in the last round** 마지막 라운드에서 ~를 29대23으로 누르다

| **lead 162-161 with nine arrows left in the gold-medal match** 금메달 결정전에서 9발을 남겨두고 162대161로 앞서다

❑ **canoe, kayak** 카누, 카약

| **Races are held on flat water, with competitors assigned to lanes. Women compete only in kayaks, the closed boats paddled from a sitting position with a double-blade paddle. Men race in kayaks and canoes, the open boats paddled from a kneeling position with a single-blade paddle. Women race in the 500-meter K1 (kayak single), K2 (kayak double) and K4 (kayak four). Men compete in the 500m and 1000m K1 and K2, 1000m K4 and 500m and 1,000m C1 (canoe single) and C2 (canoe double).** 경기는 정수역에서 열리고 참가 선수는 각각의 레인을 배정받는다. 여자 선수들은 양날의 노로 앉은 자세에서 노를 젓는 지붕이 있는 보트인 카약 경기만 펼친다. 남자 선수들은 카약과 외날의 노로 무릎을 꿇은 자세에서 노를 젓는 카누에서 경기를 펼친다. 여자 종목으로는 500미터 카약 1인승(K1), 카약 2인승(K2), 카약 4인승(K4)이 있고 남자 종목으로는 500미터, 1000미터 카약 1인승과 2인승, 1000미터 카약 4인승 그리고 500미터, 1000미터 카누 1인승(C1)과 카누 2인승(C2)이 있다.

| **a paddler** 카누(카약) 선수 **a racing partner** 경기 파트너 **a flat-water event** 정수역(靜水域) 경기 **a slalom** 슬랄롬(격류에서의 카누 경기) **a regatta** 레가타(보트[요트] 레이스)

| **win the Olympic men's canoe pairs gold medal** 남자 카누 더블에서 올림픽 금메달을 따다 **take gold in the 1,000-meter single canoe event** 1000미터 카누 1인승에서 금메달을 따다 **win gold in the men's canoe singles slalom** 남자 카누 1인승 슬랄롬에서 금메달을 따다 **win the canoeing men's pairs 500-meter gold medal** 카누 남자 500미터 2인승에서 금메달을 따다 **win an Olympic kayaking event** 올림픽 카약 종목에서 우승하다

| **race in the pairs kayak final** 카약 2인승 결승에 오르다 **make the canoe and kayak finals** 카누 및 카약 결승에 진출하다 **cross the finish line in victory** 1위로 결승선을 통과하다

| **pull out to nearly a one-second lead at the halfway mark** 중간 지점에서 거의 1초 앞서 나가다 **trail ~ by three-tenths of a second halfway through the race** 경기 중반에 ~에 0.3초 뒤지다 **finish one spot out of the medals** 4위를 하다 **push[surge] ahead of one's rivals** 경쟁자들에 앞서 나가다
lead just out of the start 출발하자마자 앞서 나가다 **pump one's fist and raise one's paddle in**

the air 주먹을 치켜들고 노를 들어올리다

❑ **cycling** 사이클링

❙ **South Korea's Hong Gil-dong overpowered the Japanese rider 2-0 in the best-of-three series at the Athens Olympic Velodrome to win South Korea's first-ever gold medal in cycling. He celebrated his title with a victory lap holding the South Korean flag.** 한국의 홍길동은 아테네 올림픽 벨로드롬에서 벌어진 3전2선승 경기에서 일본의 사이클 선수를 2대0으로 압도하고 한국 최초의 사이클 금메달을 획득했다. 그는 한국 국기를 들고 경기장을 한 바퀴 돌며 자신의 우승을 축하했다.

❙ **the individual road race** 개인 도로 **the individual time trial** 개인 타임 트라이얼(90초의 간격을 두고 출발)

❙ **the sprint** 스프린트 **the time trial** 독주경기 **the individual pursuit** 개인추발 **the team pursuit** 단체추발 **the points race** 포인트 경주 **the keirin** 경륜경기 **the Madison** 매디슨경기

❙ **mountain biking** 산악자전거 **the cross-country** 크로스컨트리

❙ **a rider** 사이클 선수 **the velodrome** 사이클 경기장

❙ **win the Olympic time trial gold** 올림픽 독주경기 금메달을 따다 **win the men's Madison Olympic cycling gold medal** 남자 매디슨 올림픽 금메달을 따다 **win gold in the men's 4-km individual pursuit** 남자 400미터 개인추발에서 금메달을 따다 **win gold in the men's points race** 남자 포인트 경기에서 금메달을 따다 **win five medals on the track** 트랙 경기에서 5개의 메달을 따다 **take gold in road racing[mountain biking]** 도로경기[산악자전거]에서 금메달을 따다 **win South Korea's first-ever gold medal in cycling** 한국 최초로 사이클 금메달을 따다

❙ **win the final 166-km stage** 마지막 166킬로 구간을 우승하다 **finish first in the 162-km stage** 162킬로 구간에서 1위를 하다 **a stage win** 구간 우승 **finish sixth in the Athens time trial and ninth in the sprint** 아테네 독주경기에서 6위를 하고 스프린트에서 9위를 하다

❙ **beat ~ in a time of 4:16.304 seconds** 4분 16.304초로 ~를 물리치다 **win by little more than the width of a tire** 바퀴 하나 차이도 안 되게 이기다 **produce an explosive final burst of speed** 막판에 폭발적인 스피드를 내다 **enter the women's sprint** 여자 스프린트에 참가하다

❑ **equestrian** 승마

❙ **Jumping consists of negotiating a series of obstacles with the goal being not to disturb the fences. Dressage is a sort of ballet on horseback in which the rider guides the horse to perform certain intricate maneuvers of stepping. The scoring is done by judges who evaluate how well the horse executes the moves. Eventing combines the above two disciplines, and adds a third competition of riding a cross-country course on horseback.** 장애물경기는 일련의 장애물을 뛰어넘는 것인데 목표는 이들 장애물들을 건드리지 않는 것이다. 마장마술은 말을 타고 하는 일종의 발레라고 할 수 있는데 기수는 말을 유도해 복잡한 스텝을 밟게 한다. 심판은 말이 이 동작들을 얼마나 잘 해내는가를 평가해 점수를 매긴다. 종합마술은 위의 두 종목에다 크로스컨트리 코스를 달리는 제3의 종목을 합친 것이다.

❙ **the dressage competition** 마장마술(馬場馬術) **the three-day event[eventing]** 종합마술(마장마술, 내구경기, 장애물비월 등 3종목) **the show jumping** 장애물 경기 **win the team dressage gold medal** 단체 마장마술 금메달을 따다 **win the Olympic individual dressage gold medal** 올림픽 개인 마장마술 금메달을 따다 **claim the gold medal riding Gigolo in the individual dressage competition** 지골로를 타고 개인 마장마술에서 금메달을 따다

❙ **take the bronze medal with a combined score of 76.667** 종합 76.667점으로 동메달을 따다 **finish on 5,638 points** 5638점으로 경기를 마치다 **secure third place on 5,165 points** 5165점으로 3위를 하다 **score 1,750 points in the last ride of the day** 이날 마지막 시기에서 1750점을 얻다 **score 73.35 points for an overall score of 222.83** 73.35점을 얻어 합계 222.83을 기록하다

I finish out of the medals 메달을 따지 못하고 경기를 마치다 **secure the podium place** 메달권에 들다

❑ **fencing** 펜싱

I South Korea's Kim edged out the Chinese fencer to claim the gold medal in the men's fencing individual foil, becoming the first South Korean to take an Olympic fencing gold. 한국의 김은 중국 펜싱선수에 신승을 거두고 남자 펜싱 개인 플뢰레 금메달을 획득하여 한국인 최초로 올림픽 펜싱에서 금메달을 땄다.

I a fencer 펜싱선수 **the piste** 피스트(시합하는 바닥면) **the foil** 플뢰레 **the epee** 에페 **the sabre** 사브르 **the top foil fencer** 최고의 플뢰레 선수 **a fencing medal hopeful** 펜싱 메달 기대주

I take the Olympic men's team foil gold medal 올림픽 단체 플뢰레 금메달을 따다 **claim gold in the men's fencing individual foil** 남자 펜싱 개인 플뢰레에서 금메달을 따다 **win gold in the women's individual epee** 여자 개인 에페에서 금메달을 따다 **take the gold medal with a 15-12 win over** ~에 15대12로 이겨 금메달을 따다

I lead 37-34 going into the final bout 마지막 대결에 들어가기 전 37-34로 앞서다 **trail 30-40 going into the final match** 마지막 경기 전 30대 40으로 뒤지다 **outscore ~ 15-4** ~를 15대4로 누르다 **get the first two touches** 첫 두 개의 터치를 올리다 **score the final point** 마지막 점수를 올리다 **score seven straight points** 7연속 득점을 하다 **award a decisive point to one's rival** 상대에게 결정적인 점수를 주다

I be warned for foul play 파울 플레이로 경고를 받다

I improve one's technical ability and physical strength 기술력과 체력을 향상시키다

❑ **taekwondo** 태권도

I South Korea's Moon Dae-sung unleashed a wicked roundhouse kick that knocked out local favorite Alexandros Nikolaidis of Greece in the first round of Sunday's taekwondo heavyweight final. 한국의 문대성이 일요일 태권도 헤비급 결승전 1차전에서 우승 후보인 개최국 그리스의 알렉산드로스 니콜라이디스에게 멋진 뒤후려차기를 날려 KO승을 거뒀다.

I The International Olympic Committee (IOC) confirmed on Wednesday that South Korea's native fighting sport was an official Olympic event. 국제올림픽위원회는 수요일 한국 고유의 격투기가 올림픽 정식 정목임을 확인했다.

I A taekwondo competitor from the Central African Republic was hospitalized Friday after being knocked out during a preliminary bout. 중앙아프리카공화국의 한 태권도선수가 예선전에서 KO된 후 병원에 입원했다.

I Blows to the head count for two points, and a blow to the body is worth one point. 머리를 가격하면 2점을, 몸에 일격을 가하면 1점을 얻는다.

I Competitors wear padded headgear and chest and abdomen protectors. 경기자들은 헤드기어와 가슴과 복부 보호대를 착용한다.

I Abdallah won a silver medal in taekwondo Friday, advancing all the way to the final before losing 2-1 to Jang Ji-won of South Korea in the 126-pound (57kg) class. 압달라는 금요일 태권도 57kg급 결승전에서 한국의 장지원에게 2대1로 패할 때까지 승승장구하여 은메달을 획득했다.

I a taekwondo athelete 태권도 선수 **a dan promotion test** 승단 시험 **Kukkiwon, World Taekwondo Headquarters** 국기원

❑ **judo** 유도

I South Korea's Hong Gil-dong retained his Olympic men's judo title, dumping the Japanese opponent 14 seconds into the five-minute under-60kg final. 한국의 홍길동은 자신의

올림픽 타이틀을 방어했는데 5분간의 60킬로 이하 결승에서 일본의 상대를 14초 만에 한판승으로 이겼다.

| **Men and women now compete in seven weight classes each. Men's contests last five minutes. Women's contests last four. Judokas compete in a single-elimination tournament after being divided into two pools by a draw.** 남녀 각 7개 체급에서 겨루고 남자 경기는 5분, 여자 경기는 4분이다. 유도선수는 추첨에 의해 2개조로 나뉘어, 지면 탈락하는 토너먼트를 벌인다.

| **judoist, judoka** 유도선수

| **knock three opponents by clear-cut ippon finish** 깨끗한 한판 끝내기로 세 명의 상대를 물리치다 **defeat ~ with a powerful ippon** 강력한 한판으로 ~를 물리치다 **produce an ippon** 한판을 연출하다 **score one waza-ari** 절반 하나를 올리다 **score a yuko[koka]** 유효[효과] 하나를 올리다 **beat ~ by ippon[waza-ari, yuko, koka]** ~를 한판[절반, 유효, 효과]으로 물리치다 **win on a judge's decision** 판정으로 이기다 **pin one's opponent for ippon** 상대를 누르기로 한판승을 올리다

| **pip ~ in the repechage of the lightweight division** 라이트급 패자부활전에서 ~를 물리치다 **be locked at three points each** 각자 3점으로 동점이다 **defeat ~ with an inner thigh throw** 허벅다리 걸기로 ~를 물리치다 **lose to ~ by ippon** ~에 한판으로 지다 **lose to ~ by strangulation** ~에 조르기로 패하다

❏ skiing 스키

| **South Korea's Hong Gil-dong came with a late charge to claim a surprise gold in the men's downhill, clocking one minute, 48.80 seconds to push the Japanese leader into silver.** 한국의 홍길동은 막판 스퍼트로 남자 활강에서 깜짝 금메달을 땄는데 1분 48.80초를 기록해 일본인 선두를 은메달로 끌어내렸다.

Alpine events 알파인 종목

| **the downhill** 활강 **the slalom** 회전 **the giant slalom** 대회전 **the super giant slalom** 대회전 **the combined event** 종합

cross-country skiing events 크로스컨트리 종목

| **the sprint** 스프린트 **the team sprint** 단체 스프린트 **the 10km individual start** 10킬로 개인출발 **the 15km individual start** 15킬로 개인출발 **the 15km pursuit** 15킬로 추발 **the 30km pursuit** 30킬로 추발 **the 30km mass start** 30킬로 단체출발 **the 4x5km relay** 20킬로 계주

Nordic combined 노르딕 복합

| **the sprint event** 스프린트 경기 **the team event** 단체 경기 **the ski jumping event** 스키 점프 **the cross-country discipline** 크로스컨트리 종목 **a skier** 스키선수 **the top female skier** 최고의 여자 스키선수

| **win the women's slalom at the Torino Winter Games** 토리노 동계올림픽 여자 회전에서 우승하다 **win with a combined time of one minute, 29.04 seconds** 합계 1분 29.04초로 우승하다 **take gold in the combined event** 종합에서 금메달을 따다 **finish 0.29 seconds behind ~ to take the silver** ~에 0.29초 뒤져 은메달을 차지하다 **be second in 1:42.60** 1분 42.60초로 2위를 하다

| **clock 1:54.65** 1분 54.65초를 기록하다 **finish in a time of 1:43.62** 1분 43.62초를 기록하다 **come home in 1:51.48 on one's Olympic debut** 올림픽 첫 출전에서 1분 51.48초로 골인하다

| **have the fastest time of the first leg[run]** 첫 시기에서 가장 빠른 기록을 올리다 **post the second-fastest of the final leg** 마지막 시기에서 두 번째로 빠른 기록을 작성하다 **ski a strong second run to earn the bronze** 두 번째 시기를 잘 달려 동메달을 따다

| **ski two nearly flawless runs** 거의 완벽하게 두 번을 주파하다 **suffer a bad crash** 심하게 넘어지다

❏ skating 스케이팅

| **South Korea's Jin Sun-yu took the gold in the women's 1,000-meter short track**

speedskating, becoming the first South Korean skater to earn three golds in one Olympics. 한국의 진선유는 여자 쇼트트랙 1000미터에서 금메달을 따 한국인 최초의 올림픽 3관왕이 되었다.

❙ **the short track speed skating** 쇼트트랙 **the speed skating** 스피드스케이팅 **the figure skating** 피겨스케이팅 **the ice dancing** 아이스댄싱 **a skater** 스케이트 선수 **a short track skater** 쇼트트랙 선수 **a speed skater** 스피드스케이팅 선수 **a figure skater** 피겨 스케이터

쇼트트랙

❙ **win gold in the men's 1,000-meter short track speedskating** 남자 쇼트트랙 1000미터에서 금메달을 따다 **take gold in the men's 500-meter short track** 남자 500미터 쇼트트랙에서 금메달을 따다 **take titles in the 1,500m and 3,000m relay** 1500미터와 3000미터 계주에서 우승하다

❙ **cross the line in last place** 꼴찌로 결승선을 통과하다 **lead through the early stages of the nine-lap race** 9바퀴를 도는 경기 초반 내내 선두를 지키다 **exchange the lead several times** 선두를 여러 번 주고받고 하다

❙ **be disqualified for impeding in the four-woman final** 여자 네 명이 겨룬 결승에서 주루방해로 실격되다 **bump ~ while trying to pass in a turn** 곡선구간에서 추월하려다 ~와 부딪히다

스피드스케이팅

❙ **win gold in the men's 500-meter speedskating** 남자 500미터 스피드스케이팅에서 금메달을 따다 **win a World Cup speedskating title** 월드컵 스피드스케이팅 타이틀을 따다 **win the men's 5,000-meter Olympic speedskating title** 올림픽 남자 5000미터 스피드스케이팅에서 우승하다 **take first place in the 500-meter race** 500미터에서 1위를 하다

❙ **finish in 34.98 seconds** 34.98초로 골인하다 **clock a winning time of 34.82 seconds** 34.82초의 우승 기록을 세우다 **cross the line in 35.08 seconds** 35.08초로 결승선을 통과하다

피겨스케이팅, 아이스댄싱

❙ **win gold in the men's program at the Olympics** 올림픽 남자 종목에서 금메달을 따다 **win gold in the pairs** 남녀 페어에서 금메달을 따다 **score a personal best of 180.05 points** 개인 최고인 180.05점을 기록하다

❙ **complete eight triple jumps** 8번의 삼단 점프를 성공하다 **land a quadruple toeloop jump** 4단 토루프 점프를 성공하다 **skate to "Piano Concerto in F" by George Gershwin** 조지 거쉰의 '피아노 협주곡 F 단조'에 맞춰 연기를 펼치다

❙ **touch the ice** (연기를) 무사히 해내다 **fall twice** 두 번 넘어지다

❙ **win gold in the ice dancing** 아이스댄싱에서 금메달을 따다 **lead after the compulsories** 규정 종목을 마치고 선두에 서다 **hold on in the free program** 자유 종목에서 선두를 고수하다